国家级教学团队
国家级特色专业 · 东北财经大学金融学系列教材

U0675004

BUSINESS AND OPERATION OF COMMERCIAL BANKS

商业银行业务与经营

（第四版）

高顺芝 丁宁 主编

东北财经大学出版社
Dongbei University of Finance & Economics Press
大连

图书在版编目（CIP）数据

商业银行业务与经营/高顺芝，丁宁主编．—4版．
大连：东北财经大学出版社，2024.8．—（国家级特
色专业·东北财经大学金融学系列教材）．—ISBN 978-
7-5654-5306-9

Ⅰ．F830.33

中国国家版本馆CIP数据核字第20245NG459号

东北财经大学出版社出版

（大连市黑石礁尖山街217号　邮政编码　116025）

网　　　址：http://www.dufep.cn

读者信箱：dufep@dufe.edu.cn

大连天骄彩色印刷有限公司印刷　东北财经大学出版社发行

幅面尺寸：185mm×260mm　字数：428千字　印张：18.75　插页：1

2024年8月第4版　　　　　　　　2024年8月第1次印刷

责任编辑：时　博　　　　　　　　责任校对：刘贤恩

封面设计：潘　凯　　　　　　　　版式设计：原　皓

定价：49.00元

国家级特色专业·东北财经大学金融学系列教材编委会

总　序

金融体系与金融能力的竞争是当代世界各国竞争的重要领域，也是支持各国在政治、经济、军事、文化等方面有效竞争的重要基础。随着我国对外开放的逐步深入和社会主义市场经济体制的逐步确立，我国经济和金融日益融入世界经济和金融一体化进程，特别是我国加入了世界贸易组织和近年来人民币国际化进程加快，我国金融体系和金融能力迅速提升，同时也面临着来自世界金融强国的前所未有的挑战与压力。如何抓住机遇、迎接挑战，加快完善我国金融体系、提升金融竞争能力和确保国家金融安全，是我国各级政府和金融界的重大课题。这一问题的解决有赖于加快金融体制改革、完善金融体系、提高货币宏观调控能力和金融风险管理水平、增强金融创新能力等诸多方面。而解决问题的关键是培养一大批掌握现代金融技术、具备先进管理知识的高素质金融人才。因此，大力提高我国金融学教育和研究水平，推进金融学教育与研究的现代化和国际化，是实施我国金融发展战略的重要举措。

金融学教学与科研能否为金融发展提供有效支撑是当前中国金融学科面临的根本性挑战。近年来，我国高等院校金融教育规模迅速发展，质量有了较大的提高，为经济社会发展以及高等教育自身的改革与发展做出了重要贡献。特别是2007年，教育部、财政部决定实施"高等学校本科教学质量与教学改革工程"（简称"质量工程"）以来，在国家级特色专业、国家级教学团队、精品课程建设和教材建设、人才培养模式改革创新方面取得了显著成果，带动了我国高等院校本科教育水平和科研实力的提升，产生了良好的社会效益。

教育部"质量工程"提出，启动"万种新教材建设项目"，加强新教材和立体化教材建设，鼓励教师编写新教材，积极做好高质量教材推广和新教材选用工作。在此背景下，东北财经大学以金融学和保险学两个国家级特色专业、金融学专业教学团队和证券投资学课程教学团队两个国家级教学团队为平台，组织编写了"国家级特色专业·东北财经大学金融学系列教材"。在本系列教材之前，我们已编写出版了三套系列教材。20世纪90年代初期的第一套系列教材，是解决由无到有的问题；20世纪末期的第二套系列教材是解决全和新的问题；21世纪初期的第三套系列教材是解决体系和质量的问题；目前陆续出版的这套系列教材是要解决突出质量和特色的问题。

教材建设是教育部"质量工程"的一项重要内容，是学校课程中最重要的物质条件之一，直接关系到教学质量和教学效果。但是，教材建设不可能一蹴而就，而是动态的、渐进的、连续的过程，这个过程的每一个环节都对作者提出了新的要求，它是作者教学、实践和科研成果的体现。因此，我们在教材编写过程中力求达到三个目的：一是教材的编写是围绕着"知识、能力、素质"的人才培养目标来展开的；二是教材能够体现金融类专业培养方案中对人才培养规格的要求；三是教材能够反映新的教育思想，处理好现代与传统、理论与实践、技术与应用的关系。我们在教材建设中努力做到四个同步：一是教材建设与金融发展改革相同步；二是教材建设与教学改革相同步；三是教材建设与人才培养目标相同步；四是教材建设与科学研究相同步。同时，在教材建设中我们注重了以下五个方面：第一，教材编写应明确三个问题，即由谁编写、为谁编写和如何编写；第二，教材编写者应具备三个条件，即编写者应具有编写高水平教材的经历、具有一定的科研水平和实践的经历；第三，教材编写应做到三个结合，即理论与实践相结合、定量分析与定性分析相结合、综合练习与实验实训相结合；第四，教材编写应体现三个特性，即系统性、新颖性、实用性；第五，教材编写应突出三个特色，即教材结构设计特色、体例设计特色、内容编写特色。在突出特色的同时，形成集主教材、多媒体教材、辅助教材、电子教案于一体的有机结合的立体化教材。

本次系列教材的推出，是为了适应国内国际金融业发展的新形势，满足高等院校经济管理类专业和金融学科相关专业的教学需要以及金融实务部门从业人员培训的需要。编写者是一批学术水平高、教学经验丰富、实践能力强的高校教师，具有理论与实践相结合的双重背景，为编好系列教材提供了保障。本系列教材包括：《金融学（货币银行学）》《金融经济学》《金融学教程》《金融市场学》《国际金融学》《商业银行业务与经营》《证券投资学》《公司金融学》《金融工程学》《国际银行管理》《保险学》《利息理论》等。我们期待着，在教学改革和教材建设中与专家学者们达成共识，真诚地合作，使教材建设的成果能够及时反映学科的最新进展。

由于我们的时间和精力有限，教材中难免存在缺点和不完善之处，我们欢迎各院校师生、金融业界同仁和广大读者批评指正。

国家级特色专业·东北财经大学金融学系列教材编委会

第四版前言

习近平总书记在党的二十大报告中指出："高质量发展是全面建设社会主义现代化国家的首要任务。""建设现代化产业体系。坚持把发展经济的着力点放在实体经济上，推进新型工业化，加快建设制造强国、质量强国、航天强国、交通强国、网络强国、数字中国。"这为我国的商业银行服务于实体经济指出了明确的方向，提出了战略性要求。党的二十大对我国的金融发展提出了明确的战略定位，开启了中国金融改革和发展的新阶段。金融机构尤其是商业银行，应当始终不忘"金融报国、服务人民"的初心使命，助力实体经济高质量发展，坚定不移地走中国特色金融发展道路。

当前，国内外经济环境发生了巨大的变化，商业银行面临着越来越激烈的国际国内竞争的局面。商业银行把服务实体经济转型升级作为金融服务主战场，积极服务实体经济创新发展，为适应深化金融供给侧结构性改革的需要，银行业务产品不断创新，管理技术日益成熟，增长模式更加科学，国际竞争能力有了很大的提升。为了更好地展示商业银行的实际运营状态，弘扬银行业改革的成果，本书在《商业银行经营管理学》（第三版）的基础上，再次进行修订，并根据《普通高等学校本科专业类教学质量国家标准》更名为《商业银行业务与经营》。

《商业银行业务与经营》是金融学专业核心主干课程教材之一。本书在借鉴了商业银行经营管理理论、方法、技术，吸收了国内外学术界的相关研究成果的基础上，系统阐述了商业银行的基础管理理论，重点推介了商业银行各类业务运行的特点、内容和操作实务，全面介绍了商业银行风险管理的方法、手段与技术以及市场运营原理。

本版以习近平新时代中国特色社会主义思想和党的二十大精神为指导，继续保持了第三版的主体结构框架，进一步增加了课程思政内容，更新了过时的数据，替换了陈旧的内容。本书共分4篇14章：基础理论篇包括第1、第2章，系统地阐述了中外商业银行的发展历程、商业银行经营的原则和组织制度、商业银行经营管理理论，强调基础性。业务经营篇由第3章至第8章组成，介绍了商业银行的资金来源、资产运用、表外业务的操作实务，突出实用性。综合管理篇包括第9章至第12章，介绍了商业银行流动性风险和利率风险管理的方法，阐明了人力资源管理的要素和规程，提出了商业银行财务分析的指标和方法。市场经营篇包括第13、第14章，从市场的视角，说明了商业银行市场营销的重要性及营销策略，商业银行并购的方法、定价以及我国商业银行并购所出现的问题。后两篇体现综合性。

　　本书每章都配有目标引领、思维导图、开篇导读、本章小结、关键概念、即测即评、综合训练与参考答案，还丰富了"启智增慧"二维码，方便读者拓宽视野。

　　本书由高顺芝、丁宁编著。高顺芝编写了第1、第3、第4、第5、第6、第7、第8、第9、第10、第12章；丁宁编写了第2、第11、第13、第14章。赵宁老师也参与了部分内容的讨论与编写。高顺芝负责全书的修改和总纂。

　　本书是高等院校金融类专业的教科书，适用于本科生、硕士生教学，也可供银行从业人员阅读使用。

　　衷心感谢东北财经大学出版社的编校人员在本书的修订和出版中给予的支持。本书在编写过程中参考了大量国内外资料，在此一并致谢。

　　本书不免存在疏漏和不足，恳请同行与读者多提宝贵意见。

编　者

2024年6月

目 录

第2篇 业务经营篇

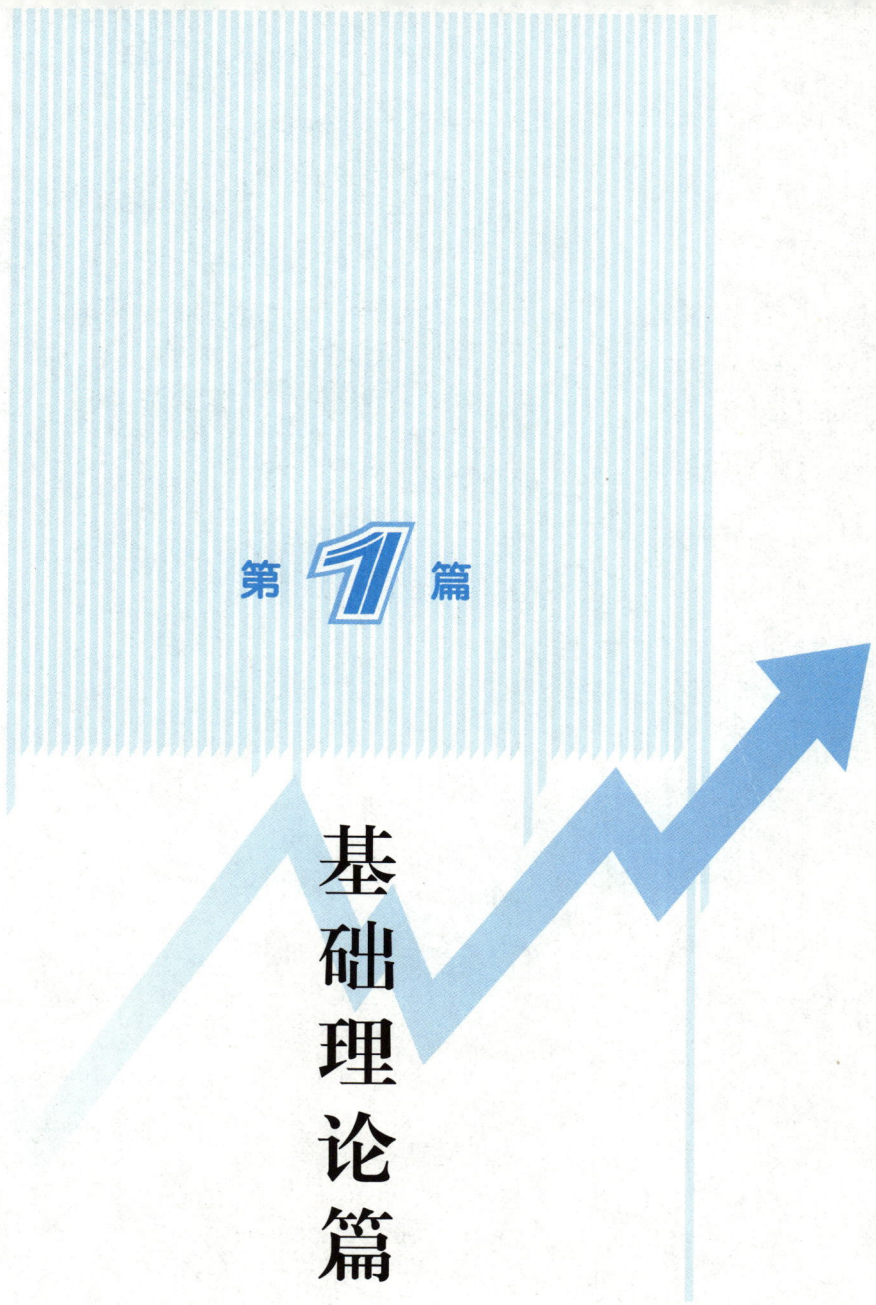

第 **1** 篇

基础理论篇

第1章

商业银行概论

☑ 价值塑造

习近平总书记在中国共产党第二十次全国代表大会上所作的报告为我国的商业银行服务于实体经济指出了明确的方向，提出了战略性要求。本章引导学生通过对商业银行产生过程的了解，加深对经济发展决定金融的规律的理解；学习我国商业银行的产生与改革的内容，了解红色金融，体会改革开放对我国发展的重要性，增强对金融支持实体经济战略的理解力。

☑ 知识传授

通过本章的学习，了解商业银行产生历程，掌握我国商业银行股份制改革的内容与成就；掌握商业银行的职能和经营原则；了解商业银行的设立程序、制度类型，掌握总分行制和单一银行制的利弊。

思维导图

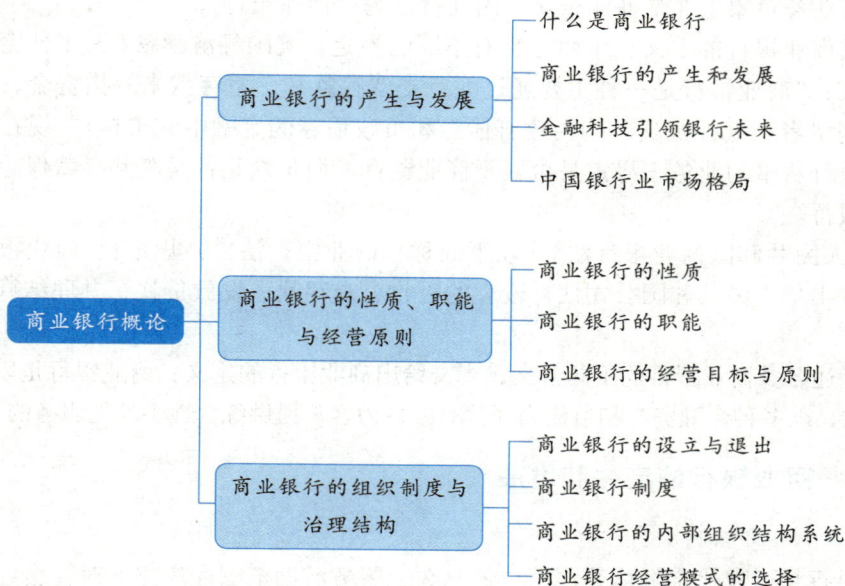

商业银行是金融体系的核心机构，当我们有闲散资金需要寻求储蓄、投资方面的咨询时，或者我们需要交费汇款、贷款买房买车时，或者想用保险柜存放机密文件时，通常都会想到银行。对大多数人来说，银行是一个基础产业。银行业由成千上万个银行组成，它影响其他行业乃至经济的运行。如果银行停止放贷，拒绝承担风险，整个经济的运行将会停止，企业将要倒闭，失业率自然会上升。

商业银行究竟是什么？其业务有什么？功能和作用表现在哪里？其目标和原则如何实现？银行会消失吗？……让我们走进商业银行。

1.1　商业银行的产生与发展

商业银行是市场经济的产物，是近现代金融体系中最重要的机构之一，它历史最悠久、服务活动范围最广、对社会经济生活贡献最大。商业银行的产生和发展与经济发展的进程息息相关。

1.1.1　什么是商业银行

商业银行是英文"commercial bank"的意译，是长期以来人们沿袭下来的习惯用语。不同的发展时期，银行的含义不同。

银行一词，英文为"bank"，原为储钱柜的意思，该词最初来源于意大利文"banque"，原意是指商品交易所使用的长板凳和长桌子。最初的银行专门从事短期性的商业融资，其业务对象主要是商业企业，因而得名为"商业银行"。

对现代商业银行的定义，中西方也有不同的界定。美国经济学家 F.S.米什金对商业银行这样定义："商业银行是一种主要通过发行支票存款和储蓄存款来筹措资金，并用于发放商业、消费者和抵押贷款，购买政府债券和市政债券的金融中介机构。"现行的美国法律不是以银行从事的业务来界定是否属于商业银行，而是以是否是联邦存款保险机构的成员来定义银行。

《中华人民共和国商业银行法》（以下简称《商业银行法》）规定："商业银行是指依照本法和《中华人民共和国公司法》设立的吸收公众存款、发放贷款、办理结算等业务的企业法人。"

综合上述各类商业银行的不同含义，本文给出商业银行的定义：商业银行是以获取利润为经营目的，以多种金融资产和负债为经营对象，为客户提供综合性多功能服务的金融企业。

1.1.2　商业银行的产生和发展

1）西方的商业银行

商业银行是近现代金融体系中历史最悠久、服务活动范围最广泛、对社会经济生活影响最大的金融机构。西方的原始商业银行形态可追溯到公元前的古巴比伦时期，人们公认的早期银行的萌芽起源于文艺复兴时期的意大利。从历史的发展进程来看，商业银行的产生和发展经历了早期的商业银行（10世纪至16世纪）、中期的商业银行（17世纪至19世纪）和现代商业银行（20世纪以来）三个历史阶段。

启智增慧 1-1
西方商业银行的
发展历程

2）中国的银行业变迁

与西方国家相比，中国的银行产生较晚。较早记载中国银钱业的，是南北朝时期的高利贷的寺庙典当业，唐朝出现的"飞钱"，则是关于汇兑的最早记录。到了明清以后，当铺是普遍存在的信用机构，其中一些发展成了钱庄与票号。我国近代银行于19世纪资本主义入侵开始兴起，最早在中国设立的银行是1854年设立的英国的东方银行（又称丽如银行）。此后设立的一系列外国银行，在中国享有特权，实质上产生了对中国的经济发展的破坏作用。我国第一家中资股本的银行——中国通商银行，于1897年在上海设立，这标志着中国现代银行业的产生。此后几十年，众多的民族资本银行相继建立，形成了与"中中交农"官僚资本银行并存的局面。

由于西方资本主义金融势力的大规模渗透，到1949年中华人民共和国成立前夕，中国金融业处于规模较小、管理落后、投机盛行的局面。

1948年12月1日，全国的政治与军事形势已十分明朗，在合并了解放区的华北银行、北海银行和西北农民银行的基础上，中国人民银行于河北省石家庄市成立，并于当日发行了人民币，各解放区银行成为中国人民银行在各地的分支机构；此后，通过没收官僚资本银行，改造民族资本银行与钱庄票号，取消外国银行在中国的特权等措施，中华人民共和国的银行体系逐步建立起来。

经过多年发展，特别是改革开放40多年以来，我国银行业已进入了稳健经营的发展阶段。自2003年起，国有银行的商业化改革进入实质性阶段。通过金融资产管理公司剥离不良贷款、政府注入资本、资本市场上市三个步骤，中、建、工、农四大国有银行均已完成了股份制改造，并实现了在香港与内地上市。通过改革，国有银行建立了现代企业制度，完善了法人治理；资本比率得以提高，不良贷款率大幅度下降，抗风险能力进一步增强；盈利能力提高；国际竞争实力进一步提升。

随着中国经济的持续发展、金融市场环境的逐渐改善、国际先进管理理念的逐步引入以及银行业监管体系的完善，中国银行业资产负债规模稳步增长，资产质量、财务状况以及经营管理水平日益提高，盈利水平及资本实力持续增强，拨备情况较为充足，中国银行业的综合实力得到了很大提升，并出现了一批具有国际影响力的商业银行。

启智增慧 1-2
我国银行业的改
革与发展历程

但是，也应当看到，我国银行业在今后相当长的时间内，会受到经济增速放缓、结构调整加快、化解产能过剩及金融改革深入推进等问题的影响，银行业会面临短期流动性波动增多、系统性风险上升、国际竞争压力增加等风险和挑战。

1.1.3　金融科技引领银行未来

金融科技（financial technology，fintech），可以理解为 finance（金融）+ technology（科技），但不是两者的简单组合。根据金融稳定理事会（FSB）的定义，金融科技是指利用云计算、大数据、区块链、人工智能、物联网等

启智增慧 1-3
5G 应用下银行
金融服务的变革
与挑战

前沿技术开展金融创新，对金融市场以及金融服务业务供给产生重大影响的新兴业务模式、新技术应用、新产品服务等。其核心目的是通过新技术手段和方式，降低金融交易成本、减少信息不对称、提升服务效率。

近年来银行业遇到了许多挑战，促使银行因势而变、积极创新，寻找与金融科技结合的切入点来实现战略转型。科技进步正在深刻地改变着银行业的发展理念和运营模式。

金融科技行业以信息技术为基础，将大数据、人工智能、云计算、生物识别、区块链等技术，用于银行、保险、证券、基金、消费金融、金融监管等领域，从而形成了多种生态。随着大数据和人工智能技术的应用，智能信贷、智能投顾、智能客服和数据营销等更加复杂的金融科技将逐步替代知识含量和智力含量更高的风险经理、理财经理、客服代表和客户经理。

我国在金融科技领域起步相对较晚，但近年来发展十分迅猛。第一个阶段为金融IT阶段，或者说是金融科技1.0。在这个阶段，金融行业通过传统IT的软硬件的应用来实现办公和业务的电子化、自动化，从而提高业务效率。第二个阶段为互联网金融阶段，或者金融科技2.0阶段。在这个阶段，金融业搭建在线业务平台，利用互联网或者移动终端的渠道来汇集海量的用户和信息，实现金融业务中的资产端、交易端、支付端、资金端的任意组合的互联互通，本质上是对传统金融渠道的变革，实现信息共享和业务融合，其中最具代表性的包括互联网的基金销售、P2P网络借贷、互联网保险。第三个阶段是金融科技3.0阶段。在这个阶段，金融业通过大数据、云计算、人工智能、区块链这些新的IT技术来改变传统的金融信息采集来源、风险定价模型、投资决策过程、信用中介角色，因此可以大幅提升传统金融的效率，解决传统金融的痛点。代表技术是大数据征信、智能投顾、供应链金融。

启智增慧 1-4
未来银行不是消失了而是变得无处不在

在金融科技4.0时代，金融与科技的融合已不仅仅停留在技术层面，更体现为发展理念、组织架构、业务模式、管理模式、服务模式等全方位的融合，金融科技布局也逐渐走向多元化。积极构建金融生态圈，实现金融与非金融场景无缝对接；构建API（application programming interface）开放银行，把银行的服务输出整合在需要银行服务的业务场景里，促进未来银行数字化蝶变；搭建有温度的线上电子银行渠道等。

1.1.4 中国银行业市场格局

据国家金融监督管理总局的数据，截至2023年6月末，全国银行业金融机构法人有4 561家。具体可分为五类：大型商业银行、股份制商业银行、城市商业银行、农村金融机构、其他类金融机构。如表1-1所示，从资产和负债份额来看，大型商业银行占据主导地位，占比均超过40%；股份制商业位居其次，占比17%左右；城市商业银行与农村金融机构分别占比不足14%；其他金融机构合计占14%左右。

表1-1　　　　银行业金融机构总资产与总负债及构成（2023年6月末）

	总资产（亿元）	占比（%）	总负债（亿元）	占比（%）
银行业金融机构	4 022 214	100.00	3 690 931	100.00
大型商业银行	1 671 709	41.56	1 539 327	41.71

续表

	总资产（亿元）	占比（%）	总负债（亿元）	占比（%）
股份制商业银行	683 631	17.00	627 174	16.99
城市商业银行	542 769	13.49	502 816	13.62
农村金融机构①	542 620	13.49	504 229	13.66
其他金融机构②	581 485	14.46	517 385	14.02

注：①农村金融机构包括农村商业银行、农村合作银行、农村信用社和新型农村金融机构。

②其他类金融机构包括政策性银行及国家开发银行、民营银行、外资银行、非银行金融机构（金融租赁、企业集团财务公司、汽车金融公司、消费金融公司、货币经纪公司等）、金融资产管理公司、理财公司。

资料来源：根据国家金融监督管理总局发布的2023年银行业总资产、总负债（月度）等相关数据整理。

1.2　商业银行的性质、职能与经营原则

1.2.1　商业银行的性质

1）商业银行是特殊的企业

商业银行是按照有关法律设立的一种金融企业，它拥有经营所需要的资本金，依法合规经营，自主经营、自负盈亏、自担风险，追求利润的最大化。商业银行的业务对象是金融资产与金融负债，经营的是货币和货币资本这样的特殊商品，包括货币收付、存款筹集与贷款发放、提供综合的金融服务等。由于银行经营对象的特殊性和重要性，商业银行在整个国民经济中的地位远高于其他的工商企业，具有特殊的重要性。一旦银行经营出现了问题，对一国的信用体系、经济秩序、社会安定都会产生巨大的破坏力，带来极大的损失，甚至影响国际经济的正常运行。爆发于美国的"次贷危机"引发的世界经济衰退就是一个很好的例证。

2）商业银行是特殊的金融企业

商业银行作为金融机构之一，与专业银行和其他金融机构的相同之处在于它们都是金融中介，在经济生活中发挥信用中介的作用。但商业银行业务更综合、功能更全面、服务面更广，它是"金融百货公司"，是一国金融体系中的骨干与中坚力量。其负债业务、资产业务、表外业务的对象涵盖了企事业单位、社会团体、居民公众各个层面。尤其在我国，间接融资是主要的融资方式，商业银行是资金的供应主体。同时，中央银行的货币政策直接影响商业银行的经营和运作，商业银行成为中央银行宏观调控的主要环节，客观上承担了特殊的社会责任。

1.2.2　商业银行的职能

商业银行作为金融企业，有如下职能：

1）信用中介

信用中介是商业银行通过负债业务，把社会上的各种闲散货币集中起来，再通过资产业务，投向社会经济各部门。这是商业银行最基本、最能反映其经营活动特征的职能。商业银行一方面作为货币资本的贷出者和借入者的中介人或代表，来实现资本的融通；另一方面从吸收资金的成本与发放贷款的利息收入、投资收益的差额中，获取利差收入，形成银行利润。

商业银行通过信用中介职能，在国民经济中发挥重要作用：实现资金使用权盈余和短缺之间的融通，对社会经济运动形成多层次的调节；把从再生产过程中游离出来的闲置资金，转化成职能资金，扩大再生产流通规模；把不作为资金使用的小额货币储蓄集中起来，变为可以投入再生产过程的巨额资金，把限于消费的收入转化为能带来货币收入的资金，从而使社会再生产能以更快的速度增长；将短期货币资金转化为长期货币资金；在利润原则支配下，还可以把货币资金从效率低的部门引向效率高的部门，实现对经济结构的调节。

2）支付中介

商业银行除了作为信用中介融通货币资金以外，还执行着货币支付的职能，即通过存款在账户上的转移，代理客户支付；在存款的基础上，为客户兑付现款；成为工商企业、团体和个人的货币保管者、出纳者和支付代理人。这样以商业银行为中心，在经营过程中形成了支付链条和债权债务关系。

支付中介职能的发挥，大大减少了现金的使用，节约了社会流通费用，加快了结算过程和货币资金的周转，促进了社会再生产的扩大。商业银行支付中介职能的发挥，是以活期存款账户为基础的。在很多国家和很长时间里，商业银行是唯一能够吸收活期存款、开设活期支票账户的金融机构。近年来，随着各国金融管制的放松，其他金融机构虽然也开设类似于支票账户的金融机构，发挥支付中介职能，但与商业银行相比，仍然存在很大差别，工商企业之间的支付以及多国与个人有关的货币支付，绝大部分仍由商业银行办理。

支付中介职能从逻辑上先于信用中介职能，它最早产生于货币兑换业。货币经营者在货币保管和办理支付中，积存了大量货币，当为求得盈利而放款时，才产生了信用中介职能。但支付中介的发展，亦有赖于信用中介，只有在为客户保存一定存款的基础上，才能办理支付。存款余额不足，就会产生向银行借款的需求，而银行贷款又会转化为客户存款，又需要办理转账支付或提取现金业务。支付中介职能和信用中介职能相互推进，构成了银行借贷资本的整体运动。

3）信用创造

商业银行在发挥信用中介职能和支付中介职能的同时，产生了信用创造职能。这是因为，商业银行是能够吸收各种存款的银行，利用其所吸收的存款发放贷款，在支票流通和转账结算以及部分准备金制度前提下，贷款又转化为存款。在这种存款不提取现金或不完全提现的情况下，就增加了商业银行的资金来源，最后在整个银行体系形成数倍于原始存款的派生存款，这就是商业银行的信用创造功能。商业银行体系可以在不减少自身储备的情况下，同时增加贷款和存款。因此，有些经济学家把能否创造货币作为商业银行与其他金融机构的本质区别。

商业银行创造信用的实质，从整个社会再生产过程来看，是流通工具的创造，并不是资金的创造。信用创造职能，对社会货币供应量、信贷总规模和国民经济运行有重大影响，商业银行发挥着货币政策传导中坚环节的作用。

4）金融服务

在现代经济生活中，金融服务已成为商业银行的重要职能。随着各国经济的发展，工商企业的经营环境日益复杂，银行间的业务竞争也日益激烈。银行由于联系面广，信息比较灵通，特别是电子计算机在银行业务中的广泛应用，使其具备了为客户提供"金融百货公司"式服务的功能。现代化的社会生活，从多方面给商业银行提出了金融服务的要求。银行可以为客户提供投资与计划服务、现金管理服务、投资银行服务、经纪人服务，还可以提供保险方面的服务等。在激烈的竞争压力下，各商业银行不断地开拓服务领域，一方面在服务中获取一定的收入，另一方面通过服务过程，建立与客户的广泛联系，进一步促进资产负债业务的扩大，并把资产负债业务与金融服务结合起来，开拓新的领域。

随着商业银行向业务综合化方向发展，商业银行具有更多的其他金融机构的职能，成为全能的银行。发达国家全能银行提供的职能服务如图1-1所示。

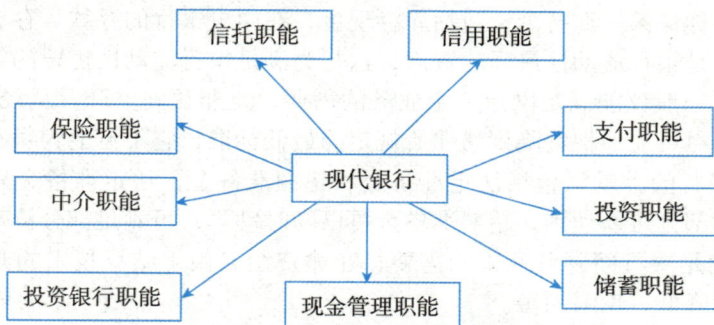

图1-1 全能银行的职能

1.2.3 商业银行的经营目标与原则

商业银行与工商企业相同，其经营管理的基本目标是实现银行价值的最大化。

银行经营管理，是商业银行开展业务所进行的计划、组织、指挥、监督、调节等一系列活动。把银行职工组织起来从事业务经营活动，必须把每个成员的行动统一于共同的经营目标之下，这就决定了商业银行在业务经营和管理过程中，要遵循适当的经营原则。根据商业银行长期的经营管理经验总结，商业银行的经营原则可归纳为安全性、流动性、效益性。

1）安全性原则

安全性是指商业银行经营的资产与负债以及信誉免遭风险损失的能力。

商业银行经营过程中会面临各种风险，必须注重自身的安全性。信用风险、利率风险、流动性风险是商业银行的传统风险。随着金融创新的深入，利率市场化程度的加深，金融工具与金融技术日趋复杂，操作风险与市场风险也日益凸显。同时，政策性风险、通胀风险等也是商业银行必须面对的风险。因此，商业银行越来越重视风险管理，把风险管理作为经营管理的核心内容。巴塞尔委员会出台的一系列风险管理的协议，清晰地表明了这一趋势。

为了保证商业银行经营的安全性，要把风险发生的可能性降到最低限度，在一定限度内避免风险。银行要合理安排资产的规模及期限结构，使其与负债的规模与期限保持匹配；要保持一定比例的流动性较高的资产，建立分层次的现金准备；要使资本金达到资本协议的要求，并根据业务规模扩大而逐步提高；要加强对客户的资信调查和经营预测，避免信用风险，减少贷款损失；要加强对利率与汇率的预测，防范化解市场风险。

2）流动性原则

流动性是指银行能够应对客户随时提存、满足客户必要贷款的能力。

流动性能力包括银行资产流动性与负债流动性。资产流动性是指银行在资产不发生损失的情况下迅速变现的能力；负债流动性是指银行以较低的成本随时获得所需资金的能力。无论是资产的流动性，还是负债的流动性，对银行业务经营都显得越来越重要。

资产的流动性管理所要解决的主要问题是银行的各种资金在各种金融资产之间怎样分布，才能够在盈利和风险相同的条件下，为银行提供更大的流动性。从资产业务角度来看，要有第一准备金和第二准备金。

现金资产被称作第一准备金，包括库存现金，在中央银行的存款、存放同业款项和在途托收未达款，是银行流动性最强的资产，这是为满足银行流动性需要的第一道防线。其中，库存现金，一般仅能满足网点现金业务的需要，是非盈利资产，从经营的角度出发，商业银行一般都尽可能地把它降到法律所规定的最低标准，它不可能为银行提供充足的流动性。在中央银行的存款，包括法定准备金和超额准备金，法定准备金只有当存款减少时，才有相应的部分可以动用，超额准备金可以随时动用，可满足部分流动性的需要。存放同业款项，满足银行间同业往来的需要；在途资金，由于结算技术的升级和网络的应用，数额也大大降低，期限缩短。

在第一准备金之外，商业银行还持有一定数量的短期证券、短期票据和短期贷款，这些资产既能保持一定的盈利，又能随时或在短期内变现，称作第二准备金。当商业银行的现金资产不能满足流动性时，可以随时抛售银行所拥有的短期证券或收回、转让短期债权。由于这些资产到期日较短，可在到期日前以最低的市场风险抛售，转换为现金，缓解因存、贷变动而产生的压力。作为第二准备金的短期银行资产，其收益一般较长期资产要低，但它更多的是充当提供流动性的角色，而不是从盈利性考虑，它是应对流动性风险的第二道防线。

商业银行中的第一准备金和第二准备金一起构成了银行的总准备金，又叫实际准备金。总准备金减去法定准备金的差额，叫作"超额准备金"。一个商业银行"超额准备金"的多少，决定了它再度进行放款和投资的规模大小。

商业银行除了建立分层次的准备金以外，还通过资产结构的恰当安排解决流动性问题。商业银行根据经济情况的变化、客户的资金运动规律，来预测一定时期内的流动性需求量，合理安排资产的期限结构，使贷款和投资的各种不同到期日与不同时期的流动性需求相适应，既保证银行经营所需要的流动性需求，又能获得最大利润。

负债流动性，可通过向中央银行借款，向同业和国内外金融市场借款，或通过发行金融债券、银行本票等主动型负债方式，来保持流动性。只要负债经营的成本低于贷款和投资收益，甚至只要低于流动性资产的收益，这种负债方式对商业银行就是有利的。

上述分析表明，商业银行保持其流动性或支付能力，主要取决于两个因素：一是现金资产和其他流动性资产；二是可能随时获得的主动性负债。

3）效益性原则

效益性，是指商业银行经营业务用来取得利润并实现社会效益的能力。追求盈利是商业银行经营管理的总方针所要求的，也是商业银行改进服务、不断拓展业务经营的内在动力。同时，只有在保持理想的盈利水平基础上，商业银行才能够充实资本，增强经营实力，提高竞争能力；改善和提高职工的薪资水平与福利待遇；实现社会贡献目标。

商业银行盈利是其业务收入与业务支出的净额，它取决于资产经营收入、其他收入和银行经营成本、风险管理能力等因素。从我国银行的业务收入来看，利息收入是银行盈利的主要来源。提高资产收益，就要在扩大负债规模的基础上，尽可能地扩大资产规模，合理安排资产结构，在保持银行资产流动性的前提下，尽量减少非盈利资产，增加高盈利资产所占的比重，从贷款和投资中获得最大限度的收入。而非利息收入，主要来自金融服务业务。在银行业竞争越来越激烈的情况下，为客户提供多种服务，是增加非利息收入的一个重要途径，也是扩大银行的社会影响、取得客户信赖、进一步发展信用业务的重要手段。

从银行的业务支出来看，应着重在降低银行经营成本费用上下功夫。一要强化风险管理，尽可能减少贷款与投资损失，这种损失对银行的经营成果影响很大，有时只要发生一笔坏账，就有可能吞噬银行的全部利润，坏账超过一定期限，甚至会导致银行的破产，这就要求加强对贷款和投资项目的调查研究。二要尽可能降低存款资金成本，在多种吸收资金方式之间进行比较，尽量以较少的成本，吸收更多的资金。三要提高工作效率，控制和减少管理费用支出，妥善处理银行纳税等财务事项。

从影响银行业务收入和支出的因素来看，不论是资产业务，还是其他业务的开展，都要支出一定的费用；不同类型的资产业务，收入水平不一，费用开支也不相同；资产业务的转换，有可能引起费用开支的变化；开展金融服务，一般来说会增加收入，但在有些情况下，由于成本过高，不能带来盈利，而这些服务又是加强与客户的联系、扩大银行资产或负债业务所必不可少的。要提高盈利水平，把更多的资金投放出去，或者把资金更多地安排到盈利水平高的贷款与投资方面，这就要设法寻求能够满足流动性需要的资金来源，这有可能增大资金成本，也可能引起管理费用的增加。可见，影响银行盈利的一个因素发生变化，就会影响到其他一种或多种因素的变化，这就要求银行在各种因素之间进行比较，寻求一种能够实现理想盈利水平的最佳组合。

4）三原则的协调统一

三原则的协调是商业银行的效益性、安全性和流动性的均衡与统一的总过程。从总体上看，流动性与安全性是呈正向变动的：流动性较强的资产，通常安全有保障，风险较小；但流动性与盈利性和安全性之间却存在着矛盾。流动性强、安全性好的资产，其盈利性一般较弱；反之，盈利性较强。例如，现金资产的流动性最强，也是最安全的，但它是非盈利的资产，若扩大现金资产的比重，虽有利于提高安全性和流动性，但它要以牺牲银行的盈利为代价。而风险大、期限长、流动性较差的资产，盈利性却比较强。如果减少现金资产，把收益低、风险小的资产转换成为收益高、风险大的资产，可以提高收益水平，但由此会降低银行的流动性与安全性。从长期来看，盈利性、流动性和安全性三者之间又存在着一种相互依赖、相互促进的统一关系。这些矛盾的统一，就要求在这三者之间寻求一种均衡的总方针，即在保证安全性和流动性的前提下，追求最大限度的盈利。

要实现这种协调性，商业银行必须创造保持安全经营、资产流动的条件，以便获得更大盈利水平的机会。这里，流动性是实现安全性的必要手段，安全性是实现盈利性的基础，追求盈利则是安全性与流动性的最终目的。

商业银行要根据不同时期经营环境的变化，根据不同时期业务经营的不同要求有所侧重地加以协调。在经济繁荣时期，银行资金来源充足，借款需求旺盛，保持流动性与安全性并不十分紧迫，这时就应侧重于考虑盈利的要求；相反，在经济衰退时期，就要侧重于保持流动性，盈利性就应放在次要地位。在中央银行放松银根的情况下，可以更多地考虑盈利性；而在中央银行紧缩银根的情况下，就要更多地考虑流动性。另外，商业银行还要根据自身业务经营状况，在流动资产较多的情况下，采取措施改变原有的资产结构，侧重盈利；相反，在流动性资产减少、长期投资和贷款较多、风险较大的情况下，就需要更多地考虑流动性。

1.3 商业银行的组织制度与治理结构

1.3.1 商业银行的设立与退出

1) 创立商业银行的条件

商业银行是社会商品货币经济活动的产物，它的存在与发展要取决于社会经济、金融环境状况。所以，商业银行的设立，应该取决于该地区的经济及金融条件。从经济条件来看，人口状况、生产力发展水平、工商企业经营状况及地理状况等，成为是否设立商业银行的决定性因素。另外，一个地区的金融条件又是决定商业银行未来发展规模和取得盈利的至关重要的因素。金融条件好坏取决于一个地区人们的信用意识、货币化程度、金融市场发育状况、金融机构的竞争状况和管理当局的有关政策。除此之外，设立商业银行，还必须遵循金融监管当局规定应具备的条件。

根据我国《商业银行法》的有关规定，在我国设立商业银行，应当具备下列具体条件：

（1）有符合《商业银行法》和《中华人民共和国公司法》规定的章程。

（2）拥有最低注册资本限额以上的资本。我国《商业银行法》规定：注册资本应当是实缴资本，设立商业银行的注册资本最低限额为10亿元人民币，城市商业银行的注册资本最低限额为1亿元人民币，农村商业银行的注册资本最低限额为5 000万元人民币。注册资本是实缴资本。

（3）银行拥有具备专业知识和业务工作经验的董事长（行长）、总经理和其他高级管理人员。

（4）有健全的组织机构和管理制度。

（5）营业场所、安全防范措施和与业务有关的其他设施符合有关要求。

2) 创立商业银行的程序

各国对设立商业银行都颁布了许多相关法律规定，以防止滥设商业银行。一旦投资者

（包括机构投资者或政府）决定在某一地区设立商业银行，在中央银行监管、组织和协调下，主要依照《银行法》和《公司法》，按规定的程序办理组建商业银行的事务。

（1）申请登记。大多数国家都明确规定，商业银行必须以公司形式组织，不能以个人名义申请设立。这有两方面的原因：一方面，商业银行与其他公司存在很大的差异，具有很强的社会性，一旦开业，就将和众多客户发生货币资金的借贷关系，发生债权债务关系，为了保障公众的利益，商业银行必须具有充足的实力，只有以公司制形式成立的企业才能胜任。另一方面，为了防止个别不法分子以创立商业银行的名义，骗取他人货币财富，危害社会大众和投资者利益，也不能允许以私人名义创立银行。

（2）金融监管当局审核。主管部门接到申请登记后，本着竞争效率原则、安全稳健原则、适度规模原则要对此进行审核。如果金融主管部门认为符合上述原则要求，并且新设银行的业务种类及业务计划都比较适当，发起人的资历及声望也得到广泛的认可，便给予批准。在我国，设立商业银行的批准机关是国家金融监督管理总局。

（3）招募入股。当申请营业登记书被核准之后，发起人应依照股份公司的有关规定进行招股。发起人要制定招股章程及营业计划书，写明发行规模、股份种类。如果是委托其他银行代发，则要写明代募行的名称等。然后由监管机构审批，待批准后进行股本招募工作。商业银行股本招募可以采取公募和私募两种形式。

（4）领取营业执照，开始营业。经批准设立的商业银行，股本筹集完毕，并经验资机构验证资本规模额已达到规定要求，监管部门颁发经营金融业务许可证，凭此向市场监督管理部门办理登记，领取营业执照。至此，该商业银行成立，开始营业。

3）商业银行的退出

商业银行已经或可能出现信用危机时，会严重影响存款人的利益，这时各国的金融监管当局要解决商业银行的退出问题。

（1）接管。商业银行的接管，是指金融管理机关通过一定的接管组织，依据法定的条件和程序全面控制被接管商业银行的业务活动。接管的目的是对被接管的商业银行采取必要措施，以保护存款人的利益，恢复商业银行的正常经营能力。下列两种情况发生时，监管机构可以实施接管。一是如果商业银行经营不善而濒临破产时，由监管机构或其指定的其他银行接管；另一种情况是对严重违法的商业银行进行处理时，可由监管机构、存款保险机构或其指定的银行进行接管。接管期限最长不得超过两年。

（2）商业银行的终止。即商业银行的消灭，它是指商业银行在组织上的解体和主体资格的丧失，即从法律上消灭了其独立的人格。

商业银行的终止是一种正常的社会经济现象。我国《商业银行法》规定："商业银行因解散、被撤销和被宣告破产而终止。"

商业银行经监管机构批准依法终止后，须成立清算小组，按照清偿计划及时偿还存款本金利息等债务。

由于任何形式的商业银行的终止，都会直接影响到被终止的商业银行及其利害关系人的权益，会不同程度地影响到原有债权债务关系的变化，冲击现存的资金流转秩序。因此，我国法律严格禁止商业银行擅自终止的行为，即便是撤销终止和破产终止，也必须严格按照法定的条件、程序和要求进行。否则，对违背者当依法施以惩戒。

启智增慧 1-5
包商银行事件：
成因、影响及
展望

1.3.2　商业银行制度

商业银行制度，是一个国家的商业银行以何种外在组织形式和内部组织结构进行经营活动的法律总和。

由于各国经济金融发展的不平衡以及在政治体制、历史演变和文化传统等方面的差异，各国商业银行的组织形式和制度具有各自的特色。但从另一方面来看，各国商业银行的组织形式之间又存在着很多相似之处，有其基本的规律可循。商业银行制度是否健全，是否有效率，对经济发展有重要意义。

1）建立银行制度遵循的原则

（1）公平竞争、效率最大化原则。根据优胜劣汰的原则，效率高的金融机构将会不断发展壮大，效率低的金融机构将面临被淘汰的境地。在竞争过程中，商业银行只有不断提高服务水平，不断增加和创新金融工具，整个行业的效率才会不断得到改善，进而对整个社会经济的发展产生推动作用。

（2）注重安全、稳健经营原则。金融业在社会经济生活中的特殊地位，决定了商业银行在开展竞争的同时，还必须遵循安全、稳健的原则。要防止、限制银行体系中的过度竞争，要对它们的活动给予一定的限制。否则过度的竞争，往往会造成整个银行体系的脆弱，成为银行倒闭的重要原因。因此，各国金融监管当局都制定带有谨慎稳妥和预防性质的监管措施，防止商业银行的过度竞争，从而保证整个银行体系的安全。当然，安全稳健并非意味着所有的银行都不会倒闭。

（3）保持规模适度的原则。商业银行资本、资产规模大小，人员多少，业务范围的设定等，存在着一个适度规模。如果商业银行规模太小，单位成本就难以控制，没有竞争实力；如果商业银行规模太大，就容易形成行业集中垄断，造成权力集中，从而不利于全行业的竞争和进步。

2）银行制度类型

（1）总分行制，是指法律允许在总行之下，在国内外各地普遍设立分支机构，形成以总行为中心的、庞大的银行网络的银行制度。

总分行制是包括我国在内的多数国家普遍采取的一种商业银行体制。按总行职能不同，又可分为总管理处制和总行制。总管理处只负责指挥监督所辖分支行处，是一个管理机关，本身不对外办理业务，但在总管理处所在地另设对外营业的分行或营业部。总行制的总行除了拥有管理各分支行处的职责外，还直接对外办理业务。按总行对属下分支机构的管理制度不同，又分为三种类型：直隶型、区域型、管辖型。直隶型，即所有的分行都直属总行，归总行直接管辖、指挥、监督。区域型，即把所有分支机构划分为若干区，每区设一区域行作为管理机构，不对外营业，其任务是代表总行指挥、监督区域内所属各分支行，各分支行则直接对区域行负责，服从区域行的指挥和管理。管辖型，选择各分支行中地位较重要的为管辖行，与区域行相似的是它代表总行管理、监督所辖的分支机构，但它同时也对外办理业务。上述三种类型彼此是可以交叉的。就某一较大规模的银行来讲，它可能根据实际需要，在其组织结构中可能同时采用上述三种类型。

相对于单一银行制来说，总分行制具有相对的优势：首先，有利于实现银行的规模效益。采用该类组织方式的银行一般是规模较大的银行，易于采用现代化的设备，有能力为客户提供全面、高质量的金融服务，从而实现规模效益。其次，能够聚集大量资金，提高资金的运用效率。由于总分行制分支机构众多，易于吸收存款以及在全系统内调剂和使用资金，使资金能够得到有效、合理的使用。再次，便于传递信息，加强监管。由于银行规模比较大，银行总数相应较少，便于金融管理当局的监管。最后，可以节约成本，提高工作效率。银行内部可以实行高度分工，提高效率；同时，庞大的分支行网络，节省了各种代理费用，从而降低了成本。

但总分行制也有不足：首先，该制度容易形成金融垄断，使小银行处于不平等的竞争地位。在金融垄断的市场上，大银行具有操纵市场的能力和影响，不利于充分竞争。其次，管理层次多，管理困难。该制度要求总行对分支机构具备较强的控制能力、要求总行具有完善的信息系统和严密的成本控制手段，否则将造成效益的下降。再次，在人员的安排轮换上也会出现某些弊端：如果调动频繁，则会导致新人对市场、环境及客户了解不够；如果一些人员长期待在一个地方不动，总行的控制能力将会下降。最后，与地方经济联系不密切，分支机构管理人员不像单一制银行那样关心当地经济的发展，分支机构的经营成果主要由上级行来评价，其经营决策自然要依据总行的业务方针来决定。

（2）单一银行制，是指银行业务完全由一个营业机构来办理，不设立或不许设立分支机构的银行制度。单一银行制在美国最为典型。

历史上，美国各州经济发展很不平衡，尤其是东西部差距很大。为了促使经济均衡发展，鼓励中小企业的成长，各州都采取了银行立法来限制金融权力的集中，反对银行兼并及在不同州之间的相互渗透，禁止或限制开设分支机构，特别是禁止跨州设立分支行。第二次世界大战以后，美国有关当局对商业银行跨州设立分支机构的限制逐渐放松，直到1994年9月，美国国会通过《州际银行法》，允许商业银行跨州设立分支机构，打破了单一银行制的法律限制，从而事实上结束了对银行经营地域的限制。由于历史的原因，至今美国的一些地方的商业银行仍采用单一银行制度。

相对于总分行制而言，单一银行制的优势表现在：首先，利于竞争，防止垄断，保护中小银行。银行在各区域内独立经营，符合企业自由竞争的原则，因为数量较多的银行同时存在，可以维持竞争局面，防止垄断。其次，保护本地信贷资源，支持地方经济发展。如果大银行在境内设立分行，大银行则有可能将在本地吸收的存款调往其他地区，导致资金外流，致使本地的中小企业缺乏足够的信贷资金，不利于本地区的经济发展。再次，单一制银行在经营决策上自主性强、灵活性大，能够根据市场环境的变化及时改变经营策略。最后，管理层次少，有利于中央银行的调控。

单一银行制的缺陷：首先，发展受限，竞争中处于不利地位。通常实行单一银行制的银行大都属于中小银行，其规模远小于全国的平均银行水平，这些银行不易扩大存款规模，不利于资金余缺的调剂，业务发展和创新受到限制，在竞争中处于不利的地位。其次，风险集中。在倒闭的银行当中，单一银行制的银行所占比例也高于总分行制的银行。最后，规模小，无法取得规模效益。单一银行经营成本会明显高于有分支机构的总分行制的银行，资金无法得到最有效的配置。

（3）银行控股公司，是指完全拥有或有效控制一家或数家银行的金融机构。

控股公司有非银行性控股公司和银行性控股公司两种类型。非银行性控股公司是通过大公司控制某一银行的主要股份组织起来；银行性控股公司由大银行直接组织成大公司，控制若干小银行。如果控股公司只控制一家银行，称为单一银行控股公司；若控制两家以上的银行则称为多银行控股公司。

银行控股公司业务范围广，能够扩大资产负债规模，有利于增强竞争实力，提高抵御风险的能力。至于银行控股公司是否容易形成集中和垄断，还值得探讨。

启智增慧1-6
银行控股公司

近年我国银行控股公司迅速发展，成为银行业规避混业经营限制的过渡形式。

（4）连锁银行制是一种变相的分支银行制，它通过若干家银行相互持有对方的股票，互相成为对方的股东，结成连锁关系。

从表面上看，连锁银行制没有设立银行控股公司，各连锁银行都是独立的，但在业务上却是相互配合，资金上也相互融通，而且连锁银行往往事实上控制在某一财团手中，形成了实质上的总分行制。

1.3.3　商业银行的内部组织结构系统

商业银行的内部组织结构系统是指单个银行内部各部门及各部门之间相互联系、相互制约的组织管理系统。在现代经济社会中，以股份公司形式组织的商业银行，占了整个商业银行中的绝大部分，股份制商业银行在商业银行体系中占有统治地位。这里，我们以股份制商业银行为例讨论其内部组织结构系统：决策机构系统、执行机构系统、监督机构系统和管理机构系统。

决策机构系统，包括股东大会、董事会以及董事会下设的各委员会。其主要负责制定整个银行的经营目标和经营决策；选择聘用银行高级管理人员；监督检查银行的业务经营活动。

执行机构系统包括行长（或总经理）以及行长领导下的各委员会、各业务部门和职能部门。在实行分支银行制的商业银行，还包括各分支行的执行机构。行长（或总经理）介于决策机构和执行机构之间，具有业务和经营上的决策权，又是银行业务和经营的具体管理者。

监督机构系统主要由监事组成的监事会以及稽核部门构成，其职责是对银行的一切决策、制度、经营活动等进行监督和检查，并可以就发现的问题直接向有关部门提出限期整改的意见。

管理机构系统由五个方面组成：①全面管理，由董事长、行长（或总经理）负责，主要内容包括确立银行目标、计划和经营业务预测，制定政策，指导和控制及评价分支机构及银行的管理和业务工作。②财务管理，主要内容包括处理资本金来源和成本，管理银行现金，制定费用预算，进行审计和财务控制，进行税收和风险管理。③人事管理，主要内容包括招募雇员，培训职工，进行工作和工资评审，处理劳资关系。④经营管理，主要内容包括根据计划和目标安排组织各种银行业务，分析经营过程，保证经营活动安全。⑤市场营销管理，主要内容包括分析消费者行为和市场情况，确定市场营销战略，开展广告宣传、促销和公共关系，制定银行服务价格，开发产品和服务项目。

以上各系统分别由各部门分工负责，各系统之间也需相互协作，以实现银行的既定目标。以中国银行为例，商业银行的内部组织形式如图1-2所示。

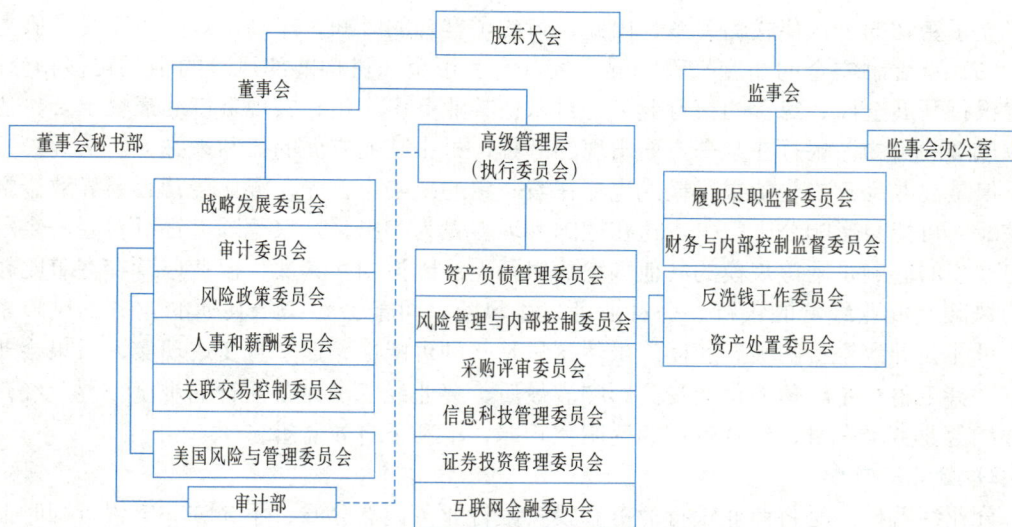

图1-2 中国银行组织架构

1.3.4 商业银行经营模式的选择

商业银行的经营模式，是指因其经营业务的范围不同，可以分为混业经营模式和分业经营模式。混业经营模式的银行称为全能银行，分业经营模式的银行称为职能银行。

1）混业经营模式

混业经营模式，广义上是指商业银行在业务领域内没有限制，可以经营所有的金融业务，即商业银行业务、投资银行业务（证券业务）、保险业务、信托业务等。狭义上是指银行业与投资银行业相结合的银行制度。混业经营有德国模式、美国模式、英国模式。

德国是全能银行制度的典型代表。德国的银行经营范围广泛，可以提供全面的银行和金融服务，不仅经营传统的商业银行存贷款业务，还经营投资银行业务，并且通过参股参与企业决策和管理。如德意志银行就拥有包括奔驰汽车公司在内的几十家企业的股份；德累斯顿银行也拥有数十家企业的股份。美国的混业经营采用的是控股公司模式。美国自1934年后实行分业经营，60年代后，由于经济、金融市场发展的需要，商业银行不断创新业务，加之金融管制的逐渐放松，美国的商业银行已经向混业经营发展，到1999年11月，《金融服务现代化法案》通过，标志着在美国银行业混业经营的合法性。英国模式是在银行或金融集团外设立若干个子公司，从事银行、证券、保险等业务。

混业经营模式是适应全球经济金融发展的银行经营模式，从理论上分析，它有许多优势：

（1）从银行的角度来看，混业经营的全能银行能向客户提供广泛的金融产品以及各种信息，提供全面的、综合的服务。在这个经营过程中，商业银行拥有了规模经济与范围经济带来的成本优势、利益与竞争优势，使信息监督成本最小化；在最大限度地满足客户的实际需要的同时，银行可以充分挖掘资源潜力，与客户保持长久的合作关系，确保利益的实现。

（2）从客户的角度来看，客户获得了收益，节约了成本。客户只需在一家银行就可以取得存贷款、发行债券或股票融通资金或从事证券交易获得收益，或者如果企业想收购或兼并其他企业，全能银行可以提供咨询和财务顾问服务等等。由于客户在一家银行就可以得到几乎全部的金融服务，不需要与商业银行和投资银行分别打交道，因而客户与银行之间建立了密切的、伙伴式的关系，由此，节约了客户的时间，提高了效率，享受了服务。

（3）从金融安全的角度来看，混业经营有利于金融机构内部风险的相互转移和分散。全能银行开展全面、综合的银行业务，可以使其业务多元化，实现资产的最优组合，达到分散风险的目的。银行在某一方面出现的亏损，可由其他方面的盈利来弥补。

但是混业经营的全能银行模式也存在着一定的缺陷。首先，混业经营容易导致金融业的垄断，可能会影响公平竞争。这在德国表现得尤为突出，几家德国大银行对经济金融领域内产生的影响是同等规模的其他国家的银行无法比拟的。其次，混业经营存在着比较严重的风险。混业经营的银行，一种业务发生风险，可能会传染给其他的业务，风险累积后，可能会导致银行的破产倒闭。虽然这只是一种可能性，但一旦变成现实，后果会非常严重，甚至整个金融体系都会受到影响。最后，混业经营加大了监管的难度。混业经营集多种经营业务于一身，经营管理的透明度较差，不利于有效监管。

2）分业经营模式

分业经营模式是将商业银行业务和投资银行业务截然分开，不允许一家银行同时混合经营两类银行业务。商业银行不准进入投资银行的领域，投资银行也不许进入商业银行的领域。目前多数国家采用分业经营的银行模式。

各国选择分业经营的银行模式，有其必然性。这种制度安排本身是为了防止自控能力差的银行违规操作，以减少风险损失。同时，分业经营有利于监管，提高工作效率。

选择分业经营还是选择混业经营必须考虑市场竞争条件与产权条件、是经济发达国家还是发展中国家。在发达国家，市场竞争十分激烈，一家银行无论从事银行业务还是从事证券业务，想独占市场是不可能的，市场机制发挥着优胜劣汰的作用，使有效率的金融机构生存下来。从西方国家商业银行业分业与混业经营的历史发展趋势看，单个银行混业经营模式确实较分业经营有更多的优势，它代表着未来金融业发展的方向，是一种必然趋势。但对于发展中国家来说，普遍存在着产权不明晰、政府可能对银行进行干预、信息收集落后与披露标准不健全、监管者的素质不是很高等问题，如果急于引入混业经营，会造成严重的后果。

由于我国金融机构的自我约束能力和金融监管能力均不强，我国现在仍坚持分业经营的总体框架，实行的是银行分业制。然而在金融市场证券化融资快速发展的趋势下，我国商业银行如何运作以适应形势发展的需要，是一个不容回避的问题。尤其是加入WTO之后，大量外资金融机构进入的同时带来大量成熟的金融产品，如果我国的金融机构仍固守传统的商业银行模式，结果只能使自己处于十分不利的竞争地位。因此，在短期内，在坚持分业经营的框架下，商业银行要积极创新，监管机构也应减少对商业银行新开业务的审批，使商业银行不断开拓业务品种。从中长期来看，组建金融控股公司集团作为由分业经营向混业经营的过渡是一种既合理又现实的选择。

本章小结

在金融服务产业中，商业银行是历史最为悠久、业务范围最为广泛的金融组织形式，对社会经济生活贡献最大。由于各国国情不同，商业银行的产生与演变又有各自不同的特点。

（1）商业银行的产生与发展大致经历了三个阶段：铸币兑换业、近代银行业、现代银行业。我国银行业起步较晚，长期在计划经济体制下没有真正实现自主经营，改革开放特别是2003年之后，国有银行进行了股份制改革，建立了现代企业制度，提高了资本充足率，降低了不良贷款率，抗风险能力增强，竞争实力进一步提升。

（2）商业银行是经营货币信用业务并提供多种服务的金融企业，具有信用中介、支付中介、信用创造、金融服务等职能。

（3）商业银行的经营目标是实现银行价值、股东权益最大化，因此，在经营管理中要遵循相应的原则，即安全性、流动性、盈利性。其中，安全性是前提，流动性是条件，盈利性是目的。三原则之间存在着统一和矛盾的关系，需要相互协调，进而动态地实现三原则之间的平稳运行。

（4）商业银行是商品经济发展的产物。现代银行依托于一定的条件，按照一定的程序设立起来。如果经营管理不善，也必须依法退出。

（5）商业银行制度是指决定商业银行在建立之初以何种外在组织形式和内在组织结构进行经营管理活动的一系列法律法规准则。由于各国政治体制、经济发展水平、文化传统都存在着差异，各国的银行制度也各有不同。从外部组织制度来看，商业银行主要有总分行制、单一的银行制、控股银行制和连锁银行制。各银行制度各有利弊，总分行制优势明显，是各国最普遍采用的银行制度。从内部组织构成来看，商业银行应有完善的决策系统、执行系统、监督系统和管理系统。

关键概念

商业银行　商业银行制度　总分行制　单一银行制　混业经营　分业经营

综合训练

✔ 问答题

1）简述我国商业银行股份制改革的途径。

2）商业银行的主要功能有哪些？

3）我国设立商业银行需要什么条件？

4）简述商业银行市场退出的方式。

5）论述商业银行经营管理的原则。

6）简述商业银行总分行制与单一银行制的优缺点。

7）为什么说混业经营是金融业发展的趋势？

8）金融科技给银行带来哪些变化？

即测即评1

综合训练
参考答案1

第 2 章

商业银行经营管理理论

目标引领

☑ **价值塑造**

    学习资产负债管理理论的基本理论体系和管理方法，开阔视野；了解我国改革开放后，银行业发展过程中的资产负债管理实践，增强对我国经济制度及政治制度的认同；探讨银行资产负债管理的创新方法，培养勇于钻研的科学精神。

☑ **知识传授**

    通过本章的学习，掌握资产管理理论、负债管理理论与资产负债综合管理理论；掌握商业银行资产负债管理的基本方法，如资金池法、资金配置法、线性规划法、资产负债比例管理方法。

思维导图

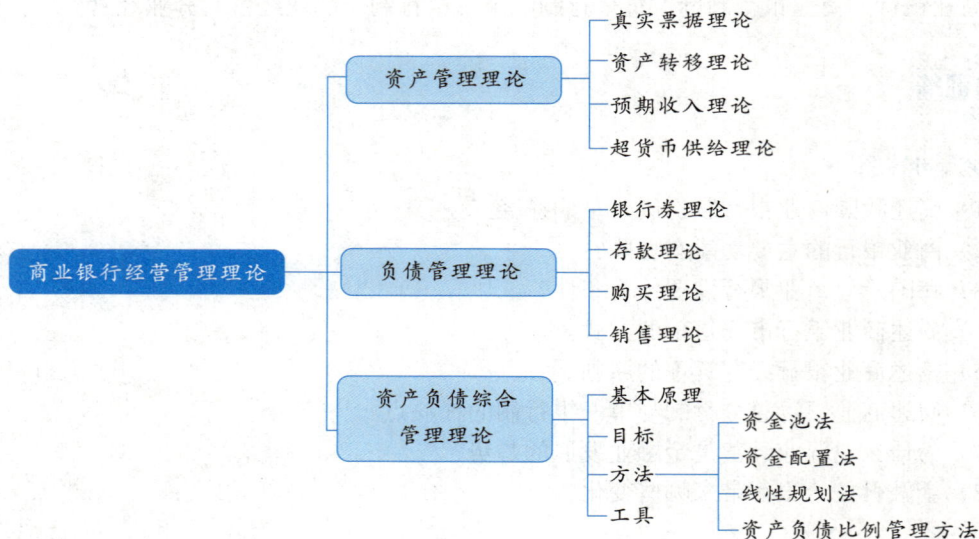

开篇导读

中国银行业资产和负债管理面临新挑战

    随着中国经济发展进入新常态，由高速增长转向中高速增长后，银行业经营发展环境发生多重变化，导致银行业资产规模和盈利增速较"黄金十年"期间（2003—2013 年）大幅回落，净息差、资本利润率和资产利润率整体进入下行通道。特别是自新冠疫情暴发以来，国内外经济金融形势快速变化，风险挑战增多，银行资产负债管理面临的挑战和平衡难度进一步增大。2022 年前三季度，中国商业银行净利润同比增速为 1.24%，重回个位数增长；净息差为 1.94%，降至 2010 年以来的低点；资本利润率、资产利润率分别为 9.32% 和 0.75%，均处于有统计记录以来的最低水平。

近年来，银行净息差收窄的压力一直存在，而净息差管理是商业银行在资产和负债管理中的一个重要内容，除了需要优化资产与负债、客户结构，开辟更多的非信贷业务收入之外，还必须不断提升内部治理和风控、风险管理水平，以促进净息差的维稳。

经济复苏背景下增长压力显著，对于银行业来说，除了对外要适应利差长期下行及银行经营难度加大的趋势，还要注意对内的管理效益，提升内控能力，完善内控体系建设，切实防范风险。在此情况下，负债进行精细化管理变得格外重要，商业银行纷纷出台了关于负债的管理办法，有针对性、精细化地去管理和引导负债。如齐鲁银行实施全面风险管理强化资产质量，提升息差管控优化资产负债；兴业银行的资产负债表再重构策略。那么，资产和负债管理具体包含哪些管理方法呢？哪些更适合现阶段的中国商业银行采用呢？在本章将会介绍关于商业银行资产和负债管理的基本理论和方法，从基础理论的角度帮助读者更好地理解资产和负债管理的方式及意义。

2.1　资产管理理论与负债管理理论

资产负债管理理论的发展历程，按照时间顺序，分为资产管理理论、负债管理理论和资产负债综合管理理论三个阶段。

2.1.1　资产管理理论

从 18 世纪中后期到 20 世纪 70 年代，随着社会经济环境的变化和商业银行的发展，银行资产业务也得到了相应的发展。由此，资产管理理论也经历了真实票据理论、资产转移理论、预期收入理论、超货币供给理论四个不同的发展阶段。

1）真实票据理论

这一理论亦称商业性贷款理论，是由 18 世纪英国经济学家亚当·斯密在其《国富论》一书中提出的，在 18 世纪中后期被广泛应用。该理论认为，商业银行的资金来源主要是流动性很强的活期存款，因此其资产业务应主要集中于短期自偿性贷款，即基于商业行为能自动清偿的贷款，以保持与资金来源流动性相适应的资产流动性。短期自偿性贷款主要指短期的工商企业流动资金贷款。该理论强调贷款必须以商业为基础，以真实的商业票据为凭证，一旦企业不能偿还贷款，银行可处理抵押商品，收回贷款。

从理论产生的背景看，一方面，当时处于商业银行发展的初期，企业的经营资金大多是自有资金，只有出现季节性或临时性资金不足时，才向银行申请贷款；另一方面，当时银行的资金来源主要是短期存款，其高流动性要求相应贷款的高流动性。为此，发放自偿性贷款既符合流动性的要求，又兼顾了盈利性。从宏观上看，自偿性贷款依贸易需要而自动伸缩，对货币和信用量具有自动调节作用。在资本主义自由竞争阶段，在没有政府机构出面稳定经济、没有任何机构给商业银行提供流动性保证的条件下，该理论对稳定银行经营有着一定的积极作用。因此，该理论长期支配和指导商业银行经营业务。

随着经济环境的变化，该理论的局限性愈加明显：其一，忽略了短期存款沉淀部分的相对稳定性和银行长期存款比重的不断上升，忽略了银行可用资金的潜力；其二，没有认识到国民经济对贷款需求的扩大和深化，不能适应垄断资本主义条件下金融寡头利用银行资本对工业资本渗透和融合的客观要求；其三，在经济危机等外部条件影响下，自偿性贷款未必能保障贷款的如期收回；其四，随着商业周期自动伸缩信贷量，自偿性贷款会加大经济的波动，影响中央银行货币政策的调节功能。

2）资产转移理论

20世纪初，金融市场的发展和政府借贷的需要使银行持有的政府债券增多、金融资产的流动性增强。在此背景下，银行保持流动性的关键在于银行资产的变现能力。银行在资金运用上应持有具有可转换性的资产，这类资产应具有信誉高、期限短、容易转让的特性，使银行在需要流动性时可快速转让，获取所需资金。只要银行持有的资产能够易于在市场上出售，或易于转让给中央银行，就没有必要局限于短期自偿性贷款。资产转移理论为银行的证券投资、不动产贷款和长期商业贷款打开了大门。

在这一理论的影响下，银行资产经营范围显著扩大。但其也有局限性，一是片面强调证券转手而忽略证券和贷款的资产质量及物质保证，从而为信用膨胀提供了条件；二是银行资产的变现还取决于市场状况的好坏，可能造成银行变现资产的损失，例如在经济危机期间证券的大量抛售和价格暴跌，可能会引起银行资产的巨额损失。

3）预期收入理论

该理论是由美国经济学家普鲁克诺于1949年提出的。20世纪40年代第二次世界大战之后，在西方国家鼓励消费信贷的发展以扩大有效需求从而刺激经济发展的政策导向下，中长期贷款及消费信贷的需求扩大。在该背景下，预期收入理论应运而生。无论短期商业性贷款还是可转让的资产，其贷款偿还或证券变现能力都以预期收入为基础，所以银行发放贷款的关键在于该笔贷款还款来源有保证。

第二次世界大战后，中长期设备贷款、住宅抵押贷款、消费贷款和租赁等分期贷款迅速发展起来，成为支撑战后经济发展的重要因素，这都是预期收入理论的应用。其主张商业银行把借款人的预期收入作为衡量其还款能力的标志，跳出短期流动性的制约，开始向长期流动性发展，扩展了银行的资金运用范围。其主要局限性在于把预期收入作为资产管理的标准，而预期收入状况是由银行自己预测的，具有主观性，不可能完全准确。在资产期限较长的情况下，债务人的经营情况可能发生变化，届时并不一定具备偿还能力，尤其当利率水平升高的时候，未来的偿付能力往往比预期的更小。

4）超货币供给理论

20世纪70年代，随着货币形式的多样化，能够提供货币的非银行金融机构不断增多，信贷市场竞争压力加剧，在这种情况下，银行如果仅提供货币是无法获得更多优势的。超货币供给理论提出，银行提供货币形式的信贷只是其达到经营目标的手段之一，除此之外，它不仅有多种可供选择的手段，还有广泛的兼顾目标。因此，银行资产管理应超越货币的局限，提供更多的服务。

从该理论出发，银行通过购买证券和发放贷款提供货币的同时，积极开展投资咨询、项目评估、市场调查、信息分析等多方面配套业务，使银行资产管理达到了前所未有的广度和深度。在非金融企业进入金融竞争领域的时候，超货币供给理论使银行获得了与非金融企业相抗衡的武器。但该理论也有局限性，一方面会使银行的业务范围过于宽泛，导致集中和垄断；另一方面会加大银行的经营风险。

上述几种主要的资产管理理论反映了商业银行在不同发展阶段的经营管理特点。这些理论在保证银行资产流动性方面各有侧重，是相互补充的关系，反映了银行资产管理理论处于不断地发展和完善中。每一种理论都推动了银行资产业务不断向前发展。

2.1.2　负债管理理论

负债管理理论产生于20世纪50年代末期，盛行于60年代，经历了银行券理论、存款理论、购买理论、销售理论四个发展阶段。

1）银行券理论

启智增慧2-1
资产管理理论向
负债管理理论
演变的原因

银行券理论是一种传统的银行负债理论。银行发展初期，人们将金银或金银铸币存入银行，银行开出一张支付凭证，承诺执票人可凭票取得票面数额的金银或金银铸币。银行发行的凭证就叫银行券，或叫银行钞票。银行券属于银行负债，而银行负债的背后需要有贵金属资产做后盾。在"金匠法则"[①]影响下，银行家们发现持券人一般不会同时要求兑现，没必要时刻准备着实足的金银资产，这样银行券就可以多发行。以票据贴现方式多发的银行券便成为银行赚取利润的主要手段。由于当时金融法规不健全，银行券的丰厚盈利吸引了一群冒险家和骗子，他们纷纷打着银行的招牌，发行银行钞票，骗取了大量金银财物，使银行券持有人遭受了巨大损失。此时政府就出面干预，对开设银行施加限制。但政府过多插手银行业，又会使银行家不堪承受。

为解决上述矛盾，1884年，英国通过《英格兰银行法案》，该法案将银行券的发行权集中于中央银行，兼顾到了发行的黄金保证和财政筹资两方面的要求。当各国普遍建立中央银行制度以后，发行银行券成为中央银行的负债，银行券库存则成为商业银行的资产。

从现代商业银行的角度看，银行券发行的原理对银行负债管理仍有一定的现实意义。银行发行的负债证券，必须有真正的货币为兑现做准备。而兑现准备的数额，视不同的经济形势而变，因此负债的适度性就成为银行券理论的核心。在传统金融制度下，这种适度性受金银贵金属限制；在古典中央银行制度下，受制于中央银行发行的现金；在现代金融制度下，受制于中央银行的控制和商业银行自身保持流动性的能力。根据银行券理论所衍生出来的负债管理政策，要求中央银行通过存款准备金制度控制货币；商业银行必须按规定比例缴纳准备金存款；银行存款应当保证按契约要求兑付现金或转账支票；商业银行必须保持足够的负债流动性。

2）存款理论

在商业银行失去发行银行券的职能后，存款理论成为银行负债管理理论中的主要理

---

　①　金匠法则是几百年前英国的金匠根据日常黄金存款情况所发现的一种经验法则。彼时，英国经营贵金属物品的金匠店，也代客户保管金银等贵金属及其制品并收取一些保管费。后来金匠发现只需保存一部分黄金做准备，就能应付客户的日常提取，其余部分可以放款，以获取利息，这就是现代银行业务的雏形。

论。存款理论包括：存款是银行最重要的资金来源，是银行资产经营活动的基础；存款是存款者放弃货币流动性的一种选择，银行应当支付存款利息，付出的利息构成银行成本；存款形成的过程中存款者占主动地位，银行只能被动顺应存款者的选择；银行和存款者关注的核心问题是存款的安全性，存款者最担心的是存款能否如期兑现，而银行最担心的是存款者是否会挤兑，从而影响银行的名誉甚至导致破产；存款的稳定性是银行经营的客观要求，为了保证存款的稳定性，银行的资金运用尤其是长期性贷款和投资运用，必须限制在存款的稳定沉淀额度之内，以免造成流动性危机。

存款理论强调按照客户的意愿组织存款，遵循安全性原则管理存款，根据存款的总量和结构来安排贷款，参考贷款的收益来支付存款利息。它不赞成盲目发展存款和贷款业务，不赞成冒险的获利经营。因此，存款理论的稳健性或保守性是其最主要特征。在银行负债理论中，存款理论占据着正统地位，往往与通货比较稳定、经济持续增长的条件相联系。受存款理论影响，这一阶段的一系列银行管理制度都起着保障稳定作用。

3）购买理论

购买理论兴起于20世纪60—70年代通货膨胀的滞胀时期。该理论的兴起标志着银行经营战略思想的重大转变。其认为银行完全可以采取主动负债、主动购买外界资金的策略。购买理论的核心是变被动的存款为主动的借款，变消极的付息为积极的负债购买。

购买理论的主要内容包括：银行购买（借入）外界资金，如回购协议等，是为了增强流动性，形成可控性较强的主动负债。因此，银行在负债管理的购买行为比在资产管理方面的行为更主动、灵活。该方式的主动灵活性在于：其一，从购买对象看，除了一般公众之外，同业金融机构、中央银行、国际货币市场，乃至财政机构，都可视作商业银行的购买对象；其二，从实际购买行为看，银行可以通过直接或间接地抬高资金价格的方式，即在传统的存款管制条例间隙，用各种或明或暗的方式，支付较高的利息、变相利息、隐性补贴、提供免费服务，吸引更多的资金供应者。银行购买外界资金是为了适应其资产规模扩张的需要，面对日益庞大的贷款需求，银行通过主动购买行为，摆脱了存款数额的限制。

购买理论可行的条件是银行在通货膨胀情况下的实际低利率和负利率，是实物资产投资的不景气和金融资产投资的繁荣状态。在这种情况下，银行能够通过刺激信贷规模扩张弥补低利率水平下经营利润的减少。在该理论的影响下，商业银行更加积极主动地吸收资金，扩张信用和增强竞争力，从而推动经济增长，但同时，商业银行盲目扩大负债的行为，造成了恶性竞争，从而加重债务危机和通货膨胀。这也是购买理论并没有取得长期稳固正统地位的原因。

4）销售理论

销售理论产生于20世纪80年代，主要提倡推销金融产品，不再单纯地着眼于资金，而是立足于金融服务，创造形形色色的金融产品，为客户提供形式多样的服务。

销售理论把银行作为金融产品的制造企业，银行负债管理的中心任务是努力推销这些产品，从中既获得所需资金，又获得应有的报酬。销售理论的内容包括：银行服务的出发点和归宿点是以客户的利益和需求为基准的，表面上银行是资金的汇集融通中心，实质上是利益调节配置中心。销售理论的核心是银行在力所能及的范围内，为不同客户提供特殊需求的金融服务。从银行角度看，任何金融产品的实质都是资金的运筹，而其外壳或包装则是其他形式的商品或劳务服务。银行通过金融服务和金融产品的相互配合，销售更多的金融产品，达到吸引资金的目的，这是销售理论的实质。销售理论的观念不只限于负债，也涉及银行资产，这就要求设计一种金融产品时需要将两方面联系起来。

总之，贯穿于销售理论始终的是一种市场理念。它要求银行根据市场需求，告诉消费者，银行将在什么时候、以什么方式向其提供相应的金融产品或服务。该理论反映了金融业和非金融业之间的彼此竞争和相互渗透，标志着金融机构正朝着功能多样化、复合化方向发展。但也潜伏着许多新风险，所以销售理论不能完全取代其他传统负债理论，只能是这些理论的有益发展和必要补充。

2.2　资产负债综合管理理论

20世纪70年代末，很多国家陷入了经济衰退，市场利率变动频繁、波幅加大，这使得负债管理在负债成本提高和经营风险增加等方面的缺陷越来越明显。单纯的负债管理已经不能满足银行经营管理的需要。这一时期各国金融管制逐渐放松，使得银行吸收存款的压力减小，因此，商业银行由单纯偏重资产管理或负债管理转向资产负债综合管理。

2.2.1　资产负债综合管理基本原理

1）偿还期对称原理

偿还期对称原理是指银行资产和负债的偿还期要在一定程度上相互对称，如活期存款与现金资产相对应，定期存款与长期贷款相对应。遵守偿还期对称原理，有助于减少资产项目和负债项目期限上的"摩擦"，减少流动性风险。但在实际操作中会出现很多不确定因素，导致银行很难做到每笔资产和每笔负债的期限能够完全统一。当然银行也没有必要保证完全一致。如活期存款由于存取不定，应该和现金资产相对应，但是活期存款的流入流出可能会出现稳定性的存款余额，这部分存款余额就可以成为银行可以长期利用的资金。此外，银行的流动性也可以从市场上购入。当偿还期不对称时，银行可以通过购入资金缓解资金压力，因此银行只要做到资产和负债大致对称即可。通过资产平均到期日与负债平均到期日之比（K）可以粗略估计银行的资产和负债的偿还期是否对称。

$$K = 全部资产平均到期日 \div 全部负债平均到期日 \tag{2-1}$$

$K = 1$，说明资产和负债的偿还期基本对称。$K < 1$，说明资产平均偿还期短于负债的平均偿还期，银行的流动性可能闲置，银行可以将多余的流动性充分运用，因为保持太多流动性会降低盈利水平。$K > 1$，说明资产的平均偿还期比负债的平均偿还期长，银行可能在未来不得不仓促变卖长期资产以应对短期的流动性需求，因此银行应该采取措施增加流动性资产的存量。但是对偿还期的分析不可以完全依赖K值，因为K值在资产负债期限明显不对称的情况下也可能等于1，从而导致银行做出错误的决策。

2）目标替代原理

目标替代原理，是指银行的流动性、安全性和盈利性之间具有此消彼长的关系。银行无法使流动性、安全性和盈利性这三个目标同时达到最优，但是可以"中和"这三个目标，使它们的综合效果达到最佳。作为现代商业银行资产负债综合管理的理论基础，目标替代原理能从理论上对商业银行的具体资产和负债安排进行科学的指导，避免完全凭经验调整资产和负债结构而造成的一些不良后果。我国商业银行在金融体制改革的进程中，面对日趋激烈的竞争，尤其要注意经营管理的科学性、规范性，要勇于学习和创新，进一步完善资产负债比例管理和风险管理，将"三性"目标作为贯穿始终的经营原则。这符合银行广大客户的利益要求，也符合银行自身的发展要求，更是符合央行的金融监管要求。商业银行不可以过度偏好流动性，将所有的资产分配在流动性资产上，也不可以盲目追求高盈利资产。如何配置这些资产取决于对流动性、安全性和盈利性的权衡。

3）风险分散原理

银行要将资产在不同客户、不同种类之间进行有效分散，避免资产过于集中以及在风险成为现实时措手不及。每个行业（公司）都有自己的特有风险，将资产在不同行业（公司）之间进行分散，可以有效地使行业（公司）的特有风险在一定程度上抵消，减少银行面临的风险。例如，当基本建设规模收缩的情况下，建材行业会出现普遍的产品积压，银行在向建材行业贷款时需要适当减少。还有一些行业与另一些行业有很强的相关性，银行进行资产分散时也需要考虑到这种相关性。例如纺织行业与服装行业，当服装行业不景气时，纺织行业马上会受到影响，这两种行业具有相似的风险。如果一家银行把资产都集中在同一行业或相关行业，会大大增加资产的损失风险。

2.2.2 资产负债管理的目标

1）目标制定需要考虑的因素

资产负债管理要求银行经理根据收益或风险目标对净利息收入进行管理，因此银行经理首先应该对目标以及目标建立的职责有透彻的理解。金融机构目标的制定更加复杂。资产负债管理的长期目标是股东价值最大化，此外，客户需求、管制因素等都会影响目标的制定。具体而言，需要考虑以下主要因素：第一，需要从股东的立场出发，作出符合股东利益的决策，这涉及股东和经理人之间的委托-代理关系，股东是委托人，经理是代理人，经理在做出决策时不能损害股东的利益。银行是靠吸收储户存款然后放贷获取利息的。对银行来讲，储户的钱并不是自有资金，而是一种负债，银行在往外放贷时具有杠杆功能，而且是极高的杠杆，一旦破产，股东需要优先承担破产成本，因此从股东角度看，银行不能承担过多的风险，在制定目标时，经理需要将股东利益纳入考虑。第二，需要满足客户合理的流动性需求。银行在发行债务工具获取资金的同时，也是在为顾客提供流动性服务，银行有义务随时满足客户合理的流动性需求。因此银行在确立目标时，必须考虑顾客需求。第三，需要考虑管制因素，这里也涉及委托-代理关系，银行是代理人，而监管部门是委托人。监管机构认为银行提供的服务具有公共物品性质，其信用扩张直接影响货币供应量，所以监管机构要求银行承担部分执行货币政策和财政政策职能。而且一般监管机构都为银行提供保险，他们需要对银行的经营行为加以限制，防止银行决策失误，避免存款保险资金的流失。因此银行经理在做出决策时同样要考虑监管者的偏好。

2）资产负债管理目标的核心参数

净利息收入、净息差、净资产收益率及其波动性和公司市场价值是银行资产负债管理目标的主要核心参数。商业银行参与金融市场的方式是发行债务工具和购买金融资产，前者需要支付利息成本，后者可以获得利息收入，因此对利差（margin）的管理是商业银行管理的重要组成部分。利差是商业银行从资产中获得的利息与支付的负债利息之间的差额。我们可以用净利息收入（net interest income，NII）和净息差（net interest margin，NIM）衡量利差。

净利息收入 = 利息收入 − 利息支出　　　　　　　　　　　　　　　　　　　　　　（2−2）

净息差 = 净利息收入 ÷ 平均生息资产规模　　　　　　　　　　　　　　　　　　　（2−3）

净息差收入与平均生息资产规模之比消除了资产规模的影响，使数据更具有可比性。NIM 高表明商业银行生息资产收益水平较高，或者付息负债融资成本较低。如果 NIM 为较低甚至为负值，意味着银行的利息收入较低无法支付利息费用，银行需要增加其他的非利息收入来源，否则银行经营困难。因此银行需要尽可能地使 NII 或 NIM 达到最大，并且使 NII 或 NIM 的波动性最小或在一定的风险水平下使 NII 或 NIM 最大，即降低利率风险的不利影响是银行资产负债管理努力实现的目标之一。

从战略计划角度看，银行的资产负债管理目标是获得具有竞争力的净资产收益率（ROA）以及降低净资产收益率的波动性（标准差）。

$$RI = [E(ROA) + CAP]/\sigma_{ROA}　　　　　　　　　　　　　　　　　　　　（2−4）$$

$E(ROA)$、CAP 都取决于 NII 和 NIM 的稳定性。其中，RI 为风险系数，$E(ROA)$ 为净资产收益率的期望值，CAP 为银行资本，σ_{ROA} 为净资产收益率标准差。

从经济学角度看，银行资本的市场价值（MVE）也是衡量资产负债管理效果的核心参数。MVE 是反映银行面临的利率风险以及未来收益预期的指数。MVE 比 NII 或 NIM 更全面地反映了银行资产负债管理水平。它既包括利率变动对资产负债表内项目的影响，也包括对资产负债表外项目的影响。

2.2.3　资产负债管理方法

1）资金池法

资金池法（the pool-of-funds approach）是指不管资金是活期存款、定期存款、借入资金还是自有资本，将所有的资金都汇合到一个资金池，然后根据银行的需求予以运用。资金池流入的"水量"不是银行所能左右的，其数量随着外部经济环境的变化而变化，如图 2−1 所示。

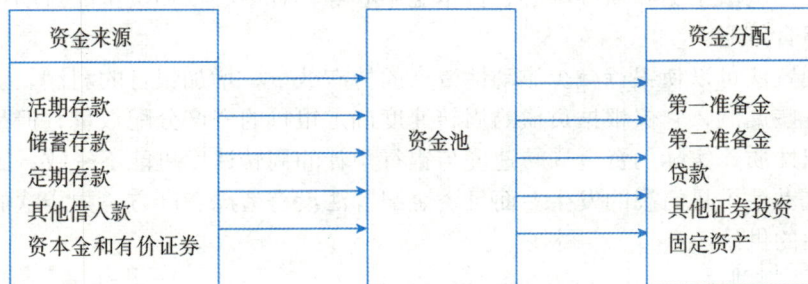

图2−1　资金池法示意图

资料来源：庄毓敏. 商业银行业务与经营 [M]. 北京：中国人民大学出版社，2022.

基本步骤：

（1）银行将所有的资金投入到资金池中，忽略资金来源的类型和性质。

（2）确定银行的流动性标准。银行管理层根据对流动性需求的判断或者根据以往的经验，或者可以参照规模、区域经济相似的银行公布的财务比率确定银行流动性目标。

（3）根据以上银行确定的流动性目标，计算银行应该持有的现金资产即第一准备金，具体包括法定准备金、库存现金、同业存款以及托收中的现金。第一准备金要满足监管部门以及日常交易的要求。

（4）分配第二准备金。第二准备金是指可以随时变现并且可以享受一定收益的政府债券、银行承兑票据、公司债券等。在一级准备金不足以满足流动性需求时，这部分流动资产可以迅速转化成一级准备金。而且它们会产生一定的收益，减少持有现金的机会成本。

（5）有了第一准备金和第二准备金，银行可以放心地将多余资金用来发放贷款。对于符合条件的优质贷款，银行在可贷资金额度内都应该予以满足。美中不足的是资金池法没有说明银行如何进一步分配不同类型、不同期限的贷款，忽视了不同类型贷款的流动性差异。

（6）分配完第一准备金和第二准备金后，发放贷款，如果资金还有剩余，银行可以将剩余资金用来购买长期公开债券，这样一方面可以获得投资收益，另一方面可以补充第二准备金。

资金池法简单易行，操作成本较低，被广泛运用于20世纪30年代的经济大萧条时期。资金池法促使银行将精力集中在资产分配上，有利于提高资产分配的效率。这种方法的缺陷是：①流动性比率的确定具有主观性，容易出现流动性过剩或者缺乏的情况。②没有考虑贷款的还本付息带来的流动性供给。③将资金池的规模完全看作外生变量，银行没有任何影响力。④没有考虑资产和负债在季节性和周期性之间的相互作用。⑤忽略了流动性需求与资金来源之间的相关关系。

2）资金配置法

资金配置法（asset-allocation approach）认为银行的流动性需求与银行资金来源结构有直接关系，因此资产运用的方向应该取决于资金来源的结构，应使资产的流通速度与负债的流通速度相一致，即将周转率低的负债投资于期限较长、收益较高的资产，将周转率高的负债作为第二准备金。

银行在运用该方法时，可以根据不同负债来源设立活期存款中心、储蓄存款中心、定期存款中心、次级票据和债券中心、资本金中心等，各中心根据资金的流动性状况采取不同的资产组合策略。

资金配置法可以使银行减少流动性资产的持有数量，增加银行的利润。资金配置法同样也存在一些漏洞，它仅根据负债的周转速度确定银行的资产分配数量，但是有些负债来源具有期权性质，实际的资金周转速度与银行预计的周转速度可能不一致，因此银行仍然无法避免流动性不足情况的发生。而且资金配置法没有考虑资产方，如贷款的偿还也可以提供流动性的供给。

3）线性规划法

线性规划法（the linear programming approach）也称作管理科学法，是在一定的约束条件下解决如何使目标函数最大化或最小化的一种运筹学方法。应用线性规划法首先需要确定模型目标函数，再寻找约束条件（可以是等式也可以是不等式），最后求出线性规划的解。在决定银行资产分配数量的模型应用中同样包括三步：①建立目标函数。确定银行进行资产分配的目标是实现利润最大化还是风险最低。银行也可以选择一组目标建立多目标函数。②确定约束条件。这些约束条件可以是监管部门的要求，也可以是银行的内在要求。③模型建立完成后，银行可以通过特定方法或者借助于计算机求出最优解。

线性规划法较前两种方法能够更加精确地计算出分配到各种资产的资金数量。但是线性规划法在现实数据量化过程中可能掺杂主观因素，导致建立模型的数据失准，结果也会不可靠。此外，根据线性规划法得出的结论并不能直接作为最后的决策，仅能成为提供给决策层的分析资料，最终还得由银行经理根据以往的经验权衡各财务目标做出决策。

启智增慧 2-2
商业银行经营管理者的人才素质

4）资产负债比例管理方法

资产负债比例管理是指通过建立一套指标体系引导、评价和管理商业银行的资金运用方向，使银行各项指标能够达到或接近最佳水平，以实现银行流动性、安全性、盈利性的和谐统一，最终达到银行的经营目标。资产负债比例不能简单地理解为银行资产与其负债的比例，它是综合反映商业银行资产负债管理战略目标和工作策略的比例指标体系，同时，其中一些资产负债指标也是各国政府和中央银行监管商业银行经营的核心内容。现在，我国商业银行已经完全实行了资产负债比例管理，这不仅是中央银行对银行监管方式的转变，也是银行自身发展所要求的。资产负债比例管理防止了银行无限制地扩张自己的资产和负债。比如因资本与风险资产比例管理的限制，银行吸收存款、发放贷款或配置其他资产业务都要考虑到自己资本金的大小。如果资本金不够大，没有能力增加资本，就只有放慢资产扩张的速度。

2.2.4　资产负债管理工具

资产负债管理工具主要分为两类：一类是资产负债表内方法，通过对资产负债表内的资产和负债的久期（duration）或者到期期限（maturity）进行匹配来管理资产和负债，主要有久期缺口模型、利率敏感缺口模型和模拟模型；另一类是资产负债表外方法，通过利率期权、利率期货、利率互换、利率上限和下限的方法规避风险。本章主要介绍模拟模型，其他方法将在第 10 章具体介绍。

模拟模型是将资产负债信息输入计算机系统处理，计算出各时期利率敏感性资产和负债总额、资金缺口大小和方向、持续期缺口大小和方向等，通过不同的利率假设进行动态模拟分析，为银行资产负债管理和利率风险防范提供决策依据。模拟资产负债管理模型使得在不同假设条件下评估各种资产负债战略成为可能。银行可以确定在不同管理战略下的风险收益对比关系，具有检测不同情景的灵活性。同时可以进行压力测试，以预测大的利率变化对收益和资本的影响。模拟模型主要在大银行使用。

模拟模型通过假设预期利率的水平变化、收益率曲线的形状、资产负债的定价战略、增长率、资产负债的数额和构成，利用计算机做出各种预测，包括本期和预期的利率敏感性缺口、持续期缺口、资产负债表和利润表、各种业绩指标以及决策建议。多数大银行主要利用模拟模型确定它们的利率风险限额，然后再检测这些限额。

模拟模型的基本步骤大体上分三步：（1）判断今后 1~2 年内市场利率变化的可能结果，在此基础上制作计划资产负债表和利润表。（2）设定利率变化与基准变化线的乖离，并利用模型计算在此乖离结果下的净利息收入等主要经营数据，进而把握这些主要经营数据与基本计划相比的变动情况，并将其转换为利率风险的具体量化指标。（3）利率风险的量化指标值是否超出资产负债管理委员会设定的变动范围。若超出，则需修改经营计划或采取操作对策（如买进或卖出债券、运用衍生品交易避险等）来调整利率风险的量化指标，使其回到设定的变动范围。

资产负债综合管理理论已成为现代商业银行普遍使用的基本方法和手段。中国银行业自交通银行于1988年首先实行"比例管理"为核心的自我控制体系，开始了资产与负债协调管理的探索与实践。中国人民银行1994年颁发了《关于对商业银行实行资产负债比例管理的通知》，使这一理论正式引进中国。

本章小结

资产负债管理是商业银行管理的核心与基础，商业银行其他各方面的管理都以资产负债管理为基础，从而形成了一套完整的基本理论体系和管理方法。商业银行资产负债管理理论经过了资产管理理论、负债管理理论和综合管理理论三个阶段。

（1）资产管理理论的演进经历了三个阶段，即真实票据理论、资产转移理论和预期收入理论。

（2）负债管理理论包括：银行券理论、存款理论、购买理论和销售理论。

（3）资产负债综合管理理论强调对银行资产和负债进行综合全面的管理，具体管理时应当遵循的基本原理和准则是：偿还期对称、目标替代和风险分散原理。

关键概念

偿还期对称原理　目标替代原理　线性规划法　资产负债比例管理

综合训练

✔ 问答题

1）商业银行经营管理理论是如何演变的？

2）商业银行资产负债管理的基本方法有哪些？

3）简述线性规划法。

✔ 分析题

美国硅谷银行破产的启示

美国西部时间2023年3月10日（北京时间2023年3月11日凌晨），美国加州金融保护和创新部（DFPI）宣布关闭美国硅谷银行（Silicon Valley Bank，SVB），这意味着美国硅谷银行正式破产。同时任命美国联邦存款保险公司（FDIC）为破产管理人。

美国硅谷银行的主要业务服务对象为科创企业和科创类风投公司，这些企业为了确保能够有充足的资金开展并购或研发投资，因此往往在银行中留存了大量流动性较好的存款。2020年开始美联储迅速下调联邦基金利率目标区间，并启动无限量的量化宽松（QE）

计划，这些科技公司获得了巨额的资金，都存放在了硅谷银行，最后硅谷银行总资产迅速膨胀，截至 2022 年年底，硅谷银行总资产从 2019 年的 710 亿美元迅速攀升至 2 118 亿美元。同时由于当时美联储处于零利率水平，银行利润被压缩，以及在疫情的影响下，企业贷款减少，银行放贷速度跟不上客户存款的增长速度。于是硅谷银行在资产上做出了这样的配置：大量购买美国国债和抵押贷款支持证券（MBS）。

从负债端来看，硅谷银行的资金主要来源于其企业客户的活期存款，其中一般存款占到近 90% 的水平。从资产端来看，硅谷银行配置了大量的流动性较高但需要持有到期的资产，如国债和资产支持证券。据统计，从 2021 年年报开始，硅谷银行持有至到期项目拥有的证券规模快速扩张，一度占到总资产的 46.47%。截至 2022 年年底，SVB 拥有 1 200 亿美元的证券投资，其中包括持有至到期投资（HTM）中的 913.21 亿美元的抵押贷款支持证券（MBS）和 260.69 亿美元的可供出售金融资产。上述证券投资远超其 740 亿美元的贷款总额。

2022 年 3 月，美联储为了应对美国的通货膨胀，采取了紧缩措施开始不断加息提高利率，导致硅谷银行购买的债券价格下跌，造成了按市值重估的严重账面亏损。同时美联储的疯狂加息也导致融资渠道枯竭，流动性收紧，科创企业被迫大量消耗存款以维持运营。存款的大量流失要求硅谷银行减持证券资产，如果银行不卖出债券，就只是账面浮亏，但若为了应对流动性问题被迫出售，就会马上兑现损失。损失兑现又牵动了储户神经，引发市场挤兑，加大银行抛售的压力，资产进一步缩水。2022 年年底，硅谷银行可供出售金融资产的公允市值较其成本减少 25 亿美元。同时，其持有到期证券的公允市值为 762 亿美元，较其资产负债表的价值减少 151 亿美元。2023 年 3 月 9 日，硅谷银行公告卖出 216 亿美元可供出售金融资产，损失 18 亿美元，并公告拟发行股票融资 22.5 亿美元，由此再次引发市场恐慌性抛售硅谷银行股票，最终宣布倒闭。

问题：（1）简述硅谷银行资产负债结构的特点，分析其破产原因。

（2）结合本章内容，分析硅谷银行破产对我国商业银行资产负债管理有什么启示。

即测即评 2　　综合训练
参考答案 2

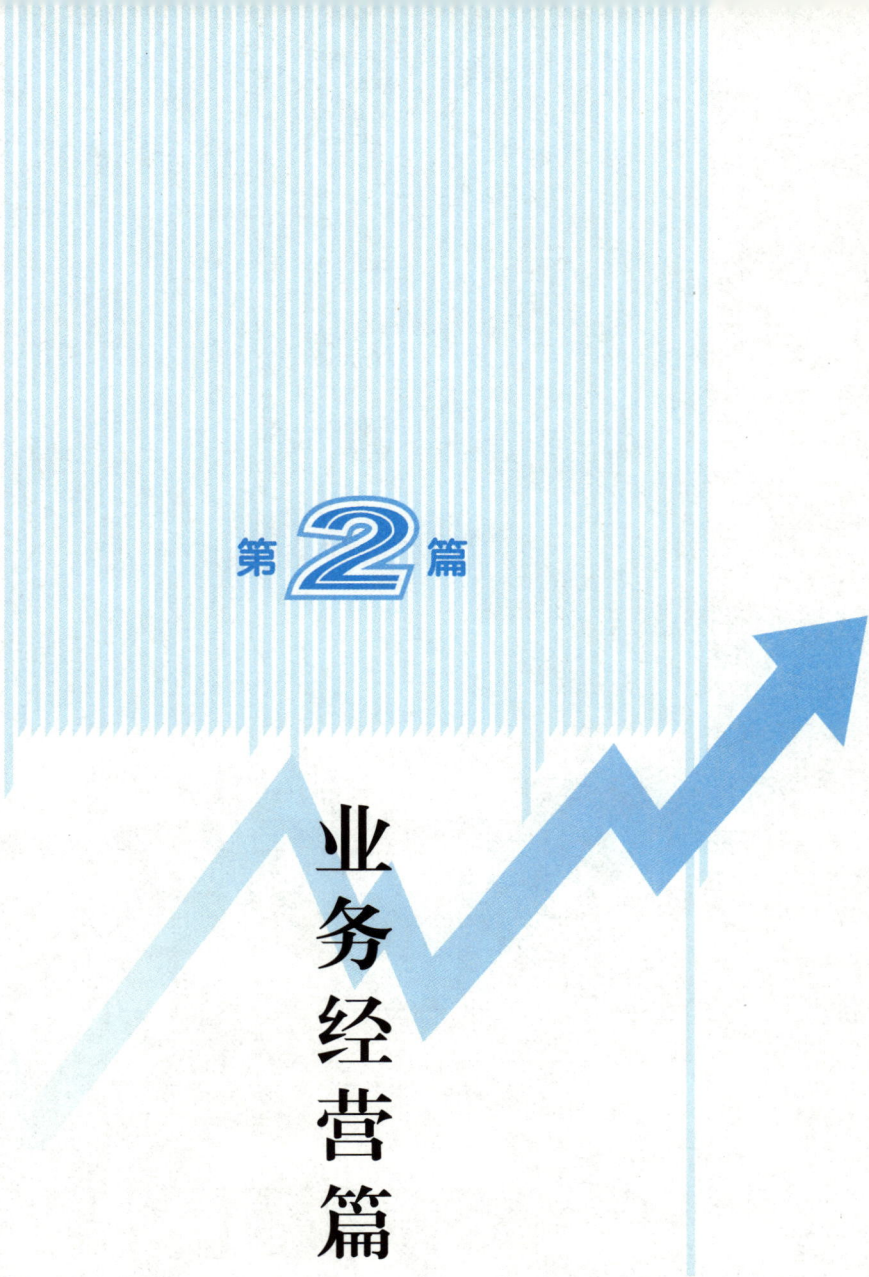

第2篇

业务经营篇

第3章

商业银行资本管理

目标引领

☑ 价值塑造

为贯彻落实中央金融工作会议精神，全面加强金融监管，国家金融监督管理总局于2023年11月1日发布了《商业银行资本管理办法》，进一步完善了我国商业银行资本监管规则，推动银行强化风险管理水平，提升服务实体经济质效。通过本章的学习，明确资本管理对于商业风险管理的重要性，强调法治监管，进一步提升风险管理精细化水平的契机，积极推动银行业新一轮风险管理能力升级。

☑ 知识传授

通过本章的学习，掌握银行资本的含义、构成、资本充足性的衡量；了解《巴塞尔资本协议》的演变沿革；掌握《巴塞尔资本协议》的主要内容及影响；了解我国商业银行资本管理的沿革与现状；掌握我国商业银行资本管理的内容。

思维导图

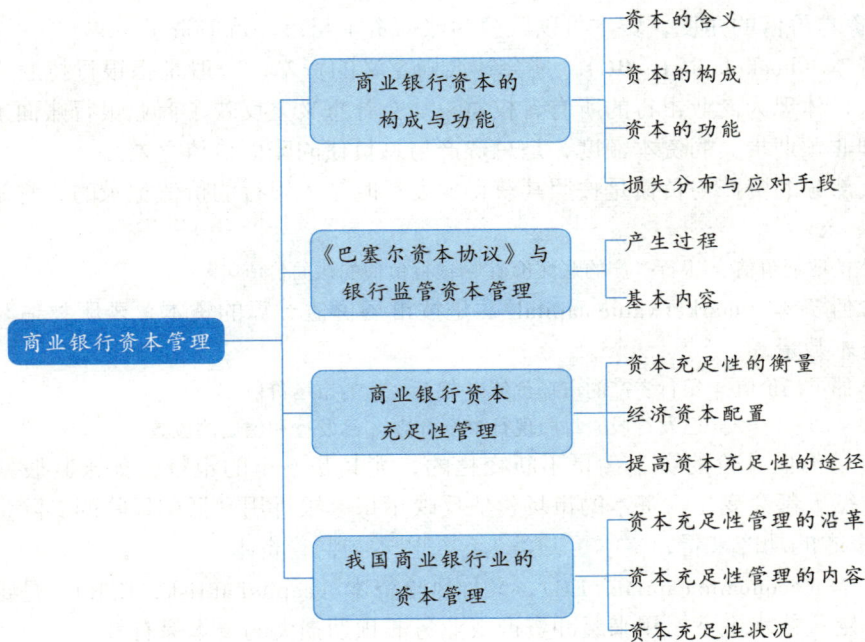

资本新规正式实施，对金融机构影响深远

2023年11月1日，国家金融监督管理总局发布《商业银行资本管理办法》（简称"资本新规"），2024年1月1日，"资本新规"正式实施。对于构建差异化资本监管体系、优化我国银行体系资本管理能力、提升银行体系风险计量的精确性和规范性、增强我国银行体系的监管资本总体稳定具有重大意义。在金融市场方面，将进一步约束同业空转，引导资金流向优质企业债券和地方政府债券。资本新规对商业银行配置资管产品的信息穿透与否、风险权重、杠杆率等方面提出了新的政策约束。

商业银行的设立与经营，必须拥有资本金。资本管理不是简单的某一项资本的计算，而是涉及上至董事会、高级管理层的发展目标、风险偏好和业务政策，下接业务前中后台的各项日常经营，横跨各条业务线和各职能部门的运作。国际银行业通常把资本管理看作一个有机的整体，包括决策系统、信息技术系统、执行系统和监督系统。资本管理框架是否完善，决策系统、执行系统和监督系统是否健全和有效运作以及信息技术系统是否先进和有效，决定了商业银行资本管理的效率。

3.1 商业银行资本的构成与功能

3.1.1 商业银行资本的含义

商业银行的资本是商业银行的所有者投入到银行的用于抵御未预期损失的资金或资产，它代表着对银行的所有权。资本从不同的角度讲，有不同的含义。

1）从资本价值的角度，资本可以区分为账面资本与市场价值资本

账面资本（book capital，BC），是会计准则定义的资本，一般是指银行持股人的永久性资本投入，体现为商业银行的所有者权益，从会计意义上反映了商业银行账面上保有的可用于抵御非预期损失的资本额度，是总资产与总负债的账面价值之差。

银行大部分的资产与负债是按照其获得或发行时记入银行的价值记录的，它是一种静态的资本。

$$银行资本的账面价值 = 银行资产的账面价值 - 银行负债的账面价值 \tag{3-1}$$

市场价值资本（market value capital），是按市场价值计算的资本，表明评估时银行实际拥有的资本数量。

$$银行资本的市场价值 = 银行资产的市场价值 - 银行负债的市场价值$$
$$= 已发行股票每股现行市场价值 \times 已发行和售出的股数 \tag{3-2}$$

按照市场价值计价的资本额是不断变化的，尤其是上市的银行，如果其股票交易活跃，资本额每天都会变化。资本的市场价值反映了每家银行用来抵御风险的实际资本额。

2）从资本的功能来看，资本可归类为经济资本与监管资本

经济资本（economic capital，EC），又称风险资本（capital at risk，CaR），是银行内部评估的在一定置信水平下，用来缓冲资产或业务非预期损失的资本保有额。

经济资本是一个计算值，是内部管理使用的虚拟资本，与银行内部测量的风险的非预期损失相对应，用以抵御银行的非预期损失。其数额的多少与该银行的评级和其风险的大小密切相关。穆迪公司认为，经济资本必须是永久而随时备用的，不受银行管理层、银行业务、市场参与者限制，能完全抵御损失，而不使一般债权人受任何影响。

经济资本不足，商业银行将会超出风险控制能力，导致资产质量下降，削弱价值，不能产生与风险相匹配的资本回报，导致股东满意度下降，股价下跌，严重的可能被迫退出。

监管资本（regulatory capital，RC），是指银行的监管当局认可的股东权益和某些负债。或称法定资本，分为一级资本（核心资本）和二级资本（附属资本）。

监管资本从监管角度反映了银行监管当局对商业银行资本保有额的监管要求，考虑了银行破产时带来的私人成本和公共成本。如果监管资本不足，监管当局则要根据不足的状况对商业银行进行诸如业务经营受限、红利分配被取消、撤销管理人员直至银行停业等的处理。

3.1.2　银行监管资本的构成

1）股本——普通股与优先股

普通股是银行资本的基本形式，是一种产权证明。这种权利主要体现在三个方面：一是对银行拥有经营决策权。股东可以参加股东大会，对银行的各项决策有投票权，可以按出资的比例选举董事。二是对银行的利润和资产有分配权。股东有权分配或处置银行的税后利润，在银行破产清算时，对于银行收入和资产还可享有最后一位的要求权。三是享有新股优先认购权。在银行增发普通股股票时，这个权利可以维护股东对银行已有的权利。商业银行发行新股是增加资本的重要手段，通过发行新股，使银行的资本实力增强，保护存款人的利益。

优先股是优先取得红利分配的股票，它兼有普通股与债券的特点。优先股股东按事先约定的利率取得股息，银行清算财产时优于普通股股东，但他们不具有公司的经营管理权和投票权。可作为银行资本的优先股是永久性非累积优先股。

2）盈余——资本盈余、留存盈余、未分配利润

资本盈余是指发行在外的普通股价值与账面价值之间的差额，即一般所称的股本溢价部分。股票的发行可采取溢价、平价、折价的方式。在实际操作中，常采取溢价方式发行股票，那么通过股票筹资取得的资金额度必然会大于按面值确定的资金值。股本溢价构成资本盈余的主要部分。另外，资本盈余还包括资本增值与接受捐赠的财产。

留存盈余是指商业银行的税后利润中扣除优先股股息、普通股股息之后的余额，是商业银行普通股股东权益的重要组成部分。留存盈余的多少，取决于银行的盈利性、股息政策、税率等因素。通常情况下，盈利越多，留存盈余就越大；股息率越高，所得税税率越高，留存盈余越少。留存盈余具有调节资本金、影响股息政策的作用，它影响着银行对内对外投资的规模。

未分配利润是银行以前年度实现的未分配的利润或未弥补的亏损。当年实现的税后利润，在弥补亏损、提取盈余公积、向投资者分配利润后，剩余的部分体现在未分配利润之中。

3）债务资本

债务资本是商业银行通过发行资本性债券方式筹集的资金。债务资本对银行收益与资产的请求权优先于普通股与优先股，但在银行存款人之后。由于这些债务事先约定为商业银行所有债务的次级债务，因此属于附属资本。附属债务可以执行资本的部分职能，它包括二级资本债券、永续债券、可转债券等。

二级资本债券，是指商业银行发行的、本金和利息的清偿顺序列于商业银行其他负债之后、先于商业银行股权资本的债券。二级资本债券是银行二级资本的组成部分，属于破产清算资本，即在银行无法生存时必须能够被冲减或转换成普通股，可以吸收损失。二级资本债券最重要的条款有三条，分别是次级条款、减记条款和提前赎回条款。

永续债券是没有明确的到期日，或者说期限非常长（一般超过30年）的债券，投资者不能在一个确定的时间点得到本金，但是可以定期获取利息。永续债实质上是一种介于债权和股权之间的融资工具。永续债券具有期限长、附加发行人赎回权、高票息率、利率调整机制和股债混合属性等特点。

可转债券，即可转换公司债券，是公司债券的一种，持有人有权在规定的期限内按照一定的比例和相应的条件将其转换成确定数量的发债公司的普通股股票。可转债券具有债权和股权双重属性：首先它是一种债券，具有面值、利率、期限等一系列要素，其次在一定条件下，它可以转换成发债公司的普通股股票。

4）一般风险损失准备金

一般风险损失准备金是银行为应对意外风险损失而提留出来的准备金。这部分准备金被明确指定用来抵补未来可能出现的资产损失，它有一定的资本的特征，起着资本保护的作用。

3.1.3 银行资本的功能

商业银行资本具有营业、保护和管理的功能。

（1）营业的功能。首先，银行的资本为银行提供了经营的先决物质条件，是维持公众信心的基础。银行的资本被用来购置提供服务的各种装备与设施，是银行的启动资金，为银行的开业与经营准备物质条件，诸如获得土地、建设办公建筑、安装设备等。近年来，随着先进技术在银行的广泛使用，资本用于购置设备、投资人工智能的比率逐年上升。其次，充足的资本实力是银行声誉赖以树立的基本物质条件，构筑了公众信心得以维持的良好基础。

（2）管理的功能。一方面，资本支持了银行资产规模的扩张，也成为限制资产膨胀的重要因素。为了获利，银行可能要追求资产规模不断扩大，而法定的资本最低量的限制，可以防止银行为了追求盈利而无限制扩张其资产的可能性。因此，规定银行资本的合理额度，可以促进银行通过改善资产质量并改进经营方法增加盈利，而不是单纯地依靠资产规模的扩张来取得利润。资本成为银行成长的调节器。另一方面，资本是银行管理当局监管商业银行的重要手段。各国银行管理当局一般对银行开业规定了资本的最低限额，只有达到或超过这一限额才能获准开业。随着银行资产业务的发展，银行应不断补充资本，以达到金融管理当局规定的最低资本充足率。可见，银行资本的充足与否，是获得银行监管当局认可与信任的充分条件。

（3）保护的功能。资本是应对银行损失的最后保障。银行的大部分资金来自存款者，它从存款者那里吸收资金，然后再贷放或投资于各种盈利项目。因此，银行是利用社会公众的资金来经营并赚取收入的企业。银行在经营活动中，不可避免地存在着风险，资产有遭受损失的可能性。当银行发生损失或破产时，资本被用来赔偿非保险性存款，它起到了增强公众信心、防止银行倒闭的作用。

3.1.4　商业银行损失的分布与应对手段

银行资本与风险损失之间的关系如图3-1所示。

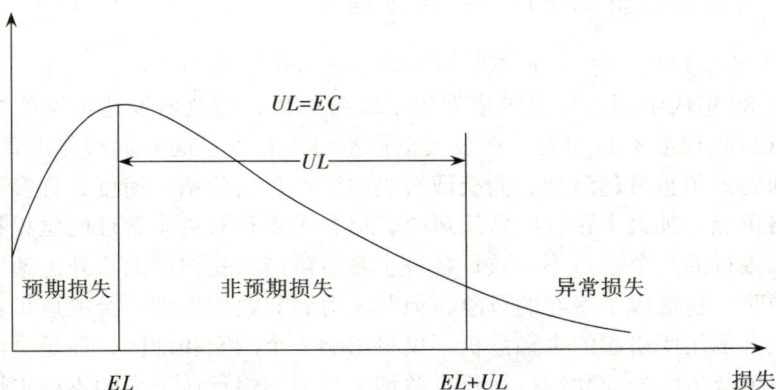

图3-1　银行资本与风险损失分布

其中，预期损失，是指银行从事业务所产生的平均损失，可以通过统计银行损失的历史数据得出。相对于非预期损失，是发生概率相对较大的损失。从统计学看，预期损失是损失分布的期望值。预期损失要增加资产减值，影响经营收益，主要可通过专项准备金计提来抵补。

非预期损失，是指银行实际损失超过平均损失以上的损失，它是对预期损失的偏离——标准偏差。其主要决定因素包括：银行的风险和安全系数取向、银行的外部评级目标、资金成本、杠杆率选定、监管和评级机构要求等。非预期损失发生的概率不能完全从历史统计中得出，它带有一定的主观判断和政策性。银行的非预期损失需要由银行的资本金来抵御。

启智增慧 3-1
贷款损失准备及
计提

至于巨灾损失，是指超过预期与非预期损失以上的损失，发生的概率很小，但损失巨大，如战争、重大灾害带来的损失，因而既不能用准备金来抵补，也不能用资本防御，可以通过保险来加以转移。

3.2　《巴塞尔资本协议》与银行监管资本管理

1974年，美国、英国、德国的几家国际性银行先后出现了倒闭与倒账的事件，震惊了国际银行业监管机构，关于国际银行业的监管问题被提到议事日程。1974年9月，根据英格兰银行总裁理查森的建议，在国际清算银行（Bank for International Settlements）的发起和主持下，来自美国、英国、法国、联邦德国、意大利、日本、加拿大、荷兰、比利时、瑞典（十国集团）以及瑞士、卢森堡等12国的中央银行的代表，在瑞士巴塞尔聚会，讨论跨国银行的国际监管和管理问题。1975年2月，建立了一个监管国际银行业务活动的协调机构，即"国际清算银行关于银行管理与监督活动常设委员会"，又称巴塞尔银行业监管委员会（简称巴塞尔委员会）。自2009年6月起，巴塞尔委员会的成员扩大到G20成员。

巴塞尔银行业监管委员会成立后，发表了一系列文件，其中与资本有关的文件，本文统称为《巴塞尔资本协议》，用Ⅰ、Ⅱ、Ⅲ来区分。

3.2.1 《巴塞尔资本协议》产生过程

1）资本协议Ⅰ——《统一资本计量和资本标准的国际协议》

20世纪80年代中期，拉美国家发生了债务危机，困扰着发达国家的稳定与发展，银行业的经营风险程度不断加大，许多大银行不得不将大量的利润拨作准备金以应对呆账；银行业之间的竞争也日趋激烈，为获取较高的资产收益的增长速度，许多银行以扩大资产规模为战略重点，加大了银行的营运风险，但各国银行对资本管理的宽松程度不同，使得不同国家的银行的竞争起点不一致；各种金融衍生产品在银行的表外迅速成长，在带来丰厚利润的同时，也造成了潜在的风险，但并未得到有效的管理；金融危机日益国际化，由一家银行破产倒闭所引起的金融危机不仅只影响一个国家和地区，而是会涉及全世界。为了避免不平等竞争的局面和银行风险日益增大给国际银行业带来的不稳定性，提高银行承受风险能力及保证投资的安全，巴塞尔委员会经过数年的努力，于1987年12月推出了"关于统一国际银行业资本充足比率的国际监管条例的提议"（时称巴塞尔提议）。此后经过了一系列的咨询，汇集了各方的意见，于1988年8月推出了《统一资本计量和资本标准的国际协议》（International Convergence of Capital Measurement and Capital Standards），即《巴塞尔资本协议》，这是一个具有里程碑意义的资本监管的文件。此后，巴塞尔委员会又公布了一系列技术性文件，补充了协议的内容。如，1996年1月公布了《包括市场风险后的资本协议修正案》（Amendment to the Capital Accord to Incorporate Market Risks），1997年9月，颁布了《有效银行业监管的核心原则》。

资本协议Ⅰ的内容主要回答了三个问题：什么是商业银行的合格资本？商业银行经营中面临哪些风险及如何衡量？资本比率为多少才是合格达标的银行？

2）资本协议Ⅱ——《新巴塞尔资本协议》

资本协议Ⅰ以不同形式被全世界100多个国家和地区采用。在协议实施后的10多年里，随着技术进步和金融创新，商业银行防范风险的能力、监管部门的监管方法和金融市场的运作方式都发生了巨大的变化，致使原协议的内容明显过时。同时，众多的金融创新常常被用来规避资本协议的规则，降低了协议的有效性。因此在发达国家中，该协议已逐渐丧失了约束力。1998年，巴塞尔委员会决定全面修改协议，在广泛征求意见并得到反馈的基础上，四易其稿，于2004年6月完成新协议的正式稿——《统一资本计量和资本标准的国际协议：修订框架》，宣布于2006年年底在各成员开始实施。

《新巴塞尔资本协议》由三大支柱组成：最低资本要求（Minimum Capital Requirements）、监管当局对资本充足率的监督检查（Supervisory Review Process）、市场纪律（Market Discipline）。

3）资本协议Ⅲ——《巴塞尔协议Ⅲ》

2008 年由美国的"次贷危机"引发的全球性金融危机，给国际社会带来恐慌，造成了世界经济的巨大损失，各主要经济体出现不同程度的经济衰退。金融危机的爆发，充分暴露了此前的金融监管体系存在缺陷，作为国际监管重要文件的"巴塞尔资本协议"的不足也显现出来，引发对监管体系进行改革的思考。原有的监管规则中，对核心资本充足率要求过低，使得商业银行难以抵御金融危机爆发带来的损失。为防止国际信贷危机的重演，巴塞尔委员会着手对资本监管进行改革。协议的草案于 2009 年 9 月提出，并经过了短短一年时间就获得了最终通过，在 2010 年 11 月韩国首尔举行的 G20 峰会上获得正式批准，于 2013 年 1 月 6 日发布其最新规定。此后，在各方利益博弈之下，到 2017 年 12 月 7 日，巴塞尔委员会发布公报表示，《巴塞尔协议Ⅲ》已完成修订，从 2022 年 1 月 1 日起逐步实施。后受疫情影响，将巴塞尔协议Ⅲ标准的执行时间推迟一年至 2023 年 1 月 1 日。

《巴塞尔协议Ⅲ》的核心内容，在于提高了全球银行业的最低资本监管标准，提高资本的数量和质量，扩大资本框架的风险覆盖面。同时，增加了杠杆率标准与商业银行流动性管理的内容。

3.2.2　《巴塞尔资本协议》的基本内容

巴塞尔资本协议的内容框架如图 3-2 所示。

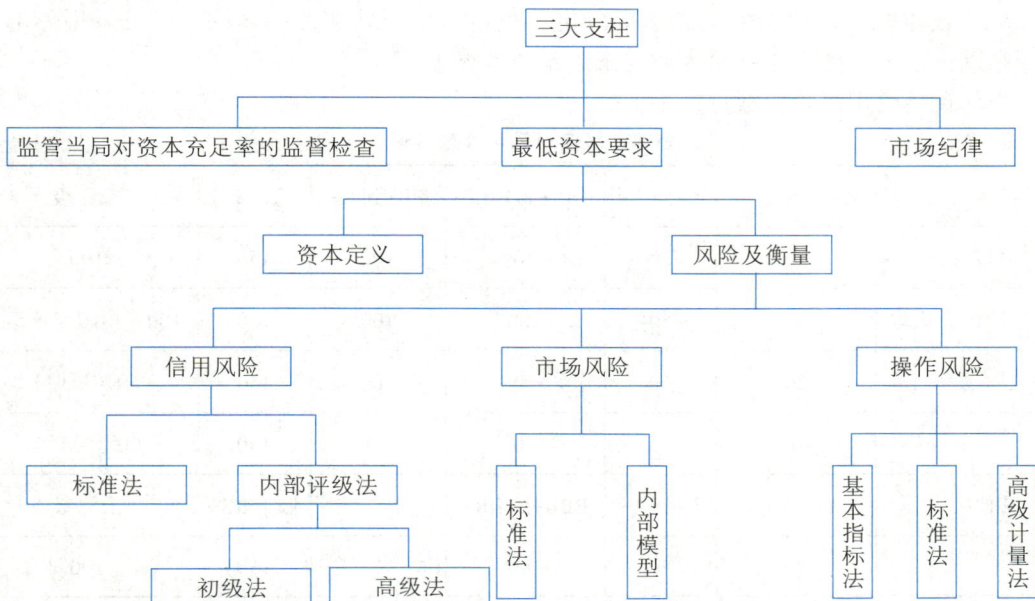

图3-2　巴塞尔协议的内容框架

1）最低银行要求

（1）合格资本与构成

银行的资本划分为两类：一级资本（含核心一级资本）、二级资本（附属资本）。

一级资本或核心资本（core capital）是银行资本中最重要的部分，主要用于在"持续经营"（going concern）的基础上吸收损失。其价值稳定，发表在公开的账目中，是判断资本充足率的基础。其由以下几部分组成：永久性股东权益，包括实收普通股本和永久性非累积优先股本；公开储备，是以公开的形式，通过留存盈余或其他盈余反映在资产负债表上的储备。

二级资本或附属资本（supplementary capital），在银行"破产清算"（gone concern）基础上吸收损失，主要包括：未公开的储备、重估储备（包括物业重估储备与股本重估储备，重估储备的55%应计入附属资本中）、普通准备金或普通呆账储备金、债务-资本混合性工具（包括一系列股本资本特性和债务资本特性的金融工具）、长期次级债务（普通的、无担保的初始期限至少在5年以上的次级债务资本）。

资本协议要求，在核定银行资本实力时，应从核心资本中扣除商誉；从资本总额中扣除对不合并列账的银行与财务附属公司的投资，扣除对其他商业银行和金融机构的资本投资。

合格资本即为一级资本与二级资本之和，扣减扣除项目。

（2）银行的风险及衡量

①信用风险的计量方法——标准法与内部评级法

信用风险又称违约风险，是债务人或交易对手不愿或无力履行合同所规定的义务或信用质量发生变化，影响金融产品质量，从而使债权人或金融产品持有者受损失的可能性。

计量信用风险的标准法，又称权重法，是将表内不同种类资产以及表外项目，根据其相对风险赋予不同的风险权重，计量风险加权资产。

风险权重既可以由金融监管当局确定，也可以采用外部评级来确定。若采用外部评级，则以评信公司的评级结果为依据来确定风险权重。

外部评级信用风险权数见表3-1。

表3-1　　　　　　　　　　　　　外部评级信用风险权数（%）

评级对象	AAA到AA-	A+到A-	BBB+到BBB-	BB+到B-	低于B-	未评级
主权评级	0	20	50	100	150	100
银行和证券机构	20	50	100	100	150	100（据国家评级）
	20	50	50	100	150	50（长期）
	20	20	20	50	150	20（短期）
其他公司	AAA到AA-	A+到A-	BBB+到BB-		低于BB-	未评级
	20	50	100		150	100

注：短期期限小于3个月。

内部评级法（internal ratings-based approach，IRB）是银行以自己内部的评级为基础，以重大风险要素的内部估计值作为计算资本的主要参数，将自己测算的借款人的资信水平估计值转换成潜在的风险损失，并依此计算出监管部门要求的最低资本比率。该方法更能准确地反映资本与银行风险之间的关系。

内部评级法有初级法（foundation approach）和高级法（advance approach）。其主要内容是，首先按借款人将债项划分为不同的类型：公司、零售、国家、银行、股票、项目融资；其次将风险要素确定四个输入参数：借款人违约概率（probability of default，PD）、债项的特定违约损失率（loss given default，LGD）、违约风险暴露（exposure at default，EAD）、债项到期时间（remaining maturity）。

初级法中债项的特定违约损失率、违约风险暴露、债项到期时间由监管机构确定，高级法允许银行采用内部评级系统的结果计算。

②市场风险及衡量

市场风险是指因市场价格变动而导致表内外头寸损失的风险。它包括：利率风险、汇率风险、股票风险、商品风险。银行市场风险的大小与银行的资产类型与交易类型有关。

商业银行可以采用标准法或内部模型法计量市场风险资本要求。

采用标准法要分别计量利率风险、汇率风险、商品风险和股票风险的资本要求，并单独计量以各类风险为基础的期权风险的资本要求，市场风险资本要求为各项资本要求之和。

采用内部模型法计量市场风险资本要求，为一般风险价值与压力风险价值之和。商业银行可使用但不限于方差-协方差法、历史模拟法和蒙特卡罗模拟法等计算市场风险在险价值（VAR）。采用内部模型法要经监管当局核准。

③操作风险及衡量

操作风险是指由不完善或有问题的内部程序、人员及系统，或外部事件所造成损失的风险。本定义所指的操作风险包括法律风险，但不包括策略风险和声誉风险。

"操作风险"具体事件包括：内部欺诈，外部欺诈，就业制度和工作场所安全，客户、产品和业务活动，实物资产的损坏，信息科技系统事件，执行、交割和流程管理七种类型。

为应对操作风险可能带来的损失，操作风险的资本要求规定了三种计量方法：

基本指标法，其计值基础是银行前3年中各年正的总收入（净利息收入与净非利息收入之和）乘以一个固定比例并加总后的平均值，即为所需要的最低资本额。

$$K_{BIA} = \sum (GI_i \times \alpha)/n \tag{3-3}$$

式中，GI 为前三年中各年为正的总收入；a 为15%；n 为前3年总收入为正的年数。

标准法，将银行业务分为8个类别：公司融资、交易和销售、零售银行业务、商业银行业务、支付和清算、代理业务、资产管理、零售经纪，分别确定不同的系数，然后分别以各业务线的总收入乘以对应的系数，加总3年平均后，即为操作风险所要求的资本。

$$K_{TSA} = \{[\sum y_{1-3} \max (GI_{1-9} \times \beta_{1-9}),\ 0]\}/3 \tag{3-4}$$

式中，GI_{1-9} 为8类产品线中每个产品线过去3年中某年的总收入。如果某年的总收入为负，则该年的资本要求为零；β_{1-9} 是设定的系数，表示各产品线总收入与资本要求之间的关系。

表3-2   **β值与资本计量**

产品线	β 系数	监管资本
公司融资（β_1）	18%	18%×公司金融总收入
交易和销售（β_2）	18%	18%×交易和销售总收入
零售银行业务（β_3）	12%	12%×零售银行业务总收入
商业银行业务（β_4）	15%	15%×商业银行业务总收入
支付和清算（β_5）	18%	18%×支付和清算总收入
代理业务（β_6）	15%	15%×代理业务总收入
资产管理（β_7）	12%	12%×资产管理总收入
零售经纪（β_8）	12%	12%×零售经纪总收入
其他业务线	18%	18%×其他业务线总收入
资本额		以上各项之和

高级计量法（AMA），基于内外部损失数据、情景分析、业务经营环境和内部控制因素建立操作风险计量模型。

（3）资本充足率

最低资本充足率要求。分别是核心一级资本充足率为4.5%，一级资本充足率为6%，总资本充足率为8%。

$$核心一级资本充足率 = \frac{核心一级资本 - 扣除项目}{风险加权资产} \geq 4.5\% \tag{3-5}$$

$$一级资本充足率 = \frac{一级资本 - 扣除项目}{风险加权资产} \geq 6\% \tag{3-6}$$

$$总资本充足率 = \frac{总资本 - 扣除项目}{风险加权资产} \geq 8\% \tag{3-7}$$

其中，

风险加权资产 = 信用风险加权资产 + 12.5(市场风险的资本要求 + 操作风险的资本要求)   (3-8)

信用风险加权资产 = 表内风险资产额 + 表外项目风险额

$$= \sum \left(\begin{array}{c} 表内资产 \\ 额度 \end{array} \times 风险权数 \right) + \sum \left(\begin{array}{c} 表外项目 \\ 合约额 \end{array} \times 信用转换系数 \times \begin{array}{c} 表内相同性质的 \\ 资产风险权数 \end{array} \right)$$

$$\tag{3-9}$$

资本留存缓冲要求。留存缓冲是为了确保银行维持一个恰当的资本缓冲区，银行在金融和经济紧张时期把资本缓冲抽出，用来吸收或有损失。银行必须在最低资本充足率的基础上，用普通股来满足资本留存超额资本要求比率不低于2.5%的资本留存。

逆周期缓冲资本要求。由普通股构成，水平为0~2.5%，主要针对信贷的高速扩张。银行在经济高速扩张时期计提超额资本，在经济下行时期将逆周期资本缓冲用于吸收损失，以维持整个经济周期内信贷供给的稳定。商业银行只有在出现系统性贷款高速增长的情况下，才需计提逆周期超额资本，大多数时期为0。

系统重要性银行的特别资本要求。系统重要性银行（systemically important bank）是指业务规模较大、业务复杂程度较高、发生重大风险事件或经营失败会对整个银行体系带来系统性风险的银行。对这类银行提出了1%的特别资本要求，使其具有超出一般标准吸收亏损的能力。

综上，协议关于资本比率的要求见表3-3。

表3-3 资本充足率的标准要求（%）

项　目	核心一级资本/风险加权资产	一级资本/风险加权资产	总资本/风险加权资产
最低资本要求	4.5	6.0	8.0
资本留存缓冲	2.5		
最低资本要求+资本留存缓冲	7.0	8.5	10.5
逆周期缓冲	0～2.5		
系统重要性银行资本要求	1		

（4）杠杆比率

杠杆比率，又称非风险杠杆率，是指商业银行持有的，符合有关规定的一级资本与商业银行非权重表内外资产余额的比率。设定杠杆比率，使一级资本监管涵盖表内外资产，使跨国银行试图通过复杂的内部控制模型法节约资本的做法受到很大的限制，防止了银行过度投机，降低了风险管理和计量技术的滥用。

$$杠杆比率 = 一级资本 \div （表内资产 + 表外风险暴露额） \tag{3-10}$$

2）监管当局对资本充足率的监督检查

20世纪90年代中期以来，以金融衍生产品为主的市场交易风险屡屡发生，即使银行的资本充足率达到了8%的要求，也不能使国际银行业中重大银行倒闭或巨额亏损的事件免于发生，如巴林银行倒闭的案例。这种情况表明，仅仅靠达到资本充足率的规定已经不足以充分防范金融风险。因此，监管部门的监督检查也是十分必要的。

监督检查的目的不仅要保证银行有充足的资本应对开展业务的所有风险，而且还可以鼓励商业银行开发并使用更好的风险管理技术来监测和管理风险。

银行监管当局可以采取现场与非现场稽核等方法对商业银行有关风险管理的政策、程序和做法进行定期的检查评估。检查的内容有：商业银行风险管理、化解情况，全面判断银行的资本充足率是否达到最低水平的资本充足性要求；监管当局有权根据银行的风险状况和外部经营环境，要求银行保持最低水平的资本充足率；银行要建立严格的内部评估体系，使其资本水平与风险相匹配；监管当局要及时检查和评价银行的内部评价程序、资本战略以及资本充足状况；在资本水平较低时，监管当局要及时对银行实施必要的干预；商业银行要向监管当局提交完备的内部风险评估制度安排、资产分类制度安排。

3）市场纪律

市场纪律，即信息的公开披露，目的是为银行提供安全和稳健的运行环境。巴塞尔委员会要求运用定性与定量披露相结合的方法，对商业银行资本构成、资本充足率、风险类别、风险评估程序与方法等相关重要信息进行披露；商业银行要建立一套信息公开披露制度，便于金融市场上的参与者能够充分了解有关银行的经营风险与资本状况。

3.3　商业银行资本充足性管理

3.3.1　银行资本充足性的衡量

1）银行资本充足性的衡量标准

商业银行的资本充足性应当包含两方面的含义：一是资本数量的充足性，银行资本的数量与银行的经营规模、金融监管部门的管理规定密切相关，它要满足金融监管当局、商业银行、存款人共同的要求；二是资本结构的合理性，即在银行的资本中，普通股、优先股、盈余、债务资本都要有合适的比例。

如何确定银行的资本充足度，历来是商业银行资本管理的重点。如果银行的资本过高，会使银行的杠杆比率下降，降低普通股的每股净收益；资本也不宜过低，否则会增加对存款、借款等其他资金来源的需求，使负债的成本上升，更重要的是会增加银行的风险，影响银行的竞争实力与其在社会公众中的形象。

2）影响商业银行资本数量的因素

在商业银行资本管理的历史上，研究适度的资本量是银行资本管理的重要课题。银行、股东、银行监管当局、存款人对银行资本充足性理解的出发点是不同的。银行与股东追求利润的最大化，希望资本收益率要高于其他银行，因而他们希望资本需求能达到最低水平；银行的监管部门是从维护整个社会的经济稳定的立场出发，要求商业银行能维持较高的资本水平，以维护社会公众对银行的信心，并且在银行出现风险时，尽可能减少存款人的损失；而存款者为了保证自己的存款安全，自然希望同实力雄厚的银行打交道，他们要求银行的资本要达到满足清偿力的水平。

（1）法律规定。一国的法律制度从两个方面约束了商业银行的资本数量。首先，各国银行法律都规定了开办商业银行的最低资本数量要求。其次，监管的法律也规定了商业银行最低的资本比率。

（2）国民经济发展状况。一方面，经济周期与银行资本需要量呈反向变动的关系，当经济处于繁荣时期时，银行补充资本来源充足，很容易可以筹集到需要补充的资本；同时，由于经济的繁荣，经济运行顺畅，银行的贷款风险也较小，银行的资本需要量也可以少些。相反，如果处于经济衰退时期，银行需要的资本数量就会相应增加。另一方面，经济发展状况也决定了金融市场的发达程度。如果金融市场发达，企业直接融资的来源所占比重上升，对银行资金需求的依赖性减少，相应地会减轻银行由于资本不足带来的风险。同时，发达的资本市场，也为银行提供了较为充足的流动性来源。

（3）银行信誉的高低与经营管理水平。资本的数量与银行的信誉其实是互为因果的关系。资本数量的高低是决定银行信誉的重要因素，而银行信誉的高低也影响银行持有的资本数量。当银行信誉较高时，银行容易吸引客户资金，增加银行的资金来源，即使是在其他银行出现问题时，也不会影响到该银行发生挤兑的现象，因而这类银行就不必持有大量的资本金以应对资金的外流。相反，信誉较差的银行，则必须依靠持有大量的资本来维持公众对它的信心。

经营管理水平高的银行，其非营利资产比例合理，资产营利能力较强，银行的竞争能力增强，从而降低经营风险；同时，经营管理水平高的银行，能够合理匹配其资产负债结构，降低流动性风险与利率风险，并且能够有效地控制贷款风险，减少资产损失。所有这些，都会使银行减少资本量。

（4）负债的结构。银行的负债因其资金来源、期限、稳定性不同，要求银行保有的资本数量也有所不同。如果银行持有的资金来源属于稳定型的储蓄存款、定期存款，那么要求银行储备的资金也相应减少；反之，则要求保有较多的资本金。

（5）银行的资产质量与资产的流动性。资产质量高，资产的流动性强，资本的储备量可低些，反之则应多一些。

（6）银行的业务规模。银行的经营规模越大，所需要的固定资产与设备的数量越多，对资本的需要量越大，相对来说，银行的资本需要量与银行的规模成正比。

此外，以往的收益状况及收益保留额、银行股东的特点和资信、销售费用的数量、银行满足本地区目前和今后金融需求的能力等因素，也都影响着商业银行的资本数量。

3.3.2　经济资本配置

20世纪90年代，一些国际大银行自行开发了各种风险模型度量信用风险、市场风险和操作风险，考虑资产组合的多元化效应，开始计算经济资本（风险资本）。1992年，美国信孚银行最先开始计算经济资本。90年代中后期，巴克莱银行、JP摩根、花旗银行等都在不同程度上实施了经济资本管理。2000年以后，国际先进银行实现了经济资本管理在全球范围内的推广应用，并逐步使之成为战略决策的一项重要依据。

资本配置实质上是经济资本的分配问题：资本配置建立了资本约束的理念，是商业银行开展战略管理的重要手段；资本配置是商业银行实现资产组合管理的基础工具，为商业银行实行风险限额管理打好坚实基础。资本配置实现了银行全面成本管理，使业绩评价体现资本的回报要求，增加对产品定价、盈利性分析的支持；资本配置是内部绩效考核的客观依据。以风险调整后的资本收益率 RAROC（risk-adjusted return on capital）作为绩效考核的核心指标，是国外先进银行进行绩效考核的常用方法，它可以较好地解决追求利润与控制风险之间的平衡问题。

经济资本配置的程序与方法：

第一，计量经济资本，评价银行总体风险承受能力。银行的董事会必须综合考虑监管当局的规定、股东收益和经营中承担的风险，并对所需资本的总体水平做出评估；银行的经营管理层必须就其风险偏好所要采用的风险结构做出决定。

银行不同的业务或产品占用的经济资本是不同的，经济资本应根据银行不同业务的风险类型进行计量。根据等额配置原则，经济资本在数量上应等于风险敞口的非预期损失。其计算方法主要有：资产变动法、简单系数法、收入变动法。三种方法各有优劣，从各国银行业的实践看，资产变动法正在成为主流的经济资本计算方式。

第二，合理配置资本资源。银行根据既定的资本总量和资本回报要求，运用限额管理、组合管理以及风险调整后的资本收益率目标管理等手段，将资本在各个分支机构、产品线和业务线等不同层面进行有效配置。

确定资产组合所需的经济资本总量后，就要将其分配到各业务单元和分支机构中去，以实现引导和优化资源配置的管理目标。具体的分配步骤是：根据商业银行经营规模、业务增长、盈利水平、风险状况等因素决定未来时间段所需要的资本；然后，设定回报目标，视不同业务单位承受的风险程度确定各单位的最低资本回报要求；接下来，根据客户数量和授信额度，分配经济资本至各单位；最后，评估各业务单位的表现及衡量 RAROC，为下一次分配做参考。

$$RAROC = \frac{风险调整后的收益}{经济资本} \tag{3-11}$$

$$风险调整后的收益 = 经营收入 - 资金成本 - 经营成本 - 预期损失 \tag{3-12}$$

第三，经济资本的应用与调整。在风险结构和预计的资本需要量一定的情况下，银行需要平衡监管资本与经济资本之间的关系，运用内部风险资本模型度量最优化可用资本水平，确保可用资本与规划资本一致，并使资金成本达到最优。银行在持续经营前提下计算实际资本收益，当环境变化、业务超过原定目标或原定目标无法完成时，银行有必要对资本计划进行适当的调整。

3.3.3 提高银行资本充足率的途径

提高商业银行的资本充足率，可以通过增加资本与降低风险资产的途径来实现。

1）分子对策——增加资本

增加资本，即筹集新的资本来扩大资本金来源，其方法既可以内部补充，也可以外部融资，或者二者同时进行。具体采取什么方式，商业银行要根据自身资本结构、股息政策和市场状况，做出恰当选择。

（1）内源资本

内源资本是通过内部留存收益获得的资本来源。未分配利润是内源资本的重要来源。依靠银行净收益的增长来满足银行资本需要，意味着必须决定银行的收益有多少留存在银行，多少分配给股东。留存比率低，会使银行的内部资本增加缓慢，增加银行倒闭的风险，延缓银行营利资产的扩张；留存比率高，就会减少股东的股息收入，在其他因素不变的情况下，会导致银行股票市场价值的降低。

银行红利分配政策的主要内容是制定银行的红利与银行净收入之间的合理比例，从而使红利分配能随着银行净收入的增长而增长，而且银行的红利分配政策还应尽量降低红利水平的波动，维持红利水平的稳定性。

内源资本方法不必对外筹集资金，可节约管理成本，也不会使老股东的权益受到损害，不会遭到他们的反对。但内部筹集资本受数量的限制，且效率低。

①银行内源资本增长率。

$$内源资本增长率 = 股本收益率 \times 留存比率 = 税后净收入/股本 \times 留存收益/税后净收入 \tag{3-13}$$

【例3-1】某银行预计股本收益率为10%，计划将其中的50%留作补充资本，在保持资本与资产比率的条件下，确定其资本增长率。

$$资本增长率 = 股本收益率 \times 留存比率 = 10\% \times 50\% = 5\%$$

②内源资本支持资产增长模型。

留存比率与银行收入、资产增长率、资本比率、红利支付比率等之间存在密切的关系。美国经济学家戴维·贝勒于1978年提出了银行资产增长模型：

$$SG1 = \frac{\Delta TA}{TA} \times 100\% = \frac{\Delta EC}{EC} \times 100\% \tag{3-14}$$

式中，$SG1$ 为资产增长率；TA 为总资产；EC 为总资本。

公式（3-14）表示银行的资产增长受资本增长的制约，且二者要求相等。根据这个原理，如果新增资本全部来自于留存收益，我们可将资产增长模型的公式整理为：

$$SG1 = \frac{EC_1 - EC_0}{EC_0} = \frac{[EC_0 + ROA(1-DR)TA_1] - EC_0}{EC_1 - ROA(1-DR)TA_1}$$

$$= \frac{ROA(1-DR)TA_1}{EC_1 - ROA(1-DR)TA_1} = \frac{ROA(1-DR)}{(EC_1/TA_1) - ROA(1-DR)} \tag{3-15}$$

式中，DR 为红利比率；ROA 为资产收益率；EC_1/TA_1 为资本与资产比率。根据此公式，我们可以推出下列公式：

$$ROA = \frac{((EC_1/TA_1)SG_1)}{((1+SG_1)(1-DR))} \tag{3-16}$$

$$DR = 1 - \frac{(EC_1/TA_1)SG_1}{ROA(1+SG_1)} \tag{3-17}$$

$$\frac{EC_1}{TA_1} = \frac{ROA(1-DR)}{SG_1} + ROA(1-DR) \tag{3-18}$$

【例3-2】某银行拥有资产200亿元，红利分配比率为40%，实收资本为8亿元，留存盈余为8亿元。该银行的资产增长率平均为8%，则资产收益率至少为多少？

$$ROA = \frac{(EC_1/TA_1)SG_1}{(1+SG_1)(1-DR)} = \frac{(0.08 \times 0.08)}{((1+0.08) \times (1-0.4))} \times 100 = 0.99\%$$

在其他条件不变的情况下，若资产增长率为12%，资产收益率为0.99%，则红利支付比率为：

$$DR = 1 - \frac{(EC_1/TA_1)SG_1}{ROA(1+SG_1)} = 1 - \frac{(0.08 \times 0.12)}{0.0099 \times (1+0.12)} \times 100\% = 13.42\%$$

（2）外源资本

当银行内源资本不能满足银行风险管理或资产增长需要时，就需要通过外源资本补充资本金。银行从外部筹集资本，有以下方式可以选择：

①发行普通股。普通股代表着股东对银行的所有权。是否发行股票筹集资本，取决于银行以其他方式从外部获取资本的可能性的大小、资金成本的高低及其对银行经营活动的影响。通常情况下，大银行较容易在金融市场上发行股票；而小银行由于受信誉和知名度的影响，一般不易在股票市场上融资。

对于银行来说，发行股票筹集资本，优点在于，普通股属于永久性资本来源，是核心资本中最主要的组成部分；股息的支付与银行的经营效益和股利分配政策相关，并非固定，与其他融资方式相比，具有一定的灵活性；发行股票融资，代表着银行的实力和对外形象，有利于银行吸收到更多的负债来源。但发行股票筹资也有不利的一面：成本较高、削弱原股东对银行的控制权、引起股票市场价格的下降等。

②发行优先股。优先股是指具有某些优先权利的股票。它介于债券与股票之间，有固定的红利率，且红利分配与资产清算顺序在普通股之前。优先股的股东不享有投票权，不会稀释银行原有股东的权利和对银行的控制权。同时，优先股的股息虽然固定，但如果银行的业绩不佳时，银行可以推迟支付股息，这使得银行不会因为强制支付利息而陷入财务危机。优先股具有较大的灵活性，在银行普通股发行面临巨大压力的情况下，可以通过发

行优先股解决资本补充问题。

由于优先股的股息是固定的，并且股息要在税后支付，不具有减税的作用，这样会加大银行的税后资金成本，增加经营成本；同时，优先股股息固定，对于喜好风险、追求更高收益的投资者吸引力不大，影响筹资效率。

③发行次级类债券。次级类债券是指其持有人对银行的求偿权的顺序排在银行的其他债务之后的债券。次级债券的种类主要有：资本票据、资本证券、可转换债券、浮动利率长期债券、选择性利率债券永续债券等。

银行发行次级债券筹集资本的优点：一是这种债券的发行要求低于发行股票，手续简便，费用较低，对公众投资者具有一定的吸引力；二是股东对银行的控制权不会造成稀释，不影响原股东的权益；三是次级债券的求偿权在银行的其他债务之后，且债券的偿还期较长；四是利息在税前支付，具有减税效应，从而筹资成本较低。

但是，次级债券有固定的利率要求，可能会对银行的收益带来不利的影响，给银行带来较重的负担；同时，利率的多变性还会使银行面临利率风险。另外，债券的发行数量有限，并且次级债券只能部分执行资本的作用。

④以股票置换债券。即商业银行用新发股票回购已发债券。这种方法一般选择在利率上升时期，当利率上升时，银行原发行的债券的市场价格就会下降，此时银行先在市场上发行股票，然后用筹集的资金，购回本银行已发行的债券。例如，商业银行有 1 000 万元的债券，发行时的利率为 5%，如果目前市场利率上升至 5.5%，则债券的市场价格为 909万元。此时银行发行 909 万元的股票，回购面值为 1 000 万元的债券，消除了资产负债表上的债务。这样，在银行的资产负债表上，既消除了债务，节约了利息成本支出，又增加了资本，增强了银行的实力。

⑤资产出售与售后回租。商业银行出售部分资产，降低风险权重。或者银行将某些固定资产出售，然后再向新的所有者租回使用。售后回租实质上是将账面资产换成现金，获得一笔现金流量，从而增加资本头寸。特别是在通货膨胀时期，银行资产的市场价格会高于账面价值，售后回租对银行获得资金非常有利。

包括外源资本后，资本支持的资产增长率为：

$$SG_1 = \frac{ROA(1 - DR) + \Delta EK/TA_1}{(EC_1/TA_1) - ROA(1 - DR)} \tag{3-19}$$

在资产收益率、红利分配比例、资本比例及资产增长率已知的情况下，通过公式就可以计算出银行所需要的外源资本增加额。

【例 3-3】 前例 3-2，如果银行试图通过外源资本的方法来实现 12% 的资产增长率，而资产收益率、红利分配比例、资本比率不变，那么该银行需要增加的外源资本数量为：

$$SG_1 = \frac{ROA(1 - DR) + \Delta EK/TA_1}{(EC_1/TA_1) - ROA(1 - DR)}$$

$$12\% = \frac{\left(0.0099 \times (1 - 0.4) + \dfrac{\Delta EK}{[200 \times (1 + 12\%)]}\right)}{(0.08 - 0.0099 \times (1 - 0.4))}$$

$\Delta EK = 0.66$（亿元）

2）分母对策——调整资产风险结构

一是降低风险加权资产，减少表内外风险资产数量。这是商业银行常采用的措施。

二是商业银行压缩资产规模，减少表外业务量，结果是面临的信用风险、市场风险、操作风险自然会减小，但也同时意味着银行的市场份额下降，竞争力减弱，不利于银行的发展。除非特殊时期，否则银行一般极少采取这种方法。

三是实施全面风险管理，改进风险管理技术。这是根本性的措施。

3.4　我国商业银行业的资本管理

3.4.1　我国商业银行对资本充足性管理的沿革

1995年，《商业银行法》原则上规定商业银行的资本充足率不得低于8%，没有规定具体的实施要求。1996年，《商业银行资产负债比例管理监控、监测指标和考核办法》在规范商业银行资产负债比例管理时，对计算信用风险资本充足率的方法提出了具体的要求。但由于当时我国商业银行损失准备计提严重不足，导致资本充足率明显高估。此外，对资本充足率偏低的银行，也没有规定明确的监管措施。

2004年3月1日中国银监会发布了《商业银行资本充足率管理办法》，对资本的定义与构成、风险计量、监督检查等进行了较为详尽的规定。自2007年2月起，我国进入新资本协议的部署和实施阶段。2012年6月7日中国银保监会出台并在2013年1月1日起实施《商业银行资本管理办法（试行）》，规定商业银行在2018年年底之前达到资本监管要求。国家金融监督管理总局2023年11月1日发布了《商业银行资本管理办法》（简称《资本办法》），进一步完善了我国商业银行资本监管规则，推动银行强化风险管理水平，提升服务实体经济质效。《资本办法》于2024年1月1日起正式实施。

启智增慧 3-2
深度拆解银行
资本管理办法：
银行行为变化及
资本影响测算
（节选）

3.4.2　我国商业银行资本充足性管理的内容

1）最低资本要求

（1）资本构成

依据《商业银行资本管理办法》，我国商业银行的资本包括：

①一级资本，包括核心一级资本和其他一级资本。

核心一级资本：实收资本或普通股、资本公积、盈余公积、一般风险准备金、未分配利润、累计其他综合收益。

合格的实收资本或普通股：是指投资者按照章程或合同、协议的规定，实际投入商业银行的资本。

资本公积：包括清产核资重估增值、资产评估增值、接受捐赠非现金资产、专项拨款转入、住房周转金转入、股权投资准备、投资重估储备、股本溢价、其他资本公积等。

盈余公积：包括法定盈余公积和任意盈余公积。法定盈余公积是按照法定比例从净利润中提取的盈余公积。任意盈余公积是提取法定盈余公积后，经股东大会批准按照规定比例从净利润中提取的盈余公积。

一般风险准备金：商业银行于每年年度终了根据承担风险和损失的资产余额的一定比

例提取一般准备金，用于弥补尚未识别的可能性损失。一般准备金的计提比例由商业银行综合考虑其所面临的风险状况等因素确定，原则上一般准备金余额不低于风险资产期末余额的1%。

未分配利润（调整后）：是指商业银行以前年度实现的未分配利润或未弥补的亏损。当年实现的税后利润，在经弥补亏损、提取盈余公积、向投资者分配利润后，剩余的部分也能计入未分配利润之中。

累计其他综合收益：是指企业根据其他会计准则规定未在当期损益中确认的各项利得和损失。

其他一级资本：合格的其他一级资本工具及其溢价，少数股东资本可计入部分。如优先股、永续债等。

②二级资本，包括合格的二级资本工具及其溢价、超额损失准备、少数股东资本可计入部分。

③扣除项目，从核心一级资本中全额扣除以下项目：商誉；其他无形资产（土地使用权除外）；由经营亏损引起的净递延税资产；损失准备缺口；资产证券化销售利得；确定受益类的养老金资产净额；直接或间接持有的本银行股票；商业银行之间通过协议相互持有的各级资本工具，等等。

（2）风险衡量方法

①表内外业务信用风险，商业银行可采用权重法或内部评级法计量信用风险加权资产。采用内部评级法计量信用风险加权资产，应经国家金融监督管理总局或其派出机构验收通过。内部评级法未覆盖的风险暴露应采用权重法计量信用风险加权资产。

②对于市场风险，市场风险资本计量应覆盖商业银行交易账簿中的违约风险、一般利率风险、信用利差风险、股票风险，以及全账簿汇率风险和商品风险。商业银行可以采用标准法、内部模型法或简化标准法计量市场风险资本要求。

$$市场风险加权资产 = 市场风险资本要求 \times 12.5 \tag{3-20}$$

③操作风险，是指由于内部程序、员工、信息科技系统存在问题以及外部事件造成损失的风险，包括法律风险，但不包括战略风险和声誉风险。商业银行可采用标准法、基本指标法计量操作风险资本要求。

$$K_{TSA} = BIC \times ILM \tag{3-21}$$

式中，K_{TSA}为按标准法计量的操作风险资本要求；BIC为业务指标部分；ILM为内部损失乘数。

BIC等于商业银行的业务指标（BI）乘以对应的边际资本系数。

业务指标（BI）为利息、租赁和股利部分（$ILDC$）与服务部分（SC）及金融部分（FC）之和，即$BI=ILDC+SC+FC$。

内部损失乘数（ILM）是基于商业银行操作风险平均历史损失数据与业务指标部分的调整因子。

商业银行采用基本指标法，应按照以下公式计量操作风险资本要求：

$$K_{BIA} = \frac{\sum_{i=1}^{n}(GI_i \times \alpha)}{n} \tag{3-22}$$

其中：GI 为近三年中每年正的总收入；n 为近三年中总收入为正的年数；α 为15%。

$$操作风险加权资产 = 操作风险资本要求 \times 12.5 \tag{3-23}$$

（3）资本充足率

$$资本充足率 = \frac{总资本 - 对应资本扣除项}{风险加权资产} \times 100\% \tag{3-24}$$

$$一级资本充足率 = \frac{一级资本 - 对应资本扣除项}{风险加权资产} \times 100\% \tag{3-25}$$

$$核心一级资本充足率 = \frac{核心一级资本 - 对应资本扣除项}{风险加权资产} \times 100\% \tag{3-26}$$

商业银行各级资本充足率不得低于如下最低要求：资本充足率不得低于8%，一级资本充足率不得低于6%，核心一级资本充足率不得低于5%。

2）商业银行建立内部资本充足评估程序

商业银行应建立完善的全面风险管理框架和稳健的内部资本充足评估程序，明确风险治理结构，审慎评估各类主要风险，评估资本充足水平和资本质量，制订资本充足率管理计划和资本规划，确保资本水平能够有效抵御其所面临的主要风险，满足业务发展战略的需要。

3）监管部门对资本充足率的监督检查和要求

国家金融监督管理总局根据宏观经济运行、产业政策和信贷风险变化，识别银行业重大突出风险，对商业银行实施资本充足率监督检查，确保银行的资本能够充分覆盖所面临的各类风险。

资本充足率监督检查包括但不限于以下内容：①评估商业银行全面风险管理框架。②审查商业银行对合格资本工具的认定，以及各类风险加权资产的计量方法和结果，评估资本充足率计量结果的合理性和准确性。③检查商业银行内部资本充足评估程序，评估公司治理、资本规划、内部控制、审计等。④评估商业银行的信用风险、市场风险、操作风险、银行账户利率风险、流动性风险、声誉风险以及战略风险及各类风险及风险间的关联性。⑤对商业银行压力测试组织架构、资源投入、情景设计、数据质量、测算模型、测试结果、结果应用等情况开展监督检查。

国家金融监督管理总局根据资本充足状况，将商业银行分为四类，并采取不同的监管措施，对资本充足水平不符合监管要求的商业银行采取干预或纠正措施，督促其提高资本充足水平。

4）信息披露

商业银行应通过公开渠道，以简明清晰、通俗易懂的方式向投资者和社会公众披露第三支柱相关信息，并保证披露信息的真实、准确和完整。资本充足率的信息披露至少应包括以下内容：①主要风险管理体系，信用风险、市场风险、操作风险、流动性风险及其他重要风险的管理目标、政策、策略和程序、组织架构和管理职能；②并表范围；③资本数量、构成及各级资本充足率；④信用风险、市场风险、操作风险计量方法，风险计量体系的重大变更，以及对应的资本要求；⑤信用风险、市场风险、操作风险及其他重要风险暴露和评估的定性和定量信息；⑥内部资本充足评估的基本方法，以及影响资本充足率的其他有关因素；⑦薪酬的定性信息和有关定量信息。

3.4.3　我国商业银行资本充足性状况

表3-4　　　　　　　　　我国分类商业银行资本充足率（%）

2023年	资本充足率							核心一级	一级
	全部	大型	股份制	城市	民营	农村	外资		
一季度	14.86	17.35	13.36	12.39	12.39	11.94	20.05	10.50	11.99
二季度	14.66	16.89	13.31	12.44	12.44	11.95	20.03	10.65	11.28
三季度	14.77	17.10	13.22	12.54	12.54	12.07	19.48	10.80	11.36

资料来源：国家金融监督管理总局网站。

本章小结

　　本章从商业银行资本的概念入手，主要介绍了商业银行资本管理对于银行的重要性，巴塞尔协议的主要内容与影响，我国商业银行资本管理的历程与内容。

　　（1）商业银行的资本是商业银行的投资者投入到银行的资金，它代表着对银行的所有权。资本有不同的含义：从资本价值的角度，资本可以区分为账面资本与市场价值资本；从资本的功能来看，资本又归类为经济资本与监管资本。资本由股本、盈余、风险准备金和债务性资本组成。商业银行资本具有营业的功能、保护的功能和管理的功能。

　　（2）《巴塞尔资本协议》是规范商业银行资本与风险及其相关问题的协议。从1988年发布第一个协议起，已经出台三个协议。概括起来，核心内容主要是：合格资本的规定、风险种类及其衡量方法、监管当局的监督、充分的信息披露。特别是金融危机爆发之后，资本协议及时进行内容的补充，增加了对流动性风险的资本要求，提出了逆周期监管的资本规定，强化了对商业银行的风险管理。

　　（3）资本充足性的衡量有两个标准：资本数量的充足性、资本结构的合理性。一家商业银行的资本数量主要受法律法规、经济发展状况、银行信誉的高低与经营管理水平、负债的结构、银行的资产质量与资产的流动性、银行的业务规模等因素的影响。

　　如果一家银行的资本不足，可以通过内源资本和外源资本补充。内源资本可通过内部留存收益获得，外部补充资本可以通过发行股票、发行资本性债券、资产转换、等方式补充。

　　经济资本配置的程序：资本计量—资本合理配置—资本的应用与调整。

　　（4）《商业银行资本管理办法》是我国商业银行资本管理的约束性文件。其主要内容是：规定了商业银行的资本构成、风险衡量方法，要求商业银行建立内部资本评估制度，银保监会对商业银行的资本提出监管要求和商业银行对资本管理的信息披露内容。

关键概念

　　经济资本　监管资本　市场风险　操作风险　内源资本　巴塞尔协议

综合训练

问答题

1）请比较账面资本、经济资本和监管资本。

2）简述银行资本的功能。

3）商业银行的外源资本有哪些？

4）对于银行来说，发行股票筹集资本有何优点？

5）简述《新巴塞尔协议》与《巴塞尔资本协议 III》的主要内容。

6）巴塞尔资本协议对国际银行业有哪些影响？

7）影响商业银行资本数量的因素有哪些？

8）简述我国商业银行的资本构成。

9）如果资本不足，可以通过哪些途径补充？

计算题

1）某城市商业银行的总资产为 450 亿元，资本金为 34 亿元，资产收益率为 1.1%，税后利润中的 40% 用于分红。根据给定的条件回答如下问题：

（1）该银行的资产增长率不应超过多少？

（2）如果每年银行预期的资产增长率为 12%，则资产收益率是多少？

（3）如果下一年的资本资产比例为 8%，资产收益率不变，银行怎样确定分红比例才能保证资产增长率为 12%？

2）某银行表内外项目及风险权重的资料见表 3-5。

表3-5 　　　　　　　　　　　　　　　**某银行表内外项目及风险权重资料表**

项目	额度（万元）	信用风险系数（%）	信用风险转换系数（%）	对等项目风险系数（%）
资产项目				
现金	50 000	0		
政府债券	200 000	0		
同业存款	50 000	10		
个人住房抵押贷款	50 000	50		
公司担保贷款	650 000	40		
贴现	30 000	30		
资产总额	1 030 000			
表外项目				
地方政府债券的备用信用证	10 000		100	20
公司贷款承诺	20 000		50	100
表外项目总额	300 000			

问题：如果该银行的市场风险与操作风险的资本要求分别是23亿元与31亿元，该银行需要多少资本才能达到资本充足要求？

即测即评3

综合训练
参考答案3

第4章

商业银行负债业务

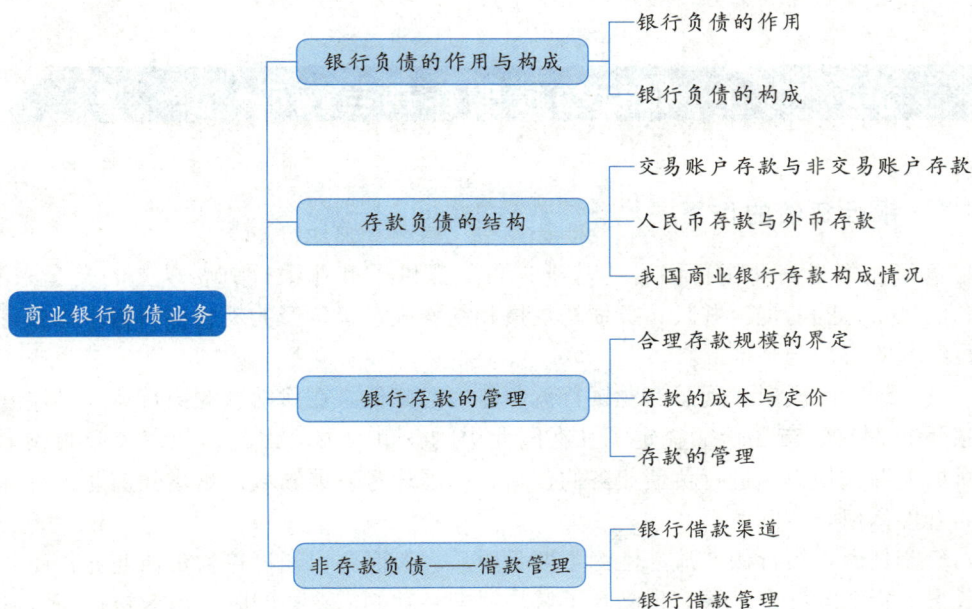

　　在一家银行储蓄所里，工作人员要替年纪大、视力不好的储户填写存款凭条。当储户

按完手印后，工作人员总会及时递上纸巾，提醒其把手上的红印擦干净，免得弄脏了衣服。这微不足道的"一递"，竟让许多客户深受感动，夸他们想得真是周到。也就是这举手之劳的"一递"，使他们名声远扬，好的服务品牌很快树立起来。

有一位客户到该储蓄所存款，在把钱递进去之后，无意间发现在一尘不染的柜台玻璃后面，有一个醒目的提示牌。提示牌的内容不是银行业务，而是一个哲理故事。更让人惊讶的是，这个有七八百字的故事，竟是工整地手写的。他刚把这耐人寻味的故事读完，银行的工作人员就把手续办完了。原来这个储蓄所担心客户在等待时无聊心烦，就利用这个提示牌给客户增加点乐趣，而且内容经常换，客户感觉新鲜，也就乐于去这家储蓄所存款了。储蓄所的主任感叹地说，对待储户我们也许不一定付出很多，或许一个浅浅的微笑、真诚的问候、小小的举动，都会赢得客户的心。

点评：对于基层银行来说，拓展到大的优良客户对银行的发展可以收到事半功倍的效果。但市场上，"小生意"多的是，如果做好了，同样是"钱"景广阔，商机无限。商业银行服务不仅要在外延上有所突破，还要在内涵上不断提升水平。这就要求银行为客户想得更周到，做得更细致，态度更真诚，在细微处下功夫。因此，银行要在竞争中立足，既要搞好硬件建设，更要服务跟进，不能忽视了细节。

启智增慧 4-1
银行负债质量管
理突出精细化差
异化

负债是指过去的交易、事项形成的现时义务，履行该义务预期会导致经济利益流出企业。银行负债是商业银行所承担的一种经济义务，是银行必须用自己的资产或劳务支付的债务。作为银行最重要的资金来源，负债必须是现时的经济义务，必须是能够用货币数量来衡量的。

4.1　银行负债的作用与构成

4.1.1　银行负债的作用

（1）负债业务是商业银行经营的基础，负债提供了商业银行90%以上的资金来源，是实现利润最大化的前提。并且，负债的规模和结构决定了资产的规模与结构，也决定了商业银行经营的方向与特征。

（2）负债经营的质量体现了商业银行竞争能力的高低。在目前商业银行竞争日益激烈的大背景下，拥有的市场份额决定了其在同业中的竞争实力。因此，能在较低的成本之下，不断扩大存款规模，进行负债业务的创新，拓展业务发展领域，是增强商业银行综合竞争力的直接体现。

（3）负债是商业银行保持流动性的重要手段。一般而言，通过存款负债业务，商业银行直接获得了贷款的资金来源，也满足了客户提取存款的需要；同时，商业银行还可以通过市场上的主动融资应对临时性的资金需求。当然，商业银行也可以通过持有一定量的流动性资产来存储流动性，但信誉好规模大的银行通常都依靠负债业务保持流动性。

（4）银行的负债业务构成了与社会公众广泛联系的主要渠道。商业银行是国民经济资金来源的主渠道与总枢纽，是社会资金的集散地，各单位的闲散资金和货币收支都离不开银行的负债业务。市场的资金流向、企业的经营活动、各单位与居民的货币收支，时刻都反映在银行的账面上。银行为客户提供了各种信息咨询、担保服务的同时，也为宏观政策部门和银行自身提供了信息来源，成为银行联系社会各界的重要渠道。

4.1.2　银行负债的构成

商业银行的负债业务从不同的角度可以分为不同的类型。

（1）按期限划分，可分为短期负债和长期负债。短期负债的期限在一年以下，超过一年的为长期负债。

（2）按银行在筹措资金中的地位，可分为主动负债和被动负债。主动负债是商业银行在金融市场上，尤其是货币市场上，主动从各种渠道筹措资金形成的负债。如同业拆借、向中央银行借款、发行金融债券、金融票据等等。被动负债是指银行被动接受的负债，无法自主决定负债的规模。例如，存款是客户根据自身情况安排自己的经营活动或生活，因此客户什么时候存款、存多少额度、选择什么方式存款，都取决于存款人的意愿，银行无法决定客户的决策，始终处于被动的地位。不过，被动负债是银行最主要的负债方式。

（3）按负债的形态，分为存款负债和非存款负债。存款是银行吸收的企事业单位和个人的结余或待用的资金形成的款项，是银行最主要的资金来源。非存款负债是银行通过借款方式取得的资金，它为银行提供了流动性供给。从本质上说，存款是被动负债，借款是主动负债。

4.2　存款负债的结构

存款是商业银行最重要的传统负债业务，是形成银行资产业务的源头和基础。存款是银行主要的被动负债，也是商业银行最主要的资金来源。即使是金融创新层出不穷的今天，负债的创新也仍然与存款业务有着密切的关系。

存款种类的划分，各国商业银行有所不同。一般而言，按存款的所有者划分，存款可以划分为个人存款、单位存款、政府存款；从存款的期限划分，存款可以分为短期存款与中长期存款；从存款性质的角度可划分为原始存款与派生存款；按存款的目的与用途来划分，可分为交易账户存款与非交易账户存款；按存款币种的不同，分为人民币存款和外币存款。

4.2.1　交易账户存款与非交易账户存款

1）交易账户存款

交易账户存款是个人和企业为了交易的目的而开设的支票账户，客户可以通过支付结算工具、电话转账、网络银行、自动出纳机等办理存取款或向第三者支付款项。交易账户存款包括活期存款、可转让支付命令账户、货币市场存单以及自动转账制度等。

（1）活期存款。活期存款是指不限定期限，存户可随时存取和支付的存款。活期存款是主要用于交易和支付用途的款项，支用时需使用银行规定的支票等支付工具，因而又称支票存款。活期存款能满足存款户存取方便、运用灵活的需要，也是客户从银行取得贷款和服务的重要条件。因此，公司、个人、社会团体、政府机构、非银行金融机构都在银行开立活期存款账户，商业银行彼此之间也可开立这种账户。

活期存款流动性很大，存取频繁，手续复杂，并且要提供许多相应的服务，如存取、提现和转账等，成本较高。因此商业银行对这类存款余额一般不支付利息或者支付很低的利息，有的国家银行法明文规定禁止对活期存款支付利息。由于存户可随时开出支票对第三者进行支付而不用事先通知银行，活期存款是银行资金来源中最具有波动性和不可预测性的部分。

活期存款的客户需要银行提供较多的服务，业务经营成本较高，但活期存款的作用无可替代：通过吸收活期存款，银行不仅可以取得短期资金，用于短期贷款和投资，而且在此存彼取的过程中，会形成一个比较稳定的余额，用于中长期贷款和投资。此外，经营活期存款还有利于密切银行与顾客之间的关系，以扩大其他业务。同时，活期存款具有很强的派生能力，商业银行通过自身的资产业务就可以创造资金来源。

（2）可转让支付命令账户（NOWS）与超级可转让支付命令账户（super NOWS）。1970年，美国马萨诸塞州的储蓄贷款协会创办了一种新的储蓄存款账户——"可转让支付命令账户"。这种账户的存款人可以随时从该账户开出"可转让支付命令"，向第三者付款，并能获得利息。它实际上是以"支付命令"取代了支票，是一种不使用支票的支票账户。通过此账户，商业银行既可以为客户提供支付上的便利，又可以向其支付利息，从而吸引客户，扩大存款。

1983年起，"超级可转让支付命令账户"出现了。它与"可转让支付命令账户"实质上相同，差别仅在于对存款最低余额的限制。该账户要求客户保持2 500美元的最低余额，如果存款余额低于最低限额，银行则只按"可转让支付命令账户"同样的利率来支付利息。

（3）自动转账服务账户（ATS）。这种账户开办于1978年，是由早期电话转账制度演变而来。经客户授权后，银行自动为客户办理在同一银行的两个不同账户。在这种业务中，客户在银行分别开立储蓄账户和活期存款账户，后一账户上的余额永远是1美元。当客户开出支票后，电话通知银行，银行即自动地把必要的金额从储蓄账户上转到活期存款账户上进行付款。开立自动转账服务账户，存款户既可以享受开立支票的便利，又可以得到利息收入，不过需要向银行支付一定的服务费。

（4）货币市场存款账户（MMDA）。这种账户是银行为个人与合伙企业开办的存款账户，其利率以公布的每日货币市场工具的平均利率为基础随时进行计算来确定，每天复利。

2）非交易账户存款

非交易账户存款是指主要为了获取收益而在银行开设账户存入的款项。存款以定期为主要特色，银行可以将其作为中长期资金来源。它包括定期存款、储蓄存款、指数定期存单等。

（1）定期存款。定期存款是一种由存户预先约定存款期限、有起存金额要求、到期提取的存款。期限短的为3个月、6个月和1年不等，也有3年、5年甚至更长，期限越长，利率越高。

定期存款是商业银行的一种重要存款，它占银行存款负债比重也相当高，而且还有继续提高的趋势。客户提取定期存款时，要凭银行所签发的定期存单（或出示银行卡），一般要到期才能提取存款，银行根据到期存单计算应付本息；如提前支取，利率以活期存款利率计息。存单到期，可按存户的要求续存，或按约定自动转存。

定期存单不能像支票一样转让流通，只是到期提取存款的凭证，是存款所有权及获取利息的权利证书。但定期存单可以作为优质质押品取得银行贷款。定期存款带有投资性，是银行的稳定资金来源，定期存款所要求的存款准备金率也低于活期存款，并且手续简便、安全。

（2）储蓄存款。储蓄存款是主要针对居民个人积蓄货币和取得利息收入而开办的一种存款业务。

储蓄存款可分为活期和定期两类，以定期为主。定期储蓄存款通常由银行发给存户存折，以作为存款和提取现金的凭证，一般不能据此签发支票，支用时只能提取现金或先转入存户的活期存款账户。由于储蓄存款可以稳定运用，银行支付的利率较高。储蓄存款的存户通常限于个人和非营利组织。

存折储蓄或银行卡是储蓄存款的传统形式，需要银行拥有实体网络门店。随着技术、网络的应用，电子银行、手机银行的推广，越来越多的业务可以通过网络银行与手机银行办理，有形的银行存折或银行卡已不再成为必需品，相应的，银行柜台业务也萎缩。

（3）指数定期存单。指数定期存单是 1987 年大通曼哈顿银行开始出售的与股票或商品相联系的一种定期存单。当股票指数或商品价格与预期一致时，存款者可以得到额外的收入，但与预期相反时，存款者就会损失其利息收入。由于挂钩的指数不同，指数定期存单包括股指定期存单与物指定期存单。

股指存单分为牛市存单与熊市存单。如果客户购买牛市存单，当股票指数上升时，存款人会得到额外的收益，反之，当股票指数下跌时，存款人要损失部分或全部利息。如果购买熊市存单，只有当股票价格下跌时，存款人才会有额外的收益，价格上升时，反而会损失利息。对于股指定期存单的额外收益，银行与客户约定分成比例，即存款者并不能享受全部的收益。

物指存单是指与物价指数相挂钩的存单，其实质相当于保值存款。即当物价上升时，银行对客户给予一定的利息贴补，以减少通胀给客户带来的损失。

4.2.2　人民币存款与外币存款

1）人民币存款

人民币存款包括城乡居民储蓄存款、单位存款、非存款类金融机构存款。

（1）城乡居民储蓄存款

城乡居民储蓄存款包括活期储蓄、定期储蓄、定活两便储蓄、通知存款、结构性存款。

活期储蓄，不规定期限，随时存取的存款，来源于居民待用货币。我国活期存款起存金额为 1 元，多存不限。

定期储蓄，是客户在存款时约定存期，一次或按期分次存入本金，整笔或分期、分次支取本金或利息的一种储蓄方式。定期储蓄可分为：整存整取、零存整取、整存零取、存本取息。

　　定活两便储蓄，是指在存款时不必约定存期，银行根据客户存款的实际存期按规定计息并可随时支取的一种储蓄，一般50元起存。其开户和支取程序均比照活期储蓄存款。利率，存期不满3个月的，按天数计活期利息；存期3个月以上（含3个月），按挂牌下限期限的利率档次打6折计息。

　　通知存款是指不约定存期，约定在支取时事先通知银行的一种储蓄方式。通知存款有1天和7天两种，支取时银行按提前通知时间1天或7天确定利率并按实际存期计算利息。通知存款起存金额为5万元，可一次或分次支取，分次支取后账户余额不得低于5万元。

启智增慧4-2
银行利率一览表
（2023年12月
5日）

　　结构性存款，是投资者将合法持有的人民币或外币资金存放在银行，由银行通过在普通存款的基础上嵌入金融衍生工具（包括但不限于远期、掉期、期权或期货等），将投资者收益与利率、汇率、股票价格、商品价格、信用、指数及其他金融类或非金融类标的物挂钩的具有一定风险的金融产品。按照本金的币种不同，结构性存款可以分为外汇结构性存款和人民币结构性存款两大类。

　　目前我国各商业银行的存款利率按挂牌利率执行，各类银行有所不同，总体上城商行与农商行利率最高，国有大型银行的利率最低。

启智增慧4-3
储蓄卡遗失，挂
失时身份证的核
查不能走过场

　　（2）单位存款

　　单位存款包括活期存款、定期存款、通知存款、协定存款、结构性存款、保证金存款。

　　单位活期存款，是企事业单位存入银行后随时可以支取的存款。凡在中国境内符合中国人民银行规定开户条件的企业、事业、机关、部队、社会团体、个体经济（简称存款人）均可在商业银行各分支机构存款，同时开立活期存款账户。单位活期存款包括结算户存款和基金户存款。

启智增慧4-4
企业客户在银行
开立的账户

　　单位定期存款，是一种事先约定支取日的存款，即银行与存款人双方在存款时事先约定期限、利率，到期后方可支取的存款。单位定期存款（不含大额可转让定期存款）实行账户管理。

　　单位通知存款，是存款人不约定存期，在支取时须事先通知存款银行的一种人民币存款。存款对象为中华人民共和国境内的法人及其他组织。通知存款不论实际存期多长，按存款人提前通知的期限长短划分为1天通知存款和7天通知存款两个品种。存款起存金额为人民币5万元，存款人必须一次存入，一次或分次支取。

　　单位协定存款，是指可以开立基本存款账户或一般存款账户的中华人民共和国境内的法人及其他组织与商业银行签订"人民币单位协定存款合同"，在基本存款账户或一般存款账户之上开立具有结算和协定存款双重功能的协定存款账户，并约定基本存款额度，由银行将协定存款账户中超额度的部分按协定存款利率单独计息的一种存款方式。

　　结构性存款，同个人结构性存款。

　　保证金存款，是金融机构为客户出具具有结算功能的信用工具，或提供资金融通后，按约履行相关义务，而与其约定将一定数量的资金存入特定账户所形成的存款类别。在客户违约后，商业银行有权直接扣划该账户中的存款，以最大限度地减少银行损失。保证金存款按照保证金担保的对象不同，可分为银行承兑汇票保证金、信用证保证金、黄金交易保证金、远期结售汇保证金四类。

（3）非存款类金融机构存款

非存款类金融机构存款包括证券及交易结算类存放、银行业非存款类存放、SPV存放、其他金融机构存放以及境外金融机构存放。

2）外币存款

（1）个人外币存款，包括活期存款、定期存款、通知存款，以及其他经监管机关批准的存款。定期存款按期限分为：1个月、3个月、6个月、1年、2年等5个档次。以上存款分为现汇账户和现钞账户。可以选择普通活期存折、活期一本通、定期一本通、定期存单等方式，币种有美元、欧元、港币、日元、英镑、加拿大元、瑞士法郎、澳大利亚元等。

（2）外币单位存款，包括单位活期存款、单位定期存款、通知存款等。币种主要包括人民币、美元、欧元、英镑、港币、日元、澳大利亚元、加拿大元、瑞士法郎及其他可自由兑换的货币。按照银行业协会的规定，大额外币定期存款单笔存款起存金额为300万美元、200万英镑、340万欧元、3亿日元、2 300万港币、440万加拿大元、530万瑞士法郎，可享受优惠利率；通知存款各银行也规定起存金额，须一次全额存入，可全部或部分支取，每次部分支取金额不得小于1万美元或等值外币，留存部分不得小于起存金额。

4.2.3　我国商业银行存款构成情况

近年来，受利率市场化、金融脱媒、互联网金融产品等对银行传统的存款来源分流的影响，商业银行存款规模增长略显乏力。商业银行平均存款增速降低。从存款变化结构看，个人存款和公司存款同比增速均有所回落，个人存款增速回落得更多（见表4-1）。

表4-1　　　　　　　　　　　**境内中资商业银行存款构成（2023年10月）**　　　　　　　　单位：亿元

银行	个人存款			单位存款				国库定期存款	非存款类金融机构存款
	活期	定期	结构性	活期	定期	保证金	结构性		
大型	239 929	277 899	4 153	159 158	133 482	14 032	10 880	5 044	105 815
中小型	128 551	384 379	10 209	164 707	124 829	56 097	20 413	6 560	143 390

资料来源：根据中国人民银行网站数据整理。

4.3　银行存款的管理

4.3.1　合理存款规模的界定

存款量的多少，是一家银行规模和竞争实力的标志。尤其是在发展中国家，吸收存款是商业银行筹集资金来源的最主要的渠道。

无论是企业存款还是储蓄存款，在总量上都客观存在一个正常状态下的合适的量。一国存款的供给总量主要取决于该国国民经济发展的总体水平，存款总量的增减也取决于多方面的主客观因素的变化。

从全社会的储蓄存款供应总量来看，在利率一定的情况下，储蓄存款受以下因素的影响：居民的货币收入水平和消费支出结构、商品的供给状况与市场物价水平、金融市场的发达状况和金融资产种类、社会保障制度的完善程度、文化水平和历史传统等。而一国企业存款的额度变动，则主要取决于国家经济景气状况、社会生产力发展水平、国家金融政策、企业的经营管理水平、银行服务的质量等一系列因素。

从银行经营管理的角度看，合适的存款规模为：首先，某一家银行的存款需求量，应限制在其贷款与投资的可利用程度以及管理存款的成本与费用负担的承受能力范围内。否则，就属于不适度的存款增长，反而会给银行经营带来困难。因此，银行对存款规模的控制，要以存款资金在多大程度上被实际地运用于满足贷款和投资等资产需求量为评判标准。其次，存款的结构要能适应银行资产业务结构的需要，既能适当降低成本，又能满足客户要求多样化服务的需求。

4.3.2　存款的成本与定价

1）存款成本的构成

银行在进行成本管理时，经常使用的成本概念主要有利息成本、费用成本、资金成本、可用资金成本、相关成本等。

（1）利息成本。利息成本是存款成本中最重要的成本，是银行以货币形式支付给客户的存款报酬。利息成本根据市场情况可以采用固定利率，也可以采用浮动利率计算，依期限的不同而不同。由于市场利率波动频繁，若以固定利率计息，在市场利率下降时，会增加银行的存款成本，收益受损；市场利率上升时，银行则会受益。以浮动利率计息的存款，则可降低银行存款的利率风险，但会给银行成本预测和管理带来困难。

（2）费用成本。费用成本是指花费在吸收存款上的除利息之外的一切费用开支，包括广告宣传费用、银行职员的工资和薪金、设备折旧应摊提额、办公费用及其他为存款客户提供服务所需的开支等。这些成本，有的与具体业务量有关，如为存款提供的转账结算、代收代付以及利用电子计算机的自动化服务等所需的开支。有的则与具体的业务量没有关系，也没有具体的受益者，如广告、宣传费用等。

（3）资金成本。资金成本是指包括利息在内的花费在吸收存款上的成本，即利息成本与营业成本之和，它反映了银行为取得存款而付出的代价。资金成本率是一个重要的成本分析指标，既可以用来比较银行不同年份吸收存款的成本，考察其发展趋势，也可以在银行同业，尤其是规模相同、条件相近的银行之间进行比较，从而明确其在目前竞争中的地位。

（4）可用资金成本。可用资金成本是指银行存款中可以运用于贷款和投资上的那部分存款的成本。可用资金是银行总的资金来源中扣除应缴存的法定存款准备金和必要的储备金后的余额。将资金成本与可用资金数额相比可得到可用资金成本率。这个比率既可以用于各种存款之间的对比，分析为得到各种可用资金所要付出的代价，也可在总体上分析银行可用资金成本的历史变化情况及比较本行与其他银行可用资金成本的高低。

（5）相关成本。相关成本是指与增加存款成本有关而未包括在上述成本之中的成本，主要有两种：一是风险成本，因存款增加引起银行风险增加而必须付出的代价形成的成本，例如，存款总额的增长会增加银行的资本风险；二是连锁反应成本，银行为吸收新存款增加服务和利息支出而引起对银行原有存款增加的开支引起的成本。例如，银行为了争取更多的存款，往往以增加利息和提供服务的方式来吸引顾客，但在对新存款客户支付更多利息和提供更多服务的同时会产生"看齐效应"，以至于原有客户也要求有同样高的利息和同样多的服务，从而加大了银行成本开支。

2）存款资金成本率

当其他因素相同时，商业银行采用的最优的筹资方式是以最低的成本组织的存款，或是扣除所有费用后产生净收益最多的存款。商业银行只有通过最便宜的存款购买收益最高的资产才能使利差最大化，从而使股东权益最大化。

（1）加权平均资金成本率。由于银行的各项资金来源权重不同，对资金成本率的影响不同，因此要计算税前加权平均资金成本率。其计算公式为：

$$税前加权平均资金成本率 = \sum \frac{各项资金来源}{筹资总额} \times \frac{利息与非利息成本率}{1 - 非盈利性资产比率} \tag{4-1}$$

【例4-1】某商业银行共筹集5亿元资金，其中，以8%的资金成本率可筹集支票存款1亿元；以12%的资金成本率可筹集定期存款、储蓄存款共3亿元；资本性债券1亿元，资金成本率为16%。如果存款运用于非营利资产的比重分别为：支票存款为15%，定期与储蓄存款为5%，资本性债券全部用于营利资产上，则：

$$税前平均成本率 = \frac{1}{5} \times \frac{8\%}{1 - 15\%} + \frac{3}{5} \times \frac{12\%}{1 - 5\%} + \frac{1}{5} \times \frac{16\%}{100\%} = 12.66\%$$

此例中，该银行所筹集的资金平均成本率为12.66%，或者换句话说，该行进行贷款与投资的收益至少为12.66%时，才能收回成本。

加权平均成本率是一种历史成本核算，不考虑竞争形势，也无法考虑不同客户主体的不同要求对银行成本的影响。这种方法试图将存款的价格与银行的服务成本直接结合起来，这就要求精确计算每项存款业务的成本。但是，在银行的实际业务操作中，每项吸收存款成本，尤其是费用的构成是十分复杂的，准确计算比较困难。

（2）存款边际成本率。当利率频繁变动时，银行如果使用平均成本率为存款定价就不合理，应当使用边际成本率的方法进行定价。银行的不同存款都有不同的边际成本，它们随着市场利率、管理费用和该存款用于补充现金资产的比例的变动而变动。

$$边际成本(成本变动) = 新利率 \times 新利率下的筹资额 - 原利率 \times 原利率下的筹资额 \tag{4-2}$$

$$边际成本率 = 成本变动额 \div 新增资金额 \tag{4-3}$$

如果新增资金中有部分用于补充现金资产，不能当作营利资产，则新增可用资金的边际成本为：

$$可用资金边际成本率 = \frac{成本变动额}{(筹集的新增资金额 - 非营利资产额)} \tag{4-4}$$

边际成本与收益的比较计算过程详见表4-2。

从表4-2可以看出，当存款利率从7.5%上升到8.5%时，投资净利润不断上升至顶点，然后开始下降。虽然利率上升到9%，存款多增加了100万元，但边际成本率为13%，高于资产收益率3个百分点。可见，在银行的投资收益率为10%的情况下，银行吸收存款的最高利率不超过8.5%，才是最佳选择。

表4-2　　　　　　　　　　　　　　　**边际成本与收益的比较金额**　　　　　　　　　　金额单位：万元

存款利率水平 (1)	预计吸收存款额 (2)	新增存款利息成本 (3) = (2) × (1)	新增存款边际成本 (4)	边际成本率 (5) = (4) ÷存款增量	预期资产收益率 (6)	边际资产收益率与边际成本率之差 (7) = (6) - (5)	投资利润额 (8) = (2) × [(6) - (1)]
7.0%	200	14	14	7.0%	10.0%	+3.0%	6
7.5%	400	30	16	8.0%	10.0%	+2.0%	10
8.0%	600	48	18	9.0%	10.0%	+1.0%	12
8.5%	800	68	20	10.0%	10.0%	0	12
9.0%	900	81	13	13.0%	10.0%	-3.0%	9

由于银行存款的来源不可能是一种，且其风险也有所不同，在实际使用时，可采用平均边际成本率来反映银行新增资金来源总体成本情况。

存款边际成本管理为银行管理人员提供了有价值的管理方法。它描述了银行的成本与收益的变化过程，为银行提供了其存款扩张的量的界限。当银行的利润开始下降时，管理人员就需要寻找更低边际成本的新资金来源，或者进行具有更高边际收益的贷款与投资活动，或将二者结合。

3）存款服务定价方法

（1）市场渗透定价法

市场渗透定价法，是一种致力于扩大市场份额的定价方法，使用此方法，在短期内银行并不追求以利润弥补成本，而是支付给客户高于市场水平的利率，或向客户收取远低于市场标准的费用，以此来吸引客户。市场渗透定价方法适用于一个高成长的市场。

通常情况下，客户购买了银行的一种服务以后，即代表了银行与客户之间继而会有不断的联系，比如会扩展到贷款、信托等业务，由此可扩大银行的市场份额。

但是，也正是因为客户非常重视原有的已经形成的业务关系，使他们意识到，随意改变开户银行，不利于客户得到优质低价的服务。因此，银行的原有客户一般都会忠实于他们挑选的银行，即使银行的存款定价政策并不一定十分优惠，他们可能会选择改变存款的种类，而不选择改变银行。

20世纪80年代美国联邦储备委员会公布了一份对存款人的调查结果，表明不同的客户在选择开户行时，出于不同的存款目的，考虑的因素不同，见表4-3。因此，对于一家信誉良好、综合实力强的银行，价格似乎不是客户考虑的主要因素。

表4-3　　　　　　　　**家庭和企业客户选择存款开户行时考虑的因素**

家庭客户（活期存款）	家庭客户（储蓄存款）	企业客户
1.方便的地理位置	1.对客户的熟悉程度	1.银行良好的财务状况
2.可获得的服务项目	2.支付利率的高低	2.资金来源可靠
3.存款的安全性	3.结算的便利程度	3.职员的素质
4.低收费与低余额要求	4.地理位置	4.贷款价格的竞争性
5.较高的存款利率	5.收费状况	5.高质量的金融咨询服务
		6.提供的现金管理和业务服务

资料来源：罗斯，赫金斯. 商业银行管理［M］. 刘园，译. 北京：机械工业出版社，2013.

（2）差别定价法

差别定价法，又称有条件定价法，是商业银行根据账户的实际情况来确定账户的存款利率与服务收费标准的方法。这些因素主要有：客户通过存款账户办理结算的业务量、每月的平均余额、平均存款的期限等。其中最主要的是按存款余额水平确定价格，即客户的存款余额保持在某种低的水平之上，则支付很低的费用或者不付费用，但是平均余额降到最低水平以下时，就要支付较高的费用。

对不同的存款余额实施不同的定价，有利于银行吸收大额存款，有利于客户挑选存款账户，为银行提供存款变动的资料。美国两家银行运用差别定价技巧的实例见表4-4。

表4-4　　　　　　　　　　　美国两家银行运用差别定价技巧的实例

A 银行		B 银行	
普通活期存款		普通活期存款	
最低开户余额	100 美元	最低开户余额	100 美元
如果最低日余额是：		如果最低日余额是：	
600 美元以上	不收费	500 美元以上	不收费
300~599 美元	每月 5 美元	500 美元以下	每月 3.5 美元
300 美元以下	每月 10 美元	每月开出支票或 ATM 交易	
如果存款人每月总余额		超过 10 次且余额低于 500 美元	每借记一次 0.15 美元
平均为 1 500 美元	不收费		
不限制开户次数			
普通储蓄存款		普通储蓄存款	
最低开户余额	100 美元	最低开户余额	100 美元
如果余额低于 200 美元	每月 3 美元	如果余额低于 100 美元	每月 2 美元
余额为 200 或 200 美元以上	不收费	余额高于 100 美元不收费	
每月超过两次取款收费	2 美元	每月超过 3 次取款收费	2 美元

资料来源：罗斯，赫金斯. 商业银行管理 [M]. 刘园，译. 原书9版. 北京：机械工业出版社，2013.

从这个实例可以看出，两家银行管理层有着不同的经营理念以及不同的营销措施。A银行鼓励高余额低活动性的客户，而B银行则倾向于小额客户。形成这种差异的原因是两家银行面对的客户有很大的不同：A银行位于一个富裕的住宅区与办公区附近，客户是高收入的个人与企业，他们的存款账户通常余额较高，开出的支票数目与次数也多。而B银行位于一所大学的附近，服务的对象是存款余额相对较低的学生群体。虽然对学生只能是以低费用率来招揽生意，但B银行实施长远战略，为的是培养潜在目标客户。

（3）上层目标定价法

商业银行通常把营销的重点目标群体盯住事业有成的专业人士、企业所有人和经理、其他高收入家庭，向他们提供优质服务，收取较高的服务费。而对余额较低、活动性较高的账户，执行盈亏相抵的价格，或者通过高价加以限制。上层目标定价法是为了争取高余额、低活动性存款的一种方法。

4.3.3　存款的管理

1）存款的组织

由于银行向市场所提供的产品具有无形性、同质性的特点，它不能依靠有形的感官来发现，只能依赖银行的宣传与营销活动来吸引客户。可见，银行的产品创新只能是在原有产品本质特征的基础上进行的，一家银行向社会提供新的金融产品与另一家银行提供的产品有相似之处，客户之所以选择某一家银行的产品，主要取决于该银行的规模、信誉、服务效率与质量、产品的内在吸引力等。

（1）调查市场，发现客户的市场需求。存款客户对存款工具的需求是多种多样的，他们存款的动机也有很大的差异，有的为了增值，有的为将来的消费做准备，有的出于安全保密与方便，等等。因此，银行通过市场调研，了解了客户的需求，就可以推出不同的产品种类，以满足客户的需求。

（2）开发新产品，合理定价。这是大银行通行的做法。根据市场调查的结果，依据经济环境的变化与客户的需求，按不同的标准将需求和动机基本相似的客户划分为一个个子市场，通常将存款市场分为私人客户市场与机构客户市场。然后，根据不同的需求，设计出具有一定特色的存款产品。商业银行要将开发单一新产品与推出系列产品结合起来。开发单一产品只包括新产品本身，而推出配套系列产品不仅包括产品本身，还包括产品的售后服务、网点设置等。

商业银行在存款创新过程中，往往需要付出较高的成本，同时还要承担新产品失败的风险，而且金融产品的易模仿性，使得新产品的市场也不可能长期地处于优势的地位。因此，银行在存款的新产品创新过程中，要注意以下几方面：一是要体现出各自银行的经营特色，力争实现市场的分离，使得客户对银行现有的某项产品有较长时间的依赖性，提高垄断市场的份额，让竞争对手无法简单模仿。二是要实现合理的定价，实现成本与收益、收益与风险的有效平衡。银行产品的定价，应当是银行与客户同时受益。只顾及客户满意，不考虑银行的成本费用，银行得不偿失，最终目的没有达到；过多地考虑银行自身的收益，又会使市场萎缩。因此，银行存款工具的定价，就是要在满足客户存款服务要求与确保银行利益之间寻求一个均衡点。

（3）加强已有产品的吸收力，提高存款的稳定性。商业银行开发新产品固然可以在一定时间段内实现垄断利润，但对于中小银行来说，它们在市场上处于劣势地位，属于市场的追随者，在条件还不成熟的前提下，守住现有的市场，将现有的产品与服务做精细做完善，不但可以减少研发成本，还可以规避风险，实现稳健经营。

（4）多渠道组织存款。渠道网点建设对于银行来说十分重要，商业银行可考虑以下几种方式：一是自设网络系统，如分支机构网络、**ATM** 网络、电话服务、网上银行、增加服务窗口等；二是增加代理行渠道，加强银行间的合作；三是利用银行间的并购，这是快捷而有效的途径，不仅利用了对方的资源，而且扩大了存款来源渠道。

（5）向客户提供优质的服务。银行良好的优质服务和完善的网络系统是长期保持客户稳定的重要环节，是银行与客户建立长期合作关系的保证。商业银行可以采取人员促销、广告促销、公共关系促销以及营业推广等方式促进存款工具的销售。对于个人存款市场中的保值增值存款，可以满足客户增值货币的需求；不同期限的定期存款，能够满足客户方便存取与有计划消费的需求；各类交易账户存款，方便了客户支付结算的需求；花样翻新的电话网络存储业务，是为了满足客户突破时间地域的限制、提高工作效率的要求等。对于机构存款，服务的着眼点主要体现在效率与安全上。

2）禁止违规吸收和虚假增加存款

（1）违规返利吸存。通过返还现金或有价证券、赠送实物等不正当手段吸收存款。

（2）通过第三方中介吸存。通过个人或机构等第三方资金中介吸收存款。

（3）延迟支付吸存。通过设定不合理的取款用款限制、关闭网上银行、压票退票等方式拖延、拒绝支付存款本金和利息。

（4）以贷转存吸存。强制设定条款或协商约定将贷款资金转为存款；以存款作为审批和发放贷款的前提条件；向"空户"虚假放贷、虚假增存。

（5）以贷开票吸存。将贷款资金作为保证金循环开立银行承兑汇票并贴现，虚增存贷款。

（6）通过理财产品倒存。理财产品期限结构设计不合理，发行和到期时间集中于每月下旬，于月末、季末等关键时点将理财资金转为存款。

（7）通过同业业务倒存。将同业存款纳入一般性存款科目核算；将财务公司等同业存放资金于月末、季末等关键时点临时调作一般对公存款，虚假增加存款。

启智增慧 4-5
中国存款保险制度发展及包商银行处置案例

4.4　非存款负债——借款的管理

存款是商业银行传统的负债，构成了商业银行大部分的资金来源，也是银行利润的最终来源。但当存款的数量不足以满足银行贷款及投资时，或者商业银行的流动性出现问题时，银行还必须在金融市场上主动负债。从未来发展看，主动性的负债会越来越重要，在银行的资金来源中的份额也会日益上升。

4.4.1　银行借款渠道

1）同业借款业务

商业银行同业借款是商业银行从其他商业银行与金融机构借入资金的行为，是短期借款期限业务，短的只有一天，最长不超过一年，使银行可以保持较高比例的流动性，解决短期流动性问题。它包括同业拆借、同业抵押借款、转贴现借款、卖出金融资产回购等。如果商业银行需要短期的外汇资金，也可通过欧洲货币市场借款。

①同业拆借，是银行的一项传统业务，它是指商业银行及其他金融机构之间对超额准备金的临时拆借。在同业拆借业务中，借入资金的银行主要是用以解决本身临时资金周转的需要。同业拆借是头寸盈余的银行与头寸短缺的银行之间的相互资金融通。

②同业抵押借款。同业拆借一般无需抵押品，但当它变成循环借款时或时间稍长时，就要求抵押。作为抵押的资产，大部分是客户的抵押资产（包括动产和不动产），银行将其转抵押给其他银行，这种转抵押的手续较复杂，技术性也很强。此外，商业银行也将所

持有的票据、债券、股票等金融资产作为质押品，从其他银行取得借款。

③转贴现借款。当银行资金紧张、周转发生困难时，便可将已经贴现但仍未到期的票据交给其他商业银行或贴现机构，要求给予转贴现，以取得资金的融通。

④卖出金融资产回购。商业银行（正回购方，资金融入方）按照回购协议向金融机构（逆回购方，资金融出方）先卖出金融资产，再按约定的价格于到期日回购该项资产融入资金的行为。

多数卖出回购以政府债券为交易对象。期限短的为一个营业日，长的为几个月，多数为几天。

交易定价方法通常是交易双方同意按相同的价格出售与再购回证券，一种定价方法是再购回时，其金额为本金加双方约定的利息额；另一种定价方法是再回购价格高于原出售价格，其差额即合同收益额。

如果正回购方到期无力回购债券，逆回购方只好自己保留债券，将面临利率上升、债券价格下跌的风险。

我国有关法律规定：银行间拆借期限最长不超过6个月，资金的用途也只能是解决调度头寸过程中的临时资金困难，不能用于弥补信贷缺口、长期贷款与投资等；利率由市场资金供求决定。

⑤欧洲货币市场借款。欧洲货币市场形成于20世纪50年代，是欧洲美元与其他欧洲货币借贷活动的场所。欧洲货币市场上借贷数量最多的是欧洲美元，是美国以外的银行出售的以美元为面值的存款。初期大多数欧洲美元存款采用固定利率，20世纪70年代后，期限为1~20年的浮动利率定期存款与浮动利率票据进入市场。大多数美元存单的期限为6个月，也有隔夜拆借。利率与伦敦银行同业拆借利率一致。

2）向中央银行借款

中央银行通过货币政策工具调节商业银行资金规模，进而调节全社会货币供应量。传统的商业银行向中央银行借款有再贴现、直接信用借款、再抵押借款、央行票据回购业务。2013年年初起，中国人民银行连续推出公开市场短期流动性调节工具、常备借贷便利、抵押补充贷款、中期借贷便利等新工具。

（1）传统的借款方式

再贴现是商业银行将借款人已贴现的还没有到期的商业票据转让给中央银行，并向中央银行贴付相应的利息的资金融通行为。再贴现是中小商业银行从中央银行取得资金融通的重要途径之一。中央银行办理再贴现业务时，要根据货币政策给予适当控制，适时调整再贴现率和再贴现额度。

直接借款是指商业银行直接向中央银行借入资金，是一种信用借款。

再抵押（质押）借款，是商业银行用自己的合格票据、银行承兑汇票、政府公债等有价证券作为抵押品向中央银行取得资金。资金融通方式较贴现更简便、更灵活。此外，商业银行还可以通过与中央银行进行票据回购业务获得资金。

（2）创新的借款方式

公开市场短期流动性调节工具（short-term liquidity operations，SLO），是一种超短期的逆回购，以7天期以内短期回购为主（遇节假日适当延长操作期限），采用市场化利率招标方式开展操作。SLO的操作时点为公开市场常规操作的间歇期，即非周二/周四，时点选择上更具灵活性。按照央行发布的名单，SLO 的操作对象仅为公开市场业务一级交易商中符合特定条件的部分金融机构。

常备借贷便利（standing lending facility，SLF），是中国人民银行正常的流动性供给渠道，主要功能是满足金融机构期限较长的大额流动性需求，对象主要为政策性银行和全国性商业银行，期限为 1~3 个月。常备借贷便利以抵押方式发放，合格抵押品包括高信用评级的债券类资产及优质信贷资产等。央行根据当时的流动性紧缺情况、货币政策目标和引导市场利率需要等多种因素，综合确定 SLF 的利率水平。SLF 到期后，申请 SLF 的银行根据央行确立的利率水平向央行赎回抵押的资产，资金由此再回收到央行。

抵押补充贷款（pledged supplementary lending，PSL），它和再贷款非常类似，是基础货币投放的新渠道；通过商业银行抵押资产从央行获得融资，是再贷款工具的升级。

中期借贷便利（medium-term lending facility，MLF），是中央银行提供中期基础货币的货币政策工具，对象为符合宏观审慎管理要求的商业银行、政策性银行，采取质押方式发放，并须提供国债、央行票据、政策性金融债、高等级信用债等优质债券作为合格质押品。2014 年 9 月，其由中国人民银行创设。

3）发行大额可转让定期存单

大额可转让定期存单，面额大（10 万~100 万美元）；存期以短期为主，从 7 天到一两年都有，主要集中在 1~6 个月；存单以无记名方式发行，到期之前，可以在二级市场上转让，流动性强；存单 80% 为固定利率计息。

商业银行发行大额存单，不需要缴纳存款准备金；存单到期之前不会被提取，因而稳定性强。但大额存单多属于利率敏感性负债，需要银行使用利率保值技术，以防范利率风险。

可转让定期存单的开发，推动了银行资产负债的证券化与流动性，促进了资产管理向负债管理的转变，提高了商业银行的存款竞争能力。

我国首批大额存单于 2015 年 6 月 15 日起发行。个人投资人认购大额存单起点金额不低于 30 万元，机构投资人认购大额存单起点金额不低于 1 000 万元。大额存单期限包括 1 个月、3 个月、6 个月、9 个月、1 年、18 个月、2 年、3 年和 5 年共 9 个品种。利率以市场化方式确定，固定利率存单采用票面年化收益率的形式计息，浮动利率存单以上海银行间同业拆借利率（SHIBOR）为浮动利率基准计息，在基准利率基础上上浮 40%。

4）发行金融债券

金融债券是 20 世纪 70 年代以来西方商业银行业务综合化、多样化发展和金融业务证券化的产物，它意味着商业银行负债的多样化发展已成必然趋势，进而体现了商业银行资产负债管理的许多新的特点。

（1）商业银行长期债券与定期存款的不同

商业银行吸收存款与发行债券都是其重要的资金来源，但二者之间具有不同的特征。

第一，筹资的目的不同。商业银行吸收存款可全面扩大银行资金来源的总量，并无特定的目的；而发行债券则着眼于增加长期资金来源和满足特定用途的资金需要。

第二，筹资的机制不同。吸收存款是经常性的、无限额的，是否能吸收到存款在很大程度上取决于客户的存款意愿，银行处于被动的地位；而金融债券的发行则是阶段性的、有额度限制的，但发行的主动权掌握在银行手中，银行具有主动性，是主动负债。

第三，银行对资金的利用程度不同。银行的定期存款虽然有期限的规定，但由于可以提前支取，银行要有一定的现金准备，而且还要缴纳存款准备金，资金的稳定性差些；而金融债券有明确的偿还期，一般不能提前还本付息，且不必缴纳法定准备金，到期日之前，银行可以全部加以运用，提高了资金的利用效率。

第四，筹资的效率不同。金融债券的利率一般要高于同期存款的利率，对客户的吸引力较强，因而其筹资效率在通常情况下要高于存款。

第五，对于投资者来说，资产的流动性不同。一般存款通常情况下是不能转让的，而金融债券一般不记名，有广泛的二级市场可以流通转让，因而比存款具有更强的流动性。

但与存款相比，银行发行债券也有一定的局限性。第一，金融债券发行的数量、利率、期限都要受到管理当局有关规定的严格限制，银行筹资的自主性不强。第二，金融债券的筹资成本较高。债券除利率较高外，还要承担相应的发行费用，筹资成本较高，受银行成本负担能力的制约。第三，债券的流动性受市场发达程度的制约，在金融市场不够发达和完善的发展中国家，金融债券种类少，发行数量也远远小于发达国家。

金融债券的发行对银行负债经营的发展具有重要的经济意义：发行金融债券筹资范围广，不受地区资金限制，不受人员与网点的束缚，拓宽了银行的负债渠道；金融债券利率较高，流动性强，有较大的吸引力，提高了筹资效率，促进了银行负债来源的多样化，增强了负债的稳定性；金融债券不需要缴纳存款准备金，提高了资金利用效率。

（2）金融债券的主要种类

①一般性金融债券，是银行用于银行长期贷款与投资目的而发行的债券，是银行发行金融债券的主要部分。

②资本性金融债券，是银行为补充银行资本而发行的债券，是介于银行存款负债与股本之间的债务。它对银行收益与资产分配的要求权优于普通股和优先股，仅次于银行存款客户与其他债权人。《巴塞尔资本协议》将资本性金融债券划分在二级资本中，具体内容见第3章。

③国际金融债券，是在国际金融市场上发行的以外币表示面额的金融债券。从市场和货币的角度，国际金融债券主要包括外国金融债券、欧洲金融债券、环球金融债券。

外国金融债券，是指债券发行银行通过银行或金融机构在外国发行的以该国货币为面值的金融债券。

欧洲金融债券是指债券发行银行通过外国的其他银行和金融机构，以第三国的货币为面值发行的债券。这种债券发行涉及三个国家，即发行银行属于一个国家，债券在另一个国家的金融市场上发行，而债券面值所使用的货币则属于第三国。欧洲金融债券以美元标价面值的较多。

环球金融债券是指发行银行为筹措资金，在几个国家同时发行的债券，债券以一种或几种货币标价，各债券的筹资条件和利息基本相同。

应当说，国际性债券发行的要求都非常高，通常以国家为发行主体的发行方式才能被投资者所广泛接受。

④永续债券，又称无期债券，该债券无固定期限，内含发行人的赎回权。我国《商业银行资本管理办法》规定，银行永续债券至少5年后可由发行银行赎回，且应得到监管当局批准。

此外，商业银行还可以发行专项债券。专项债券是为满足特定对象的资金需求而发行的债券，如为支持中小企业发展资金需求发行的"小微企业专项金融债"、为支持"三农"发行的"三农专项金融债"、为发展绿色金融发行的"绿色金融债"等。

4.4.2　银行借款管理

1）确定银行对非存款负债的需求量

银行在吸收非存款负债之前，应当根据贷款和投资与存款供应量的缺口的情况，测算出对非存款负债的需求量，以此作为组织非存款负债的数量依据。

资金缺口(非存款负债量) = 当前与预计资金需求量 − 当前与预计存款量　　　　　　　(4-5)

【例4-2】某银行在未来10天内，有新的合格客户贷款需求量500 000万元，另几家使用贷款承诺业务的客户要提用贷款300 000万元，同时银行准备投资国债250 000万元。日前银行存款余额为700 000万元，预计未来10天内可吸收存款280 000万元，那么，该银行未来10天的资金缺口为：

资金缺口 = (500 000 + 300 000 + 250 000) − (700 000 + 280 000) = 70 000（万元）

也就是说，该银行在未来的10天内，除了存款之外，还要在金融市场上借入70 000万元的资金，否则，客户的资金需求将得不到满足。

2）核算借入资金的成本，选择合适的借款时机

银行在借入负债时，必须对借入负债的市场利率的变动趋势进行预测，了解各种资金的利率结构及利率水平。一般而言，在借入负债中，同业拆借融资方便迅速，但资金来源成本较高；从中央银行借款利率较低但限制条件较多；发行大额存单利率成本具有相对的比较优势，期限较同业拆借更长，但发行费较高；在国际资本市场借款中，要注重防范利率风险与汇率风险。

总体来说，商业银行应选择市场资金供给大于需求、利率较低的时机主动负债。

3）防范筹资风险

商业银行在筹集非存款负债时，可能会面临的风险主要包括利率变动风险与因实力差而借不到资金的风险。从利率风险来看，除了中央银行的贴现率由中央银行决定并影响市场利率之外，其他的利率都由市场决定。利率的波动性较大，给商业银行带来了利率风险。就中小银行而言，因其实力与信誉的原因，可能会得不到其他银行的贷款，或者借款的成本会很高，导致这些银行的未来盈利受损。

4）资金需求期限与筹资期限相平衡

商业银行在筹集非存款负债时，要以将来资金运用的期限来决定银行需要筹集多长期限的负债。如果银行出现紧急资金短缺，可通过同业拆借、央行借款、回购协议等渠道筹集资金；如果是为了满足增加贷款与投资的资金需要，可发行大额存单与商业票据，或者发行长金融债券。

5）遵守央行货币政策与法律法规的要求

中央银行是一国货币政策的制定者，它担负着宏观调控的职责。货币政策的松紧，决定着商业银行借款的数量、条件、期限、利率浮动的幅度、是否缴纳及缴纳多大比例的准备金等。这些都影响着银行的成本与风险。

本章小结

银行负债业务是银行筹集资金来源的业务。存款与借款是除资本金以外的最重要的银行资金来源。本章的主要内容有：

（1）银行负债从不同的角度可分为多种类型，包括短期负债和长期负债、主动负债与被动负债、存款负债和借款负债。

负债业务是商业银行经营的基础，体现了商业银行竞争能力的高低，是商业银行保持流动性的重要手段，构成了与社会公众广泛联系的主要渠道。

（2）存款是商业银行最主要的负债。按性质与用途分类，存款包括交易类存款和非交易类存款。我国商业银行的存款主要按来源分类，由储蓄存款、对公存款、财政性存款等构成。

（3）存款成本是商业银行经营成本的主要来源，通常由利息成本、费用成本、资金成本（可用资金成本）、相关成本等构成。为降低成本，实现利润最大化，商业银行必须对存款进行合理的定价。目前常用的方法有：成本定价法、市场渗透定价法、关系定价法、差别定价法、上层目标定价法等。

（4）主动借款是商业银行补充流动性、实现负债管理的重要手段。借款渠道有：同业拆借、向中央银行借款、发行大额存单和商业票据、回购协议、长期借款主要是通过发行金融债券获得。

商业银行应首先致力于大力组织存款，借款是对存款来源的补充。因此，借款要充分考虑每种资金的成本、风险、期限、政策等因素。

关键概念

储蓄存款　通知存款　市场渗透定价法　同业拆借　回购协议　外国金融债券

综合训练

✔ **问答题**

1）简述银行负债的作用。

2）我国银行的存款主要有哪些种类？

3）分析储蓄存款的影响因素。

4）说明银行组织存款的营销过程。

5）存款服务的定价方法有哪些？

6）简述银行借款的渠道。

7）简述借款的管理要点。

8）计算银行税前资金成本率。

即测即评 4

综合训练
参考答案 4

第5章

商业银行贷款业务原理

☑ **价值塑造**

　　贷款是我国商业银行最主要的资产业务，也是经济主体最重要的资金来源。通过贷款行业结构的数据变化，体会银行支持实体经济的战略转变，激发学生的学习兴趣，关注政府政策动向，培养研究能力。

☑ **知识传授**

　　通过本章的学习，了解贷款的种类与贷款程序；掌握贷款价格构成与定价方法；掌握借款人信用分析的内容。

思维导图

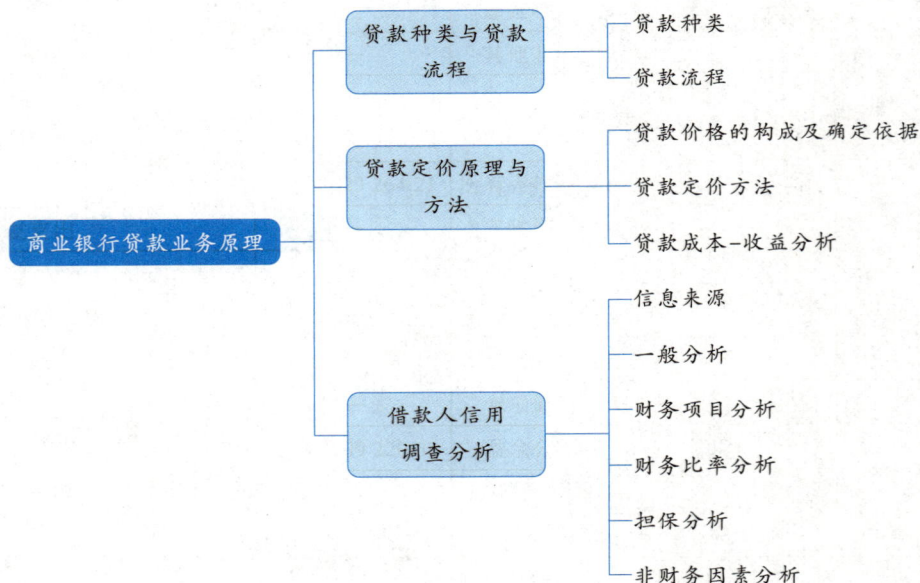

开篇导读

以党的二十大精神为指南　守住风险底线需要深化金融供给侧结构性改革

　　党的二十大对金融工作提出了明确的要求，要"深化金融体制改革，建设现代中央银行制度，加强和完善现代金融监管，强化金融稳定保障体系，依法将各类金融活动全部纳入监管，守住不发生系统性风险底线"。金融安全是国家安全的重要组成部分，防范化解金融风险是金融工作的根本性任务，也是金融工作永恒的主题。

当前世界百年未有之大变局加速演进，世界之变、时代之变、历史之变的特征更加明显。一方面，我国外部环境更趋复杂严峻和不确定；另一方面，国内经济发展面临需求收缩、供给冲击、预期转弱三重压力。为了有效应对复杂严峻的国内外形势和新冠肺炎疫情的冲击考验，我们应居安思危，增强忧患意识、风险意识、责任意识，把防范风险摆在突出位置，按照"稳定大局、统筹协调、分类施策、精准拆弹"的基本方针保障金融安全，有效防范系统性风险；持续推动健全金融稳定长效机制，打好防范化解重大金融风险攻坚战，维护金融稳定安全发展大局，为金融业持续健康发展营造安全稳定的良好环境。

资料来源：高惺惟. 以党的二十大精神为指南　守住风险底线需要深化金融供给侧结构性改革［EB/OL］.［2022-11-28］. https://www.financialnews.com.cn/ll/sx/202211/t20221128_260405.html.

贷款是商业银行传统的资产业务，也是商业银行重要的盈利性资产，这在我国银行业务中表现得尤为突出。如何确定商业银行合理的增长模式，降低银行贷款的风险，提高贷款的收益，是商业银行业务经营的重点与核心。

5.1　贷款种类与贷款流程

5.1.1　贷款种类

贷款，是商业银行将一定量的资金，按照相应的规则，为获得利润而向借款人提供资金使用的借贷行为。结合商业银行贷款业务实际，银行贷款作如下的分类。

1）根据贷款期限划分

商业银行贷款根据贷款期限划分为通知贷款、定期贷款。

（1）通知贷款。通知贷款也就是活期贷款，是贷款时不确定期限，银行可以随时通知客户归还的贷款。银行要收回贷款时，必须提前3~5天或者一周通知客户。这种贷款期限短，流动性较高，对银行来说，具有较强的灵活性。即银行的资金头寸宽余时，资金可以放在企业使用，获得收益；当银行的资金紧张时，可以随时通知企业偿还贷款。

（2）定期贷款。定期贷款是指有固定期限的贷款，一般不提前收回。具体可以分为短期贷款、中期贷款、长期贷款。

短期贷款，期限在1年以内（含1年）的贷款，目前主要有3个月、6个月、9个月和1年等类型。短期贷款适于支持借款人对流动资金的短期需要，是银行的主要贷款业务之一。此类贷款适用范围广、借贷频繁，需求时间性强。

中期贷款，期限在1年以上，5年（含5年）以下的贷款。技术改造贷款属于中期贷款，贷款期限不超过5年。

长期贷款，期限在5年以上（不含5年）的贷款。由基本建设等大型项目贷款和消费贷款构成。

中长期贷款数额多、期限长、周转速度慢，收益相对也较高，同时也蕴含着较大的信用风险和流动性风险。多数的中长期贷款采用分期偿还本息，可以按月、按季，或者按半年、按1年偿还一次贷款。

按贷款期限划分贷款种类，按照资金的流动性和资金的流转速度来安排贷款的期限，有利于银行计划管理，保持银行的流动性。

2）按贷款保障程度划分

根据贷款保障程度划分，银行贷款可以分为信用贷款、担保贷款和票据贴现。

信用贷款，银行以借款人的信誉与未来的现金流量为依据，无需抵押物或者第三人的担保而发放的贷款。

担保贷款，是银行以借款人所提供的履行债务的物权担保或者以第三人的信用担保而发放的贷款。担保贷款保障力强，有利于强化贷款风险管理，减少贷款风险损失，是目前我国商业银行最主要的贷款方式。根据《中华人民共和国民法典》（以下简称《民法典》），按照担保方式的不同，担保贷款又分为保证贷款、抵押贷款和质押贷款。

保证贷款，按《民法典》规定的保证方式，商业银行发放的以第三人承诺在借款人不能偿还贷款时，按约定承担一般保证责任或连带责任而的贷款。保证贷款实际上属于信用贷款范畴，是由借款人与保证人的双重信用作为担保，因此审查保证人的担保资格与担保能力尤其重要。

抵押贷款，按《民法典》规定的抵押方式，商业银行发放的以借款人或第三人的财产作为抵押物担保的贷款。借款人不履行债务时，商业银行有权依照《民法典》的规定以抵押的财产折价或者以拍卖、变卖抵押财产的价款优先受偿。

质押贷款，按《民法典》规定的质押方式以借款人或第三人的动产或权利作为质物担保的贷款。质押贷款，又分动产质押贷款和权利质押贷款。

抵押贷款与质押贷款用特定的财产做担保，当借款人不能偿还贷款时，银行可以通过依法处理抵押物或质物，以所得价款优先受偿，因而贷款的风险相对较小，但贷款的手续比较复杂，并且在贷款过程中费用也较高。

票据贴现，是贴现持票人将未到期的商业票据转让给贴现金融机构，贴现金融机构在扣除了从贴现之日起，至票据到期之日止的利息之后，将剩余款项付给持票人的资金融通行为。

按贷款的保障程度划分贷款，为分析贷款的风险提供依据，有利于银行根据贷款的风险程度管理贷款，提高贷款的安全性（见表5-1）。

表5-1　　　　　　　　　　中国工商银行按担保方式划分的贷款结构

项目	2023年12月31日		2022年12月31日	
	金额（人民币百万元）	占比（%）	金额（人民币百万元）	占比（%）
抵押贷款	10 444 304	38.15	9 977 153	40.96
质押贷款	2 979 342	10.88	2 467 572	10.13
保证贷款	2 715 345	9.92	2 544 651	10.45
信用贷款	9 947 491	36.34	8 221 000	33.75
票据贴现	1 287 657	4.7	1 148 785	4.72
合计	27 374 139	100	24 359 161	100

资料来源：中国工商银行年报2023（A股）。

3）按对贷款的自主权划分

根据贷款人对贷款的自主权划分，商业银行贷款可分为自营贷款、委托贷款。

（1）自营贷款，商业银行以合法方式筹集的资金自主发放的贷款，其风险由贷款人承担，并由贷款人收回本金和利息。商业银行作为独立的经济实体，要依靠自己通过合法手段筹措的资金经营贷款，并且要自担风险，自负盈亏，贷款本息要自己收回。现阶段自营贷款是商业银行发放的数量最多、范围最广的一种贷款。

（2）委托贷款，由政府部门、企事业单位及个人等委托人提供资金，由贷款人（受托人）根据委托人确定的贷款对象、用途、金额、期限、利率等代为发放、监督使用并协助收回贷款。贷款人（受托人）只收取手续费，不承担贷款风险。在委托贷款中，贷款人（受托人）没有贷款的自主权。

委托贷款的受托人，在我国主要有国有商业银行、股份制商业银行、城乡信用社、城市商业银行和金融信托投资公司等。但政府部门的委托贷款主要由国有商业银行来办理。

依据对贷款的自主性划分贷款，有利于分清贷款的管理权限，明确责任，实行不同的管理方法；有利于促进商业银行的商业化运作。

4）按贷款质量划分

根据国家金融监督管理总局与中国人民银行 2023 年 2 月 11 日发布的《商业银行金融资产风险分类办法》，参照金融资产分类标准，以贷款的风险程度为标准、以借款人的还款能力（现金流量）为依据，将商业银行的贷款分为正常贷款、关注贷款、次级贷款、可疑贷款、损失贷款。其中，前两类为正常类贷款，后三类为不良贷款。

正常贷款，债务人能够履行合同，没有客观证据表明本金、利息或收益不能按时足额偿付。

关注贷款，虽然存在一些可能对履行合同产生不利影响的因素，但债务人目前有能力偿付本金、利息或收益。

次级贷款，债务人无法足额偿付本金、利息或收益，或金融资产已经发生信用减值。

可疑贷款，债务人已经无法足额偿付本金、利息或收益，金融资产已发生显著信用减值。

损失贷款，在采取所有可能的措施后，只能收回极少部分金融资产，或损失全部金融资产。

按照贷款的风险质量分类，是一种事前监督，具有预警的作用，使得银行处于处理贷款的主动地位；有利于识别贷款的内在风险，从而提高银行信贷管理水平；有利于金融监管当局对商业银行进行有效监督、正确评估，并为制定政策提供依据。

如表 5-2 和表 5-3 所示，从我国商业银行贷款质量来看，正常类贷款占 96% 以上，不良贷款率不足 2%，且有下降趋势。但不同类型的银行的不良贷款率有差异，大型与股份制商业银行不良贷款率低于城市商业银行，农村商业银行不良贷款率最高，说明农村金融机构信用风险较高，处置不良贷款的任务繁重。

5）按业务类型划分

按业务类型把贷款划分为公司类贷款、票据贴现和个人贷款（见表 5-4）。

6）按贷款行业划分

我国贷款行业分为交通运输、仓储和邮政业、制造业等 12 个行业。按行业分类贷款，

表5-2 全部商业银行贷款五级分类（2023年）（%）

	一季度	二季度	三季度	四季度
正常类贷款	96.22	96.23	96.20	96.20
关注类贷款	2.16	2.14	2.19	2.20
不良贷款率	1.62	1.63	1.61	1.59
其中：次级类	0.77	0.77	0.68	0.65
可疑类	0.62	0.61	0.60	0.56
损失类	0.23	0.25	0.33	0.38

资料来源：根据国家金融监督管理总局网站数据整理。

表5-3 商业银行分机构不良贷款率（2023年）（%）

	全部	大型	股份	城商	民营	农商	外资
一季度	1.62	1.29	1.29	1.90	1.59	3.24	0.82
二季度	1.62	1.29	1.29	1.90	1.59	3.25	0.96
三季度	1.61	1.27	1.30	1.91	1.64	3.18	0.94
四季度	1.59	1.26	1.26	1.75	1.55	3.34	0.85

资料来源：根据国家金融监督管理总局网站数据整理。

表5-4 中国工商银行按贷款业务类型划分贷款结构

项目	2023年12月31日		2022年12月31日	
	金额（人民币百万元）	比例（%）	金额（人民币百万元）	比例（%）
公司类贷款	16 145 204	61.9	13 826 966	59.6
短期公司类贷款	3 681 064	14.1	3 150 517	13.6
中长期公司贷款	12 464 140	47.8	10 676 449	46.0
票据贴现	1 287 657	4.9	1 148 785	4.9
个人贷款	8 653 621	33.2	8 234 625	35.5
个人住房贷款	6 288 468	24.1	6 431 991	27.7
个人消费贷款	328 286	1.3	232 442	1.0
个人经营性贷款	1 347 136	5.2	930 040	4.0
信用卡透支	689 731	2.6	640 152	2.8
合计	26 086 482	100	23 210 376	100

资料来源：中国工商银行年报2023（A股）第62页。

有利于提示银行贷款客户分布的行业，避免贷款行业集中度过高，引发风险（见表5-5）。

表5-5　　　　　　　　　中国工商银行按客户行业划分公司类贷款

项目	2023 年 12 月 31 日		2022 年 12 月 31 日	
	贷款（人民币百万元）	占比（%）	贷款（人民币百万元）	占比（%）
交通运输、仓储和邮政业	3 583 967	24.1	3 149 183	25.1
制造业	2 351 044	15.8	1 949 461	15.5
租赁和商务服务业	2 295 720	15.5	1 892 850	15.1
水利环境和公共设施管理业	1 722 981	11.6	1 511 785	12.0
电力热力燃气及水生产和供应业	1 594 025	10.7	1 211 580	9.6
房地产	762 226	5.1	724 802	5.8
批发和零售业	679 049	4.6	531 845	4.2
建筑业	432 570	2.9	359 345	2.9
科教文卫	383 799	2.6	340 146	2.7
采矿业	295 219	2.0	226 500	1.8
其他	761 866	5.1	657 994	5.3
合计	14 862 466	100	12 555 491	100

资料来源：中国工商银行年报2023（A股）第63页。

5.1.2　贷款流程

　　贷款流程是银行贷款的操作规程和实施顺序。它以银行客户信息与银行业内部资源信息为加工对象，共同为客户创造价值而又相互关联的、按照一定顺序组合的一系列信贷业务活动。贷款程序分为两个阶段，首先通过银行的营销工作，与客户建立信贷关系，然后进入具体每一笔贷款的经办程序。

启智增慧 5-1
国家金融监督管理总局有关司局负责人就"三个办法一个指引"答记者问

1）寻找客户，与客户建立信贷关系

　　商业银行的客户分为公司客户与个人客户。在银行的实际工作中，规模大的尤其是优质的公司客户是各家银行争夺的对象，他们对银行金融服务的需求是综合性与多样性的，对银行的贡献度高，通常需要银行客户经理主动定期拜访与良好沟通，才能争取到这样的资源。对于中小企业客户，点散面广，商业银行自主寻找成本高、效率低，可以依托政府有关部门的推荐或者与金融科技公司的合作，取得客户信息。对于个人客户，他们对银行的金融需求主要是消费信贷方面，因而商业银行可以与提供消费服务的机构如商场、网商、旅游公司、房地产公司等第三方机构合作，发现潜在的客户。如果采取陌生访问或者电话营销的方法，会引起人们的反感，成功率不高。

2）贷款操作具体流程

贷款流程包括贷前调查、贷时审查、贷后检查三个核心环节，即贷款"三查制度"。

（1）贷款申请

贷款申请是借款人根据自身资金需求，向银行提出贷款请求，提供必要的材料，银行根据借款人的申请、相关资料及掌握的信息，对借款人的申请做出判断并决定是否接受贷款申请的过程。贷款申请是贷款全流程管理的首要环节，是银行拓展客户、开拓市场、提高客户满意度和忠诚度的重要途径。

①客户申请。借款人申请贷款必须填写"贷款申请书"。

②与客户面谈。面谈中主要了解客户的基本情况，以决定是否可以受理该贷款业务，是否要投入更多的时间和精力进行后续工作。

③借款人主体资格审查。企业法人必须依法办理工商登记，取得营业执照和有效年检手续；事业法人依照《事业单位登记管理条例》的规定办理登记备案；个人应该为具有完全民事行为能力的自然人。

④内部受理审核。完成面谈和主体资格审查之后，业务人员按银行内部规定，及时、准确、全面地向上级报告了解到的情况，进行必要的沟通，以决定是否受理贷款申请。

⑤受理意见反馈。如果客户的贷款申请可以考虑，业务人员应当向客户收集进一步的信息资料，准备后续的工作。如不受理，应向客户耐心解释。

⑥完成对申请资料的初步审查。

（2）贷前调查，撰写尽职调查报告

贷前调查的主要目的是了解借款人的还款能力和还款意愿。

银行在接到借款人的借款申请后，由分管客户关系管理的客户经理采取现场调查和非现场调查方式，调查该贷款业务的合法性、安全性、盈利性。具体来说，一是公司客户的公司治理、领导人素质、行业地位、专业能力、企业资质、信用状况、财务状况、经营情况等，评估项目效益和还本付息能力；二是项目本身的情况，如项目的规模、技术水平、市场竞争力、政策合规性、环境影响、产品市场容量、潜在市场竞争力等；三是贷款担保情况，包括担保的合法性、抵（质）押物变现能力等；四是个人客户的收入情况、未来还款能力等。客户经理根据调查内容写出书面报告，提出结论和意见。

启智增慧 5-2
调查提纲在贷前调查中的作用

尽职调查报告的主要内容：第一部分，申报事项、基本信息、基本情况；第二部分，情况介绍与分析，包括借款人的财务状况与非财务状况、担保情况、风险状况、盈利状况、其他因素等；第三部分，综合分析，得出结论：是否贷款、额度多少、利率水平及浮动幅度、贷款期限。

$$新增流动资金贷款额度=营运资金量-借款人自有资金-现有流动资金贷款-其他渠道营运资金来源 \tag{5-1}$$

$$营运资金量=上年度销售收入×（1-上年度销售利润率）× \frac{1+预计销售收入年增长率}{营运资金周转次数} \tag{5-2}$$

（3）贷款风险评估，确定信用评级

贷款风险评估属于贷款决策过程，是贷款全流程管理的关键环节之一。信贷人员将贷款调查结论和初步贷款意见提交审批部门，由审批部门对贷前调查报告及贷款资料进行全面风险评估，设置定量或定性指标，对借款人的情况、还款来源、担保情况等进行审查，全面评估风险因素。在此基础上，确定信用评级，实行统一授信，实行风险限额管理。

（4）贷款审批

我国各商业银行普遍采取审贷分离、分级审批的管理制度。

审贷分离是将贷款的调查工作、审查工作与批准工作相分离，避免人为因素干扰审查审批的独立性与客观性。通常审批人员不单独接触借款人。

为了强化集体决策机制，弥补个人经验的不足，防控个人操控贷款过程，我国商业银行采取集体审议决策，在授权授信框架下，均设立了贷款审查委员会（简称审贷会）。审贷会一般由主管信贷业务的副行长、风险合规部门人员、客户经理、财务人员等组成。审贷会通过投票决策，成员均有一票否决权。

分级审批是指在授权授信框架下，每个层级的贷款审批人员都有各自的审批权限，当客户的贷款额度或风险等级在授权范围内，即可决定是否贷款；超过权限，则要上报上级直至审贷会。

（5）签订借款合同

借款申请经审查批准后，必须依据法律由银行与借款人签订"借款合同"。合同中除约定常规内容及权利义务之外，还要求借款人对提交材料信息真实有效性、贷款用途真实性、贷款支付方式等进行承诺。对于保证贷款，保证人须向银行出具"不可撤销担保书"或由银行与保证人签订"保证合同"；对于抵押贷款和质押贷款，银行须与借款人签订抵押合同或质押合同。需办理公证或登记的，还应依法办理公证和登记手续。

（6）贷款发放与贷款支付

①贷款发放实行贷放分控。将贷款审批和发放作为两个业务环节，设立独立于贷款营销部门和审批部门的放款执行部门或岗位，明确职责和业务流程，建立对放贷部门的考核和问责机制。充分发挥放款部门和人员对借款人按约定用途使用贷款的约束作用，防止贷款挪用带来的风险。

②贷款支付推行实贷实付。银行根据贷款项目进度和对资金的有效需求，在借款人需要支付贷款资金时，贷款银行将贷款资金主要以委托支付方式支付给借款人的交易对象。

（7）贷后管理

贷后管理作为贷款管理的最后阶段，是从贷款发放到收回的期间，银行对贷款进行动态管理的过程。贷后管理是贷款活动中的重要环节，是保障贷款安全收回的一种必要手段。

①贷款检查。贷款发放以后，银行要对借款人执行借款合同的情况进行定期和不定期的检查。检查的主要内容包括：借款人和项目发起人的履约情况；借款人的现金流情况；固定资产贷款项目的建设和营运状况；借款人资产负债结构的变化情况；借款人还款能力或还款资金来源的落实情况；宏观经济变化和市场波动情况；贷款担保变动情况等等。

②贷款质量分类与风险预警。根据贷款质量分类管理要求和分类标准，定期对贷款进行五级分类，并适时调整。同时，银行要建立风险预警机制，设定科学的监测预警信号和指标，对违反国家有关法律、法规、政策、制度和"借款合同"规定使用贷款的，检查人员应及时启动应急预案。对问题突出、性质严重的，要及时上报主管领导甚至上级行采取紧急措施，以尽量减少贷款的风险损失。

③贷款本息收回。贷款到期前，商业银行信贷人员应向借款人发送还本付息通知单，提醒借款人备足资金按时偿还贷款。贷款到期，借款人应主动及时归还贷款本息，一般可由借款人开出结算凭证归还本息，也可由银行直接从借款人账户中扣收贷款本息。

如果借款人因故不能偿还贷款，可以向银行提出贷款展期申请。银行同意展期，应办理展期手续，确定合理的展期期限，并做好展期贷款的后续管理。

④不良贷款管理。对不能按时偿还的贷款，银行可通过债权维护、贷款重组、盘活、清收和保全方式处置；对已经形成银行损失的贷款，可依据法律法规，按规定程序予以冲销。

⑤贷款评价报告。贷款过程结束以后，要对贷款进行评价，以总结经验，吸取教训。

（8）贷款档案管理

完善贷款档案管理，做到分段管理、专人负责、按时交接。

5.2 贷款定价原理与方法

贷款定价是商业银行根据其经营成本，综合考虑贷款风险、贷款收益等因素，在借贷市场上与借款人协商确定贷款价格的过程。

贷款是商业银行主要的盈利性资产，贷款利润的高低与贷款价格有着直接的关系，正确的定价会使银行获得合理的回报。贷款的定价过低，会导致对贷款的过度消费，不仅造成信贷资源的浪费，而且会使银行的利润减少；可是如果贷款定价过高，则会使银行在竞争中处于不利的地位，贷款的需求就有可能由此而减少，失去市场，利润也会降低。因此，怎样确定合理的贷款价格，既能使银行取得满意的利润，又能为客户所接受，是商业银行贷款管理的关键内容之一。

5.2.1 贷款价格的构成及确定依据

在贷款的定价中，银行管理人员必须对贷款的收益、成本和费用进行分析和测定，以便对各种类型的贷款制订出有利可图的价格。

1）贷款价格的构成项目

（1）贷款利率，包括筹资成本、贷款本身的经营费用等。

（2）贷款风险管理费用等。

（3）贷款的承诺费用率。承诺费是商业银行向客户出售贷款承诺协议收取的费用。根据收取方式的不同，区分为前端承诺费与后端承诺费。按全部承诺额的一定比例收取，称之为前端承诺费；按承诺期内客户没有使用的承诺额的一定比例收取的费用，称为后端承诺费。银行之所以收取承诺费用，是因为银行一旦对客户进行贷款承诺，即意味着银行随时要准备为客户提取贷款，就必须持有一定量的存款或流动性强的资产，于是产生了机会成本；或者如果银行随时从金融市场融资，也会面临筹资风险。上述两方面产生的风险损失需要由购买贷款承诺的借款人来承担。

（4）合理的收益目标。

2）影响贷款定价的因素

（1）筹资成本与经营贷款相关费用。筹资成本是为贷款筹资而付出的成本；贷款经营费用则是为发放贷款而发生的费用，包括贷款人员的工资费、贷款使用的工具和设备的成本费、保管和处理担保品的费用、风险补偿费等。

（2）基准利率。在贷款实际操作过程中，贷款的利率以金融市场上的基准利率为参考，这些基准利率通常包括央行的贷款利率、同业拆借利率等。

（3）贷款合理预期的目标收益率。商业银行发放贷款是其重要的盈利手段，每一笔贷款都要达到一定的目标收益率，所以，贷款的价格，要有助于银行目标收益率的实现。这就要求银行在贷款时要充分考虑借款人的经营状况、盈利水平及风险状况，是否能够满足银行贷款所期望的收益水平。

（4）贷款风险程度。任何贷款都会有一定的违约风险，贷款的定价要有助于对这类风险的补偿。贷款价格与贷款风险呈正相关关系，贷款风险越大，贷款的价格就应当越高。假设无风险利率为 r_1，贷款利率为 r_2，贷款违约概率为 d，贷款风险与价格之间的关系可以表示为：$(1+r_2)(1-d)=1+r_1$，则 $r_2=\dfrac{1+r_1}{1-d}-1$。

从上式可以看出，违约概率 d 越大，贷款的利率应越高。当借款人的违约率为 1 时，理论上贷款利率趋于无穷大。但如果可预见的贷款肯定不能收回，银行自然是不会发放这类贷款。

$$贷款预期损失额=违约概率×未清偿贷款额×（1-回收率） \tag{5-3}$$

（5）贷款补偿余额比率要求。补偿余额即银行要求借款人将贷款的一定比例回存银行，或者按贷款承诺额的一定比例存入银行，或者借款人先在银行存入一定比例的存款，然后借款。补偿余额比率表示为"$x+y$"。其中"x"表示贷款承诺额的 $x\%$ 为补偿余额，"y"则表示贷款额度的 $y\%$ 为补偿余额。由于补偿余额的存在，借款人不能全额使用所贷的款项，却要付出全额资金的代价，实质上相当于银行变相提高了借款人的成本。

（6）其他因素。如银行与客户的关系、信贷市场的竞争程度、客户的利益等。

5.2.2　贷款定价方法

1）成本相加定价法

根据银行贷款的成本构成以及合理的利润，贷款的价格（利率）是成本与利润的加总。即：

$$贷款利率 = \begin{array}{c}资金的边际\\成本率\end{array} + \begin{array}{c}贷款的经营\\费用率\end{array} + \begin{array}{c}补偿风险的边际成本率\\（风险溢价）\end{array} + \begin{array}{c}银行预计的\\合理利润率\end{array} \tag{5-4}$$

【例 5-1】某借款人向银行申请 400 万元的短期贷款，银行为此向货币市场以 10% 的利率发行大额存单，预计与贷款有关的非资金性的费用率为 2%，同时银行确定补偿风险的费用率为 2%，银行还希望得到至少 1% 的收益，则：

贷款利率=10%+2%+2%+1%=15%

美国金融学家科普兰（Copeland）建议用表 5-6 确定的方案评估风险等级与相应的风险溢价。

表5-6　　　　　　　　　　　　　风险等级与相应的风险溢价

风险等级	风险溢价（%）	风险等级	风险溢价（%）
没有风险	0.00	特别关注	1.50
微小风险	0.25	次级	2.50
标准风险	0.50	可疑的	5.00

　　成本相加定价法简单明了，属于成本导向型模式。它考虑了筹资的成本、经营费用、风险、合理的利润等因素，有利于使银行的成本得以补偿并获得合理的利润。但它假设银行非常精确地了解其单项的经营成本，分摊到每一笔贷款上，这很难做到。同时，成本相加定价法也忽视了与其他银行的竞争，若自行定价，则容易脱离市场，造成客户的流失与市场份额的下降，这在市场经济中是行不通的。

　　2）基于基准利率定价法

　　基准利率是指具有定价基准作用的利率。被确定为基准利率的是金融市场化的金融工具的利率。通常为大银行对优良客户贷款的利率、同业拆借的利率、中央银行货币政策工具利率、国债利率等。银行参考基准利率再考虑其他一些因素即为所确定的贷款利率。

　　贷款利率=基准利率+预期利润率+借款人违约风险溢价+贷款期限风险溢价　　　　　　（5-5）

　　目前，银行主要使用两个不同的浮动基准利率定价方法：基准利率加数法和基准利率乘数法。前者是将基准利率加上一定的百分点形成贷款利率，而后者则是在基准利率的基础上乘上一个系数得到的利率。则有：

　　贷款价格=基准利率（包括成本和利润）+风险溢价或期限溢价加数

或　　贷款价格=基准利率×风险溢价乘数　　　　　　　　　　　　　　　　　　　　　　（5-6）

　　表5-7反映了两种贷款定价方法的贷款利率。

表5-7　　　　　　　　　　　　利率加数法与利率乘数法

优惠利率	加数利率（优惠利率+1%）	乘数利率（优惠利率×1.1%）
6.0%	7.0%	6.6%
8.0%	9.0%	8.8%
10.0%	11.0%	11.0%
12.0%	13.0%	13.2%
14.0%	15.0%	15.4%

启智增慧5-3
深化LPR改革
进一步完善利率
传导机制

　　这两种方法，虽然依据相同的初始利率，但最终利率存在差异。为了避免利率的剧烈波动带来利率风险，借贷双方可以限定一个利率波动的幅度区间，即可以采用利率上下限的方式来规避一定的风险。

　　3）我国的LPR

　　2013年起，我国放开银行贷款利率管制，取消了贷款利率下限管理。中央银行建立了贷款基准利率LPR集中报价和发布机制。由10家综合实力较强的银行为报价行，在每个工作日报价行向全国银行间同业拆借中心报送本行对最优客户执行的基准利率。全国银行间拆借中心在剔除最高价与最低价之后，形成有效报价。全国银行间拆借中心以各有效报价行上报的上季度末人民币各项贷款余额，占有效报价行上季度末人民币各项贷款总余额的比重为权重，进行加权平均，对外公布。

2019年8月，我国实行贷款基准利率报价机制改革，自2019年8月20日起，中国人民银行授权全国银行间同业拆借中心于每月20日9时30分公布贷款市场报价利率LPR。报价行在原有银行的基础上，增加了城市商业银行、农村商业银行、外资银行和民营银行，由10家扩大至18家，期限有1年期和5年期以上两种。各行报价的贷款利率$LPR = MLF\pm$点（×%）（加减点幅度取决于各商业银行自身资金成本、市场供求、风险溢价等因素），全国报价中心的LPR最终报价由去掉一个最高值和最低值，取16家银行的报价平均值得出。

$$贷款市场报价利率LPR = \frac{\sum_{i=1}^{16}P_i报价行有效利率}{16} \tag{5-7}$$

基于此，各银行发放贷款的利率在LPR的基础上加减点产生。

其他银行的贷款利率 $= LPR \pm 点(×\%)$

表5-8为LPR报价机制改革以来的息率水平。可以看出，总体上呈稳中有降的趋势，实现了引导利率下行，降低融资成本，促进实体经济发展的目的。

表5-8　　　　　　　　　　LPR报价机制改革以来的息率水平

年度	时间	1年期LPR	5年期LPR
2019年	7月	4.31%	5.00%
	8—10月	4.25%～4.20%	4.85%
	11—12月	4.15%	4.80%
2020年	1月	4.15%	4.80%
	2—3月	4.05%	4.75%
	4—12月	3.85%	4.65%
2021年	1—11月	3.85%	4.65%
	12月	3.8%	4.65%
2022年	1月	3.7%	4.60%
	2—4月	3.7%	4.60%
	5—7月	3.7%	4.45%
	8—12月	3.65%	4.30%
2023年	1—5月	3.65%	4.30%
	6—7月	3.55%	4.20%
	8—12月	3.45%	4.20%
2024年	1月	3.45%	4.2%
	2月	3.45%	3.95%

资料来源：根据全国银行间同业拆借中心发布的贷款市场报价利率整理。

5.2.3 贷款成本-收益分析

银行对每一笔贷款定价时都应考虑银行与客户的整体关系，强调从与客户的整体关系而非仅从某一单项贷款中得到收益来着手贷款定价。因此，银行信贷人员必须预测客户的存贷款活动以及其他账户的活动。如果有上限的贷款承诺，银行还要预测客户的实际贷款额、贷款时间、客户的实际存款额等。

分析的步骤：估算与贷款相关的所有收入；估算银行运用的资金净额，是实际贷款额扣除平均存款加上法定准备金；估算贷款税前收益率。

$$\text{银行税前净收益率} = \frac{\left(\begin{array}{c}\text{向客户提供贷款及}\\\text{其他服务的总收入}\end{array} - \begin{array}{c}\text{向客户提供贷款及}\\\text{其他服务的总成本与费用}\end{array}\right)}{\text{客户实际资金使用净额}}$$

如果净收益率为正，说明银行在收回所有费用支出之后还有剩余，借款申请可能会被批准；如果计算得出的净收益率为负，该借款申请可能被拒绝。

1）对单笔贷款的成本-收益分析

【例5-2】银行出售一个400万元的信用承诺额度，客户全部提取了400万元的贷款，协议贷款利率为5%，银行收取1%的前端承诺费用，而且还要求客户保有实际贷款额度10%的补偿余额；如果法定存款准备率为10%，则该银行的税前收益率计算如下：

银行收入=贷款利息收入+贷款承诺费收入=400×5%+400×1%=24（万元）

补偿余额=实际贷款额×补偿余额率=400×10%=40（万元）

上缴法定准备金=补偿余额×法定准备率=40×10%=4（万元）

银行实际资金运用额=贷款额-补偿余额+上缴法定准备金=400-40+4=364（万元）

银行税前收益率=24÷364×100%=6.6%

2）对客户综合账户的成本-收益分析

客户综合账户成本-收益分析的目的，是在充分考虑银行与客户关系的基础上，不只看贷款一项的收益，还要考虑客户在其他业务上对银行的贡献情况，根据某一客户所有账户的服务成本、服务收入、存款额度、理财规模等，确定银行可以接受的最低贷款价格。也就是说，对于一个只有贷款的客户的利率要高于对银行综合"贡献"度高的客户。

综合账户总收入包括贷款利息收入、贷款承诺费收入、利用客户存款的投资收入、对客户服务的其他服务收费收入。

综合账户总成本包括服务费用与管理费用支出、资金成本、客户违约成本等。其中，服务费用与管理费用包括客户的活期、定期存款账户的管理费用、支票账户的服务费用、贷款管理费用；资金成本是用于发放贷款所需要筹集资金的成本，即利息成本；违约成本是未来贷款无法收回的风险管理成本。

【例5-3】综合账户成本-收益分析过程。

商业银行正在考虑准备向布莱克高登公司发放期限为6个月的150万美元的贷款，假设布莱克高登公司全部使用了贷款额度，并在银行保留了贷款额度20%存款（补偿余额）。此业务银行的账户相关收入与费用情况见表5-9。

表5-9　　　　　　　　　　　　银行对布莱克高登公司账户活动收入与费用

预期收入	额度（美元）
贷款利息收入（12%，6个月）	90 000
贷款承诺费（1%）	15 000
管理客户存款账户收费	45 000
资金调拨收费	5 000
信托服务和记账收费	61 000
预计年收入总额	216 000
服务客户的预期成本	
存款利息费用（10%）	15 000
筹集可贷资金成本	80 000
作业成本	2 500
资金调拨成本	1 000
贷款处理成本	3 000
记账成本	1 000
年费用总额	125 000
预计客户实际使用资金净额	
贷款平均余额	1 500 000
减：平均存款（扣除存款准备金）	−270 000
向客户贷款净额	1 230 000

从客户整体关系中扣除成本后的税前收益率=（预期收入−预期成本）/贷款资金净额

=（216 000−125 000）/1 230 000

=0.739=7.39%

5.3　借款人信用调查分析

对借款人进行信用分析，是为了确定借款人未来还款能力如何。总体上说，决定贷款的偿还主要因素是借款人的还款意愿与还款能力。还款意愿决定借款人是否愿意还款，还款能力决定是否能够还款。影响还款能力的因素有财务状况（第一还款来源）、担保因素（第二还款来源）、非财务因素。

5.3.1　信用分析的信息来源

银行对借款人信息分析的资料来源，最初是从借款人申请贷款所提供的资料开始的。这些资料包括可以度量的数字资料和用于定性分析的情况资料。数字资料主要来源于借款客户定期报送的计划、统计、会计等各种报表；情况资料一般来源于信贷管理人员的日常工作积累收集，包括国家的政策制度、法律法规、借款人的有关情况、与借款人有关的其他资料。这些资料从不同的途径、通过运用不同的方法获得。

1）直接调查资料

一是查阅银行的贷款记录与信用档案。通过对有借款历史的借款人的信用档案的分析，可以了解借款人企业的性质、业务概况、管理层情况、过去的借款情况、履约情况、整个银行的放款情况。二是信贷管理人员直接会见借款人，与借款企业的负责人、财务负责人或经办人员了解有关情况。三是进行实地查看账簿、报表、实物。借款人向银行提交财务报表，包括资产负债表、利润表、现金流量表。对于借款人提供的这些报表，商业银行要根据国家颁布的会计准则与财务准则和制度，审查财务报表是否经过了审计。如果经过审计，银行应当审查会计师事务所的意见；如果没有经过审计，则商业银行要注意财务数据的真实性与准确性。四是了解借款人的经营利润情况，在市场上的竞争能力与市场份额；了解借款目的与还款来源、借款人的诚信状况。

2）间接调查资料

间接调查即从侧面了解企业的信用情况，主要通过了解与调查借款人的关系人提供的有关信息资料。这些关系人包括借款人的其他信用往来银行、信用评估机构、借款人的客户、相关行业、证券交易机构、政府机构等。

启智增慧 5-4
金融机构应"读懂"民营企业

5.3.2　借款人信用的一般分析

贷款是否能按期收回，取决于借款者的还款意愿和还款能力，信用评估应从这两方面着手。信用一般评估分析指标有不同的体系，如"5C"分析，即分析借款者的品格（character）、能力（capacity）、资本（capital）、担保（collateral）和经营环境（condition）；"5W"分析，即借款人（who）、借款用途（why）、还款期限（when）、担保物（what）、如何还款（how）；"5P"因素，即个人因素（personal）、目的因素（purpose）、偿还因素（payment）、保障因素（protection）、前景因素（prospective）。这里重点介绍"5C"分析内容。

1）品格

借款者的品格决定其偿还贷款的意愿，会影响到偿还贷款的能力。由于品格难以衡量，借款者过去的经营和履约或违约的记录对银行评估其信用有重要的意义。一般认为，有违约记录或经营失败记录的借款者很可能再出现类似的问题。但是，银行也不应该一概排斥有过不良记录的借款者，信贷员应该认真了解违约的原因，如果确有合理的解释，过去的违约并不一定是品格不良的标记，尤其要调查是否是由于国家的政策性因素导致的借款人违约行为。同样地，过去信用一直优良的借款者，也不意味未来不存在违约的可能性。

2）能力

能力是指借款者按期偿还贷款的能力，有两方面的含义：一是借款人的法律能力，即借款人必须具有申请借款的资格与行使法律义务的能力；二是借款人的财务能力，即借款人的偿债能力。银行可以根据借款者提供的财务报表和其他资料，预测借款者的现金收入和支出，了解借款者是否有按期偿还贷款的能力。同时还要分析企业主要决策者的决策能力、组织能力以及创新能力等，因为这是决定企业取得盈利的重要条件。

3）资本

资本代表了借款人经济实力的大小，反映了借款人承受风险的能力。资本越雄厚，风险的承受能力越大，由于严重的财务危机或破产而不能偿还贷款的可能性也就越小。同时，资本的多少也反映了借款人的风险偏好，雄厚的资本是企业按时偿还贷款的保证。

4）担保

担保包括第三方的信用担保和借款者的物的担保。长期贷款由于期限长、风险大，大多要求抵押品担保。抵押品种类繁多，其基本要求是价值稳定而且易于变现。担保是用来增强借款者的还款意愿，保证在违约时银行能够得到补偿，是一种减少银行风险的手段。不过，处理抵押品来偿还贷款不是银行的目的，执行担保并不能改变借款者的还款能力。而且对银行来说，处理抵押品费用较大。经常为之对银行的声誉也有影响。

5）经营环境

对借款者经营环境进行分析时，银行不但要了解外部经济条件的变化、更要了解该企业对外部经济条件变化的适应性。宏观经济政策的变化、借款企业所在地区和行业的变化等都会影响借款者的还款能力。分析预测这些变化及其对借款者的影响，有助于评估借款者的还款能力。

5.3.3　财务分析——财务项目分析

对借款人财务项目分析，是从企业还款能力和防范贷款风险的角度，对财务报表中的各个构成项目进行分析。即运用比较分析方法、结构分析方法、趋势分析方法等，对资产负债表、利润表和现金流量表中的有关数据进行分析，以了解各项财务指标之间的联系，评价借款人的财务状况和经营管理成果。信贷人员通过对财务报表项目的分析，可以了解借款人的资信状况，为正确选择贷款对象、确定贷款投向提供客观依据。

1）资产负债表项目分析

资产负债表是反映企业一定会计日期（月末、季末、年末）财务状况的综合性报表，它反映企业在某一时点上全部资产、负债、所有者权益的规模及其结构。资产负债表的具体格式见表5-10。

表5-10　　　　　　　　××集装箱物流股份有限公司资产负债表　　　　　　单位：人民币元

	2024-03-31		2024-03-31
流动资产：		流动负债：	
货币资金	1 769 092 589.35	短期借款	—
交易性金融资产		衍生金融负债	—
衍生金融资产	—	应付票据	
应收票据		应付账款	864 891 527.31
应收账款	368 984 823.50	预收款项	1 242 782.50
应收款项融资	121 177 223.12	合同负债	235 764 841.65
预付款项	270 960 406.64	应付职工薪酬	4 719 874.85
其他应收款	112 493 070.78	应交税费	73 417 144.37
应收利息	—	其他应付款	185 378 643.52
应收股利		其中：应付利息	—
其他应收款		应付股利	35 610.00

续表

	2024-03-31		2024-03-31
买入返售金融资产	—	应付手续费及佣金	—
存货	2 073 794 723.13	预提费用	—
持有待售的资产	—	一年内的递延收益	
一年内到期的非流动资产	—	应付短期债券	—
待摊费用	—	一年内到期的非流动负债	39 499 280.83
待处理流动资产损溢	—	其他流动负债	15 413 284.63
其他流动资产	36 137 496.70	流动负债合计	1 420 327 379.66
流动资产合计	4 752 640 333.22	非流动负债：	
非流动资产：		长期借款	9 000 000.00
债权投资	—	应付债券	749 118 305.94
其他债权投资	—	租赁负债	62 109 816.91
持有至到期投资	—	长期应付职工薪酬	
长期应收款	—	长期应付款	20 128 833.35
长期股权投资	200 542 808.69	专项应付款	—
其他权益工具投资	6 651 977.39	预计非流动负债	
固定资产	4 552 925 621.96	递延所得税负债	225 569 380.48
在建工程		递延收益	133 470 535.37
生产性生物资产	—	其他非流动负债	—
油气资产	—	非流动负债合计	1 199 396 872.05
使用权资产	76 012 966.22	负债合计	2 619 724 251.71
无形资产	239 523 264.21	所有者权益（或股东权益）：	
开发支出	—	实收资本（或股本）	1 305 521 874.00
商誉		资本公积	158 133 150.00
长期待摊费用	35 862 437.90	减：库存股	—
递延所得税资产	35 190 144.30	其他综合收益	-1 962 586.47
其他非流动资产	—	专项储备	2 127 800.37
非流动资产合计	5 146 709 220.67	盈余公积	843 513 598.94
		一般风险准备	—
		未分配利润	4 946 121 920.11
		归属于母公司股东权益合计	7 253 455 756.95
		少数股东权益	26 169 545.23
		所有者权益（或股东权益）合计	7 279 625 302.18
资产总计	9 899 349 553.89	负债和所有者权益（或股东权益）总计	9 899 349 553.89

（1）资产项目分析

资产是企业可以有效利用的用货币表示的经济资源。

①流动资产分析。流动资产，是指企业在一年或在一个经营周期内能够运用或变现的资产。对流动资产分析的重点是应收票据、应收账款与存货。

应收票据，是指企业持有的未到期或未兑现的商业票据。应收票据可以由商品劳务交易关系产生，也可以由借贷关系产生。借款人是否用逾期的账款冒充合法的流动资产，票据是否是高级管理人员或股东的欠款，是否有挪用的性质等等，是需要重点分析的内容。

应收账款，是指企业在正常的经营过程中因销售商品、产品、提供劳务等业务，应向购买单位收取的款项，包括应由购买单位或接受劳务单位负担的税金、代购买方垫付的各种运杂费等。短期应收账款是借款人偿还短期贷款的主要还款来源，也是重要性仅次于现金的资产。因此，对应收账款的分析，一是分析应收账款的规模，如果应收账款规模过大，说明企业被拖欠严重，可能会影响其偿债能力。二是分析应收账款的分布结构，是否集中在一个地区或为少数的客户所有，是新客户还是老客户。分散的风险小于集中的风险、稳定的老客户优于新客户。三是应收账款账龄的分布。了解应收账款账龄的长短，看是否超过了平均的正常结算期，是否已经超过了贷款的期限。逾期的应收账款期限长、规模大，会影响贷款的还债能力。账龄过长的应收账款往往预示着不正常现象，风险一般较大。四是应收账款的抵押情况。如果企业应收账款有抵押出去的，就应从应收账款中扣除，因为这些账款已不能作为新贷款的还款来源。五是借款人是否建立了适度的坏账准备金。建立了坏账准备，贷款回收就有一定的安全保障。

存货，是指企业或商家在日常活动中持有以备出售的原料或产品、处在生产过程中的在产品、在生产过程或提供劳务过程中耗用的材料、物料、销售存仓等。存货是企业最重要的流动资产，是流动资产中比重最大的部分，也是偿债的主要物质基础。存货的流动性直接关系到企业流动资产的周转速度、不同时期的存量变化情况。对存货分析的重点是：一是存货的规模是否适当，结构是否合理。按企业现有的生产能力和生产规模来衡量存货是否过量，原材料储备是否过多，产成品是否积压，以及造成这种局面的原因。二是存货保存时间的长短，如果某种存货保留时间过长，往往表明这种存货已不适用，需要从流动资产中扣除。三是存货的变现能力。流动性差、变现能力低的存货会占压资金，形成还贷风险。四是要了解存货的保险情况。五是了解企业对存货的计价方法情况。

②固定资产分析。固定资产是指企业为生产产品、提供劳务、出租或者经营管理而持有的、使用时间超过 12 个月的，价值达到一定标准的非货币性资产，包括房屋、建筑物、机器、机械、运输工具以及其他与生产经营活动有关的设备、器具、工具等。

当银行向企业发放中长期贷款，特别是发放以固定资产作为抵押的贷款时，需要对该企业固定资产进行分析：一是要了解固定资产是否属于技术先进的设备；二是要了解企业是否按规定提足了折旧，如果没有按规定提足折旧，表明固定资产中含有虚假成分；三是要了解企业固定资产是否全额保险、是否考虑了通货膨胀的因素；四是要了解企业固定资产的变现能力，如果企业的固定资产使用范围窄、变现能力差，那么，当企业不能还本付息时，银行就很难通过变现固定资产来取得还款资金。

③无形资产分析。无形资产，是指企业拥有或者控制的没有实物形态的可辨认非货币性资产，主要包括专利权、商标权、著作权、特许经营权等。无形资产能在较长时间内（1年以上）使企业获得超过一般水平的盈利能力。在企业正常经营情况下，企业的无形资产是有价值的，但当企业经营出现问题时，无形资产就失去了其偿债的作用。因此，分析企业的清偿债务能力时，要将其从总价值中扣除。

（2）负债与所有者权益项目分析

负债与所有者权益项目分析的目的是了解企业的资金来源构成，借以判断企业的自身实力和债务负担，以判断银行贷款的风险程度。

①负债分析。企业的负债包括流动负债和非流动负债。

流动负债是在一年内到期或需要偿还的债务，主要包括短期借款和各种应付款项。分析流动负债，首先，要了解流动负债的期限和到期日，偿债期是否过于集中。其次，银行还要审查企业应交税金和其他应付费用的规模，以评价它们是否充足。最后，对流动资产与流动负债对比分析，流动资产应大于流动负债，才能保证短期债务的偿还，否则就可能造成企业偿债能力的高估。

非流动负债是超过一年才能到期的债务，主要包括长期借款和应付债券、长期应付款项。考察企业长期负债，首先要分析长期借款是抵押贷款还是信用贷款。其次分析应付债券是否有限制性条款、偿债计划的安排情况。最后要考虑企业是否对外担保、或有负债的规模，以正确评价企业的偿债能力。

②所有者权益分析。所有者权益即资本，是企业实力的代表，是反映企业抵御风险能力的重要指标。因此，银行一方面要了解借款人资本的真实情况、来源构成，还要考察企业是否按规定补充自有资本。另外，要分析所有者权益与负债比率的升降，如果所有者权益比率上升，或者所有者权益比率上升的速度快于负债比率上升的速度，说明企业的信用提高，风险下降，偿债能力提高。

2）利润表项目分析

利润表是表示企业在一定时期内业务经营的成本、费用及盈亏状况的报表。它反映一定时期内借款人的经营成果的动态状况，因而它可以弥补资产负债表只反映静态数据的不足。通过利润表，可以了解企业的经营业绩、理财成果和获利能力。

利润表的基本格式，见表5-11。

表5-11　　××集装箱物流股份有限公司合并利润表　　单位：人民币元

报表日期	2024年第一季度	2023年第一季度
一、营业收入	3 464 867 467.87	3 346 741 191.32
二、营业总成本	3 193 811 460.46	3 130 580 019.63
其中：营业成本	3 143 963 464.52	3 081 311 088.77
税金及附加	8 150 287.08	8 030 016.12
销售费用	15 266 782.80	13 643 824.10
管理费用	24 604 571.54	24 833 055.40

续表

报表日期	2024 年第一季度	2023 年第一季度
研发费用	1 051 600.05	1 054 104.76
财务费用	774 754.47	1 707 930.48
其中：利息费用	7 194 138.40	8 421 381.77
利息收入	6 431 795.14	7 198 994.73
加：其他收益	3 830 420.61	5 585 450.96
投资收益（损失以"-"号填列）	11 699 260.00	-2 998 378.07
其中：对联营企业和合营企业的投资收益	11 699 260.00	-2 998 378.07
汇兑收益（损失以"-"号填列）		
净敞口套期收益（损失以"-"号填列）		
公允价值变动收益（损失以"-"号填列）		
信用减值损失（损失以"-"号填列）	7 802 006.86	17 705 091.75
资产减值损失（损失以"-"号填列）		
资产处置收益（损失以"-"号填列）	304 768.16	1 901 562.03
三、营业利润（亏损以"-"号填列）	294 692 463.04	238 354 898.36
加：营业外收入	14 478.81	107 915.84
减：营业外支出	1 641.77	11 405.64
四、利润总额（亏损总额以"-"号填列）	294 705 300.08	238 451 408.56
减：所得税费用	75 376 461.19	65 316 876.44
五、净利润（净亏损以"-"号填列）	219 328 838.89	173 134 532.12
（一）按经营持续性分类		
1.持续经营净利润（净亏损以"-"号填列）	219 328 838.89	173 134 532.12
2.终止经营净利润（净亏损以"-"号填列）		
（二）按所有权归属分类		
1.归属于母公司股东的净利润（净亏损以"-"号填列）	219 262 667.87	172 032 687.62
2.少数股东损益（净亏损以"-"号填列）	66 171.02	1 101 844.50
归属于母公司所有者的净利润	45 023.23	35 514.76

续表

报表日期	2024 年第一季度	2023 年第一季度
少数股东损益	5 061.96	4 015.52
六、其他综合收益的税后净额	−190 327.10	74 106.58
（一）归属母公司所有者的其他综合收益的税后净额	−190 327.10	74 106.58
1. 不能重分类进损益的其他综合收益		
（1）重新计量设定受益计划变动额		
（2）权益法下不能转损益的其他综合收益		
（3）其他权益工具投资公允价值变动		
（4）企业自身信用风险公允价值变动		
2. 将重分类进损益的其他综合收益	−190 327.10	74 106.58
（1）权益法下可转损益的其他综合收益		
（2）其他债权投资公允价值变动		
（3）金融资产重分类计入其他综合收益的金额		
（4）其他债权投资信用减值准		
（5）现金流量套期储备		
（6）外币财务报表折算差额	−190 327.10	74 106.58
（7）其他		
（二）归属于少数股东的其他综合收益的税后净额		
七、综合收益总额	219 138 511.79	173 208 638.70
（一）归属于母公司所有者的综合收益总额	219 072 340.77	172 106 794.20
（二）归属于少数股东的综合收益总额	66 171.02	1 101 844.50
八、每股收益		
（一）基本每股收益（元/股）	0.168	0.132
（二）稀释每股收益（元/股）		

对利润表的分析，首先，了解企业销售收入、销售成本、各项费用的真实性；其次，比较分析收入、利润、成本、费用的增减变化规律、发展趋势；最后，分析企业销售收入和利润构成，了解利润总额的形成过程，掌握借款人主营业务方面的经营水平和盈利能力。

3）现金流量表项目分析

（1）现金流量表的构成与内容

现金流量表是反映一定时期内（如月度、季度或年度）企业经营活动、投资活动和筹资活动对其现金及现金等价物所产生影响的财务报表。通过现金流量表，可以概括反映经营活动、投资活动和筹资活动对企业现金流入流出的影响。

库存现金、活期存款、现金等价物构成了现金的表现形式。现金等价物是企业持有的期限短、流动性强、易于转换为现金、价值变动风险较小的投资，通常是指 3 个月内到期的短期债券。

现金流量是指企业在一定会计期间按照现金收付实现制，通过一定经济活动（包括经营活动、投资活动、筹资活动和非经常性项目）而产生的现金流入、现金流出及其总量情况的总称，即企业一定时期的现金和现金等价物的流入和流出的数量及净流量。现金收入构成现金流入量，现金支出形成现金流出量，现金流入量与流出量的差额为现金净流量。

现金流量表的简要格式见表 5-12。

表 5-12　　　　　　　　　×× 集装箱物流股份有限公司现金流量表　　　　　　单位：人民币元

项　目	2024 年第一季度	2023 年第一季度
一、经营活动产生的现金流量：		
销售商品、提供劳务收到的现金	3 744 149 773.90	3 158 963 370.82
客户存款和同业存放款项净增加额		
向中央银行借款净增加额		
向其他金融机构拆入资金净增加额		
收到原保险合同保费取得的现金		
收到再保业务现金净额		
保户储金及投资款净增加额		
收取利息、手续费及佣金的现金		
拆入资金净增加额		
回购业务资金净增加额		
代理买卖证券收到的现金净额		
收到的税费返还		370 197.41
收到其他与经营活动有关的现金	52 044 163.10	65 470 935.33
经营活动现金流入小计	3 796 193 937.00	3 224 804 503.56
购买商品、接受劳务支付的现金	3 349 036 367.03	3 239 951 716.85

续表

项　目	2024年第一季度	2023年第一季度
客户贷款及垫款净增加额		
存放中央银行和同业款项净增加额		
支付原保险合同赔付款项的现金		
拆出资金净增加额		
支付利息、手续费及佣金的现金		
支付保单红利的现金		
支付给职工以及为职工支付的现金	120 835 747.16	119 211 723.22
支付的各项税费	81 825 780.34	56 610 067.92
支付其他与经营活动有关的现金	59 820 675.62	60 636 603.00
经营活动现金流出小计	3 611 518 570.15	3 476 410 110.99
经营活动产生的现金流量净额	184 675 366.85	−251 605 607.43
二、投资活动产生的现金流量：		
收回投资收到的现金		
取得投资收益收到的现金		
处置固定资产、无形资产和其他长期资产收回的现金净额	14 332 189.00	2 895 500.00
处置子公司及其他营业单位收到的现金净额	—	—
收到其他与投资活动有关的现金		
投资活动现金流入小计	14 332 189.00	2 895 500.00
购建固定资产、无形资产和其他长期资产支付的现金	46 416 791.31	5 433 939.89
投资支付的现金	3 650 000.00	
质押贷款净增加额		
取得子公司及其他营业单位支付的现金净额	—	—
支付其他与投资活动有关的现金	—	—
投资活动现金流出小计	50 066 791.31	5 433 939.89
投资活动产生的现金流量净额	−35 734 602.31	−2 538 439.89
三、筹资活动产生的现金流量：		

续表

项　目	2024年第一季度	2023年第一季度
吸收投资收到的现金	—	—
其中：子公司吸收少数股东投资收到的现金	—	—
取得借款收到的现金	—	—
收到其他与筹资活动有关的现金	—	—
筹资活动现金流入小计	0	0
偿还债务支付的现金		120 000 000.00
分配股利、利润或偿付利息所支付的现金	60 666.67	560 277.79
其中：子公司吸收少数股东投资支付的现金		
支付其他与筹资活动有关的现金	4 306 422.58	4 536 399.73
筹资活动现金流出小计	4 367 089.25	125 096 677.52
筹资活动产生的现金流量净额	−4 367 089.25	−125 096 677.52
四、汇率变动对现金及现金等价物的影响	−65 697.86	71 702.43
五、现金及现金等价物净增加额	144 507 977.43	−379 169 022.41
加：期初现金及现金等价物余额	1 624 584 611.92	1 920 954 483.43
六、期末现金及现金等价物余额	1 769 092 589.35	1 541 785 461.02

（2）现金流量的分析

虽然借款人的盈利能力是判断其能否偿还贷款的十分重要的依据，但利润并不是还贷的直接来源。借款人是用现金归还每一笔贷款，现金是最可靠的最直接的第一还贷来源。

首先，了解现金流入量和流入的具体渠道，分析哪类来源增加、哪类来源减少，其增减规律如何，以掌握借款人现金收入主要来自哪类和哪项收入。

其次，分析现金流出量及其方向、用途，现金流出量中的各类比例是否合理。通常情况下，经营活动的现金流入量在现金流入量的合计中应占绝大比重，投资活动和筹资活动的现金流入量的比例应小。

再次，分析现金流量净额是多少及发展趋势。与过去相比，借款人产生净现金流量的能力是逐步提高还是逐渐降低，以此来评价借款人的经营与财务状况是好转还是恶化。如果现金流量净额不断增加，其现金流入、流出主要产生于经营活动，说明借款人的财务状况在向更好的方向发展，有清偿贷款能力或偿债能力不断增强；反之，则说明借款人的经营管理发生了问题，财务状况紧张，偿债能力不断降低。

最后，分析净现金流量，判断借款人的还款能力。对于短期贷款，只需依据借款人的正常经营活动产生的现金流量来判断还款能力；如果是长期贷款，则需要分析全部的现金流量。如果净现金流量≥0，则可以认定借款人肯定会还款；如果净现金流量低于零，借款人是否会偿还贷款，取决于其现金流的流出顺序的安排。

5.3.4 财务分析——财务比率分析

财务比率通常是由资产负债表和利润表的相关数据对比得出，财务比率分析是对借款人财务状况的进一步量化分析。在进行财务比率分析时，要注意与其他标准参照比较，既要与同类企业或同类行业比较，了解该企业在行业中的相对情况；又要与同一企业的不同时期比较，了解企业财务状况的变动情况。

1）偿债能力分析

（1）流动比率——短期偿债能力分析。

借款人短期偿债能力主要取决于其资产的变现能力。因此，短期偿债能力分析主要是针对企业及时偿还到期债务和按时付息的能力进行的分析，即分析企业的短期支付能力比率。

流动比率。流动比率是利用流动资产和流动负债所计算的比率。通过流动比率可以判断企业流动资产变现后能否偿还到期的流动债务。其计算公式为：

$$流动比率 = 流动资产 \div 流动负债 \tag{5-8}$$

流动比率越高，说明企业偿还短期债务的能力越强，债权人的权益越有保障；说明借款人拥有的营运资金可以抵偿到期的债务，也表明借款人变现的资产数额大。但是，流动比率也不能过大，过高的流动比率会影响借款人的资产使用效率和盈利能力。因此，分析流动比率还要结合流动资产与流动负债的结构进行。

一般认为，正常经营企业的流动比率至少维持在1以上，借款人才有短期偿债能力。但行业不同，流动比率也会不同。表5-13是部分行业的参考比率指标。

表5-13　　　　　　　　　　　　　**流动比率参考指标**

行业	汽车	房地产	制药	建材	化工	家电	啤酒	计算机	电子	商业	机械	玻璃	食品	餐饮
流动比率	1.1	1.2	1.3	1.25	1.75	1.5	1.75	2	1.45	1.65	1.8	1.3	>2	>2

（2）速动比率。是速动资产与流动负债的比率。计算公式为：

$$速动比率 = 速动资产 \div 流动负债 \tag{5-9}$$

速动资产是在短时期内可变为现金的资产，属于现金性资产，具体指货币资金、短期投资、应收账款等。

$$速动资产 = 流动资产 - 存货 - 待摊费用 - 预付账款 - 待处理财产损失 \tag{5-10}$$

计算速动资产时要扣除存货，因为它是流动资产各项目中最不易变现的部分，也是处于清算状态时最可能发生损失的一个资产项目；预付费用及待摊费用是已经付出或已经发生的费用，虽是资产，但只能减少未来的现金付出，不能用作偿债的来源；待处理流动资产损失，是已经损失等待核销的部分，必须扣除。扣除了上述项目计算出来的速动比率，比流动比率更能准确可靠地评价借款人的短期偿债能力。

根据经验，正常经营企业的速动比率应维持在0.6~1之间。表5-14为部分行业速动比率参考指标。

表5-14 速动比率参考指标

行业	汽车	房地产	制药	建材	化工	家电	啤酒	计算机	电子	商业	机械	玻璃	食品	餐饮
速动比率	0.85	0.65	0.9	0.9	0.9	0.9	0.9	1.25	0.95	0.45	0.9	0.45	>1.5	>2

（3）现金比率。现金比率是现金类资产与流动负债或与流动资产的比率。

现金类资产是速动资产扣除应收账款后的余额，它包括货币资金、易于变现的有价证券。将应收账款和应收票据等转化为现金需要一定的时间，特别是应收账款，企业能否按期全额收回，事先不能完全肯定。所以，虽然速动资产的变现能力强于流动资产，也不是所有的速动资产都能立即变现，用以清偿流动负债。因此，速动资产扣除应收账款后的余额，最能反映借款人直接偿付债务的能力。现金比率的计算公式为：

$$现金比率 = 现金类资产 \div 流动负债 \tag{5-11}$$
$$现金比率 = 现金类资产 \div 流动资产 \tag{5-12}$$

式（5-11）应不低于10%~20%；式（5-12）保持在5%~10%之间较为合适。

在分析借款人的短期偿债能力时，可将流动比率、速动比率与现金比率结合起来考查，才能收到评价借款人的偿债能力的最佳效果。

2）负债比率——长期偿债能力分析

分析借款人长期偿债能力主要是为了了解企业的财务风险和经营安全性。它主要通过对反映借款人债务与权益结构的比率进行分析，了解借款人对债务的承受能力和偿还债务的保障程度。

常用的比率是资产负债率、负债与所有者权益比率、负债与有形净资产比率、利息保障倍数。

资产负债率，又称负债比率，是借款人负债余额对资产余额的比率。其计算公式为：

$$资产负债率 = 负债总额 \div 资产总额 \times 100\% \tag{5-13}$$

公式中的资产余额是指扣除累计折旧后的总资产净额。

资产负债率是评价企业经营风险程度的最重要指标，反映企业净资产对债务风险的基本承受能力，也表明债权人所承受的风险程度。通过这个比率，可以分析借款人偿付到期长期债务的能力。

从银行的角度来分析，借款人的资产负债率越低，说明它的负债相对较少，一般情况下能够保证还本付息，即使企业破产清算，债权银行的权益也能在较大程度上受到保护；相反，借款人的资产负债率高，说明其负债经营程度高，当获利情况不理想或出现其他临时性财务困难时，就不能保证还本付息。同时由于借款人负债率过高，万一企业破产清算，银行的权益能否受到保护或能在多大程度上受到保护，就成了一个未知数。因此，对银行来讲，企业的资产负债率越低越好。

但是，对于企业的投资者来说，他们关心的是企业的总资产报酬率是否高于利息率，他们希望资产负债率高些；同时，举债经营也反映了企业的进取精神。可见，借款人究竟应该保持多大的资产负债率，才能既保证债权人资金安全，又有利于企业的生产经营，需要全面考核企业的经营情况、债务承受能力和所处行业的特点。因此应当将被分析企业的资产负债率与行业标准相比较，才能得出较为合理的结论。

负债与所有者权益比率，又称为产权比率或债务股权比率，是负债与所有者权益的比率，用以表示所有者权益对债权人权益的保障程度。计算公式为：

负债与所有者权益比率 = 负债余额 ÷ 所有者权益余额 × 100%　　　　　　　　　（5-14）

对于债权人来讲，负债与所有者权益比率低，说明债权人投入的资金受保障的程度高，即使企业破产清算，债权人的权益也能得到有效保障。总的说来，企业的负债权益比率不能超过100%，具体也应当参考行业标准。

负债与有形净资产比率，又称有形净值债务率，是负债与有形净资产的比率。计算公式为：

负债与有形净资产比率 = 负债余额 ÷ 有形净资产 × 100%　　　　　　　　　　（5-15）

有形净资产 = 所有者权益 − 无形及递延资产　　　　　　　　　　　　　　　　（5-16）

负债与有形净资产比率是负债与所有者权益比率的延伸，是更为保守、谨慎地反映企业清算时所有者权益对债权人权益保障程度的指标。将无形资产从所有者权益中扣除，主要是因为这些资产的价值具有不确定性。至于递延资产，它是已经发生但需以后计入成本的一项费用，也应剔除。对于银行来说，负债与有形资产的比率越低，说明银行的权益保障程度越高，借款人的偿债能力越强。

利息保障倍数是借款人经营所得的税前利润总额加利息费用之和与利息费用的比率，用来衡量企业偿还负债利息能力的指标。计算公式为：

利息保障倍数 =（税前利润额 + 利息费用）÷ 利息费用　　　　　　　　　　　（5-17）

利息费用包括流动负债的利息费用、长期负债中进入损益的利息费用、进入固定资产原价中的利息费用、长期租赁费用等。实际分析时，若银行得不到详细的利息费用资料，可用"财务费用"来代替"利息费用"。

对债权人来讲，利息保障倍数越高，说明企业的盈利足够支付利息，债权人就能按时收到利息；相反利息保障倍数越低，说明企业盈利对及时足额支付利息的保障越低，企业无力还债的可能性越大，债权人的权益就越难得到有效保障。对于所有者来讲，这个比例也是越高越好，利息保障倍数越高，在企业利息负担一定的情况下，盈利额就越大。相反，利息保障倍数越低，在企业利息负担一定的情况下，盈利额就越小。从长远看，利息保障倍数至少要大于1，否则就无法保证按时支付借款利息，企业也很难通过举债方式筹措资金。

3）效率比率——营运能力分析

营运能力是通过借款人的资产周转速度来反映资产利用效率的有关指标，体现了借款人经营管理和运用资产的能力及效果。借款人盈利能力与偿债能力的大小，在很大程度上取决于其对资产的有效运用。资产利用效率高，资产的周转速度就快，变现速度也快，现金流量增加，偿债能力增强，盈利能力也会增强。

衡量借款人营运能力的比率有：总资产周转率、流动资产周转率、固定资产周转率、应收账款回收期、存货周转率。

（1）总资产周转率。总资产周转率是借款人的销售收入净额与总资产平均余额的比率，是反映企业整体资产周转速度的指标。与总资产周转率相联系的另一个指标是总资产周转期。计算公式为：

总资产周转率（次数）= 销售净收入 ÷ 总资产平均余额　　　　　　　　　　　（5-18）

总资产周转天数 = 计算期天数 ÷ 总资产周转率　　　　　　　　　　　　　　　（5-19）

其中：资产平均余额=（期初总资产余额+期末总资产余额）÷2　　　　　（5—20）

销售净收入=销售收入−销售退回−销售折扣　　　　　（5—21）

总资产周转率反映了企业资产总额的周转速度。总资产周转率越高，总资产周转期越短，反映企业销售能力越强，总资产利用效果越好；反之，则相反。

（2）固定资产周转率。固定资产是企业生产经营的劳动对象，所有产品都必须在固定的地点，借助专用的机器设备生产出来。因此，固定资产在企业资产总额中居于特殊重要的地位。可以说，没有固定资产，企业将无法从事生产经营活动。

固定资产周转率是衡量固定资产周转速度的指标，它是销售收入净值与固定资产平均余额的比率，与之联系的一个指标是固定资产周转期。计算公式为：

固定资产周转率（次数）=销售收入净额÷固定资产平均净值　　　　　（5—22）

固定资产周转天数=计算期天数÷固定资产周转率　　　　　（5—23）

其中，固定资产平均净值=（固定资产期初净值+固定资产期末净值）÷2　　　　　（5—24）

固定资产周转天数是反映用销售收入收回固定资产投资所需的时间。固定资产周转率高，固定资产周转期短，说明企业固定资产的利用程度高，设备运行率高。因此，利用固定资产周转率能揭示出固定资产的利用效率。但是，该比率并不能反映出投入的固定资产的资金需要多长时间才能以折旧的方式收回。进行固定资产周转率分析时，要注意不同行业的劳动装备率的差别，切忌将不同行业的企业放在一起进行比较分析。

（3）流动资产周转率。流动资产周转率是销售净收入与流动资产平均余额的比率。计算公式为：

流动资产周转率=销售收入净值÷流动资产平均余额　　　　　（5—25）

其中，流动资产平均余额=（期初流动资产余额+期末流动资产余额）÷2　　　　　（5—26）

流动资产周转率反映了流动资产的周转速度。流动资金周转速度快，会减少流动资金的占用额，相对节约流动资金，等于增加了流动资金的投入，能够使企业的生产经营进入良性循环轨道，增强企业盈利能力；相反，流动资金周转速度慢，要保持原有的生产规模，就必须多占用流动资金，若没有相应的资金投入，则企业的生产经营规模将会缩小，企业的盈利能力也将因此而受到影响。

（4）存货周转率。在流动资产中，存货所占比重往往是最大的，在制造业企业中尤其如此。存货周转率是反映存货周转速度的指标，存货周转速度的快慢，将直接影响到企业的营业周期和其他流动比率。存货周转速度可用存货周转率和存货周转期两个指标表示，这两个指标互为倒数。计算公式为：

存货周转率=销售成本÷存货平均余额　　　　　（5—27）

存货周转期=（平均存货÷销售成本）×计算期天数　　　　　（5—28）

或　　　　　　　　=计算期天数÷存货周转率

其中，平均存货=（期初存货+期末存货）÷2　　　　　（5—29）

一定时期内存货周转的次数越多，或者存货的周转天数越少，存货的流动性就越好，企业存货占用的资金就越少，存货经营效率就越高，赚取利润的能力就越强；相反，若存货周转次数少，或者存货周转天数多，则说明企业可能存在采购量过大或者存货积压现象，致使流动资金占压在存货上，不能有效地利用。存货经营效率低，经营风险、利息支出和机会成本就会增加。

（5）应收账款周转率。应收账款是企业流动资产的一个重要项目，一定时期内企业销售出去的商品和劳务再多，如果货款不能收回，则利润只能是账面上的。因此，及时足额地收回应收账款，对企业具有举足轻重的意义，它不仅能够反映出企业管理应收账款的能力，而且还能增强企业的短期偿债能力。

衡量应收账款周转速度的指标是应收账款周转率和应收账款周转天数。计算公式为：

应收账款周转率（次数）=赊销净收入÷应收账款平均余额 　　　　　　　　　　　　　（5-30）

应收账款周转天数=（应收账款平均余额÷赊销净收入）×计算期天数 　　　　　　　　（5-31）

或 　　　　　　　　　　=计算期天数÷应收账款周转率

其中，应收账款平均余额=（期初应收账款+期末应收账款）÷2 　　　　　　　　　　　（5-32）

赊销收入净额=销售收入–销售现金收入–销售退回–销售折让扣让 　　　　　　　　　（5-33）

应收账款周转率越高，应收账款周转天数越短，说明企业应收账款的收回速度越快，应收账款管理效果越好。

4）盈利比率——获利能力分析

获利能力比率是综合财务比率，它既体现了借款人的资金运作结果，也体现其偿债能力。由于银行向借款人发放的贷款有长期与短期两种，所以银行对借款人盈利能力分析的重点也不同，短期贷款应分析借款人的当期盈利能力，长期贷款则要分析借款人的未来盈利水平的平稳性和持久性。

反映借款人的获利能力的比率有：

（1）销售利润（毛利）率，是借款人的销售毛利润额占主营业务收入的百分比。

销售毛利率=（主营业务收入–主营业务成本）÷主营业务收入×100% 　　　　　　　（5-34）

销售毛利率越高，说明在一定时期内费用固定不变的情况下，盈利就越多，即销售利润率越高，企业的获利能力越强。

（2）营业利润率，是借款人的营业利润与主营业务收入额的比率，计算公式为：

营业利润率=营业利润÷主营业务收入×100% 　　　　　　　　　　　　　　　　　　（5-35）

营业利润=主营业务利润+其他业务利润 　　　　　　　　　　　　　　　　　　　　（5-36）

营业利润率反映借款人营业利润占主营业务收入净额的比例，营业利润高，说明借款人的营业活动的盈利水平越高。将借款人连续几年的营业利润率加以比较，可以分析其盈利的变动趋势。

（3）税前利润率和净利润率。税前利润率是利润总额和销售收入净额的比率。

税前利润率=利润总额÷主营业务收入净额×100% 　　　　　　　　　　　　　　　　（5-37）

净利润率是净利润额占主营业务收入净额的百分比。

净利润率=净利润÷主营业务收入净额×100% 　　　　　　　　　　　　　　　　　　（5-38）

税前利润率和净利润率这两个比率越大，则盈利能力越强。

（4）成本费用利润率，是利润占成本费用的比率。

成本费用利润率=利润总额÷成本费用总额×100% 　　　　　　　　　　　　　　　　（5-39）

其中，成本费用总额=产品销售成本+产品销售费用+管理费用+财务费用 　　　　　　（5-40）

该比率反映每单位成本费用支出所能带来的利润总额，此比率越大越好。

（5）资产净利润率，是企业净利润与平均总资产的百分比，它说明借款人资产利用的综合效果。

资产净利润率=净利润÷资产平均余额×100%　　　　　　　　　　　　　　(5-41)

资产净利润率越高，说明借款人的资产盈利能力越强，还款能力越强。

（6）总资产报酬率，即资产报酬率，是用来衡量企业利用资产获取报酬的能力。银行给企业发放贷款，其投资的报酬就是利息收入；所有者投资于企业，报酬就是净利润。因此，对企业来讲，利息费用和净利润是对维持经营活动的投资的报酬。

总资产报酬率=（净利润+利息费用）÷资产平均余额×100%　　　　　　　(5-42)

总资产报酬率越高，说明企业给投资者和债权人的回报越多，企业的获利能力越强；反之，则越低。

通过上述财务比率分析我们可以看到，财务比率的高低在一定程度上能够说明借款人的偿债能力。具体分析时，要将各个指标结合起来进行综合分析。同时，必须结合资产负债表与现金流量表进行全面的分析，才能全面、准确地把握借款人的财务能力，以此对其做出正确的判断，降低贷款的风险。

5.3.5　担保分析

执行担保是第二还款来源，首先要进行合法性分析，即分析担保主体是否合格、担保物是否合格；其次要进行有效性分析，即担保的可执行性；最后，要进行充足性分析，即分析担保价值抵偿债务的充足性。具体内容见第 6 章。

5.3.6　非财务因素分析

1）影响借款对象持续发展的因素分析

政局是否稳定，这是企业增长的强大生命力；传统资源紧缺的负面影响与替代资源的兴起；环保的要求决定了行业进入的运营成本；技术进步是否为制造业提供了机会；经济合理化（区域一体化）提供的机遇与危机；经济周期性波动状况；区域经济变化带来的产业转型、产业转移等。

2）行业分析

分析行业成本结构、行业发展周期、行业经济周期、行业盈利性、行业依赖性等。

3）借款人经营管理分析

分析公司结构、法人治理结构的合理性；关注资本大小（注意多级注册、虚增合并报表的资产规模）；关注跨行业公司，主业不突出；关注股权的变更；企业组织文化；管理层经验与稳定性；市场竞争情况汇报；采购、生产、销售环节等。

4）企业产品分析

分析产品市场潜力、产品特性、产品市场效应、产品价格、产品质量、产品替代性。

5）自然社会因素分析

分析战争、人口、自然灾害、法律、政策环境、经济技术环境、城市建设等。

本章小结

贷款业务是我国商业银行最主要的资金运用业务，本章介绍了贷款的基本原理。

（1）贷款从不同的角度可分为多种类型：按期限分类包括短期贷款、中期贷款、长期贷款；按保障程度分类有信用贷款、担保贷款和票据贴现；按贷款质量和风险程度分类有正常、关注、次级、可疑和损失贷款等等。

（2）贷款的程序：借款人申请，银行贷款调查，进行风险评估，测定信用等级；签订合同，发放贷款，贷后管理，到期收回，强化档案。

（3）贷款的价格由贷款利率、承诺费等构成。可采用成本相加定价法、价格领导模型等进行定价。

（4）对借款人的信用状况，要从一般分析、财务分析、担保分析、非财务因素等方面进行。

关键概念

信用贷款　担保贷款　保证贷款　抵押贷款　质押贷款　流动资金贷款　票据贴现

综合训练

问答题

1）简述贷款的基本流程。

2）影响贷款定价的因素有哪些？

3）简述对借款人信用一般调查分析的内容。

4）试计算单笔贷款的税前收益率。

5）如何通过资产负债表分析借款人资产偿还债务的能力？

分析题

BLST贸易公司流动资金贷款贷前调查

××年4月，BLST贸易公司向××银行申请1 000万元流动资金贷款，用于原材料采购等日常营运。该行在收到这一申请后，赴实地进行了贷前尽职调查，向借款人收集了贷款所需材料，了解到借款人20年前成立于上海市外高桥保税区，是美国BLST公司在中国投资的全资子公司，主营业务是进口墙纸并在国内市场销售（其销售的墙纸全部由总公司位于美国、英国等地的工厂生产），公司在外高桥保税区有中转仓库，在闵行租有全国配送中心仓库及办公区域，并在北京设有办事处。产品销售覆盖全国大的装修装饰卖场，在全国许多大、中城市都设立授权代理机构。据海关的统计资料，该公司的墙纸进口量名列中国口岸同类进口商品前茅。

除了了解企业的背景及经营情况外，该行还对其资金的用途及授信合理安全性进行了分析。借款人总公司准备加大对中国市场的投入，在苏州工业园区建立生产基地，总投入3 000万美元，建厂生产配套产品，因此对借款人的流动资金需求增加。另外公司当年销售收入预期增长15%左右，达到1.6亿元，银行根据《流动资金贷款管理暂行办法》测算企业借款需求额度为848万元，加上当年总公司要求应付账款账期缩短，因此申请1 000万元的授信额度。

　　企业上两年销售较稳定，增长幅度不大，销售收入分别是 1.3 亿元和 1.4 亿元。毛利润保持在 45% 左右，净利润在 26% 左右。借款当年 3 月末，企业总资产 6 742 万元，总负债 2 165 万元，且近两年资产负债率呈下降趋势，长期偿债能力较强。企业流动比率、速动比率分别是 3.02、1.23，流动性较好，有一定短期偿债能力。

　　贷款由 SSGJ 公司担保，该公司资产总额为 4 760 万元，负债总额为 2 660 万元，生产经营状况良好。

　　问题：根据上述资料，完成对该借款人是否贷款的调查意见。

即测即评 5　　　　综合训练
　　　　　　　　参考答案 5

第6章

商业银行贷款业务操作实务

目标引领

☑ 价值塑造

商业银行的金融工作具有政治性、人民性，通过贷款投向的调整，助力稳住经济大盘。通过本章的学习，领会银行的社会责任和风险意识，结合《习近平新时代中国特色社会主义思想学习纲要》中习近平总书记关于总体国家安全观的论述，结合国际上银行倒闭的案例，阐述银行安全是国家安全的重要组成部分，是经济发展的基础。感受中国的安全环境的优势，正确对待业务创新，以谨慎的态度从事银行业务活动，树立正确的银行发展观。

☑ 知识传授

通过本章的学习，了解信用贷款的特征；掌握保证贷款的法律规定和操作要点；了解抵押物的种类；掌握抵押贷款的管理要点；区分质押与抵押的不同；掌握影响消费贷款借款人的还款能力的因素；领会票据贴现的审查要点；了解外汇贷款的种类。

思维导图

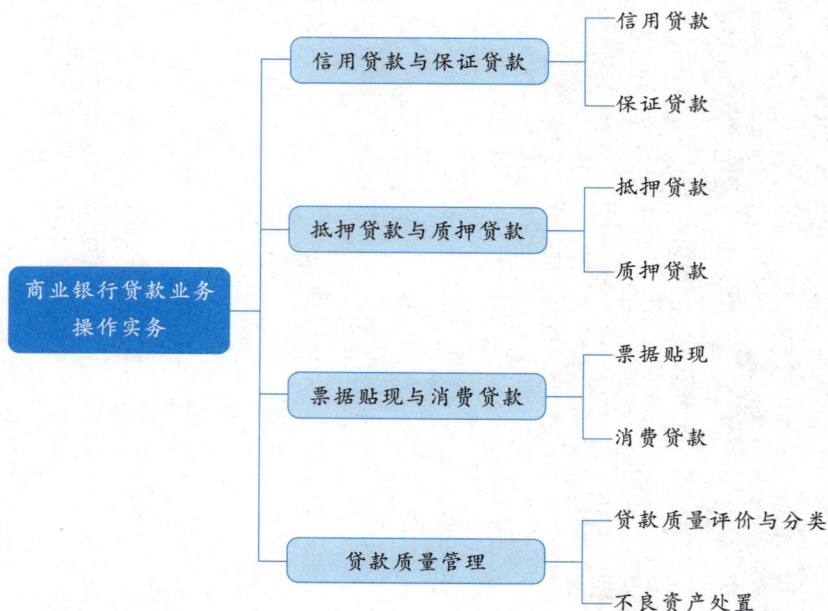

开篇导读

　　党的二十大报告指出，"坚持把发展经济的着力点放在实体经济上"。工农中建交五大行都表示，坚决贯彻党中央、国务院的政策部署，强化国有大行担当，多措并举完善信贷投放机制，深挖特色服务，提升资产质量，服务实体经济。各行公告相关信贷数据显示，在着力服务实体经济，加大金融供给，优化信贷结构、发展绿色信贷、普惠金融、服务乡村振兴、服务经济转型升级和制造业高质量发展、助力稳住外资外贸、科技强国方面，都交出了令人瞩目的成绩单。

　　商业银行贷款操作应按贷款操作规程的要求进行。贷款方式不同，操作方法存在着差异。本章将对各种贷款操作管理要点进行介绍。

6.1　信用贷款与保证贷款

6.1.1　信用贷款

1）信用贷款的特点

　　首先，贷款手续简便。银行发放信用贷款时，只凭借款人的信用状况做出贷款决策，只要对借款人的资金信用状况调查清楚，符合贷款条件，银行与企业就可以签订贷款合同，完成贷款业务。

　　其次，贷款风险较大，执行较高的利率。信用贷款是以借款人过去的信用状况作为贷款依据，银行债权的实现没有现实的物质保障。贷款到期时，借款人能否履行偿还债务的义务，比较难以确定。而且如果借款人到期没有足够的现金流量偿还贷款，银行也无法通过执行担保来实现债权，存在着出现不良贷款的高风险。正是由于信用贷款的风险较高，相对于其他贷款来说，银行需要收取较高的利率，作为对风险的一定程度的弥补。

　　最后，只对优良信用客户发放。目前我国商业银行发放的信用贷款很少，除非信用优良的客户，一般都要有担保才能放款。

2）信用贷款操作与管理要点

　　（1）评估借款人的信用状况。企业向银行提出借款申请并提交有关资料后，银行如认为其提供的资料齐全，可受理其申请。并进行贷款前调查工作：调查借款人的资格与条件、借款的合法性、贷款的安全性与营利性。由于信用贷款是凭借款人的信用状况发放的，因此，对借款人的信用分析比其他贷款更显得重要。要全面分析企业的经营活动与财务状况，要了解企业领导素质、经济实力、资金结构、信用记录、经济效益等因素，对企业的信用状况进行充分详细的评估，以确定还款的可能性。

　　（2）确定贷款的期限与额度。银行确定给予企业借款人以信用方式贷款后，应根据其资金需求和银行资金可供能力选择贷款利率与贷款额度。贷款额度的确定，通常依据三个因素：借款人的合理资金需求量、未来作为还款来源的现金流量、银行的信贷资金可供量。贷款期限则要依据企业的资产转换周期来确定。

（3）贷款的审批与发放。经审查贷款的金额、用途、期限后，即可与借款人签订借款合同，明确借贷双方的权利与义务，随后将贷款按合同约定划入企业账户。

（4）贷后检查与监督使用。贷款发放后，信贷人员应对贷款进行跟踪检查与定期检查。跟踪检查，是在贷款发放后的7天至10天内对贷款的直接用途进行检查，对未按贷款合同规定用途使用贷款的，或者存在问题的，银行要提出处理意见，及时纠正。定期检查一般按月、季、年进行，主要检查贷款使用情况、生产经营情况、资产负债变化情况、财务变动情况，对危及贷款安全的隐患采取措施处理，消除贷款风险。

（5）收回贷款本息。贷款到期之前，银行应当提前向借款人发出还款通知。如果借款人由于客观原因不能按时还款，应提前向银行申请展期，提交"借款展期申请书"，说明展期原因、展期期限等。银行审查后，符合展期条件的，填写"借款展期协议书"，借贷双方法定代表人签字后生效。借款人不能还款的，或者借款人不符合借款展期的条件，银行将其转入逾期贷款账户，加收利息。同时应要求借款人制订还款计划，监督借款人尽早偿还贷款。

6.1.2　保证贷款

1）保证的特征

（1）保证人必须是主合同当事人以外的第三人。保证是债权人与债务人以外的第三人，为他人的债务承担保证责任。

（2）保证属于人的担保范畴，是一种信用担保。保证人以其自身的信誉为借款人履行债务提供担保。与质押、抵押、留置等物的担保不同，保证不动用不限制具体的财产，而是以保证人的信誉及非特定的财产为他人的债务提供担保。

（3）保证是约定的担保。保证合同以书面方式订立，合同中要约定保证的相关事项，如保证方式、保证期间、保证范围等。

2）保证担保的一般法律规定

（1）保证人。作为保证人，必须具备合法的主体资格、足够的经济实力和良好的信誉等条件，即保证人必须是具有代为清偿债务能力的法人、其他组织或者公民。

《民法典》第683条第2款规定："以公益为目的的非营利法人、非法人组织不得为保证人。"下列组织不得作保证人：①国家机关。国家机关不直接参与经济活动，其财产、经费是为了保证国家机关履行职责的，不能用来担保，实际上无担保的能力。但经国务院批准的对特定事项作保证人的除外，比如使用外国政府或者国际经济组织贷款进行转贷的情况。②以公益为目的的事业单位、社会团体，如学校、医院等。原因在于这些机构的设置是以公益为目的，它们不宜参与到经济活动中，为他人的债务作担保，否则，当债务人不能履行债务时，这些机构要承担保证责任，教育设施与医疗设施会用来抵偿债务，会影响到社会公共利益。③企业法人的分支机构、职能部门。由于法人分支机构和职能部门是企业法人的内部机构，没有独立的财产，不能独立承担民事法律责任，它们只能按照企业法人的指示开展业务，不能对外保证。但如有法人机构授权的，可以在授权范围内提供保证，超出授权的部分无效。

启智增慧6-1
民办学校与民营医院是否具有保证人资格？这下终于清楚了（附14案例）

案例 6-1　　　　　　　　**担保人不具有担保主体资格，担保无效**

原告 A 银行于 20×× 年 8 月 6 日与被告 B 公司签署了贷款合同，约定由原告 A 银行借给被告 B 公司美元 ×× 万元整，贷款合同就利息、违约责任、还款时间均做了详细的约定。同时，被告 B 公司将其拥有产权的房产抵押给了原告 A 银行，被告 C 公司和 D 公司的分公司作为被告 B 公司的担保人，就该笔贷款向原告 A 银行出具了不可撤销的连带责任担保，保证不论在任何情况下，均对该贷款负有连带清偿责任。由于被告 B 公司经营不善，到期无力归还借款，原告 A 银行遂向法院起诉三个被告，要求还款并归还利息，由于三个被告中被告 B 公司、C 公司均无实际偿还能力，因此原告 A 银行将本案的偿还人锁定为 D 公司的分公司，如果原告指控一旦成立，被告 D 公司的分公司将有约合 ×× 万美元的损失。

问题：从法律的角度看，偿还 A 银行贷款的偿债顺序是怎样的？担保主体是否有效？

（2）保证方式。保证方式是保证人履行保证责任的形式，它决定保证责任的轻重。保证人根据选择的保证方式承担保证责任。保证有一般保证与连带责任保证两种方式。

一般保证，是指当事人在保证合同中约定，债务人不能履行债务时，由保证人承担保证责任的保证。

连带责任保证，是指在保证合同中约定，保证人与借款人对借款承担连带责任的保证。

一般保证的保证人有先诉抗辩权，而连带责任保证的保证人没有先诉抗辩权。也就是说，一般保证的保证人是在借款人不能履行债务时，才承担保证责任。而"不能履行债务"是指法院审理或仲裁机构的仲裁后，并且法院对借款人的财产执行后，借款人仍不能履行债务时，保证人才对未受清偿的部分承担保证责任。即借款人是第一债务人，保证人是第二债务人，实际上履行补充责任。而连带责任保证中，借款人与保证人是同一偿债顺序人，连带责任保证的债务人不履行到期债务或者发生当事人约定的情形时，债权人可以请求债务人履行债务，也可以请求保证人在其保证范围内承担保证责任。可见，连带责任保证的保证责任大于一般保证责任。

《民法典》第 686 条规定："当事人在保证合同中对保证方式没有约定或者约定不明确的，按照一般保证承担保证责任。"

（3）保证责任。保证责任是保证人应当承担责任的担保范围。依据《民法典》，保证的范围有：主债权及其利息、违约金、损害赔偿金和实现债权的费用。主债权即贷款本金，是担保的主要部分；贷款利息，是贷款产生的利息；违约金，是法律规定或合同约定的，借款人违约不偿还贷款时，必须付给商业银行的一定数额的金钱，分为法定违约金和约定违约金；损害赔偿金，是借款人不履行债务而给银行造成损害时，法律强制其向银行支付的款项；实现债权的费用，如诉讼费、仲裁费、拍卖费、通知保证人费用等。借贷双方也可以协商保证范围，约定的先于法定的保证范围。

保证人可以要求债务人提供反担保。

在保证期间内，如果银行将贷款转让给第三人，保证人在原保证的范围内承担保证责任；如果银行许可借款人转让借款的，或者银行与借款人协议变更借款合同的，须经保证人书面同意，否则，保证人不承担保证责任。合同有约定的除外。

同一笔贷款既有保证人的担保，又有物的担保，保证人对物的担保以外的贷款承担保证责任，即物的担保先于人的担保。贷款到期后，如果物的担保满足了全部贷款的实现，保证人不再承担保证责任；如果物的担保只满足了部分贷款，保证人只对担保物未满足的部分承担责任。

（4）保证期间。保证期间是保证人承担保证责任的有效期，是自贷款到期日起开始的一段期间。有约定保证期间与法定保证期间两种。

约定保证期间是保证人与商业银行在保证合同中约定的期限，但约定的保证期间早于或等于贷款期间的，视为无效约定，没有约定或者约定不明确的，要执行法定保证期间，保证期间为主债务履行期限届满之日起6个月。保证合同约定"保证人承担保证责任直至主债务本息还清时为止"等类似内容的，视为约定不明。

约定的保证期间优于法定的保证期间。

在保证期间内，如果是一般保证方式，商业银行并未对借款人起诉或者申请仲裁的，保证人的保证责任免除；如果商业银行已对借款人起诉或者申请仲裁的，保证期间适用于诉讼时效中断的规定。如果是连带责任保证的，商业银行未要求保证人承担保证责任的，保证责任免除。

案例6-2　　　　　　　**保证期间等于主债务履行期间，视为没有约定**

20××年3月10日，某食品公司与某国有银行D支行签订了借款合同，D支行向食品公司提供贷款120万元，借款期限为6个月，自20××年3月15日至9月14日。为保证贷款的安全，D支行要求食品公司提供保证人对贷款进行担保。于是，食品公司的控股股东某粮食储运集团向D银行出具了不可撤销担保函，写有"同意担保至20××年9月14日"的条款，为食品公司提供担保，没有约定保证方式。粮食储运集团、食品公司、D支行三方单位在担保函上均加盖公章。

当年9月14日贷款到期后，食品公司因经营不善，几近破产，不能偿还贷款。当年10月8日，D支行遂要求粮食储运集团履行保证责任，先行清偿贷款。粮食储运集团认为：保证期间是事先与银行约定的，保证期限为20××年9月14日，现已过期，粮食储运集团不再负担保责任。

D支行、食品公司、粮食储运集团因贷款担保期限引起的纠纷，三方协商未果，当年10月28日，D支行以食品公司与粮食储运集团为被告，向法院提起诉讼，要求食品公司偿还贷款，粮食储运集团承担连带保证责任，代食品公司清偿食品公司所欠银行的贷款本息。

问题：本案例执行什么保证方式？请给出法定的保证期间。法院会如何判决？为什么？

3）保证贷款的操作要点

（1）调查保证人的保证能力。商业银行的信贷人员在接到借款人提交的《借款申请书》等资料和保证人的相关证明担保能力的资料后，除对借款人进行信用调查分析外，还要对保证人进行调查。调查的内容从以下几个方面着手：

第一，调查保证人是否具有合法的主体资格，即调查保证人是否是有代为清偿债务能力的法人、其他组织或公民。如果保证人是企业法人的，验证其营业执照；如果是公民的，要验证身份证明，并考察是否具有民事行为能力；如果是法人分支机构的，则要验证法人授权书、授权范围等。

第二，调查核实保证人的担保能力，了解分析保证人是否拥有代为清偿贷款的能力。具体地，一是保证人要有代为清偿贷款的财产，包括签订保证合同时已有的财产和在保证期间能够取得的财产及权利，担保的价值不能超过净资产的3倍。二是保证人的财产应当具有处分权。法律禁止流通或强制执行的财产、已设定抵押权（或质押权、留置权）的财产，不具有担保能力。三是保证人的财产必须是有变现价值的财产。滞销的产品、没有使用价值的产品、无法收回的应收账款，都没有代偿能力。四是经营困难、严重亏损、信用等级低、涉及重大诉讼事件等，不能作为保证人。

（2）核实保证的真实性与自愿性。自愿性是指保证要建立在自愿的基础上，是保证人真实意思的表示，任何强制、胁迫的保证无效。真实性核实：第一，核实法人保证人的签字的真伪，保证合同上签字人必须是有权签字或经授权签字的人。第二，企业法人出具的保证应当符合该企业法人章程规定的宗旨或经营范围，否则商业银行不能接受为保证人。第三，股份公司或有限责任公司的企业法人提供的保证，必须取得董事会决议同意或股东大会同意。第四，中外合资、合作企业的法人提供的保证，须提交董事会同意担保的决议及授权书、董事会成员签字的样本，同时出具会计师事务所的验资报告或出资证明。

（3）签订保证合同。保证合同要以书面形式订立，以明确双方当事人的权利与义务。合同的内容应当包括：贷款种类、数额、期限；保证担保的范围、保证期间；其他需要约定的事项。商业银行与保证人可以就单个贷款合同订立一份保证合同，也可以在一个最高限额内，就一段时间内连续发生的借款合同订立一个保证合同，以简化手续，但合同中必须明确最高借款额度是借款余额还是借款发生额。

（4）贷后处理。贷款发放之后，银行要对借款人与保证人的资信状况进行检查，如发现问题，及时采取措施。贷款到期，借款人应当主动归还贷款。如不能按期偿还贷款，借款人应当提前向银行申请展期，并按要求提交保证人出具的是否同意继续担保的书面证明，保证人同意展期并在展期协议上签名，则保证期间顺延，保证人对原借款及展期后因利率提升加重部分继续承担保证责任；保证人如果拒绝在展期协议上签名，保证人仍然对原借款

启智增慧6-2
保证贷款中的
常见问题

及其利息承担保证责任，对展期后因利率提高而加重的部分，不再承担保证责任。保证人口头同意继续担保，但并未在展期协议上签字，与拒绝在展期协议上签字在法律责任上相同。

6.2　抵押贷款与质押贷款

6.2.1　抵押贷款

1）抵押物的设定

抵押物即抵押财产，是抵押人（借款人或第三人）向抵押权人（贷款人）提供担保的财产。

（1）抵押物应具备的条件

抵押贷款的关键是抵押物的选择，作为抵押物的财产必须是能够转让的财产。根据这

个原则，可以抵押的财产要具备下列条件：第一，合法性。抵押物必须是法律允许设定抵押权的财产，必须是抵押人有所有权或有权处分的财产。第二，通用性。抵押物应当是用途相对广泛的，用途窄、特别专业的不适合作抵押物。第三，流动性。抵押物必须是可转让、易于处理的财产，法律禁止转让的财产不得抵押。第四，价格易于评估且品质相对稳定。第五，抵押物担保的债权不得超过抵押物的价值。

（2）抵押物的分类

根据《民法典》，可以作抵押的财产有：建筑物和其他土地附着物；建设用地使用权；海域使用权；生产设备、原材料、半成品、产品；正在建造的建筑物、船舶、航空器；交通运输工具；法律、行政法规未禁止抵押的其他财产。抵押人可以将前款上述所列财产一并抵押。

禁止抵押的财产：土地所有权；宅基地、自留地、自留山等集体所有土地的使用权，但是法律规定可以抵押的除外；学校、幼儿园、医疗机构等为公益目的成立的非营利法人的教育设施、医疗卫生设施和其他公益设施；所有权、使用权不明或者有争议的财产；依法被查封、扣押、监管的财产；法律、行政法规规定不得抵押的其他财产。

2）抵押贷款的管理要点

（1）借款人申请抵押贷款，向银行提交借款申请书、财务报表、抵押物清单等相关资料。抵押物清单上要载明抵押物的名称、数量、质量、所在地、权属及证明、评估价值、已设定抵押权的价值等事项。

（2）银行对借款人资信状况进行调查，确定借款人的第一还款能力。

（3）审查抵押物是否符合抵押条件，是否有抵押权设立在先。

（4）对抵押物进行估价，或者评估抵押物的剩余价值，确定抵押率与贷款额度。

抵押物的估价是对抵押物的价值进行估算，估算抵押物的未来处分时的市场价值。抵押物估价准确与否，是抵押贷款能否成功的关键之一，也是关乎抵押人权益的重要问题。由于抵押物的种类繁多，对其估价的方法与技术性很强，银行一般委托专业的评估机构评估，评估费由抵押人承担，也可由借贷双方协商。

抵押率是贷款本金与抵押物估价值之间的比率。抵押率的高低，要参照借款人的资信、抵押物的种类及变现能力、贷款期限等因素而定。通常情况下，抵押率在50%~90%。用公式表示为：

$$抵押率 = 贷款本金额 \div 抵押物估价值 \times 100\% \tag{6-1}$$

$$抵押贷款数额 = 抵押物估价值 \times 抵押率 \tag{6-2}$$

商业银行可以与借款人协议，设定最高额度抵押，即以抵押物对一定时期内连续发生的债权进行担保。最高额抵押与一般抵押相比有一定的优越性，无论债权发生几次，只进行了一次财产评估和抵押物登记，省时、省力、省费用，为银行与借款人提供了方便。

（5）抵押物的占管与登记

抵押物的占管是对抵押物占有与管理。在抵押贷款中，抵押物不转移占管，由借款人或者抵押人占管，但要承担相应的责任。

抵押的财产要办理抵押登记，其作用是一方面可以防止欺诈和重复抵押，有助于发挥担保的功能；另一方面，也为确定债务清偿顺序提供法律依据。同一财产向两个以上债权人抵押的，拍卖、变卖抵押财产所得的价款依照下列规定清偿：抵押权已经登记的，按照登记的时间先后确定清偿顺序；抵押权已经登记的先于未登记的受偿；抵押权未登记的，按照债权比例清偿。登记的方式有强制登记与自愿登记。强制登记是借贷双方当事人签订抵押合同后，必须办理抵押物的登记，抵押合同才能生效，抵押权人才有抵押物处置价款的优先受偿权。自愿登记是抵押贷款的双方当事人对抵押物是否登记，采取自愿原则。我国执行强制登记方式。

办理抵押物登记，要向登记部门出具借款合同和抵押合同、抵押物的所有权或使用权证书。以无地上定着物的土地使用权抵押的，在核发土地使用权证书的土地管理部门登记，房屋或建筑物在颁发房地产证书的管理部门登记，林木在核发林权证书的主管部门登记，航空器、船舶、车辆在运输管理部门登记，企业的设备和其他财产在市场监督管理部门登记。

案例 6-3　　　　　　　　　　抵押物未登记　贷款损失

B 银行根据某实业公司的申请向其发放了贷款 360 万元人民币，贷款期限为一年，该公司以其拥有的房产作抵押担保，双方为此签订了抵押合同并经公证机关对之进行了公证。贷款到期后，借款人无力偿还，银行经多次催讨未果，遂向法院提起诉讼并申请处分抵押物以偿还债务。

由于该借款人的债务较多，且其他债权人已先行对其提起了诉讼，上述房产经其他债权人申请，已被法院进行了财产保全。B 银行以该房产已抵押为由，要求通过处分房产优先受偿。法院经审查抵押担保条件，认为借贷双方虽有抵押合同并已公证过，但由于未按法律的规定到有关房地产管理部门办理抵押登记，故该抵押合同未发生法律效力，银行无权就处分该房产的价款优先受偿。最终，银行作为没有财产担保的债权人只能就借款人的剩余财产受偿，遭受了很大的损失。

（6）贷后处理

贷款发放后，银行要对借款人的经营状况、财务状况、抵押物状况进行检查，如发现问题，及时解决。

贷款到期后，借款人主动还款清偿贷款本息的，抵押合同终止，抵押登记注销。借款人无力偿还贷款的，如符合展期条件，银行与借款人签订《抵押贷款展期协议书》，作展期处理。展期协议书做原抵押合同附件留存，并在抵押物登记处备案。

借款人未提出展期申请或不符合展期条件的，银行要依法律程序行使抵押权，对抵押物进行依法处理，以所得价款优先受偿贷款本息。

当借款人不能按时偿还到期借款本息或者发生借贷双方约定的实现抵押权的情形，银行可以与借款人协议以抵押财产折价或者以拍卖、变卖该抵押财产所得的价款优先受偿；银行与借款人未就抵押权实现方式达成协议，银行可以请求人民法院拍卖、变卖抵押财产所得价款优先受偿。

抵押物处理所得价款按下列顺序分配：支付处理费用、缴纳税金、支付抵押物的保管费用、偿还贷款本息。

抵押财产折价或者拍卖、变卖后，其价款超过贷款本息及费用数额的部分归抵押人所有，不足部分由借款人清偿。

6.2.2 质押贷款

质押贷款是以动产和权利为担保的贷款，具体分为动产质押贷款和权利质押贷款。

1）抵押贷款与质押贷款的区别

抵押贷款与质押贷款有许多相同之处，它们都是以借款人或第三人为担保主体，都是以一定的物为担保，担保的目的都是保证银行实现债权。但它们也有不同之处，具体表现在：

（1）担保的标的物不同：抵押贷款的标的物以不动产为主，也可以是特定的动产；质押贷款只能是动产或财产权利。

（2）对标的物占管不同：抵押贷款的标的物由借款人占管，借款人或抵押人要保持抵押物的完整无损；而质押贷款的质物则由银行或指定第三方占管，并有义务妥善保管质物，但相应的保管费用由借款人支付。

（3）合同生效不同：抵押物经过登记后，抵押合同产生法律效力；在质押贷款中，质物或其凭证移交于银行时，质押合同生效，可转让的股票和一些专有权利需要登记后生效。

（4）银行实现债权的程序不同：银行实现抵押权可以由银行与借款人双方协议以拍卖、变卖或折价抵押物所得价款受偿，协议不成的，银行要向法院提起诉讼；而质押贷款中质权的实现，在协议不成的情况下，可由银行直接依法拍卖。

2）质物

（1）质物具备的条件

质物要具有流动性，法律限制流动的资产不能作质物；质物必须有交换价值，以便将来银行从质物处分所得价款中优先受偿；质物必须是独立的物、特定的物，具有不可分割性；质物可转移占管。

（2）质物的种类

①动产质物，是借款人或第三人拥有的除土地、房屋和地上定着物等不动产以外的可以移动之物。

②权利质物，是除所有权以外的可以转让的财产权利。

下列权利可以质押：汇票、支票、本票、债券、存款单、仓单、提单；可以转让的基金份额、股权；可以转让的商标专用权、专利权、著作权中的财产权；现有的以及将有的应收账款；法律、行政法规规定可以出质的其他财产权利。

以汇票、本票、支票、债券、存款单、仓单、提单出质的，质押合同自权利凭证交付质权人时设立；没有权利凭证的，质权自办理出质登记时设立；以基金份额、股权质押的，质押合同自办理出质登记时生效；以注册商标专用权、专利权、著作权等知识产权中的财产权质押的，质押合同自办理质物登记时生效；以应收账款质押的，质押合同自办理质押登记时生效。

3）质押贷款的审查要点

第一，验证权利质物的真伪，如以票据、单证等有价证券出质的，要与签发人联系验证，以知识产权出质的要查证有关证明文件。第二，判断质物是否是法律允许出质物。第三，了解质物的变现性与价格的稳定性、是否易于估算。第四，了解质物能否移交银行保管与封存，保管期间价值是否会减少。

与抵押贷款基本类似，质押贷款到期，借款人主动偿还贷款本息的，银行应将动产质物或权利质物返还借款人，质押合同终止，注销登记。如果借款人无力偿还贷款的，应提前向银行申请展期，符合条件的双方签订《质押贷款展期协议书》，并附原借款合同留存，已登记的质物要到登记部门变更。如商业银行不同意展期的，银行可依法行使质权，通过拍卖、变卖、折价的方式处理质物的价款优先受偿。

6.3 票据贴现与消费贷款

6.3.1 票据贴现

办理贴现的机构，既可以是商业银行，也可以是专业的机构。在我国，由商业银行办理贴现业务。从形式上，对持票人来说，贴现是将未到期的商业票据向银行贴付利息取得资金的行为；对银行来说，则是购进票据。票据贴现体现了银行与票据承兑人之间的信用关系。银行贴现的对象可以是国库券、银行承兑汇票、商业承兑汇票等。我国目前银行贴现的票据主要为银行承兑的汇票。

1）票据贴现的特征

第一，贴现关系人较多。票据贴现当事人有出票人、承兑人、背书人、持票人、贴现银行等。第二，以票据承兑人的信誉为担保，承兑人承担票据到期无条件付款的责任。第三，贴现票款可以通过再贴现与转贴现提前收回，并且贴现的期限最长为6个月，贴现不能展期。第四，提前扣收利息。在办理贴现手续的当日，利息就从票款金额中扣除。由于提前扣收利息，因此贴现的利率应当低于同档次的贷款利率。

2）票据贴现的操作

（1）贴现的申请与审查

持票人需要资金时，持未到期的承兑票据及相关资料向银行申请贴现。银行受理贴现申请后，要对贴现申请人及贴现的票据进行调查分析。对申请人的调查分析与其他贷款基本相同，对票据要从以下几个方面进行：

第一，验证票据的真伪，审查票据的要式与要件。银行要审查票据的真伪，是否符合法定的要式，拒绝对假票、不具备法定要式的票据贴现。

第二，审查该票据的经济背景，即通过核实贸易合同来了解贴现票据是否具有真实的交易背景，以此来确定票据款项收回的可靠程度。商业银行只对此类的票据进行贴现，防止企业通过票据贴现来套取商业银行资金。

第三，调查承兑人与背书人的信誉状况。由于贴现的第一债务人是承兑人，其信誉的好坏直接关系到银行贴现票款的收回。因此，银行应详细了解票据承兑人的信用与还款能力；背书人也是票据的债务人，也要对票据的债务承担相应的责任。一般情况下，票据的背书人越多，表明该票据的流通性越好，信用越高。

第四，审查票据期限。商业票据的期限一般限定在6个月内，特殊情况最长不超过9个月。超过这个期限，银行应不予以贴现。

第五，审查贴现的额度、贴现用途及贴现申请人的还款能力。贴现的额度一般不超过贴现申请人的付款能力。贴现用途合法，是保证银行资金安全的重要保证。虽然贴现的付款人是票据的承兑人，但当承兑人拒绝付款时，贴现申请人也有付款责任，银行要向贴现申请人进行追偿。贴现到期，如果承兑人不能偿还贴现款项，则需要由贴现申请人偿还。

（2）确定贴现期限与金额

贴现期限是自贴现日开始，到票据到期日止的期间。按"算头不算尾"的原则，贴现期限为实际发生的天数，但不能超过6个月。

贴现金额，是从票据的面额中扣除贴现期间的利息后的余额。贴现付款金额的计算公式为：

贴现付款金额 = 票据面额 − 票据面额 × 贴现天数 ×（贴现月利率 ÷ 30）　　　　　　（6-3）

【例6-1】甲公司向乙公司销售商品，货款额为100万元。双方商定采取延期付款的方式，乙公司于5月10日交给甲公司由其开户银行承兑的汇票，到期日为9月10日。甲公司由于急需资金，6月1日向其开户银行申请贴现。银行经审查后同意贴现，并确定利率为6.3‰，则：

贴现利息 = 100 ×（6.3‰ ÷ 30）× 101 = 2.121（万元）

贴现付款金额 = 100 − 2.121 = 97.879（万元）

（3）贴现票款的回收

票据贴现到期后，无论是同城范围内的应收票据，还是异地范围内的应收票据，付款人都要提前将票款交至其开户银行，到期日由该银行将票款从付款人账户上划到贴现银行的账户上。

如果到期付款人不能按时支付票款，可按不同的方法处理：属于银行承兑票据贴现的，承兑银行首先凭票支付贴现银行的票款，然后对承兑申请人执行扣款或者转入对承兑申请人的贷款，并视同逾期贷款，加收利息。如果是商业承兑票据，付款人的开户银行要将票据退回贴现银行，对付款人按照签发空头支票处理。贴现银行则将票据退还贴现申请人并从贴现申请人账户上扣收票款，对尚未扣收的部分，也以逾期贷款处理。

6.3.2　消费贷款

消费贷款是银行以个人或者家庭为对象发放的，用于购买与消费有关的物品的贷款。消费贷款面对个人，其贷款额度较小、客户分散、服务性强。

1）消费贷款的分类

按消费贷款的对象分类，消费贷款分为直接贷款与间接贷款。直接贷款是银行直接向消费者发放的贷款。对于购买资金额度大的商品借款人申请的贷款，银行要求借款人必须正式提出申请，并提供支持个人信誉与还款能力的财务资料，供银行审查以决定是否贷款。间接贷款是银行通过零售商向顾客提供资金融通。零售商承办借款申请，与消费者商定借款条件，并把借款协议交给银行，如果贷款获得批准，银行就可以按事先商定的条件向零售商贷款。

按贷款的用途分类，消费贷款分为汽车贷款、住房贷款、医疗贷款、教育与助学贷款、旅游贷款等。

按贷款偿还方式分类，消费贷款分为分期偿付的贷款与非分期偿付的贷款。分期偿付的贷款是在贷款到期日之前，定期（每月）偿还本金和利息的贷款。此种贷款的期限一般较长，数额较大，借款人无法一次还清本金与利息。非分期偿还的贷款，是银行要求借款者一次还清贷款本息，一般是临时性的，具有特定用途。

我国商业银行主要有以下几种消费贷款：

（1）住房类贷款

住房类贷款是居民为购买或改善住房条件而进行融资的贷款，贷款以房产为抵押担保。它包括个人住房贷款、个人商用房贷款、个人住房组合贷款、公积金住房贷款等。

个人住房贷款的借款人需要具备以下条件：具有合法有效的身份证明（居民身份证、户口本或其他有效身份证明）及婚姻状况证明；具有良好的信用记录和还款意愿；具有稳定的收入来源和按时足额偿还贷款本息的能力；具有所购住房的商品房销（预）售合同或意向书；具有支付所购房屋首期购房款能力；有贷款人认可的有效担保。

借款人需提供的资料：借款人合法的身份证件；经济收入证明或职业证明；借款人家庭户口登记簿；有配偶的借款人需提供夫妻关系证明；有共同借款人的，需提借款人各方签订的明确共同还款责任的书面承诺；借款人与房地产开发企业签订的购买商品房合同意向书或商品房销（预）售合同；首期付款的银行存款凭条或房地产开发企业开具的首期付款的收据或发票复印件。

住房类贷款的期限为 5～30 年。客户必须先支付一定比例的首付款，比例在 20%～30%，贷款最高额度可达到所购住房市场价值的 80%。

住房贷款可以按固定利率计息，也可以按浮动利率计息。客户不管选择哪个贷款期限档次，如遇中央银行调整基准利率，在本年度内继续执行原贷款利率，从下一个年度开始执行新的利率。

（2）汽车消费贷款

汽车消费贷款是金融机构对在特约汽车经销处购买汽车的借款人发放的贷款。

汽车消费贷款有两种模式：一种是间客式，借款人到商业银行特约汽车经销商处选购汽车，提交有关贷款申请资料，并由汽车经销商转交商业银行提出贷款申请。银行经贷款调查审批同意后，签订借款合同、担保合同，并办理公证、保险手续。另一种是直客式，借款人直接向商业银行提交有关汽车贷款申请资料，银行经贷款调查审批同意后，签订借款合同、担保合同。借款人再到商业银行特约汽车经销商处选购汽车。贷款资金由银行以转账方式直接划入汽车经销商的账户。

汽车消费贷款的借款人应当具有完全民事行为能力的自然人，年龄在 18（含）至 60（含）周岁之间；具有合法有效的身份证明、贷款银行所在城市的户籍证明或有效居留证明、婚姻状况证明或未婚声明；具有良好的信用记录和还款意愿；具有稳定的合法收入来源和按时足额偿还贷款本息的能力；能够提供银行认可的有效权利质押物、抵押物或具有代偿能力的第三方保证；能够支付不低于规定比例的所购车辆首付款；在银行开立个人结算账户。

借款人申请贷款时要提供以下资料：贷款申请表；借款人及其配偶有效身份证件、贷款行所在城市的户籍证明或有效居留证明、婚姻状况证明或未婚声明；个人收入证明（个人纳税证明、工资薪金证明）；首期付款的银行存款证明或经销商出具的相关证明；购车合同或购车协议；车辆保险合同、车辆合格证（国产车）、进口机动车随车检验单及货物进口证明书（进口车）、购车发票；贷款担保相关证明资料（如车辆抵押登记相关证明文件、相关质物凭证、保证人相关资料、履约保证保险合同等）；个人结算账户证明。

汽车贷款金额最高为购车款的80%；贷款期限最长为5年（含）。贷款期限在1年以内的，可以采取按月还息任意还本法、等额本息还款法、等额本金还款法、一次性还本付息还款法等方式；贷款期限在1年以上的，可采取等额本息、等额本金还款法。

（3）个人信用贷款

个人信用贷款是商业银行向资信良好的借款人发放的无需提供担保的人民币信用贷款。只要借款人保持和拥有良好的个人资信，就可免担保获得一定额度的银行贷款。

在中国境内有固定住所、有当地城镇常住户口、具有完全民事行为能力；有正当且有稳定经济收入的良好职业，具有按期偿还贷款本息的能力；遵纪守法，没有违法行为及不良信用记录；在银行取得A-级（含）以上个人资信等级；在银行开立个人结算账户。具备以上条件，可申请个人信用贷款。申请贷款应提交本人有效身份证件、居住地址证明（户口簿等）、个人职业证明、借款申请人本人及家庭成员的收入证明。具备这些条件可申请个人信用贷款。

贷款金额起点为1万元，最高不超过50万元（含）；贷款期限一般为1年（含），最长不超过3年。贷款期限在1年（含）以内的采取按月付息，按月、按季或一次还本的还款方式；贷款期限超过1年的，采取按月还本付息的还款方式。

（4）个人助学贷款

①国家助学贷款，是商业银行向已签署合作协议的中华人民共和国境内（不含香港特别行政区、澳门特别行政区和台湾地区）高等院校中的经济困难学生发放的，用于支付学杂费和生活费的人民币贷款。国家助学贷款按用途分为学杂费贷款和生活费贷款。

国家助学贷款适用于全日制普通本专科生（含高职生）、研究生和第二学士学位学生，保证贫困学生顺利完成学业。

贷款额度全日制本专科生每人每学年最高不超过8 000元，全日制研究生每人每学年最高不超过12 000元。借款人须在毕业后6年内还清贷款，其中可有1年至2年的贷款宽限期，但贷款期限最长不得超过10年。贷款利率执行中国人民银行规定的同期同档次贷款基准利率。借款人在校期间的贷款利息全部由财政补贴，毕业后由个人承担全部贷款利息。国家助学贷款实行一次申请、一次授信、分期发放的方式。

②一般商业性助学贷款，是银行对正在接受非义务教育学习的学生或直系家属或法定监护人发放的商业性贷款。贷款适用于学生的出国留学贷款、再教育进修贷款等。

在中国境内有固定住所、有当地城镇常住户口（或有效证明）、具有完全民事行为能力，并且符合贷款条件的中国公民可申请一般商业性助学贷款。

商业性助学贷款额度由银行根据借款人资信状况及所提供的担保情况综合确定，最高不超过50万元。贷款最短期限为6个月，最长期限不超过8年（含）。

（5）信用卡透支

信用卡透支是当前最普及、最流行的消费贷款。信用卡为持卡人提供分期还款或一次性还款的信贷，根据客户的信用状况，银行向客户提供一定的透支额度，规定一个免息期。客户在购物时无需支付现金，只需在购物单上签名记账。客户的购货款即形成信用卡贷款，在免息期内，客户无需支付利息。

商业银行的信用卡业务收入包括卡年费、贷款利息费以及银行与信用卡有关的产品销售费、手续费等。信用卡的使用者一般都被要求支付一定的年费，一次性收取。但由于竞争的原因，目前多数银行都向客户提供一定的优惠，透支额度较低的卡，规定在一定期限内刷卡达到最低次数，即可免除全年的年费。贷款利息是客户超过免息期限仍没有还款时要收取的利息。通常信用卡贷款的利率比其他贷款利率要高。

除上述消费贷款之外，商业银行还发放个人耐用消费品贷款、旅游消费贷款、个人住房装修贷款等。

2）消费贷款的管理要点

（1）对借款人偿还能力进行评估：借款人基本情况；借款人就业状况、收入水平；借款用途；还款来源、还款方式；保证人的保证意愿、担保能力或抵（质）押物价值及变现能力；借款人的债务状况。

（2）对借款人进行信用评分，评估信用等级，确定贷款限额。个人信用评级是第三方信用评级机构按照一定的程序，在对个人信用进行全面的了解、征集分析的基础上对信用度进行评分，以提示风险程度。美国有著名的 FICO 评分，我国有人民银行的个人征信报告等。商业银行可依据这些信用评级数据信息，确定客户信用状况和风险程度，确定贷款额度。

启智增慧 6-3
消费贷款个人
信用评分表

3）消费贷款的还款方式

消费贷款种类繁多，期限各异，还款方式也不同。贷款期限在 1 年以内的，可以采取按月还息任意还本法、等额本息还款法、等额本金还款法、一次性还本付息还款法等方式；贷款期限在 1 年以上的，可采取等额本息、等额本金还款法。

以个人住房贷款为例，主要可采取等额本息法（直线法）与等额本金法（递减法）还款。等额本息还款法，贷款期内每月以相等的额度平均偿还贷款本息。其计算公式为：

$$R = \frac{Pi(1+i)^n}{(1+i)^n - 1} \tag{6-4}$$

式中，R 为每月还款额；P 为贷款本金；i 为贷款月利率；n 为贷款期限（以月表示）。

等额本金还款法，又称递减法，即每月等额偿还贷款本金，贷款利息随本金逐月递减，还款总额递减。其计算公式为：

$$R = P_n + I_n = P/N + [P - (n-1)P_n] \times i \tag{6-5}$$

式中，R 为每月还款额；P 为贷款本金；N 为贷款期限（以月表示）；P_n 为每月还款本金额；I_n 为每月应还利息；i 为贷款月利率；n 为还款月数。

【例 6-2】王先生打算购买价格为 120 万元的住房，他向银行申请商业贷款。银行审查后同意提供七成抵押贷款 84 万元，期限 20 年，贷款利率为 5.40%。两种还款方式比较见表 6-1：

表6-1　　　　　　　　　　　　　　　　两种还款方式比较　　　　　　　　　　　　　　单位：元

项目	等额本息法	等额本金法
第一月还款额	5 730.91	7 280.00
第二月还款额	5 730.91	7 264.25
⋮	⋮	⋮
总还款额	1 375 419.21	1 295 490.00
支付利息额	535 419.21	455 490.00

从表 6-1 中的计算数据可以看出：贷款金额、贷款期限、贷款利率相同的情况下，等额本息还款法比等额本金还款法多付利息。如上例中，等额本息还款法支付利息 535 419.21 元，等额本金还款法支付 455 490.00 元，多支出利息 79 929.21 元。

等额本息还款法和等额本金还款法适合不同的消费者。等额本息还款法每月还款额相同，适合于预期收入变化不大，或者目前没有更多还款能力的客户；等额本金还款法前期还款额度较大，适合于目前供款能力较强，但预期收入下降的人士。另外，等额本息还款法支付的利息高于等额本金还款法，两者的利息负担不同。

在贷款金额相同、贷款期限相同的情况下，如果未来利率上升，哪种还款方法比较合适呢？等额本息还款法由于早期归还的本金少，后期归还的本金就多，如果未来利率上升，客户就要支付更多的利息，利息负担明显较重。

案例 6-4　　　　　　　　　　**住房消费贷款两例**

1）刘先生今年 27 岁，是一家 IT 企业的"白领"。大学毕业以后，他工作非常努力，在 IT 公司里已经"站稳了脚跟"，并且获得了相关专业技术职称和专业技能证书。刘先生是个独生子，父母都有自己的收入来源，因此刘先生的家庭负担比较轻。他与大学时的女友相处几年，准备结婚，要贷款购买的房屋就是结婚用的"新房"。

分析：

有利因素：目前比较稳定，以后在工作单位提升的可能较大，而且收入水平一般也会逐渐涨高。刘先生的配偶有固定工作，收入稳定，也可以考虑在还款来源当中。

不利因素：要注意 20 多岁的人的"跳槽"问题，新单位的待遇收入提高；也有可能由于新单位的效益下降，收入水平还不如以前。

刘先生首付款比例可以相对低，贷款年限也可以长一些。

2）李先生今年 35 岁，是一家大型企业的中层领导。他有一个孩子正在上小学，家里父母已上了年纪，但身体还算健康。李先生想贷款买一套面积大些的住房，以便改善家人的居住条件。

分析：

有利因素：收入的稳定性比较高。李先生这个年龄段的借款人，一般已经工作多年，拥有了比较丰富的工作经验。李先生"跳槽"的可能性比 20 多岁的人要小。这个年龄段的人一般都已找到了比较合适的工作岗位，在单位工作比较踏实。到 40 岁左右的时候有希望获得提升，所以收入水平也有可能随之上升，但上升的空间已比较小。

不利因素：一是未来收入可能减少；二是家庭负担比较重："上有老，下有小"，孩子学费是一笔"巨额"开销；还有父母健康与医药费问题。

6.4　贷款质量管理

贷款不能按最初的协议规定的日期或其他可接受的方式归还，银行存在对贷款潜在的部分或全部损失，即为有问题的贷款，或不良贷款。按照贷款风险分类方法的标准，不良贷款包括次级贷款、可疑贷款、损失贷款。贷款出现问题是多种因素综合作用的结果，也是不可能完全避免的。信贷管理人员的职责是通过制定政策、采取措施，对贷款的质量实时监测，及时发现问题贷款，以便采取措施妥善处理。

6.4.1　贷款质量评价与分类

贷款质量分类，是指贷款管理人员或金融监管当局的检查人员，对获得的贷款信息，根据贷款的风险程度，运用一定的方法进行判断，对贷款的质量划分不同的类别。

1）贷款分类方法

贷款的质量分类可采取不同的方法。从国际监管当局的实践来看，对贷款的分类方法大致有三种：

大洋洲国家二级分类法，主要是澳大利亚与新西兰采用，即以贷款期限为主要依据，按照贷款是否计息，把贷款分为正常与受损害两类，受损害类又细分为停止计息、重组及诉诸担保收回的贷款。详细定义见表6-2。

表6-2　　　　　　　　　　　　**澳大利亚贷款分类名称及定义**

正常	还本付息正常进行
受损害	
停止计息	贷款本金或利息已经逾期90天以上
重组	因借款人的财务困难而对贷款条件进行修改，如减少本金、减免利息
诉诸担保收回的贷款	将抵押品变现和履行担保后，贷款仍可收回

欧洲无统一标准分类法。欧洲大多数发达国家的金融监管当局，基本上不对贷款进行强制分类要求。当局认为贷款分类是银行信贷管理部门管理与控制风险的自主需要，主要依靠商业银行主动自觉地建立和实施贷款分类方法。这体现了银行自律文化的特性。

美国的五级贷款分类法，是以贷款的风险程度为标准、以借款人的偿还能力（主要是主营业务现金流量）为依据，把贷款分为正常、关注、次级、可疑、损失五类。依据美国的贷款分类模式设计贷款分类方法的国家和地区相对较多，如加拿大和东南亚、东欧国家等，但在具体做法上有较大的差异。我国的贷款分类方法借鉴了美国的模式。中国银行保险监督管理委员会、中国人民银行2020年3月17日公布了自2023年7月1日起施行的《商业银行金融资产风险分类办法》，详细定义见表6-3。

表6-3　　　　　　　　　　**商业银行金融资产风险分类名称及定义**

正常	债务人能够履行合同，没有客观证据表明本金、利息或收益不能按时足额偿付
关注	虽然存在一些可能对履行合同产生不利影响的因素，但债务人目前有能力偿付本金、利息或收益
次级	债务人无法足额偿付本金、利息或收益，或金融资产已经发生信用减值
可疑	债务人已经无法足额偿付本金、利息或收益，金融资产已发生显著信用减值
损失	在采取所有可能的措施后，只能收回极少部分金融资产，或损失全部金融资产

2）我国贷款分类程序

贷款分类是依据借款人的偿还可能性来确定的，流程如下：

第一，阅读信贷档案。贷款档案是银行发放、管理、收回贷款全部过程的详细记录，通过阅读档案，可以了解借款人与担保的基本情况、财务状况、政策背景等信息。

第二，基本信贷情况分析。分析人员要了解的基本情况包括：贷款目的与用途是否与约定的有出入；约定的还款来源与现实的是否有出入；贷款资产转换周期分析，了解贷款的期限是否合理；查明还款记录，判断借款人既往的信用记录。

第三，评估借款人的还款可能性。借款人的还款可能性分析包括借款人还款能力分析、贷款担保状况分析、非财务因素分析。

第四，确定分类结果。通过对上述各种因素的分析，对借款人的偿还能力与偿还意愿有了一定的判断，在此基础上，按照贷款分类的核心定义及各类贷款的特征，对贷款做出最终的分类：正常、关注、次级、可疑、损失。

商业银行贷款进一步细分为十二级：正常四级、关注三级、次级二级、可疑二级、损失级。

启智增慧 6-6
金融资产风险分
类具体标准

3）贷款五级分类的偏离度与贷款迁徙率

（1）贷款分类偏离度

贷款分类偏离度，是商业银行自行贷款分类的不良率与监管检查分类的不良率的偏差程度，是衡量贷款分类准确性的逆指标，即偏离度指标值越大，分类准确性越差；偏离度指标值越小，分类准确性越高。主要有两个指标：不良贷款率的相对偏离度和绝对偏离度。

贷款分类相对偏离度=（检查确认的不良贷款率÷银行自行确认的不良贷款率）×100%−1
贷款分类绝对偏离度=检查确认的不良贷款率−银行自行确认的不良贷款率

（2）贷款风险迁徙率

风险迁徙类指标用于衡量商业银行风险变化的程度，表示为资产质量从前期到本期变化的比率，属于动态指标。风险迁徙类指标包括正常贷款迁徙率和不良贷款迁徙率。

正常贷款迁徙率为正常贷款中变为不良贷款的金额与正常贷款之比，正常贷款包括正常类和关注类贷款。该项指标为一级指标，包括正常类贷款迁徙率和关注类贷款迁徙率两个二级指标。正常类贷款迁徙率为正常类贷款中变为后四类贷款的金额与正常类贷款之比，关注类贷款迁徙率为关注类贷款中变为不良贷款的金额与关注类贷款之比。

$$\text{正常贷款迁徙率} = \left(\begin{array}{c} \text{期初正常类贷款中} \\ \text{转为不良贷款的金额} \end{array} + \begin{array}{c} \text{期初关注类贷款中} \\ \text{转为不良贷款的金额} \end{array} \right) \Big/$$

$$\left(\begin{array}{c} \text{期初正常类} \\ \text{贷款余额} \end{array} - \begin{array}{c} \text{期初正常类贷款} \\ \text{期间减少金额} \end{array} + \begin{array}{c} \text{期初关注类} \\ \text{贷款余额} \end{array} - \begin{array}{c} \text{期初关注类贷款} \\ \text{期间减少金额} \end{array} \right) \times 100\%$$

$$\text{正常类贷款迁徙率} = \begin{array}{c} \text{期初正常类贷款} \\ \text{向下迁徙金额} \end{array} \Big/ \left(\begin{array}{c} \text{期初正常类} \\ \text{贷款余额} \end{array} - \begin{array}{c} \text{期初正常类贷款} \\ \text{期间减少金额} \end{array} \right) \times 100\%$$

$$\text{关注类贷款迁徙率} = \begin{array}{c} \text{期初关注类贷款} \\ \text{向下迁徙金额} \end{array} \Big/ \left(\begin{array}{c} \text{期初关注类} \\ \text{贷款余额} \end{array} - \begin{array}{c} \text{期初关注类贷款} \\ \text{期间减少金额} \end{array} \right) \times 100\%$$

不良贷款迁徙率包括次级类贷款迁徙率和可疑类贷款迁徙率。次级类贷款迁徙率为次级类贷款中变为可疑类贷款和损失类贷款的金额与次级类贷款之比，可疑类贷款迁徙率为可疑类贷款中变为损失类贷款的金额与可疑类贷款之比。

$$\begin{matrix}\text{次级类贷款}\\\text{迁徙率}\end{matrix}=\frac{\text{期初次级类贷款}}{\text{向下迁徙金额}}\Bigg/\left(\begin{matrix}\text{期初次级类}\\\text{贷款余额}\end{matrix}-\begin{matrix}\text{期初次级类贷款}\\\text{期间减少金额}\end{matrix}\right)\times100\%$$

$$\begin{matrix}\text{可疑类贷款}\\\text{迁徙率}\end{matrix}=\frac{\text{期初可疑类贷款}}{\text{向下迁徙金额}}\Bigg/\left(\begin{matrix}\text{期初可疑类}\\\text{贷款余额}\end{matrix}-\begin{matrix}\text{期初可疑类贷款}\\\text{期间减少金额}\end{matrix}\right)\times100\%$$

6.4.2　不良资产处置

1）不良资产处置模式

（1）按照处置主体的不同，可分为银行自主处置模式、托管集中治理模式、坏账直接剥离模式

银行自主处置模式：商业银行减计资产或增加坏账准备金，对不良资产进行核销，最终所产生的损失由银行自己承担；在银行内部设立"好银行和坏银行"，即在正常信贷部门之外设立坏账处理部门，专门负责处理本银行内部的不良资产。

托管集中治理模式：在银行外部区分"好银行和坏银行"，成立专门的机构托管银行不良资产，进行集中处置。

坏账直接剥离模式：直接将银行的所有坏账剥离并转移给政府。

（2）按照不良资产处置中市场化程度的不同，可分为市场处置模式和政府处置模式

市场处置模式：不良资产处置主要按照市场规则进行，不良资产处置损失由银行自行承担，例如不良资产竞拍、资产证券化等。

政府处置模式：政府在不良资产处置中占据主导地位，不良资产处置损失很大程度上由政府承担。

2）不良贷款处置措施

（1）集中清收。包括不良贷款的清收、盘活、保全、以资抵债、分账经营等。

（2）执行担保。如果银行不指望借款人会恢复还款能力收回贷款，银行就可以依法执行担保。就担保方式而言，首先，按保证合同约定的保证方式，要求保证人承担一般保证责任或连带保证责任。其次，依法处理抵押物或质物，变现偿付银行的贷款。虽然清算抵（质）押品可以缩短还款时间，但对银行来说，却可能会遇到难以预料的困难，银行在处理资产时，有时会花费大量的时间与精力。特别是在借款人不配合的情况下，往往会滥用抵押品，导致银行会失去抵押品或只能收回部分抵押品的价值。

（3）诉诸法律收回贷款。如果借款者拖欠贷款，贷款没有担保或清算抵押品之后仍不足还款，银行可以对借款人（担保人）提起诉讼，请求法庭依法判决，明确借款人在规定的时间内偿还银行的贷款本息。但债务的判决终究需要一定的时间，特别是在法制环境不健全的情况下，通过司法程序解决问题可能旷日持久，"赢了官司赢不了钱"的事时有发生。

（4）对违约贷款进行重组。如果借款人属于阶段性还款困难但尚有核心资产的困境企业，还有较好的发展前景，银行在详细尽职调查的基础上，提取出有较大升值空间的生产要素，采用资产重整或债务重整等综合手段，进行贷款重组，以恢复借款人的偿还债务的能力。贷款重组既需要银行的财务实力，还取决于借款人管理层的诚信状况、贷款的担保状况等因素。处置周期较长，银行必须加强监督。

（5）宣告企业破产清偿债务。银行一般处于优先受偿之列，但不能保证贷款的足额收回。

（6）市场化债转股。债转股，是通过一定的程序将特定企业对银行的债务，转化为对该企业股权的行为。

债转股的对象是发展前景良好但遇到暂时困难的优质企业：具有可行的企业改革计划和脱困安排；主要生产装备、产品、能力符合国家产业发展方向，技术先进，产品有市场，环保和安全生产达标；信用状况较好，无故意违约、转移资产等不良信用记录。

按我国现有的法律，商业银行不得直接将债权转为股权，应通过向实施机构转让债权、由实施机构将债权转为企业股权的方式来实现。

（7）不良资产证券化。不良资产证券化，是以不良资产所产生的现金流作为偿付基础，发行资产支持证券的业务过程。与普通的信贷资产证券化产品相比，不良贷款证券化的基础资产为不良贷款。商业银行采用SPV实现破产隔离，信贷资产通过结构化债券面向金融市场上的债券投资人，把暂时不能收回的资产变成可用的现金。

证券化可直观降低银行的不良贷款率，也能降低商业银行资产负债期限结构不匹配带来的风险，大幅提高不良资产处置效率，而且还能改善银行的资本充足率和拨备覆盖率，腾出授信空间，显著优化财务数据，降低经营成本。

（8）不良贷款打包出售。不良贷款打包出售，是指商业银行将许多笔不良贷款按一定的标准组成一个包，公开对外进行转让出售。其优点主要是处置成本小，有利于提高处置效率。

（9）核销损失贷款。对不能收回的贷款，按法定程序核销。贷款核销要对外界及客户保密，防止助长借款客户的赖账心理。同时，银行仍应做继续催收的努力。

本章小结

（1）信用贷款是以借款人的信用作为还款依据的贷款。其贷款手续简便，但风险较大，银行一般会收取较高的利息，也只对信用等级高的客户发放。

（2）担保贷款包括保证贷款、抵押贷款和质押贷款。由于各自的特点不同，商业银行在操作过程中的管理要点也不同，但降低风险、确保贷款安全并获得预期收益是核心内容。

（3）票据贴现是持票人将票据转让给银行并向银行贴付利息的行为。对贴现，要审查票据的真伪与要式要件是否齐全、贴现的用途与期限、承兑人的信誉等。贴现按实际天数计算利息。

（4）消费贷款是商业银行对消费者购买消费品而发放的贷款。主要的贷款种类有：住房抵押贷款、汽车贷款、助学贷款、耐用品贷款等。以住房贷款为例，可采用等额本金还款法和等额本息还款法偿还贷款。

（5）贷款质量分类，是指贷款管理人员或金融监管当局的检查人员，对获得的贷款信息，根据贷款的风险程度，运用一定的方法进行判断，对贷款的质量划分不同的类别。从国际监管当局的实践来看，对贷款的分类方法大致有三种：大洋洲国家二级分类法、美国为代表的五级分类法和欧洲无统一标准分类法。

对于问题贷款，商业银行要采取不同的措施处置。

关键概念

一般保证　连带责任保证　保证期间　消费贷款　国家助学贷款

综合训练

✓ 问答题

1）信用贷款有什么特点？

2）保证贷款的担保范围有哪些？

3）简述保证贷款的操作要点。

4）抵押物应具备什么条件？

5）如何确定抵押率？

6）简述抵押贷款与质押贷款的区别。

7）简述质押贷款审查要点。

8）简述票据贴现的审查。

9）按贷款的用途分类，消费贷款包括哪些？

10）简述不良贷款的处置措施。

✓ 分析题

J 公司以其办公用房作抵押向 Y 银行借款 200 万元，Y 银行与 J 公司签署抵押合同并办理强制执行公证。办公用房权属证件齐全但价值仅为 100 万元，J 公司又请求 B 公司为该笔借款提供保证担保，因 B 公司法定代表人长驻香港，保证合同由 B 公司总经理签字。Y 银行与 B 公司的保证合同没有约定保证方式及保证范围，但约定保证人承担保证责任的期限至借款本息还清时为止。借款合同到期后，J 公司没有偿还银行的借款本息。

问题：贷款存在什么问题？可以通过什么途径收回？

即测即评 6

综合训练
参考答案 6

第7章

商业银行证券投资业务

目标引领

☑ **价值塑造**

商业银行资产业务多元化，既可以获取收益，又可实现流动性管理的目标。我国实行分业金融监管模式，商业银行证券投资要有合理的比率，不可挤占信贷供给，不要忘记银行信贷支持实体经济的初心。

☑ **知识传授**

通过本章的学习，掌握商业银行证券投资的目的；了解商业银行证券投资的种类；掌握证券投资中的债券投资；了解商业银行证券投资的方法与策略；掌握商业银行证券投资的影响因素；了解商业银行证券投资的风险要素与衡量；掌握债券收益率的计算方法。

思维导图

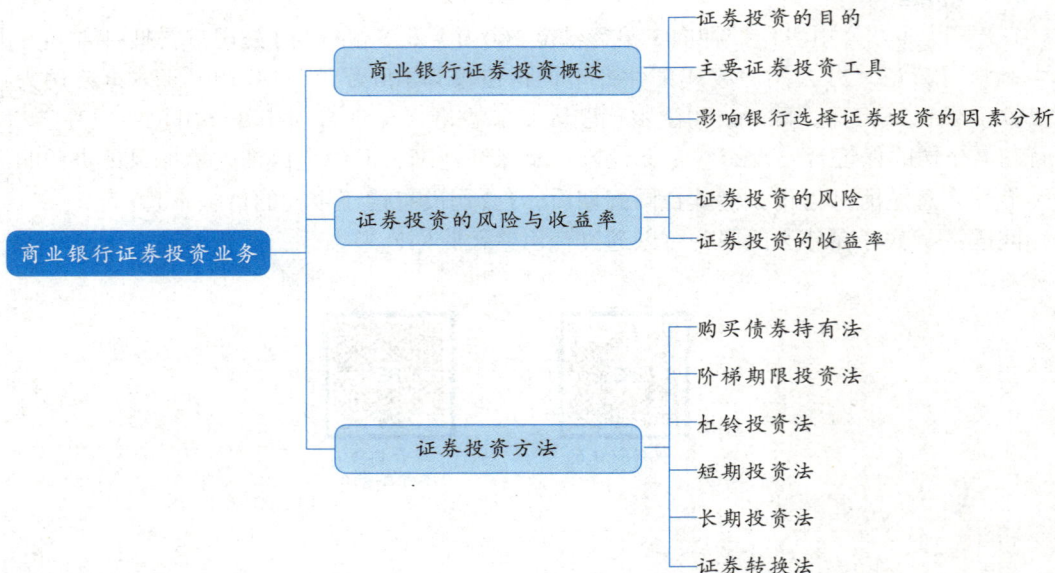

开篇导读

某商业银行有100万元的证券投资资产，分别是政府债券和公司债券各50万元。其中，短期政府债券和长期政府债券各25万元，高信用等级和低信用等级公司债券也是各25万元，购买当时的债券的收益率分别是4.1%、6.2%、7.4%、8.3%。如果目前市场利率发生了变化，引发债券的收益率也产生变化，其中，短期政府债券的收益率为4.3%，长期政府债券的收益率为6.6%，信用高的公司债券的收益率为8.7%，但信用级别低的公司债券收益率不变。在这种情况下，银行应当如何调整证券头寸才能提高银行的投资收益或减少风险投资？

点评：银行进行证券投资，虽然可以获得高收益，但也存在着极大的风险，因而对证券投资的风险分析是必不可少的。商业银行可以进行哪些投资项目？在综合考虑多种影响证券价格的因素后，如何在风险和收益之间做好权衡，为商业银行带来最大的收益？本章进入商业银行的证券投资业务。

现代商业银行的资金除了以贷款方式投放于社会各部门之外，还有部分资金用于投资有价证券。它们不仅给银行带来稳定的收益，还能降低利率波动等风险，提高银行的流动性。

7.1　商业银行证券投资概述

7.1.1　证券投资的目的

证券投资管理是银行资产负债管理的一部分，因而证券投资管理的目标应与银行总体的经营目标一致，即满足营利性、安全性和流动性需求。

1）配置资产

商业银行资产应当多元化，除了现金资产外，不仅可以发放贷款，还可以购买证券，这是商业银行资产配置的必然选择和要求。持有证券，实现资产分散，也就分散了风险，还可以降低银行盈利的波动性。

2）获得收益

商业银行将资金投资于有价证券并获取收益是银行进行证券投资的主要目标。传统商业银行的收入主要来源于存款与贷款的利息差异，但随着金融市场的发展，银行间、银行与非银行金融机构之间的竞争日益加剧，使存贷利差日益缩小。而且由于市场环境的影响，部分企业经营不善导致亏损甚至破产，银行的贷款本息回收困难，银行的坏账增加，收益受损。因此，银行必须开辟一个新的盈利领域和投资方式，使银行的资金得到充分利用，获得较高收益。银行从事证券投资业务可以获得利息收益以及资本利得，还可以通过证券投资组合的方式锁定风险，最大化收益。

3）分散风险

降低风险，将风险控制在可承受的范围内，是商业银行经营管理的重要目标。银行将资金投资到有价证券，实现了资产的分散，降低了银行风险。若银行将全部资金以贷款的形式发放到社会各部门，一旦贷款收不回来，就会减少银行的资金流入，这样会导致银行在客户提取存款和提出正常贷款要求时，面临困难，产生流动性风险，若不及时解决，会引致银行危机。如果银行在发放贷款的同时，将部分资金用于证券投资业务，就可以避免或减少贷款不能收回的损失。随着证券市场的发展，证券投资的选择范围日益扩大，并从国内扩展到国外，加强了证券投资分散风险的作用。

4）提高流动性

保持适度的流动性以满足提款需要和正常贷款需求，是维护银行信誉、保证银行稳健经营的重要目标。传统的商业银行将大部分资金用于贷款业务，获得较高的贷款利息，但这部分资金的流动性差（多数情况下贷款很难出售），降低了银行的整体流动性。随着金融市场的发展和日益完善，证券的交易也更加活跃，银行可以根据市场的变化和自身的需要出售持有的证券，增加了银行资产的流动性。

7.1.2 主要证券投资工具

1）债券

（1）政府债券

政府债券，是各主权国家发行的以本国货币为面值单位的债券，证明债券持有者可以从政府或政府机构收取利息。

政府债券发行所筹集的资金主要用于政府项目融资，归还到期债务，或支付已有债务利息。政府债券是一个国家中质量最好的债券，因此通常被用作该国其他债券的基准利率债券。政府债券按发行主体可以分为中央政府债券、政府机构债券和地方政府债券。

①中央政府债券，是银行的主要投资工具，它又可以分为短期国债、中期国债和长期国债。

短期国债，期限在1年之内，以贴现方式发行，即以票面价值为基础的折价发行，投资者在期限内得不到利息，在债券到期日可以得到票面的金额。短期国库券一般不存在违约风险，因而具备了风险低、期限短、流动性高的优点，是商业银行进行投资的重要工具。

中期国债，期限为1~10年，每年支付固定利息，本金在到期日一次性偿还。

长期国债，期限为10年以上，每年支付固定利息，本金在到期日一次性偿还。由于中长期国债的期限较长，它的预期回报率一般高于短期国库券。

中央政府债券是商业银行投资证券的首选：安全性好，没有信用风险；流动性强，流通市场发达；实际收益率较高，无需缴纳利息所得税；可作为优质的贷款质押品。

②政府机构债券，是指除中央财政部门以外的其他政府机构所发行的债券。由于政府机构债券的安全性和信誉等级不如国库券，因而其收益率略高于国库券。

③地方政府债券，是由地方政府发行的债务凭证，一般用于交通、通信、住宅、教育、医院和污水处理系统等地方性公共设施的建设。同中央政府发行的国债一样，地方政府债券一般也是以当地政府的税收能力作为还本付息的担保。但是，有些地方政府债券的发行是为了某个特定项目或给企业融资，因而不是以地方政府税收作为担保，而是以债券发行人经营项目所获的收益作为担保。地方政府债券的安全性较高，被认为是安全性仅次于"金边债券"的一种债券。而且，投资者购买地方政府债券所获得的利息收入一般都免交所得税，这对投资者有很强的吸引力。我国的地方政府（省、自治区、直辖市、计划单列城市）于2009年开始发行地方政府债券。

（2）金融债券

金融债券，是银行等金融机构作为筹资主体为筹措资金而发行的一种有价证券，是表明债务、债权关系的一种凭证。债券按法定发行手续，承诺按约定利率定期支付利息并到期偿还本金。

金融债券不计复利，不能提前支取，延期兑付不计逾期利息；利率固定，一般较高；解决特定用途资金需要；集中发行、有限额；不记名，流动性强。

（3）公司债券

公司债券，是企业发行的一种债务契约，企业承诺在未来的特定日期，偿还本金并按事先规定的利率支付利息。

公司债券的还款来源是公司经营利润，但是任何一家公司的未来经营都存在很大的不确定性，因此公司债券持有人必须承担利息甚至本金的损失，与政府债券相比，该债券的风险较高。按照风险与收益成正比的原则，要求具有高风险的公司债券给债券持有人较高的投资收益，但公司债券的利息收入不能享受税收优惠。同时，公司债券的期限也较长，流动性较差。基于以上原因，商业银行投资于公司债券的数量很少。

2）股票

股票是股份有限公司在筹集资本时向出资人发行的股份凭证。商业银行投资股票是为了获得红利和转让股票的收入，但由于股票市场变化多、风险大，因而大多数国家包括我国法律都禁止商业银行直接投资股票。

3）其他投资工具

（1）资产支持证券，是以同类资产为支持发行的债券。其资产通常为住房抵押贷款、汽车贷款、其他贷款等。银行投资的主要是住房抵押贷款支持的证券。这类证券风险相对较小，收益也比较高。

（2）证券投资基金，一种收益共享、风险共担的集合证券投资方式。基金由专家管理，风险较小、收益较高。对中小银行来说是投资的优选工具。

（3）票据，包括商业票据、银行承兑票据、中央银行票据等。此类票据风险较小，收益比较稳定。

7.1.3　影响银行选择证券投资的因素分析

（1）预期收益率

银行的投资主管在进行投资决策时，应该确定每一个证券所能合理预期到的收益率，包括证券的利息收入以及由证券市场的价格变动带来的资本利得或损失。如果证券持有到期，就计算证券的到期收益率；如果证券要提前出售，就计算证券的持有期收益率（两种收益率的计算方法将于下文介绍）。然后将计算得到的收益率与贷款和其他投资项目的收益率相比较，选择使银行未来收益最高的投资项目。

（2）投资的风险

证券投资风险是指银行进行证券投资发生损失的可能性。具体内容见 7.2.3 的详细分析。

（3）税率

税法对证券收益有纳税的规定，并对不同的证券采用不同的税率。具有相同税前收益率的证券的税后收益率可能是不一样的。商业银行在进行证券投资时，应考虑税收因素，比较各证券适用的税率，尽量将资金投资在税率较低的证券上。例如，银行投资于政府债券，可以获得节税的好处。银行还可以通过买卖证券来调节自己整体资产收益的纳税情况。

税后实际收益率 = 税前收益率 ×（1 - 所得税税率）　　　　　　　　　　　　　　　（7-1）

（4）法律约束

商业银行的投资行为应该符合国家的法律规定，避免违法的投资活动。例如，我国的《商业银行法》规定：商业银行可以买卖政府债券，代理发行、兑付、承销政府债券，但不可以从事信托投资业务和股票投资业务。

（5）资本充足率

满足一定的资本充足率标准，是银行资本管理的基本要求，银行要随时评估自身的资本金，以确定能否支持更多的风险资产。当银行的资本比较充足时，银行可以投资一些盈利较强、风险较高的证券；当银行的资本不足时，银行应该降低高风险证券的比例，投资无风险或低风险的证券。

7.2 证券投资的风险与收益率

7.2.1 证券投资的风险

1）按风险能否分散，可以分为系统性风险和非系统性风险

系统性风险又称为市场风险或不可分散风险，是由那些影响证券市场上所有证券的因素引起的风险。影响系统性风险的因素包括经济周期、通货膨胀、政治状况等。系统性风险不能通过证券的投资组合抵消或削弱。

非系统性风险是指个别证券或组合所特有的那部分风险，引起该种风险的因素并不对其他证券或组合产生影响。非系统性风险主要是由个别证券本身的独立因素引起的，如企业的管理方法、工人状况等。一种投资证券存在某种风险时，其他证券并不一定存在这种风险。非系统性风险可以通过分散投资被降低，甚至被消除。

2）按风险的来源，可以分为信用风险、利率风险、经营风险、购买力风险、流动性风险、提前赎回风险等

信用（或违约）风险，是指债券的发行人到期不能偿还本息的可能性。银行的证券投资应集中在国库券等政府债券上，因为这类债券是由政府发行的，以财政税收为还本付息的保障，违约风险相对较小。公司债券和一些地方政府债券，由于它们的收入不稳定，存在着不能偿还本金和利息的可能性。因此，银行在投资公司债券时，不仅要直接了解债券发行人的信用状况，还要根据权威的评级机构提供的评级信息确定投资决策。商业银行应该购买投资级别的证券，即购买级别在 AAA～BBB（或 Aaa～Baa）之间的债券。银行被限制购买投机级别的证券，因为如果银行购买投机级别的证券，势必会增加储户的风险。

利率风险是指由市场上的利率变动引起债券价格的变动，而给投资者带来损失的可能性。市场利率与债券价格负相关，市场利率下降时，证券价格趋于上升；市场利率上升时，债券价格趋于下降。利率的持续上升，会减少已发行债券的市场价值。而且，当借款者预期利率上升时，会增加对银行的贷款要求，以避免未来高成本借款；银行为满足这部分贷款要求，势必会提前出售所持证券，回笼资金满足贷款需求，这种提前销售会导致大量的资本损失。因而投资主管应该考虑利率风险对证券产生的影响，采取有效措施防范利率风险，如购买浮动利率债券或运用金融衍生工具来套期保值。

经营风险是指由于市场状况的不断恶化，借款企业的经营效益下滑，出现亏损甚至破产。虽然借款人努力实现足够的现金支付给银行，但违约风险还是会上升。因此，银行要依靠证券组合的收益来弥补贷款损失。这些证券的发行人应该是银行所在的贷款市场之外的借款人。

购买力风险即通货膨胀风险，是指因通货膨胀导致债券变现后的货币购买力下降而给投资者带来损失的可能性。这种风险对收益固定、期限较长的债券影响较大。商业银行在选择证券投资时应充分考虑通货膨胀对未来收入的侵蚀作用，以提高投资的实际收益率。针对购买力风险，银行可以将资金投资在期限短、流动性强的证券或投资于变动利率证券，这样有利于提高银行的灵活性，减少通货膨胀带来的损失。

流动性风险，是指银行无法将所投资的证券在短期内以合理的价格出售而遭受损失的可能性。银行在日常经营活动中，常常面临临时性的流动性需求，若银行的现有资金不足，就需要将部分证券变现以满足需求。银行在进行证券投资时，应该考虑上述情况，选择那些交易范围广、各期间的价格相对稳定、流动性强的证券，这样，就会减少证券变现的损失，降低流动性风险。但是，银行购入大量流动性强的证券也会降低银行的盈利能力，因此，投资主管应在银行的盈利性和流动性之间做出权衡。

提前赎回风险，有一些债券的发行人保留对债券提前赎回的权利，这种对债券的赎回多发生在市场利率趋于下降时，证券的发行人可以以更低的利率发行新的证券。此时，银行只能将收回的资金以较低的利率进行再投资，银行的收益受到损失。基于这种风险，银行在进行投资时，应投资不可赎回债券或赎回期限较长的债券。

7.2.2　证券投资的收益率

证券投资的收益由两部分组成：一是利息、红利所得；二是资本利得，即由证券价格的变动带来的收益。

1）债券的投资收益率

（1）票面收益率。票面收益率又称为名义收益率或息票率，是债券票面上的固定利率，即年利息收入与债券面额之比率。例如：某公司发行面值为 1 000 元，票面利率为8%，期限为 5 年，每年支付一次利息的债券。8% 就是票面收益率。以票面收益率为衡量投资收益的方法并不准确，因为投资的实际收益率常常与票面收益率不一致。

（2）当期收益率。债券当期收益率又称为本期收益率或直接收益率，指债券的年利息收入与买入债券的实际价格之比率。当期收益率反映了投资者的投资成本带来的收益。

$$当期收益率 = \frac{C}{P} \tag{7-2}$$

式中，C 为债券每年的利息；P 为买入价。

（3）到期收益率。到期收益率是债券到期的收益率，是指买入债券后持有至期满得到的收益，包括利息收入和资本损益，反映了债券的实际收益率，是投资者选择证券的标准。

分期计息的债券到期收益率：

$$到期收益率 = \frac{[C + (F - P)/n]}{P} \qquad (7-3)$$

式中，P 为买入价；F 为面值；n 为剩余年限；C 为债券每年的利息。

到期一次还本付息的债券的到期收益率：

$$到期收益率 = \frac{[(F - P)/n]}{P} \qquad (7-4)$$

式中，F 为本利和；P 为买入价；n 为剩余年限。

以复利计算的到期收益率：

$$P = \sum_{t=1}^{n} \frac{C}{(1 + y)^t} + \frac{M}{(1 + y)^n} \qquad (7-5)$$

式中，C 为债券每年的利息；M 为到期的本金；n 为债券到期的期限；y 为该债券的到期收益率。

（4）持有期间收益率。债券持有期间收益率是指买入债券后持有一段时间，又在债券到期前将其出售而得到的收益，包括持有债券期间的利息收入和资本损益。

每年支付利息的债券收益率：$\quad 持有期间收益率 = [C + (P_1 - P_0) \div n] \div P_0 \qquad (7-6)$

式中，C 为债券每年的利息；P_1 为卖出价；P_0 为买入价；n 为债券到期的期限。

到期一次支付利息：

$$到期收益率 = \frac{[(P_1 - P_0)/n]}{P_0} \qquad (7-7)$$

复利计息的债券：

$$P = \sum_{t=1}^{T} \frac{C}{(1 + i)^t} + \frac{P_t}{(1 + i)^T} \qquad (7-8)$$

式中，P 为债券的当前市场价格；C 为债券每年的利息；P_t 为债券出售时的价格；T 为债券持有期限；i 为该债券的持有期间收益率。

2）股票的投资收益率

股票的收益由红利和资本利得构成，我们可以根据股票的定价公式推导出股票的投资收益率。

$$P_0 = \frac{D_1}{r - g} \qquad (7-9)$$

将公式移项整理求 r，得：

$$r = \frac{D_1}{P_0} + g \qquad (7-10)$$

第一部分 $\frac{D_1}{P_0}$，是股利收益率，由预期股利除以当前股价计算而来；第二部分 g，是股利增长率，该数值可以根据公司的可持续增长率估计。

7.3　证券投资方法

在了解了各类证券投资工具之后，银行应考虑如何将选择投资的证券在一定的时间内进行分配。确定应持有什么期限的证券，主要是短期证券或长期证券，或是它们之间的组合。

1）购买债券持有法

购买债券持有法是最简单的投资方法，是指在对整个市场上的所有债券进行分析之后，根据自身的偏好和需要，一次买进能够满足自身要求的债券，并一直持有到兑付之日。在持有期间，一般不进行任何买卖活动。

这种方法最为简单，它的好处有：首先是收益固定，在决策时就完全知道盈利多少，不受行情变化的影响；其次是如果持有的债券收益率较高，同时市场利率没有很大变动，或者逐渐降低，它可以取得满意的投资效果；最后是这种方法由于中间没有任何买卖行为，所以手续费很低、交易成本很低。这种方法的不足之处是：首先，从本质上看，这是一种比较消极的投资方法，由于可以毫不关心市场上出现的其他投资机会，因此容易丧失提高收益率的机会。其次，虽然这种收益率是固定的，但它只是名义的，如果发生通货膨胀，其收益率就会发生变化。如果是企业债券和市政债券的话，还会出现因发行主体和担保者经营亏损、破产而无力偿还的情况。最后，由于市场利率的上升，使得购买债券的收益率相对较低。

2）阶梯期限投资法

阶梯期限投资法是指将银行的投资资金平均投放到各种期限的有价证券上，使银行持有相同数量的不同期限证券，这种投资方法可以用到期证券提供流动性，用期限较长的证券保证较高的收益率。当短期证券到期时，收回资金，再将收回的资金投资到期限较长的证券上去，如此往复，银行就能保持期限平均分配格局。采用此种投资方法的投资者能够在每年得到本金和利息，不至于急着卖出尚未到期的债券。同时，在市场利率发生变化时，等期投资法下的投资组合的市场价值、投资收益率不会发生很大变化。银行不必对市场利率走势进行预测，也不需要频繁进行证券交易业务，而且这种投资方法每年只交易一次，交易成本很低。它的缺点是缺乏灵活性，收益率不会太高；在满足商业银行的流动性需求方面有明显的局限性。当银行面临较高的流动性需求时，如果短期证券变现不足，银行就不得不低价出售长期证券，使银行遭受风险（如图 7-1 所示）。

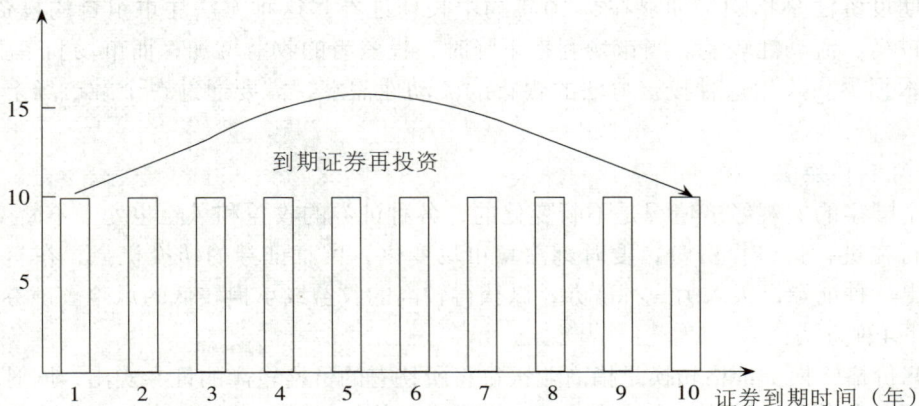

图7-1　阶梯期限投资

3）杠铃投资法

杠铃投资法是指投资者放弃对中期证券的投资，将资金主要集中在短期证券和长期证券上，形成长短期证券组合。

在杠铃投资组合中，短期证券提供流动性，长期证券保证高收益，两者发挥各自的优势，弥补各自的不足。这种投资组合应对市场利率有较准确的预测，在市场利率较高时，长期证券占的比重较高；在市场利率较低时，短期证券占的比重较高。这种方法的好处在于形式灵活，可以根据市场利率的变动、证券的涨跌而经常进行调整；持有的短期证券为银行提供较高的流动性。该方法的缺点是：银行必须根据市场利率的预测来安排投资，因而需要时刻关注市场上各种利率的变化情况，做出准确预测，并采取相应的调整措施，这将耗费银行大量的人力、物力（如图7-2所示）。

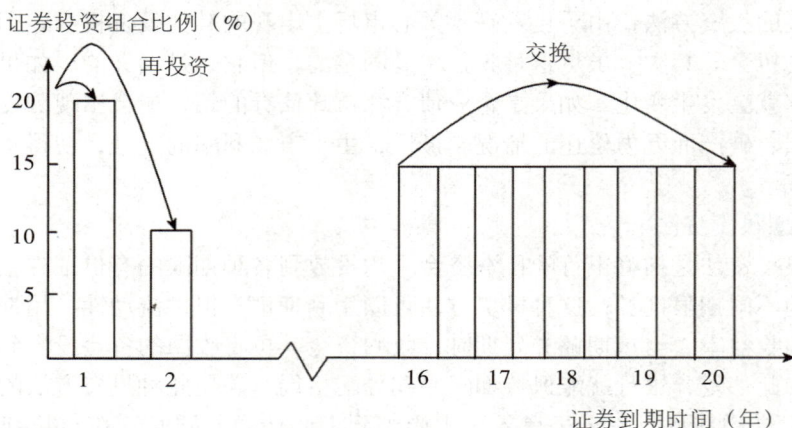

图7-2　杠铃投资

4）短期投资法

短期投资法是指仅购买期限较短的证券，如投资于期限在3年以内的证券，这种方法将投资组合主要作为流动性来源，而不是收入来源。它的优点是提高了银行的流动性，并在市场利率上升时，避免大量的资本损失，但是收益较低。

5）长期投资法

长期投资法是指购买期限在5~10年的中长期证券。这种方法注重组合的投资收益，收益率较高、流动性较差。当市场利率下降时，投资者的收益增加；而市场利率上升时，发生资本损失。采用这种投资方法的银行的流动性需求，需要通过在金融市场上借款来满足。

6）证券转换法

一个国家的宏观经济情况是不断变化的，各种证券的收益和风险也处于不断变化中，因此银行在进行证券投资时，要时刻注意市场变化，留意证券的转换机会，在有利的时机，卖出一种证券，买入另一种证券，以获得较高的收益或承担较低的风险。证券转换法包括以下4种方法：

（1）价格转换。价格转换是指商业银行将所持有的价格较高的证券卖出，同时购进价格较低的同类证券的一种转换策略。银行通过赚取价格差异，获得较高的到期收益率。在实施这种方法时，要保证互相转换的证券具有相同的特点，如相同的质量、相同的期限、相同的票面收益率等。

（2）收益净增转换。收益净增转换是指商业银行用票面收益率低的证券交换票面收益率较高的证券的投资方法。在转换中，两种证券的期限、票面价值、到期收益率都相同，只是票面收益率不同。商业银行进行这类证券转换的目的是获得证券的再投资收益。

（3）市场内部差额转换。市场内部差额转换是指根据不同证券到期收益率的差额，在同一市场反复地进行证券的卖出与买入，由此获得收益的活动。

（4）税收转换。按一般国家的规定，证券持有者对证券销售中获取的资本利得需要缴纳所得税，其税率一般采用超额累进制，如果证券持有者的资本利得超过了某一限额，就必须缴纳较多的税款。因此，银行在证券投资中，为了避免缴纳较高的税款，经常使用税收转换策略。

启智增慧7-1
证券投资者权益受到侵害时的维权机构

具体操作：当银行资本利得收入超过了某一限额后，银行就出售自己持有的价格下跌的证券，出售这些证券，会使银行遭受资本损失，这就抵消了一部分资本利得的收入，结果使银行的收入保持在该限额以下，从而适用较低的税率而取得更多的净收益。

本章小结

本章主要介绍了商业银行的证券投资业务，从商业银行的经营目标着手，介绍了商业银行进行证券投资管理的目标及策略，并简要介绍了几种证券投资工具。在综合考虑多种影响证券价格的因素后，投资者应在风险和收益之间做好权衡，为商业银行带来最大的收益。

（1）商业银行经营证券投资业务的目的是配置资产、获取盈利、保持流动性、分散风险。

（2）商业银行证券投资可以有多种渠道，如债券投资、股票投资、基金投资以及其他的投资品种，但限于分业经营与混业经营的模式，债券投资尤其是政府债券的投资成为商业银行的首选。

（3）证券投资在获得收益的同时，也会面临风险。按风险是否可以分散，可分为系统性风险和非系统性风险。按风险来源，可划分为信用风险、流动性风险、市场风险、购买力风险、经营风险、提前赎回风险等。

（4）银行进行证券投资必须考虑各种影响因素：收益率的高低、税收政策、投资风险状况、法律法规要求、资本充足情况。

（5）证券投资可以采用不同的方法，如购买债券持有法、阶梯期限投资法、杠铃投资法、短期投资法、长期投资法、证券转换法。

关键概念

政府债券　公司债券　股票　阶梯期限策略　杠铃策略　系统性风险

综合训练

✔ 问答题

1）商业银行证券投资的目的是什么？

2）简述商业银行证券投资业务的主要工具。

3）商业银行如何制定和选择证券业务的策略？

4）商业银行证券投资收益与风险之间的关系如何？

✔ 计算题

一张剩余期限10年的国债券，面值为1 000元，当前的市场价格为775元，该债券有9%的息票率。

问题：（1）如果现在买入并持有到期，其预期的到期收益是多少？

（2）若该债券在第4年末以880元的价格售出，其持有期收益率为多少？

即测即评7

综合训练
参考答案7

第8章

商业银行其他业务

目标引领

☑ **价值塑造**

　　掌握商业银行表外业务与资管业务，思考管理层出台规范文件的意图，增强法治观念与风险意识，培养法德兼修的能力，坚定职业操守，提高风险管理意识，增强时代担当。

☑ **知识传授**

　　商业银行不仅经营资产业务与负债业务，获取利息收入，还经营其他业务，取得非利息收入。本章主要介绍表外业务与资管业务的种类、特点与我国商业银行此类业务的经营现状。通过本章的学习，了解表外业务与资管业务的类别；掌握该类业务的管理措施。

思维导图

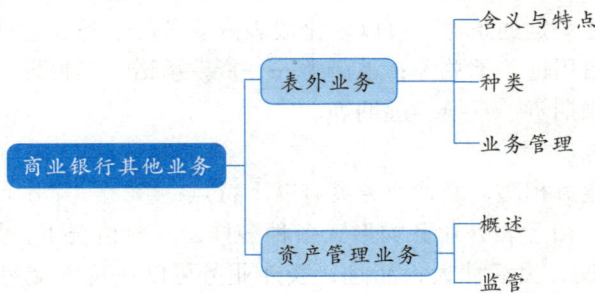

开篇导读

资管新规2022年起开始实施　资管业在回归本源中充盈能量

　　在过渡期平稳结束后，资管新规从2022年起开始实施。从落地到实施3年多的时间里，这一被业内认为涉及面最广、要求最严的资管新规不仅使监管标准走向统一，更重塑了资管市场的格局，督促行业回归本源，防范化解影子银行等风险，并引领着未来资产管理的前行方向，最终将在服务实体经济、满足居民财富管理需求等方面起到重要作用。

　　表外业务的外延粗暴经营时代已成过去，精细化内涵运作时代已经来临。由于各种嵌套通道的关闭、杠杆率的统一、刚兑承诺的彻底打破，资管机构再也不可能通过投资非标资产等增加收益，达到以钱炒钱的目的，取而代之的是市场竞争的透明化与激烈化。随着我国进入新发展阶段，资管行业也步入提质升级的新阶段。在资管新规过渡期结束后，行业将整装再出发。

资管新规正式实施后，资管行业改革仍需加快步伐。银保监会副主席曹宇表示，继续推动银行业保险业资管业务改革向纵深推进，具体举措包括加快发展专业化、特色化的机构队伍；坚持严监管、强监管不动摇；营造良好的营商环境。

接下来差异化竞争将是资管行业发展的趋势。

20世纪80年代以来，国内银行业的竞争日趋激烈，传统的商业银行业务所能带来的利润越来越小，为寻求和扩大盈利的空间，各商业银行纷纷利用各自的优势，实现业务多元化，获取非利息收入。

8.1 表外业务

8.1.1 表外业务的含义与特点

1）表外业务的含义

根据银保监会2022年12月3日制定发布、2023年1月1日起实施的《商业银行表外业务风险管理办法》的定义，表外业务是指商业银行从事的，按照现行的会计准则不计入资产负债表内，不形成现实资产负债，但有可能引起损益变动的业务。根据表外业务特征和法律关系，表外业务分为担保承诺类、代理投融资服务类、中介服务类、其他类等。《巴塞尔资本协议》对表外业务的定义是：那些虽然不在资产负债表中反映，但与表内的资产负债业务关系密切，在一定的条件下可以转化成表内业务的业务，包括：担保类——贷款担保、担保函、备用信用证、承兑等；承诺类——贷款承诺、票据发行便利等；金融衍生类——金融期权、金融期货、互换、远期等。

2）表外业务的特点

与表内资产负债业务相比，表外业务具有以下特点：

（1）自由度较大。由于表外业务的形式多种多样，一般情况下，只要交易双方认可，就可达成某些业务协议，灵活性大；而且，表外业务可以在场内交易，也可以在场外交易，既可以是有形市场，也可以是无形市场。在《巴塞尔资本协议》颁布实施之前，绝大多数表外业务的开展都不受资本约束，这导致部分商业银行表外业务的迅速膨胀，加速了资产负债表表外化进程，给商业银行带来了的潜在风险。

（2）透明度差。表外业务大都不反映在资产负债表上，许多业务不能在财务报表上得到真实反映，财务报表的外部使用者如股东、债权人和监管当局难以了解银行的全部业务范围和评价其经营成果，经营透明度下降，影响了市场对银行潜在风险的正确和全面的判断，不利于监管当局的有效监管。

（3）多数交易风险分散于银行的各种业务之中。表外业务涉及多个经营环节，比如企业现金管理业务，同时涉及企业的存款账户和贷款账户管理、涉及对企业的财务分析、涉及银行与企业之间的所有资金往来业务。商业银行的信贷、资金、财会、计算机等部门都与之相关，防范风险和明确责任的难度较大。

（4）高杠杆作用。这主要指金融衍生业务，金融衍生产品的共同特征是保证金交易，即只要支付一定比例的保证金就可进行全额交易，不需实际上的本金转移，合约的了结一般也采用现金差价结算的方式进行，只有在期满日以实物交割方式履行的合约才需要买方交足货款。因此，金融衍生产品交易具有高杠杆效应。交易金额一定，保证金越低，杠杆效应越大，风险也就越大。

8.1.2　表外业务的种类

1）担保类业务

担保类业务是指商业银行对第三方承担偿还责任的业务，包括但不限于银行承兑汇票、保函、信用证、信用风险仍由银行承担的销售与购买协议等。

银行对外提供担保是以自身的资信为被保证人履约义务承担保证责任，担保业务虽不占用银行的资金，但形成银行的或有负债，银行要收取费用。

（1）银行承兑汇票，是承兑申请人签发，委托承兑行在指定日期无条件支付确定金额给收款人或持票人的票据。银行承兑实际上是担保行为。银行承兑汇票的签发与兑付步骤：申请人申请承兑——银行承兑审批——签订承兑协议——银行承兑——承兑到期，提示付款。

（2）备用信用证，是开证行应借款人的要求，向借款人开出的一种书面付款承诺，当备用信用证的申请人不能履行对第三方所做的承诺时，由开证行承担赔付责任。担保人只能根据备用信用证上的内容付款，而不管借贷合同的情况及借款人是否真正发生违约行为，只要贷款人提交的文件符合备用信用证的规定，开证行就要承担付款义务。在这项业务中，银行承担了一种或有负债，即到期可能要向受益人支付赔偿责任。备用信用证实际上是银行的保函业务，最早流行于美国。当时美国的法律不允许商业银行开立保函，用"备用信用证"来代替保函，后被广泛作为国际性合同担保工具。

备用信用证可为多种交易提供担保，不仅仅局限于商品贸易；开证银行通常只是第二付款人，不承担向受益人首先支付款项的责任，只有当借款人自己不能履约时，才由银行支付。

（3）银行保函业务，是指银行应客户的申请而开立的有担保性质的书面承诺文件，一旦申请人未按其与受益人签订的合同约定偿还债务或履行约定义务时，由银行履行担保责任。保函以银行信用作为保证，易于为客户接受。保函是依据商务合同开出的，但又不依附于商务合同，是具有独立法律效力的法律文件。银行保函大多数属于无条件保函，是不可撤销的文件。

银行保函主要有以下几类：加工贸易税款保付保函、关税保付保函、投标保函、履约保函、预付款保函、质量保函、维修保函等。

2）承诺类业务

承诺类业务是指商业银行在未来某一日期按照事先约定的条件向客户提供约定的信用业务，包括但不限于贷款承诺等。

（1）票据发行便利（note issuance facilities，NIFS），又称票据发行融资安排，是指有关银行与借款人签订协议，约定在未来的一段时间内，借款人根据具有法律约束力的融资承诺，由银行购买其连续发行的一系列短期票据并以最高利率成本在二级市场上全部出售，否则由包销银行提供等额贷款以满足借款人筹措中期资金的一种融资创新活动。

票据发行便利约定期限一般为 3～7 年，短期票据循环发行，期限从 1 周至 1 年不等，大部分为 3 个月或 6 个月。

票据发行便利的分类：循环包销便利是指银行负责包销客户当期发行的短期票据，当某期票据无法全部售出时，银行需自行对客户提供金额为未能如期售出部分的资金；可转让的循环包销便利是指包销银行在协议有效期内，随时可以将其包销承诺的所有权利和义务转让给另一家机构；多元票据发行便利允许借款人以更灵活的方式提取资金，它集短期预支条件、摆动信贷、银行承兑汇票等提款方式于一身，使借款人在提取资金的期限和币种等方面有更大的选择余地。

（2）贷款承诺。银行承诺客户在未来一定期限内，按照双方事先确定的贷款利率、贷款期限及使用方式等条件，应客户的要求，随时提供不超过一定限额的贷款。贷款承诺业务实际上是银行为客户提供的一种保证，使其在未来一段时间内肯定可以获得所需要的贷款，作为风险补偿，银行要收取一定的费用。贷款承诺按贷款额度的不同分为：定期贷款承诺、备用贷款承诺和循环贷款承诺等。

3）代理投融资服务类业务

代理投融资服务类业务，指商业银行根据客户委托，按照约定为客户提供投融资服务但不承担代偿责任、不承诺投资回报的表外业务，包括但不限于委托贷款、委托投资、代客理财、代理交易、代理发行和承销债券等。

4）中介服务类业务

中介服务类业务是指商业银行根据客户委托，提供中介服务、收取手续费的业务，包括但不限于代理收付、代理代销、财务顾问、资产托管、各类保管业务等。

5）衍生交易类业务

衍生交易类业务是商业银行为满足客户资产保值及自身头寸管理需要进行的货币和利率的互换、远期、期权、期货等衍生交易业务。

（1）互换是交易双方在一定的期限内，交换一连串支付款项，以达到双方转移、分散或降低风险的一种互利金融交易。银行办理互换业务可以使银行增加收益、丰富风险管理手段、提高金融服务水平。互换业务包括货币互换和利率互换。货币互换又称货币掉期，是指为降低借款成本或避免远期汇率风险，将一种货币的债务转换成另一种货币的债务的交易；利率互换，是指同种货币不同利率的利息互换，不涉及本金的互换，本金只是象征性地起到计息作用，双方之间只有定期的利息净差额的支付。

（2）远期利率协议是一种买卖双方通过预先固定远期利率来防范未来利率波动，避免利率风险，实现资产或负债保值的工具。远期利率协议是一种远期合约，由交易双方商定将来一定时间段的协议利率，并指定一种参照利率，在将来清算日按规定的期限和本金数额由一方向另一方支付协议利率和参照利率之间差额利息的贴现金额。远期利率协议主要用于银行同业之间为了防范利率风险而进行的交易，协议的一方是为了保护自己免受未来利率上升的损失，另一方则是为了保护自己免受未来利率下降的损失。

（3）金融期货是指以各种金融工具或金融商品作为标的物的期货交易方式，即金融期货交易是以脱离了实物形态的货币汇率、借贷利率、股票指数等作为交易对象的期货交易。金融期货交易可以达到保值或投机获利的目的，能够有效避免汇率、利率和股票指数波动的风险，但属于投机性交易，会给交易双方带来较大风险。

金融期货可以分为三类：外汇期货、利率期货、股票指数期货。外汇期货，是指在外汇交易所内，交易双方通过公开竞价确定汇率，在未来的某一时间买入或卖出某种货币。外汇期货交易实行会员制，属于场内交易，外汇期货交易的合同是标准的。银行可以为客户提供外汇期货的套期保值服务。利率期货，是指交易所公开竞价买入或卖出某种价格的有息资产，而在未来的一定时间按合同交割，可以分为短期利率期货和长期利率期货。股票指数期货，是以股票指数这种没有实物形态的金融商品为交易对象，买卖双方通过交易所竞价确定合约的成交价格，合约的金额为股票指数乘以统一的约定乘数，到期时以现金交割。

（4）金融期权是指以金融商品或金融期货合约为标的物的期权交易方式。在金融期权交易中，期权购买者向期权出售者支付一定费用后，即获得了能够在未来特定时间内以某一特定价格买进或卖出一定数量的某种金融商品或金融期货合约的权利。通过进行金融期权交易，可以达到避险或获利的目的。期权买方支付给卖方的费用称为期权费。

金融期权可以分为三类：外汇期权、股票指数期权、利率期权。外汇期权，是指以某种外币或外汇期货作为标的物的期权。外汇期权交易有标准的合约，除期权费外，其他条件均为固定的。股票指数期权，是指以股票指数为标的物，买方在支付了期权费后，即取得在合约有效期内或到期时以协议指数与市场实际指数进行盈亏结算的权利。股票指数期权没有可作为实物交割的具体股票，采取现金轧差的方式结算。利率期权，是指买方在支付了期权费后，即取得在合约有效期内或到期时以一定的利率（价格）买入或卖出一定面额的利率工具的权利。利率期权合约通常以政府短期、中期、长期债券和欧洲美元债券以及大面额可转让存单等利率工具为标的物。

8.1.3　表外业务管理

1）我国对表外业务进行监管的主要内容

根据银保监会 2022 年 12 月 3 日发布的《商业银行表外业务风险管理办法》，我国对表外业务的管理有如下内容：

（1）商业银行开展表外业务，应当遵循以下原则

第一，管理全覆盖原则。商业银行应当对表外业务实施全面统一管理，覆盖表外业务所包含的各类风险。

第二，分类管理原则。商业银行应当区分自营业务与代理业务，根据不同表外业务的性质和承担的风险种类，实行分类管理。

第三，风险为本原则。商业银行开办表外业务，应当坚持风险为本、审慎经营、合规优先的理念，并按照实质重于形式的原则对业务进行管理。

（2）建立健全表外业务管理的治理架构，将表外业务纳入全面风险管理体系

商业银行对其表外业务所承担的信用风险、市场风险、操作风险、流动性风险、银行账簿利率风险、声誉风险以及其他风险及时识别、计量、评估、监测、报告、控制或缓释，并建立业务、风险、资本相关联的管理机制，针对各类表外业务特点，制定相应的管理制度和业务管理流程，实行差异化风险管理。对担保承诺类表外业务，按照穿透原则纳入全行统一授信管理，采取统一的授信政策、流程、限额和集中度管理，实行表内外统一管理；对代理投融资服务类、中介服务类表外业务，要准确界定相关业务的法律关系、责

任和承担的风险种类，厘清各方职责边界，有效管理相关业务所包含的操作风险、声誉风险等风险；对代理投融资服务类、中介服务类表外业务，不得以任何形式约定或者承诺承担信用风险；商业银行开展代理投融资服务类、中介服务类表外业务，应当实现表内业务与表外业务、自营业务与代理业务在资产、财务核算、人员等方面的隔离。

（3）加强监督管理

商业银行应当按照监管要求，向监管部门及其派出机构报送、登记相关表外业务的经营管理和风险状况的信息、数据，银保监会及其派出机构应当对商业银行相关表外业务的资产风险分类和减值准备计提情况，风险加权资产计量和资本计提情况，相关风险准备金计提情况，以及表外业务对商业银行整体流动性的影响实施持续监管。

（4）充分信息披露

商业银行应当按照企业会计准则、监管规定以及委托协议的约定等定期披露和临时披露信息。信息披露的内容包括但不限于各类表外业务的规模、结构、风险状况等。

2）《巴塞尔资本协议》的规定

《巴塞尔资本协议》对表外业务的监管也纳入了资本充足比率的框架中，即采用了一种适用性广泛且可行性较强的方法来处理表外业务。这种方法就是通过信用风险转换系数（credit risk conversion factor）把表外业务折算成一定的表内业务的等额，然后根据表外业务涉及的交易对手或资产的性质确定风险权数，再用这些权数将上述对等的金额进行汇总，汇总加到风险资产总额中去，最后再按标准资本比率对这些表外业务项目分配适宜的资本。《巴塞尔协议》将表外项目转换为表内项目，通过对资本、风险资产权重和转换系数的限定来促使银行减少风险业务，加强银行的资本基础，提高银行的安全性（参见本书第3章内容）。

3）西方国家的管理经验

20世纪80年代以来，西方国家的金融环境发生了重大变化，金融业务日益自由化，金融监管法律放松，金融机构之间业务差异日益缩小，传统上的不同金融机构可以提供相同的金融服务，商业银行面临日益激烈的竞争环境，西方发达国家的商业银行竞相发展表外业务，以谋求新的发展。宽松的金融监管环境，促进了表外业务品种的创新，加快了表外业务的发展，表外业务逐渐成为国外商业银行的主要业务品种和收入来源，一般占总收入的40%～50%，有的甚至超过80%。

当然，宽松的监管法律环境并不意味着西方国家法律对商业银行表外业务开展的自由放任。相反，西方国家有一系列金融监管立法对商业银行表外业务产品的开发、销售进行监管，主要是从道德和风险防范方面进行规范。

8.2 资产管理业务

8.2.1 概述

1）资产管理业务的定义

根据《关于规范金融机构资产管理业务的指导意见》（银发〔2018〕106号），资产管理业务是指银行、信托、证券、基金、期货、保险资产管理机构、金融资产投资公司等金融机构接受投资者委托，对受托的投资者财产进行投资和管理的金融服务。金融机构为委托人利益履行诚实信用、勤勉尽责义务并收取相应的管理费用，委托人自担投资风险并获得收益。金融机构可以与委托人在合同中事先约定收取合理的业绩报酬，业绩报酬计入管理费，须与产品一一对应并逐个结算，不同产品之间不得相互串用。

2）资产管理业务的属性

资产管理业务是金融机构的表外业务，金融机构开展资产管理业务时不得承诺保本保收益。出现兑付困难时，金融机构不得以任何形式垫资兑付。金融机构不得在表内开展资产管理业务。

3）资产管理产品的分类

金融机构的资产管理产品包括但不限于人民币或外币形式的银行非保本理财产品，资金信托，证券公司、证券公司子公司、基金管理公司、基金管理子公司、期货公司、期货公司子公司、保险资产管理机构、金融资产投资公司发行的资产管理产品等。

资产管理产品按照募集方式的不同，分为公募产品和私募产品。公募产品面向不特定社会公众公开发行。所以公募产品在投资范围上有严格监管要求。公开发行的认定标准依照《中华人民共和国证券法》执行。私募产品面向合格投资者通过非公开方式发行。

资产管理产品按照投资性质的不同，分为固定收益类产品、权益类产品、商品及金融衍生品类产品和混合类产品。固定收益类产品投资于存款、债券等债权类资产的比例不低于 80%，权益类产品投资于股票、未上市企业股权等权益类资产的比例不低于 80%，商品及金融衍生品类产品投资于商品及金融衍生品的比例不低于 80%，混合类产品投资于债权类资产、权益类资产、商品及金融衍生品类资产且任一资产的投资比例未达到前三类产品标准。

按照资管业务的经营主体分类，有银行资管、信托资管、公募基金资管、券商资管、保险资管、互联网资管。

4）资管产品的投资者

资产管理产品的投资者分为不特定社会公众和合格投资者两大类。

合格投资者是指具备相应风险识别能力和风险承担能力，投资于单只资产管理产品不低于一定金额且符合下列条件的自然人和法人或者其他组织。（1）具有 2 年以上投资经历，且满足以下条件之一：家庭金融净资产不低于 300 万元，家庭金融资产不低于 500 万元，或者近 3 年本人年均收入不低于 40 万元。（2）最近 1 年末净资产不低于 1 000 万元的法人单位。（3）金融管理部门视为合格投资者的其他情形。合格投资者投资于单只固定收益类产品的金额不低于 30 万元，投资于单只混合类产品的金额不低于 40 万元，投资于单只权益类产品、单只商品及金融衍生品类产品的金额不低于 100 万元。

8.2.2　对资管业务的监管

金融机构发行和销售资产管理产品，应当坚持了解产品和了解客户的经营理念，加强投资者适当性管理，向投资者销售与其风险识别能力和风险承担能力相适应的资产管理产品。禁止欺诈或者误导投资者购买与其风险承担能力不匹配的资产管理产品。金融机构不得通过拆分资产管理产品的方式，向风险识别能力和风险承担能力低于产品风险等级的投资者销售资产管理产品。

1) 金融机构不得承诺刚性兑付

金融机构的资管业务不得承诺保本保收益，不得刚性兑付。因为刚性兑付抬高了无风险收益率水平，干扰了资金价格，还会导致一些投资者冒险投机行为。

刚性兑付的行为表现为：①资产管理产品的发行人或者管理人违反真实公允确定净值原则，对产品进行保本保收益。②采取滚动发行等方式，使得资产管理产品的本金、收益、风险在不同投资者之间发生转移，实现产品保本保收益。③资产管理产品不能如期兑付或者兑付困难时，发行或者管理该产品的金融机构自行筹集资金偿付或者委托其他机构代为偿付。

2) 严格标准化与非标准化债权类资产的认定

同时符合以下条件为标准化债权类资产：等分化，可交易；信息披露充分；集中登记，独立托管；公允定价，流动性机制完善；在银行间市场、证券交易所市场等经国务院同意设立的交易市场交易。标准化债权类资产之外的债权类资产即为非标准化债权类资产。

公募产品主要投资标准化债权类资产以及上市交易的股票，除法律法规和金融管理部门另有规定外，不得投资未上市企业股权。公募产品可以投资商品及金融衍生品，但应当符合法律法规以及金融管理部门的相关规定。

私募产品的投资范围由合同约定，可以投资债权类资产、上市或挂牌交易的股票、未上市企业股权（含债转股）和受（收）益权以及符合法律法规规定的其他资产，并严格遵守投资者适当性管理要求。鼓励充分运用私募产品支持市场化、法治化债转股。

3) 实行资产集中度管理

（1）单只公募资产管理产品投资单只证券或者单只证券投资基金的市值不得超过该资产管理产品净资产的10%。

（2）同一金融机构发行的全部公募资产管理产品投资单只证券或者单只证券投资基金的市值不得超过该证券市值或者证券投资基金市值的30%。其中，同一金融机构全部开放式公募资产管理产品投资单一上市公司发行的股票不得超过该上市公司可流通股票的15%。

（3）同一金融机构全部资产管理产品投资单一上市公司发行的股票不得超过该上市公司可流通股票的30%。

4) 禁止多层嵌套

嵌套是指一个资管产品投资另一个资管产品。多层嵌套的目的是规避监管政策，扩大投资范围。多层嵌套增加了产品的复杂性，底层资产的风险难以穿透核查，拉长了资金链条，增加了融资成本。

5) 实施杠杆管理

每只开放式公募产品的总资产不得超过该产品净资产的140%，每只封闭式公募产品、每只私募产品的总资产不得超过该产品净资产的200%。计算单只产品的总资产时应当按照穿透原则合并计算所投资资产管理产品的总资产。金融机构不得以受托管理的资产管理产品份额进行质押融资，放大杠杆。

本章小结

（1）表外业务是指商业银行从事的，按照现行的会计准则不计入资产负债表内，不形成现实资产负债，但有可能引起损益变动的业务。根据表外业务特征和法律关系，表外业务分为担保承诺类、代理投融资服务类、中介服务类、其他类等。

（2）与表内资产、负债业务相比，表外业务具有自由度较大、透明度差、交易风险分散、高杠杆作用的特点。

（3）资产管理业务是指银行、信托、证券、基金、期货、保险资产管理机构，以及金融资产投资公司等金融机构接受投资者委托，对受托的投资者财产进行投资和管理的金融服务。

关键概念

表外业务　资管业务

综合训练

✔ 问答题

1）商业银行开展表外业务，应当遵循什么原则？

2）按照投资性质的不同，我国资产管理产品有哪些分类？

3）商业银行刚性兑付行为有哪些表现？

4）标准化债权类资产具备什么条件？

即测即评8

综合训练
参考答案8

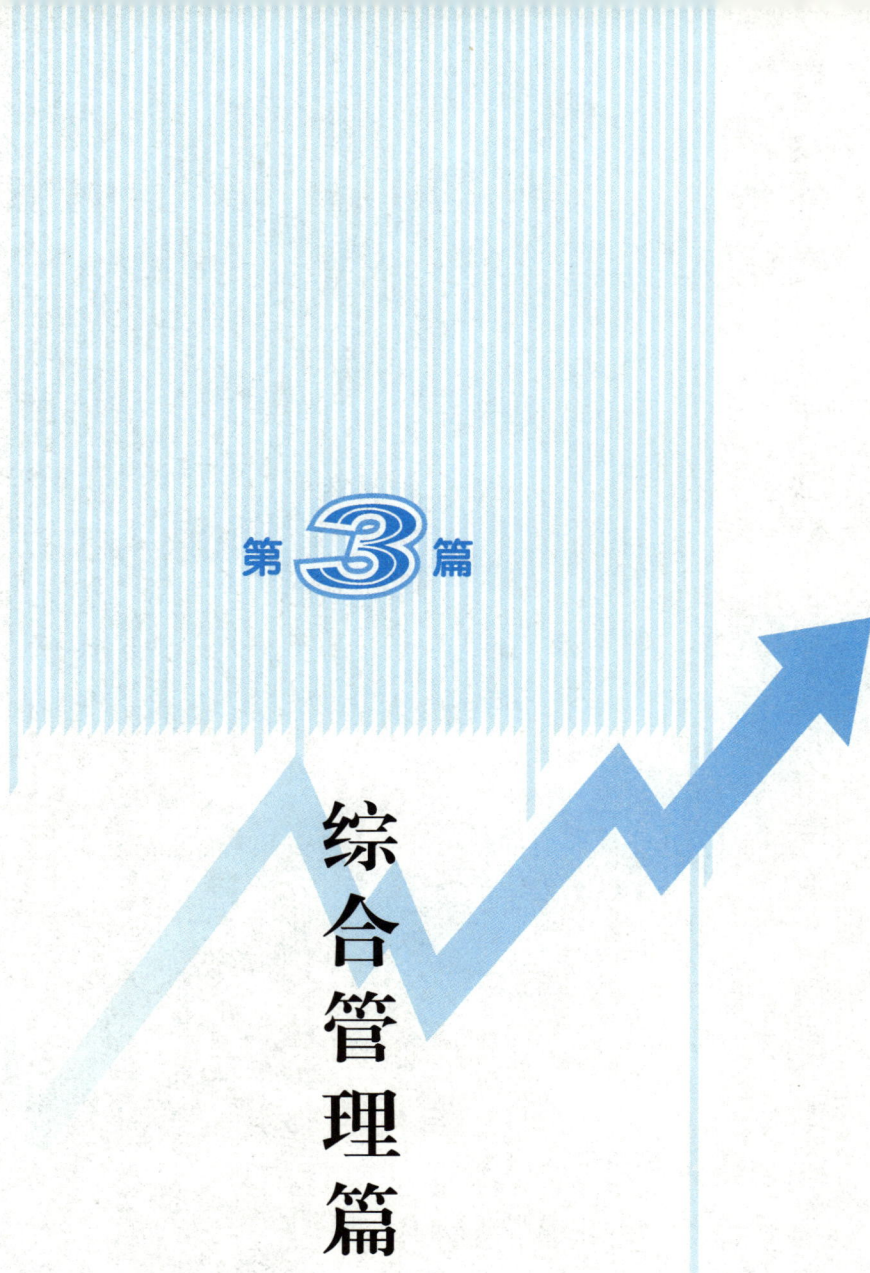

第3篇

综合管理篇

綜合習題篇

第9章

商业银行流动性风险管理

目标引领

☑ 价值塑造

商业银行在很大程度上必须依赖公众的信心才能得以生存和发展，倘若公众对影响力较大的商业银行失去信心，则会波及整个金融体系，带来流动性风险危机。通过本章的学习，了解引发流动性风险的因素，理解风险预防的重要性，了解我国较严格的监管法律法规现状，强调依法治国，依法经营银行，领会我国银行业稳定背后的国家实力支撑，增强爱国情怀。

☑ 知识传授

通过本章的学习，理解流动性及流动性风险的含义；熟悉流动性需求和流动性供给的来源；掌握商业银行测算流动性的五种方法：资金缺口法、改进的资金缺口法、资金结构法、流动性比例指标法；掌握商业银行流动性管理的策略与方法。

思维导图

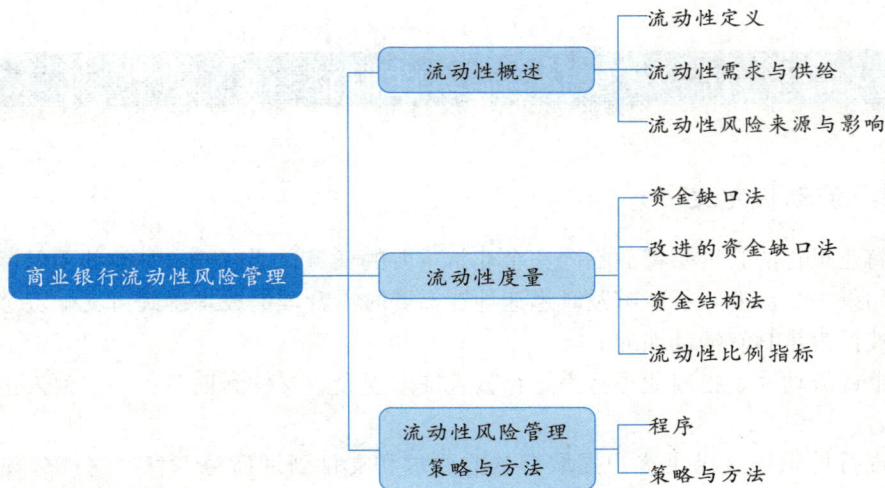

开篇导读

银行流动性风险管理需重视新变量

2008年金融危机以来，国际银行业监管改革的主流趋势，是建立一套以资本充足率为核心的银行风险"防火墙"体系。建立这套监管体系的初衷，是让银行在出现大规模亏损时，有足够的资本自行吸收损失，减少对公共资金等外部援助的依赖。然而，从近期硅谷银行、瑞信所暴露出来的风险来看，触发危机的"导火索"并非出现大面积坏账，而是表现为存款持续大规模外流引发流动性风险。

不论从体量还是从业务模式来看，硅谷银行和瑞信都存在明显不同，但二者的危机都有着欧美持续大幅加息的因与存款持续大幅净流出的果，这些都是流动性风险的主要触发因素。尽管国际主流监管体系中有设定诸如流动性覆盖率、流动性比例等流动性风险监管指标，但流动性风险的爆发往往来得猝不及防。一旦有苗头却不果断采取强力措施"阻隔"风险就容易加速恶化，这也是为何美国、瑞士政府能在两三天时间内就出台超常规支持政策稳定储户预期的原因。从瑞信事件看，导致其被瑞银收购的原因并非严重亏损到资不抵债，瑞信被收购前的资本充足率依然满足监管要求，储户恐慌情绪引发的存款持续外流才是压垮这个百年金融巨头的"最后一根稻草"。

不过，持续加息引发流动性收紧，以及存款挤兑都并非新鲜事，但此轮欧美银行业出现的流动性危机有新的触发因素值得关注——互联网时代的信息流和资金流加速交织影响。此轮欧美激进加息下所爆发的银行业风险有着新特点，在网银账户和社交媒体高度发达的时代，银行需要进一步加强对流动性风险管理，特别是网络舆情等易忽视的因素往往具有强大的肥尾效应，值得金融机构和监管部门重视和监测。

资料来源：孙璐璐. 银行流动性风险管理需重视新变量［EB/OL］.［2023-03-24］. https：//baijia-hao.baidu.com/s？id=1761187811225920831&wfr=spider&for=pc.

所有商业银行的管理者都面临一个重要的任务，即在任何时候都要保证足够的流动性以便在需要时即时即用，或者能够及时借款或卖出资产筹集现款。流动性缺乏很可能是商业银行陷入危机的信号，无力筹集足够的流动性资金很可能面临被迫关门的危险。

9.1 流动性概述

9.1.1 流动性定义

所有商业银行的管理层都面临同一个非常重要的任务，即在任何时候都要保证充足的流动性。如果一个商业银行能够及时迅速地在需要时以合理的成本得到可支配资金，那么它就可以被视为是具有流动性的。

商业银行流动性是指商业银行满足存款人提取现金、支付到期债务和借款人正常借款需求的能力。

商业银行提供现金满足客户提取存款的要求和支付到期债务本息，这部分现金称为"基本流动性"，基本流动性加上为贷款需求提供的现金称为"充足流动性"。

巴塞尔委员会（2000）对流动性的定义是：流动性是指银行为资产的增加而融资及在债务到期时履约的能力。

商业银行的偿债义务主要包括存款客户提存。存款客户提存是指银行的储户要求将自己的存款从银行提取出来，银行必须无条件地满足客户的提款要求，这就构成流动性需求。商业银行的其他承诺主要包括担保、贷款承诺等或有负债。担保和贷款承诺构成银行或有负债，当银行对这些或有负债进行实际支付时，构成流动性需求。

9.1.2　流动性需求与供给

当资金来源与资金运用不匹配时，商业银行便存在流动性缺口，即商业银行流动性需求与供给的差。银行流动性管理的核心就是协调好流动性供给和流动性需求，避免当流动性不足时银行不能立即取得所需的流动性，或因过多流动性供给而降低银行的盈利能力。为此，了解银行流动性需求和流动性供给来源非常重要。

1）流动性需求

商业银行的流动性需求是客户对银行所提出的必须立即兑现的现金要求。通常流动性的需求主要来自以下几个方面：

①客户提取存款。客户在银行的存款存取自由，存款客户享有随时提现的权利。到期存款如果不选择续存而直接提取或尚未到期的存款提前提取，都会构成银行的流动性需求。银行对于存款客户的提款要求必须足额予以满足。

②优质客户的信贷要求。良好的客户关系是银行保持长期获利能力的基础。因此，符合条件的借款要求也会给银行造成流动性压力。银行不会怠慢优质客户，一般银行都会想方设法地满足这类顾客的合理的信贷要求。

③偿还货币市场借款。包括偿还过去的借款，如偿还同业拆借、回购协议、再贴现或其他货币市场机构的借款。

④其他流动性需求。如定期支付所得税或定期向股东支付股利也需要立即可用现金。再如商业银行进行货币市场投资，也会形成流动性需求。

2）流动性供给

（1）客户存款存入。商业银行最重要的流动性来源是新的客户存款，包括新开账户和在已开立账户中存款。商业银行的存款增加往往和企业销售收入进账、个人薪金、津贴发放等联系在一起。

（2）客户偿还借款。客户从银行的借款到期后，应主动归还。形成了银行的现金回流。

（3）货币市场借款。以同业拆借、回购协议、再贴现等方式向其他金融机构或中央银行借入款项。

（4）其他流动性供给。如取得经营收入、非存款服务收入（服务收费）等会增加流动性供给。伴随着金融创新和银行业务范围的扩展，一些表外业务，如承兑、担保、信用证业务、信托业务等为银行提供丰厚的收入，是满足流动性需求不可忽视的资金来源。另外，出售投资组合中的资产，包括国库券、金融债券和企业债券等有价证券。

根据以上对流动性需求去向和流动性供给来源的分析，将其主要来源归纳为表 9-1 的内容。

3）流动性缺口

流动性缺口，是指商业银行在某一时刻流动性需求和流动性供给的差额。假设 L_t 表示流动性缺口，则银行机构流动性缺口可以表示为：

L_t = 流动性需求 - 流动性供给   (9-1)

当流动性的需求总额超过供给总额时（$L_t>0$），出现流动性赤字。管理层必须为出现流动性赤字做好准备，决定在何时、从何处筹集额外的流动性资金。当流动性的供给总额超过需求总额时（$L_t<0$），出现流动性盈余。管理层必须为安排流动性盈余做好准备，决定在何时、以何种途径把多余的流动性资金转变为有利可图的投资。如果流动性供给等于流动性需求（$L_t=0$），则为流动性平稳，管理层暂时无需行动。

表9-1   **存款机构流动性的需求去向和流动性供给来源**

流动性需求去向	流动性供给来源
客户提取存款	客户存款
合格客户的信贷要求	客户偿还贷款
偿还货币市场借款	货币市场借款
经营费用和税负、向股东支付现金股利	非存款服务收入、经营收入等
货币市场投资	资产出售

9.1.3 流动性风险来源与影响

流动性风险是指商业银行无法以合理成本及时获得充足资金，用于偿付到期债务、履行其他支付义务和满足正常业务开展的其他资金需求的风险。

商业银行流动性资金供给不能充分地满足流动性资金需求，此时便产生了流动性问题。流动性的缺乏很可能是商业银行陷入困境的信号。如果银行陷入流动性困境，存款不断流失，银行将面临流动性风险。银行很可能要被迫卖掉一些较安全、更具流动性的资产。同时，其他借贷机构在没有额外保证或较高利率的前提下，不愿增加对该问题银行的贷款，这有可能导致该银行流动性供给进一步减少，偿付能力下降，甚至有可能最终破产。

启智增慧 9-1
美国大陆伊利诺
伊国民银行流动
性风险事件

1）流动性风险的成因

（1）资产负债期限不匹配。流动性风险几乎存在于所有的金融机构。相对于一般工商企业，商业银行流动性风险问题更为突出。商业银行的流动性风险主要是由其资产和负债期限的不对称引起的。商业银行从个人、企业以及其他金融机构大量借入短期资金，然后向其借款客户长期放贷，存在短期负债支撑长期资产的期限错配，流动性危机将会出现。

与期限不匹配相关的另一个问题是，多数存款机构负债短期化，通常持有很高比例的需要立即偿还的负债，如活期存款、可转让支付命令账户以及货币市场借款等，银行必须随时持有充足的现金准备。这种需求有时会很大，尤其是在周末、月初或一年中的某些特定的季节。

（2）利率风险引发流动性风险。商业银行面临流动性问题的另一个原因是流动性对利率变动非常敏感。利率的变动会直接影响商业银行的流动性需求和供给。当利率上升时，一些储户就会提取存款到其他市场上去寻求收益更高的投资，比如，2023年倒闭的硅谷银行和瑞信银行，倒闭的主要原因是欧美持续加息存款持续大幅净流出。同时利率上升也会导致许多贷款客户推迟新贷款请求甚至放弃向银行申请贷款，或者加速提取利率较低的信贷额度。因此，利率变动既影响客户的存款提取存入，也影响其对贷款的需求，两者都会对存款机构的流动性产生很大的冲击。

利率变动还影响商业银行为筹集额外的流动性资金而必须出售的资产的市值，并直接影响借款成本。流动性管理易于遭受利率变动的风险（利率风险）和无法按所需数量获得流动性资金的风险。如果利率上升，商业银行为筹集流动性资金而出售的金融资产（如政府债券）的价值将下降，一些资产必将被亏本出售，不仅出售资产所获得的流动性资金减少，而且其所遭受的损失也会降低盈利。此外，利率上升时通过借款筹集资金的成本也较高，某些形式的借款也可能无法再获得。如果借贷机构认为流动性短缺的商业银行的风险比以前更大，这些借贷机构干脆不再为其提供流动性资金，商业银行将不得不支付更高的利率来借入资金。

（3）信用风险导致偿付能力下降。一些银行实施扩张性的信贷战略，增加信贷人员的权利，降低贷款条件，贷款规模迅速膨胀，贷款质量下降，无法正常收回到期的贷款，就有可能出现偿付能力下降，不能支付到期存款，还会陷入无法吸收新的资金来源的困境。

（4）其他因素。一是突发性、偶然性因素，这些因素引起存款的大量流失对银行正常经营造成的冲击极具破坏力。社会公众突然担心银行的偿付能力，或者谣言中伤引发挤兑风潮，可能会置银行于清盘倒闭的困境。二是季节性的因素对存款和贷款产生影响。农业地区的银行在春季播种时，存款会下降，贷款需求增加，而在秋季之后，存款会上升，贷款需求下降。工业企业同样也存在存贷款季节性或周期性变化的现象。如果银行的客户类型比较单一，那么季节性对流动性的影响尤为明显。三是互联网时代的信息流传播和资金流加速交织影响。互联网时代，社交媒体高度发达，信息来源纷繁复杂，且传播速度极快，网络舆情等因素对银行流动性风险管理的影响不容忽视，值得金融机构和监管部门重视和监测。

2）流动性风险的影响

（1）影响公众对商业银行的信心。即使商业银行不存在期限不匹配和利率风险等问题，商业银行也必须将满足流动性需要作为优先考量的目标。如果没有做到这一点，可能会极大地损害公众对该机构的信心。假设某商业银行因为现金暂时不足，不能兑现支票或不能满足存款提现等客户提款要求，银行信用会受到怀疑，就可能出现挤兑风潮，在这种情况下银行如果没有足够的现金储备，就会危及其生存。银行流动性管理者最重要的任务之一是与其最大的存款客户和持有大额未用信贷额度的客户保持联系，以决定资金是否以及什么时候会被取走，从而确保有充足的资金满足流动性需求。

（2）流动性风险降低商业银行的盈利能力。流动性不足会给商业银行增加一定的成本，包括借入资金的利息成本、寻找充足的流动性资金花费的时间和资金等交易成本，以及为满足流动性需求出售盈利资产时必须放弃其未来盈利的机会成本。然而，流动性过剩却会带来机会成本的损失。由于闲置资金不会产生任何收入，将闲散资金进行合理的投资所能获得的收益就是流动性过剩带来的机会成本损失。如果商业银行在任意时刻都有过多的流动性资金，则一定要将这些多余的资金投资出去，以避免闲置资金带来的机会成本损失。显而易见，管理层必须将这些成本与机构流动性需求的迫切性进行权衡。

9.2　流动性度量

流动性度量是流动性风险管理的重要环节。通过流动性度量，有助于商业银行掌握流动性的状态，为制定流动性管理策略提供依据。

以下介绍几种流动性度量的方法：资金缺口法、改进的资金缺口法、资金结构法、流动性比例指标法。

9.2.1　资金缺口法

1）资金缺口法的步骤

资金缺口法是通过估计未来一定时期内预期的流动性需求与预测流动性来源之间的差额，来确定资金缺口（流动性缺口），从而预测未来一段时间内银行将面临的流动性状况，并进一步进行融资计划安排。

商业银行的资金缺口（流动性缺口）主要来自于存款和贷款总额的变化。对商业银行而言，存款增加以及贷款减少将导致流动性供给上升；相反，存款减少以及贷款增加将导致流动性需求增加。一旦流动性来源与运用不相匹配就会产生流动性缺口，缺口大小可以衡量流动性风险的大小。

资金缺口法的关键步骤：

①在任意给定流动性计划期内对贷款需求和存款来源进行预测；

②在该计划期内对贷款和存款量的变化进行计算；

③流动性管理者必须通过对贷款的变化（或其他的资金使用）及存款的变化（或其他的资金来源）进行比较来估计计划期内银行的净资金缺口是盈余还是不足。

2）资金缺口法预测模型

（1）影响存款和贷款变化的因素选择

银行的总贷款变化主要受经济增长率、预期的公司季度收入、当前国家货币供给的增长率等因素的影响。例如当经济增长较快的时候，银行的贷款需求额相对较高。因此，可以合理假设"估计下期总贷款变化"是"预期该国的经济增长率（GDP 增长率）、预期的公司季度收入、当前国家货币供给的增长率、预期的银行基本贷款利率、估计的通货膨胀率"的函数。当然，影响总贷款变化的因素远不止这些，这里只是挑选具有代表性的因素进行分析。根据历史数据，通过上面的函数可以对未来的总贷款变化进行预测。

银行的总存款变化主要受居民个人收入增长、预期货币市场储蓄收益率、估计的通货膨胀率等因素的影响。例如当居民个人收入增长较快时，银行总存款相对较高；当预期货币市场收益较高时，银行总存款相对较低。因此，假设"估计下期总存款变化"是"预期的该国个人收入增长、估计零售业增长、当前国家货币供给的增长率、预期货币市场收益率、估计的通货膨胀率"的函数。同样，影响总存款的因素也远不止这些。根据历史数据，通过上面的函数可以对未来的总存款变化进行预测。

（2）即时性、季节性、周期性、趋势性分析

短期的流动性需求具有很强的时间性，有些流动性需求是即刻的。而长期的流动性需

求还受季节、周期和趋势的影响。

即时性分析，例如几个大额存单明天到期，客户已经表示计划将这些存款取出，不再续存，这时银行就必须马上准备现金，比如从另一家银行借入资金，以缓解近期流动性压力。

季节性分析，用于衡量在某给定周或月份里存款和贷款因季节性因素的改变量。例如农业区在农耕季节农民需要投入大量资金购买种子、肥料、农机设备等，向银行贷款增多，商业银行的流动性需求增加。相反，在收获季节，由于卖掉粮食获得收入，向银行存款增多，商业银行的流动性需求减少。另外，学生开学放假，需要支出学费也会增加商业银行的流动性需求。

周期性分析，用于衡量商业银行的流动性需求与供给受经济周期和商业周期的影响。例如当经济周期处于扩张期时，市场利率上升，股票债券等市场投资环境状况变好，因此存款客户提款以寻求收益更高的投资，从而商业银行流动性需求增加。反之，当经济周期处于衰退期时，市场利率下降，股票债券等市场投资环境状况变差，存款客户更愿意将资金存入银行，商业银行流动性需求减少。

趋势性分析，流动性供求变化具有一定的惯性。随着经济的发展，流动性具有一个长期变动的趋势。管理者通过做出一条趋势线来预测长期流动性。

（3）商业银行资金缺口（流动性缺口）的估计

商业银行资金缺口（流动性缺口）等于估计的总贷款变化减去估计的总存款变化。

资金缺口（流动性缺口）=估计的总贷款变化-估计的总存款变化　　　　　　（9-2）

由公式9-2计算得到的资金缺口如果为正数，则表示商业银行存在流动性赤字；如果为负数，则表示商业银行存在流动性盈余。

案例9-1　　　　　　　　　　　**资金缺口法应用实例**

假设某家商业银行在过去10年里，银行存款总量的年平均增长率约为10%。贷款平均每年为8%。在年终时银行总存款为100亿元，未偿还的总贷款为70亿元。下面要预测新一年前6周银行的资金缺口。

表9-2列出了新的一年前6周中，估计的银行每周存款总额和贷款总额。表9-2第2列是每周存贷款的趋势数。存款的每周增长额等于年增长额（100×10%）除以52周，约等于0.2亿元。因此，第1周的贷款趋势数为100+0.2=100.2（亿元），第2周的存款趋势数为100.2+0.2=100.4（亿元），其他周的存款趋势数以此类推。贷款的每周增长额等于年增长额（70×8%）除以52周，约等于0.1亿元。因此第1周的贷款趋势数为70+0.1=70.1（亿元），第2周的贷款趋势数为70.1+0.1=70.2（亿元），其他周的贷款趋势数以此类推。

表9-2　　　　　　　　　**资金缺口法预测银行存款和贷款**　　　　　　　　单位：亿元

存款预测	存款趋势估计	季节性因素	周期性因素	预测的总存款
1月第1周	100.2	-0.4	0.2	100
1月第2周	100.4	-5.2	-5.2	90
1月第3周	100.6	-12.2	-9.4	79
1月第4周	100.8	-16.6	-10.2	74
2月第1周	101.0	7.0	-4.0	104
2月第2周	101.2	3.2	-5.4	99

续表

存款预测	存款趋势估计	季节性因素	周期性因素	预测的总存款
1月第1周	70.1	0.5	-0.6	70
1月第2周	70.2	5.9	-1.1	75
1月第3周	70.3	17.4	-2.7	85
1月第4周	70.4	16.6	3.0	90
2月第1周	70.5	2.7	-8.2	65
2月第2周	70.6	9.8	-0.4	80

表9-2第3列是每周存贷款的季节性因素影响。季节性因素是将过去5年每周平均的存贷款水平和对应前一年的12月最后一周的存款水平做比较。由于春种秋收、开学放假等事件对商业银行的存贷款有明显的季节性影响，因此可以假设一年中的某一周对上一年末的季节性比率与往年各周计算出的季节性比率应该大体一致。所以只需简单地在趋势性因素基础上加上或者减去计算得出的季节性因素。

表9-2第4列是每周存贷款的周期性因素影响。周期性因素是上一年度商业银行根据趋势因素和季节性因素预测的每周存贷款水平和该银行宣布的该周实际的存贷款总额之差。若假设今年所受的周期性因素的影响与去年大致相同，则这两个数字之间的差额就是今年的存贷款周期性因素的影响。

表9-2第5列是每周存贷款的预期总额。它是趋势部分（第2列）、季节性部分（第3列）和周期性部分（第4列）的总和。例如，第1周存款预测总额等于趋势部分100.2亿元加上季节性部分-0.4亿元加上周期性部分0.2亿元，即100.2+（-0.4）+0.2=100（亿元），其他周的存款预测总额以此类推。第1周贷款预测总额等于趋势部分70.1亿元加上季节性部分0.5亿元加上周期性部分-0.6亿元，即70.1+0.5+（-0.6）=70（亿元），其他周的贷款预测总额以此类推。

表9-3列出了新的一年前6周中，预测的银行每周资金缺口。将表9-2最后一列预测的存贷款总额分别列入表9-3的第2列和第3列。

表9-3　　　　　　　　　　资金缺口法预测银行流动性缺口　　　　　　　　单位：亿元

时期	估计的总存款	估计的总贷款	估计的存款变化	估计的贷款变化	估计的资金缺口（流动性缺口）
1月第1周	100	70	—	—	—
1月第2周	90	75	-10	5	15
1月第3周	79	85	-11	10	21
1月第4周	74	90	-5	5	10
2月第1周	104	65	30	-25	-55
2月第2周	99	80	-5	15	20

表9-3第4列是估计的存款变化。它等于当前一周的存款估计总额减去上一周的存款

估计总额。例如，第2周估计的存款变化等于第2周估计的总存款90亿元减去第1周估计的总存款100亿元，即90-100=-10（亿元），其他周的估计的存款变化以此类推。

表9-3第5列是估计的贷款变化。它等于当前一周的贷款估计总额减去上一周的贷款估计总额。例如，第2周估计的贷款变化等于第2周估计的总贷款75亿元减去第1周估计的总贷款70亿元，即75-70=5（亿元），其他周的估计的贷款变化以此类推。

表9-3第6列是估计的流动性缺口。它等于估计的贷款变化减去估计的存款变化。例如，第2周估计的流动性缺口等于第2周估计的贷款变化5亿元减去第2周估计的存款变化-10亿元，即5-（-10）=15（亿元），其他周的估计的流动性缺口以此类推。

表9-3中，该银行在接下来的3周里将有预期流动性赤字——第2周为15亿元，第3周为21亿元，第4周为10亿元，这是因为贷款在增长，而存款却在下降。由于预测第5周存款上升、贷款下降，估计第5周将有55亿元的流动性盈余，而接下来的第6周会有20亿元的流动性赤字。

对于表9-3所示的前6周的状况，银行管理者应该做出相应的流动性决策。管理者必须做好准备在第2、3、4、6周里以最便宜、最稳妥的手段筹集新的资金，并且把第5周预期的资金盈余用于投资以图获利。

9.2.2　改进的资金缺口法

资金缺口法是通过历史数据和经验对未来的资金缺口即流动性缺口进行估计和预测。然而银行未来的资金变化未必与历史经验完全符合。所以银行管理者需要合理预测未来资金状况，使用概率来估计应该为商业银行的存款和贷款持有流动性的总量。使用改进的资金缺口法，银行管理者要先定义出可能的最差流动性缺口、可能的最佳流动性缺口以及发生概率最高的流动性缺口，并把这些情况用概率尽可能地表现出来，根据每种流动性缺口及对应发生概率可以算出未来流动性缺口的期望。

（1）可能的最差流动性缺口（存款最少，贷款最多）。假设存款增长远远低于管理层预期，那么实际的存款总额有时会低于银行历史最低存款增长纪录；同时，假设合格信贷客户的贷款请求大大高于管理层预期，就会使贷款要求高于银行贷款增长纪录的历史最高点。在这种情况下，由于存款增长不可能为贷款客户全部所需资金融资，银行面临的可用流动性储备压力最大。在这种最差的情况下，流动性管理者将不得不为大规模的流动性赤字做好准备，并制订筹集大额流动性资金的计划。

（2）可能的最佳流动性缺口（存款最多，贷款最少）。假设存款增长远远大于管理层预期，达到银行存款增长纪录的最高点；同时，假设贷款需求大大低于管理层的预期，沿着最低路径增长，达到银行贷款增长纪录最低点。这种情况下，银行面临的可用流动性储备压力最小，因为存款增长几乎能够为所有提出申请的优质贷款客户融资。在这种"最佳"的情况下，极有可能出现流动性盈余。流动性管理者必须做出计划，将这些盈余资金进行投资，以使银行收益最大化。

（3）发生概率最高的流动性缺口。当然，对于存款以及贷款增长来说，最佳和最差的结果都不大可能发生，最可能的结果是位于两个极端之间。最有可能的流动性缺口，实际上就是根据历史情况预测的存贷款变化情况。

可以用下述公式计算出银行预期的流动性缺口：

$$银行预期的 \atop 流动性缺口 = 结果A发生 \atop 的概率 × 结果A下估计的 \atop 流动性赤字或盈余 + 结果B发生 \atop 的概率 × 结果B下估计的 \atop 流动性赤字或盈余 +\cdots \quad (9-3)$$

式9-3的所有结果概率之和等于1。

案例9-2 <center>改进的资金缺口法应用实例</center>

假设某银行预测下周可能的流动性结果有三种情况：第一种情况即最佳流动性缺口，估计下周平均存款额为150亿元，估计下周平均贷款额为110亿元，因而估计下周流动性缺口为110-150=-40（亿元），估计此情况发生的概率为15%。第二种情况即发生概率最高的流动性缺口，估计下周平均存款额为130亿元，估计下周平均贷款额为120亿元，因而估计下周流动性缺口为120-130=-10（亿元），即，估计此情况发生的概率为60%。第三种情况即最差流动性缺口，估计下周平均存款额为110亿元，估计下周平均贷款额为150亿元，因而估计下周流动性缺口为150-110=40（亿元），估计此情况发生的概率为25%。这三种结果的具体情况见表9-4。

表9-4 <center>**银行流动性缺口预测可能出现的情况**</center> 金额单位：亿元

下周可能的 流动性结果	估计下周 平均存款额	估计下周 平均贷款额	估计下周 流动缺口	对应的 概率（%）
最佳流动性缺口	150	110	-40	15
发生概率最高的 流动性缺口	130	120	-10	60
最差流动性缺口	110	150	+40	25

根据公式9-3，可以计算出银行预期的流动性缺口：

银行预期的流动性缺口=0.15×（-40）+0.60×（-10）+0.25×（+40）=-2（亿元）

平均而言，管理层必须为下周2亿元的流动性盈余做出安排，从现在开始就要反复研究这些预期盈余的投资选择。当然，管理层也必须备有应急预案，以防备最差的情况发生。

9.2.3 资金结构法

资金结构法是指对于银行负债按照其稳定性加以区分，根据各自的流动性需求大小测算应保留的流动性储备，对合格贷款的增长保留充足流动性储备的预测方法。

资金结构法估计流动性需求的步骤：

（1）估计银行存款和其他资金来源被提取从而游离银行之外的可能性，并据此将资金分类。通常可以把银行存款和非存款负债分成三类：

①热钱负债（波动性负债）——对利率非常敏感或管理层确信会在当期提取的存款和其他借入资金。

②易变资金——该类客户存款的很大一部分（可能为25%或30%）可能在当期的某个时刻从银行提走。

③稳定资金（核心存款或核心负债）——商业银行管理者认为最不可能即刻从银行提走的资金。

（2）建立负债的流动性储备。管理者必须根据适当的经营规则，为上述三种资金来源储存流动性资金。例如，管理者可能决定为所有"热钱负债"（减去银行为"热钱负债"所持有的法定准备金）建立95%的流动性准备。该流动性准备可能包括在往来银行持有的立即可用存款，或者是能在几分钟或几小时内收回资金的短期国库券及回购协议。对于易变资金和非存款负债，持有一定百分比（30%）的流动性储备。对于稳定（核心）资金，银行可只持有一小部分（15%或更少）作为储备。因此，银行为负债所安排的流动性储备可表示为：

$$\text{负债的流动性储备} = 0.95 \times \left(\text{热钱负债} - \text{所持法定准备金}\right) + 0.30 \times \left(\text{易变资金} - \text{所持法定准备金}\right) + 0.15 \times \left(\text{稳定资金} - \text{所持法定准备金}\right) \quad (9\text{-}4)$$

（3）确定应对贷款的流动性需求储备。对贷款而言，银行必须时刻准备放出高质量的贷款，要满足那些符合银行贷款质量标准的客户所提出的合理的信贷要求，银行必须保有充足的流动性储备。因为贷款一旦放出，客户通常会在数小时或数天内使用该款项，这些资金将流到其他银行。根据客户关系原则，银行不会拒绝优质贷款。客户关系原则是指管理层应该尽其可能放出所有优质贷款以建立持久的客户关系，这将持续不断地为将来创造存款和贷款。银行一旦为客户办理贷款，就能继续向该客户出售其他服务，建立起多维关系，从而为银行带来额外的费用收入并增加客户对银行的依赖度（从而提升其忠诚度）。

管理层必须尽量估计出最大的总贷款数额，凭借流动性储备或借款能力，全额持有实际未清偿贷款额和预测总贷款额的差额。因此，银行为贷款安排的流动性储备可表示为：

$$\text{贷款的流动性储备} = 100\% \times \text{预测新增贷款额} \quad (9\text{-}5)$$

（4）确定银行的总流动性需求储备。结合贷款和存款的流动性要求，银行的总流动性储备可表示为：

$$\text{银行的总流动性储备} = \text{负债的流动性储备} + \text{贷款的流动性储备} = 95\% \times \left(\text{热钱负债} - \text{所持法定准备金}\right) + 30\% \times \left(\text{易变资金} - \text{所持法定准备金}\right) +$$

$$15\% \times \left(\text{稳定资金} - \text{所持法定准备金}\right) + 100\% \times \text{新增贷款额} \quad (9\text{-}6)$$

应该承认，上述公式中存款和贷款的流动性需求是主观的估计，主要取决于管理人员对风险的判断、经验和态度。

案例 9-3　　　　　　　　　　　**某商业银行实例**

假设某商业银行目前总负债为15亿元（包括存款负债和借款负债），当期的法定准备金率为10%。总贷款为10亿元，预计未来一年的贷款总额为15亿元。

该银行管理层将其负债划分成热钱负债、易变资金和稳定资金三部分，每部分资金分别对应为3亿元、2亿元和10亿元。在扣除法定准备金之后，热钱负债应该保持95%的流动性储备，易变资金应该保持30%的流动性储备，稳定资金应该保持15%的流动性储备。那么该银行总的流动性储备应该是多少？

（1）$\text{负债的流动性储备} = 0.95 \times \left(\text{热钱负债} - \text{所持法定准备金}\right) + 0.30 \times \left(\text{易变资金} - \text{所持法定准备金}\right) + 0.15 \times \left(\text{稳定资金} - \text{所持法定准备金}\right)$

$= 0.95 \times (3 - 0.1 \times 3) + 0.3 \times (2 - 0.1 \times 2) + 0.15 \times (10 - 0.1 \times 10)$

$= 4.455$（亿元）

（2）贷款的流动性储备 $= 1.0 \times$（预测总贷款额 $-$ 实际总贷款额）$= 1.0 \times (15 - 10) = 5$（亿元）

（3）银行的总流动性储备 $=$ 负债的流动性储备 $+$ 贷款的流动性储备 $= 4.455 + 5 = 9.455$（亿元）

由此得出该银行需要包括流动性资产和借款能力两部分在内的共9.455亿元的流动性储备总量。在实际工作中，还要考虑年度内新增存款带来的流动性供给，随时调整储备量。

9.2.4 流动性比例指标

1）流动性比例指标指示器

流动性比例指标能够综合反映商业银行的资产与负债情况，有很多指标可以衡量商业银行流动性的情况与未来变动走势。这些指标被称为流动性比例指标指示器。

常用的指标有：现金与存放同业/总资产、政府债券/总资产、净拆入/总负债、贷款/总资产、货币市场借款/流动性负债、核心负债/总负债、活期存款/存款、未用贷款承诺/总资产，等等。

2）我国流动性风险监管指标与监测指标

中国银行保险业监督管理委员会发布的《商业银行流动性风险管理办法》（2018年第3号）规定了商业银行流动性风险的监管指标与监测指标[①]。

（1）监管指标

监管指标包括流动性覆盖率、净稳定资金比例、流动性比例、流动性匹配率和优质流动性资产充足率。

①流动性覆盖率

$$流动性覆盖率=合格优质流动性资产÷未来30天现金净流出量≥100\% \qquad (9-7)$$

其中，合格优质流动性资产是指在流动性覆盖率所设定的压力情景下，能够通过出售或抵（质）押方式，在无损失或极小损失的情况下在金融市场快速变现的各类资产。这些资产有较低的市场风险和信用风险，价值容易确定，与风险资产的相关性较弱，变现无障碍，在发达公开的市场上交易。

$$未来30天现金净流出量=未来30天现金流出量-未来30天现金流入量 \qquad (9-8)$$

此指标确保商业银行具有充足的合格优质流动性资产，能够在规定的流动性压力情景下，通过变现这些资产满足未来至少30天的流动性需求。

②净稳定资金比例

$$净稳定资金比例=可用的稳定资金÷所需的稳定资金≥100\% \qquad (9-9)$$

可用的稳定资金是指商业银行资本与负债项目的账面价值与其对应的可用稳定资金系数的乘积之和。其中，账面价值是指资本或负债项目在进行监管扣除或其他调整前的余额。

所需的稳定资金是指商业银行各类资产项目的账面价值以及表外风险敞口与其对应的所需稳定资金系数的乘积之和。账面价值总体上应按照会计价值填报，即扣除相应的减值准备。所需的稳定资金取决于银行所持各类资产以及表外风险敞口的流动性特征、剩余期限。

此指标为确保商业银行具有充足的稳定资金来源，以满足各类资产和表外风险敞口对稳定资金的需求。

---

① 资产规模不小于2 000亿元人民币的商业银行应当持续达到流动性覆盖率、净稳定资金比例、流动性比例和流动性匹配率的最低监管标准。资产规模小于2 000亿元人民币的商业银行应当持续达到优质流动性资产充足率、流动性比例和流动性匹配率的最低监管标准。

③流动性比例

流动性比例=流动性资产余额÷流动性负债余额≥25%　　　　　　　　　　　　　　（9-10）

流动性资产包括：现金、黄金、超额准备金存款、1个月内到期的同业往来款项轧差后资产方净额、1个月内到期的应收利息及其他应收款、1个月内到期的合格贷款、1个月内到期的债券投资、在国内外二级市场上可随时变现的债券投资、其他1个月内到期可变现的资产（剔除其中的不良资产）。

流动性负债包括：活期存款（不含财政性存款）、1个月内到期的定期存款（不含财政性存款）、1个月内到期的同业往来款项轧差后负债方净额、1个月内到期的已发行的债券、1个月内到期的应付利息及各项应付款、1个月内到期的中央银行借款、其他1个月内到期的负债。

④流动性匹配率

流动性匹配率=加权资金来源÷加权资金运用≥100%　　　　　　　　　　　　　　（9-11）

其中，加权资金来源包括来自中央银行的资金（包括通过公开市场操作、常备借贷便利、中期借贷便利、再贷款等从中央银行融入的资金）、各项存款、同业存款、同业拆入、卖出回购（不含与中央银行的交易）、发行债券及发行同业存单等项目。

加权资金运用包括各项贷款、同业存放、同业拆放、买入返售（不含与中央银行的交易）、投资同业存单、其他投资（除债券投资、股票投资外的表内投资）等项目。

此指标衡量商业银行主要资产与负债的期限配置结构，使得商业银行合理配置长期稳定负债、高流动性或短期资产，避免过度依赖短期资金支持长期业务发展，提高流动性风险抵御能力。

⑤优质流动性资产充足率

优质流动性资产充足率=优质流动性资产÷短期现金净流出≥100%　　　　　　　　（9-12）

优质流动性资产是指无变现障碍的资产，是能够通过出售或抵（质）押方式，在无损失或极小损失的情况下在金融市场快速变现的各类资产。

短期现金净流出=可能现金流出－确定现金流入　　　　　　　　　　　　　　　　（9-13）

可能现金流出包括一般性存款、同业业务、发行债券、来自中央银行的资金和其他项目流出等。

确定现金流入包括未来30天内到期的贷款、同业业务、投资债券和金融工具流入等。确定现金流入不可超过可能现金流出的75%。

优质流动性资产充足率指标旨在确保商业银行保持充足的、无变现障碍的优质流动性资产，在压力情况下，银行可通过变现这些资产来满足未来30天内的流动性需求。

（2）流动性风险监测指标

①核心负债比例，是指中长期较为稳定的负债占总负债的比例。

核心负债比例=核心负债÷总负债×100%　　　　　　　　　　　　　　　　　　　（9-14）

核心负债包括距离到期日3个月以上（含）的定期存款和发行债券，以及活期存款中的稳定部分。总负债是资产负债表中负债总计的余额。此比例越高，流动性越强。

②同业融入比例与最大十家同业融入比例

同业融入比例是指商业银行从同业机构交易对手获得的资金占总负债的比例。

$$\frac{同业融入}{比例}=\left(\frac{同业}{拆入}+\frac{同业}{存放}+\frac{卖出}{回购}+\frac{委托方}{同业代付}+\frac{发行同业}{存单}-\frac{结算性同业}{存款}\right)\div总负债\times100\% \quad (9-15)$$

最大十家同业融入比例是指商业银行从最大十家同业机构交易对手获得的资金占总负债的比例。

$$\frac{最大十家同业}{融入比例}=\left(\frac{来自于最大十家同业机构}{交易对手的同业拆入}+\frac{同业}{存放}+\frac{卖出}{回购}+\frac{委托方}{同业代付}+\frac{发行同业}{存单}-\frac{结算性}{同业存款}\right)\div总负债\times100\%$$
$$(9-16)$$

这两个比例越高，说明银行对同业融资依赖性越强。

③最大十户存款比例

最大十户存款比例=最大十家存款客户存款合计÷各项存款×100%　　　(9-17)

此比例越高，存款来源集中度越高，流动性风险越大。

④超额备付金率

超额备付金率是指商业银行的超额备付金与各项存款的比例。

超额备付金率=超额备付金÷各项存款×100%　　　(9-18)

超额备付金=商业银行在中央银行的超额准备金存款+库存现金　　　(9-19)

超额备付金率越高，流动性越强。

⑤重要币种的流动性覆盖率

重要币种的流动性覆盖率是指对某种重要币种单独计算的流动性覆盖率。计算公式同流动性覆盖率。

⑥存贷比

存贷比是指商业银行调整后贷款余额与调整后存款余额的比例。

存贷比=调整后贷款余额÷调整后存款余额×100%　　　(9-20)

⑦流动性缺口与流动性缺口率

流动性缺口与流动性缺口率，反映了表内外项目在不同时间段的合同期限错配情况。

流动性缺口是指以合同到期日为基础，按特定方法测算未来各个时间段到期的表内外资产和负债，并将到期资产与到期负债相减获得的差额。

$$\frac{未来各个时间段}{的流动性缺口}=\frac{未来各个时间段到期}{的表内外资产}-\frac{未来各个时间段到期的}{表内外负债} \quad (9-21)$$

$$\frac{未来各个时间段到期}{的表内外资产}=\frac{未来各个时间段到期的}{表内资产}+\frac{未来各个时间段到期的}{表外收入} \quad (9-22)$$

$$\frac{未来各个时间段到期}{的表内外负债}=\frac{未来各个时间段到期的}{表内负债}+\frac{未来各个时间段到期的}{表外支出} \quad (9-23)$$

流动性缺口率是指未来各个时间段的流动性缺口与相应时间段到期的表内外资产的比例。

流动性缺口率=未来各个时间段的流动性缺口÷相应时间段到期的表内外资产×100%
$$(9-24)$$

相应时间段到期的表内外资产=相应时间段到期的表内资产+相应时间段到期的表外收入　　　(9-25)

启智增慧9-2
美国商业银行常用的流动性风险管理指标

时间段包括：隔夜、7天、14天、1个月、2个月、3个月、6个月、9个月、1年、2年、3年、5年及5年以上。

9.2.5　市场信号法

商业银行的流动性问题不是单一因素形成的，是银行的关系人的流动性需求变化综合反映在银行的表现。因此流动性管理者要密切关注以下信号：资产快速增长，负债波动性显著上升；资产或负债集中度上升；负债平均期限下降；批发或零售存款大量流失；批发或零售融资成本上升；难以继续获得长期或短期融资；期限或货币错配程度加剧；多次接近内部限额或监管标准；表外业务、复杂产品和交易对流动性的需求增加；银行资产质量、盈利水平和总体财务状况恶化；交易对手要求追加额外抵（质）押品或拒绝进行新交易；代理行降低或取消授信额度；信用评级下调；股票价格下跌；出现重大声誉风险事件。

启智增慧 9-3
锦州银行重组事件始末！工行、信达、长城资产三家机构相继出手，意味着什么？

9.3　流动性风险管理策略与方法

流动性风险管理主要是通过对商业银行资产的流动性和负债的流动性进行管理，促进商业银行资产负债期限结构的合理匹配，保持资产负债期限结构的平衡，维持合理的流动性，降低和消除流动性风险。

9.3.1　流动性风险管理程序

依据中国银行保险业监督管理委员会发布的《商业银行流动性风险管理办法》，商业银行流动性风险管理程序为：（1）流动性风险识别、计量和监测，包括现金流测算和分析。（2）流动性风险限额管理。（3）融资管理。（4）日间流动性风险管理。（5）压力测试。（6）应急计划。（7）优质流动性资产管理。（8）跨机构、跨境以及重要币种的流动性风险管理。（9）对影响流动性风险的潜在因素以及其他类别风险对流动性风险的影响进行持续监测和分析。

9.3.2　流动性风险管理策略与方法

在合理度量商业银行流动性的基础上，银行管理层要制定相应的流动性风险管理策略，确定流动性资金来源的结构。随着金融业的发展，商业银行流动性风险管理的思想不断演变，在长期的流动性风险管理实践中，商业银行管理者提出了一系列解决流动性问题的策略和方法。根据对满足流动性的方法的不同选择，可将流动性风险管理策略分为三个阶段：资产流动性风险管理策略、负债流动性风险管理策略、资产负债流动性风险管理策略。

1）资产流动性风险管理策略与方法

20 世纪 60 年代以前，流动性风险管理一直侧重于资产的流动性，强调资产在期限上与负债相匹配。

资产流动性风险管理策略是最早出现的满足流动性需求的方法。资产流动性风险管理，是从资产方管理银行的流动性，商业银行以持有流动性资产（主要是现金和短期证券）的形式来储备流动性资金。当需要流动性资金时，选择性出售流动性资产，收回现金以满足现金需求。由于是通过把非现金资产转换成现金而筹集流动性资金，因此该策略通常又被称为资产转换策略。

流动性资产必须具备三个特点：第一，必须拥有可即刻变现的市场，保证变现不会拖延；第二，必须有合理稳定的价格，无论所售资产的变现要求多么急切，无论所售资产数目多么庞大，市场有足够的广度和深度，足以立即吸收这些资产并且不会造成价格的大幅下滑；第三，必须是可逆的，即卖方可以在几乎不承受任何损失的情况下，恢复其初始投资（本金）。

最常见的流动性资产有银行间拆出和持有的短期国库券、存单、市政债券、政府机构债券、银行承兑汇票以及欧洲货币贷款。

资产流动性风险管理方法主要为小规模商业银行所采用，因为与负债流动性风险管理相比，资产流动性风险管理是一种风险较小的流动性风险管理方法。

然而，资产流动性风险管理方法也存在不足。首先，影响商业银行的盈利性。流动性资产通常是收益率最低的金融资产，大量投资于流动性资产意味着放弃其他资产可能带来的更高的收益。而出售资产意味着这些资产的未来收益将无法实现，因而若以资产储存流动性，则当这些资产必须出售时，就会产生机会成本，而且出售资产时还需支付交易成本（佣金）。其次，可能损失本金。流动性强的资产，若需在市场行情看跌的情况下出售，将加大资本损失的风险。管理层必须仔细斟酌，应首先出售获利潜力最小的资产，以使未来的盈利损失最小化。再次，可能降低银行的规模。出售资产以增加流动性将会损害资产负债表的账面状况，会改变商业银行的资产组合结构，将使总资产减少从而缩小商业银行的规模。

2）负债流动性风险管理策略与方法

20世纪60年代和70年代，金融管制的放松和非银行金融机构大量出现导致银行业竞争的加剧，给商业银行传统的资金来源带来巨大冲击，商业银行不得不以创新方式获得新的资金来源，负债管理理论由此应运而生。

负债流动性风险管理，是从负债方管理银行的流动性。商业银行主要围绕利息费用最小化、保持客户关系和规避监管的限制三方面内容展开。通过主动负债，即通过借入资金的方式来获得流动性。

商业银行借入流动性的主要来源有：发行大额可转让存单、银行拆入资金、卖出回购、欧洲货币借款、从中央银行的借款等。

借入流动性风险管理，增加了银行的资金来源，开创了保持银行流动性的新途径，实现流动性与盈利性的结合。同时，商业银行通过借入资金满足流动性需求，将资金解放出来进行更具有盈利性的贷款和投资，可使其资产组合的结构保持不变，增加资产总量。

负债管理策略主要为大型商业银行所广泛应用，因为规模大、信誉好的银行更容易在货币市场借入资金。

然而，用借入流动性方法来解决流动性问题并非完美无缺。首先，可能增加成本，最终影响盈利能力。由于货币市场利率波动较大以及借款的可获得性变化很快，银行常常在成本和供给情况不利于购买的时候借入流动性。如果是由于宏观金融环境导致的流动性需求，那么所有的金融机构都会面临流动性问题，则会使借入流动性的成本增加。因此，银行借款成本常常是不确定的，使银行的净收益难以确定，加大了净盈利的不确定性。其次，可能不能实现预期的市场融资额度。陷入财务困境的商业银行常常最需要借入流动性资金，但当商业银行陷入困境的消息传出以后，储户就会开始提取存款，考虑到贷款风险，其他金融机构也不愿对其提供贷款。此外，由于银行倒闭导致已经借入的流动性资金无法偿还，还会引发金融风险传染。

3）资产负债流动性风险管理策略与方法

20世纪80年代，随着金融市场和非银行金融机构的发展以及金融环境变得不稳定，单纯资产管理或单纯负债管理的缺陷越来越明显地暴露出来。银行不能够单靠资产管理或单靠负债管理来保证自身的流动性，于是催生了资产负债流动性风险管理策略。由于借入流动性存在内在风险以及以资产储存流动性成本又较高，因此大多数商业银行在选择其流动性风险管理策略时采取中庸之道。将资产流动性风险管理策略和负债流动性风险管理策略两种方法结合起来，全面协调银行的安全性、流动性和盈利性之间的矛盾。

资产负债流动性风险管理，基本思想是资产和负债并重，围绕两者的缺口或差额，根据银行经营环境的变化，动态地调整银行的资产负债结构和负债双方在某种特征上的差异，协调不同的资产与负债在利率、期限、流动性等方面的综合匹配，进行最优化组合和合理搭配。

在资产负债流动性风险管理策略下，将银行的流动性需求划分为预期和未预期两类。对于预期的流动性，一部分以现金性资产方式储存，比如通过储存可转让证券和在其他银行存款等流动性资产，在流动性需要发生时可转换成现金来满足；另一部分由往来银行或与其他资金供应商事先达成的信贷额度来支持。对于未预期的突发性的流动性需求，由临时借款满足。

平衡流动性策略将资产流动性风险管理与负债流动性风险管理相结合，可以取长补短，更加灵活地调度资金，实现流动性与盈利性的统一。只要银行在货币市场上借入资金的方式、途径与成本是合理的，通过资产与负债科学化的匹配，就基本保证银行的流动性平衡，从而实现银行盈利最大化。

无疑，资产负债综合管理是一种更先进和更科学的流动性风险管理手段，这种管理要求实现资产和负债流动性的动态综合均衡，对银行的管理理念、方法手段、技术条件等都提出了更高的要求。

本章小结

本章主要讨论了商业银行如何进行流动性管理，分析了商业银行流动性需求与供给的来源，介绍了几种典型的流动性的度量方法，讨论了商业银行流动性管理的策略。

（1）流动性是指银行为资产的增加而融资及在债务到期时履约的能力。流动性风险指银行不能及时以合理价格取得资金以履行其偿债义务和其他承诺的风险。

（2）流动性风险管理主要是通过商业银行资产的流动性和负债的流动性进行管理。商业银行的流动性需求是客户对银行所提出的必须立即兑现的现金要求，主要来自三个方面：①客户提取存款；②客户的信贷要求；③其他流动性需求。

商业银行流动性供给主要有新的客户存款，包括新开账户和在已开立账户中存款；客户偿还贷款和从投资组合中出售资产。此外，非存款服务产生的收入（费用收入）和货币市场借款也会增加流动性供给。

（3）净流动性缺口（NLP）是指商业银行在某一时刻流动性需求和流动性供给的差额，即流动性需求减去流动性供给。当流动性的需求总额超过供给总额时（$L_t>0$），出现流动性赤字。当流动性的供给总额超过需求总额时（$L_t<0$），出现流动性盈余。

（4）商业银行流动性风险的来源：①资产负债期限不匹配；②利率风险与信用风险共同作用；③其他因素。

（5）商业银行流动性管理问题的本质：①在任意给定时点，流动性需求很少与流动性供给相同，商业银行必须不断处理其流动性赤字或盈余问题；②流动性和盈利性之间存在着一个替代取舍，商业银行用于满足流动性需要占用的资源越多，其预期盈利能力就越小（在其他因素保持不变的情况下）。

（6）商业银行流动性的常见度量方法有资金缺口法、改进的资金缺口法、资金结构法、流动性比例指标法等。

（7）根据对满足流动性的方法的不同选择，可将流动性风险管理策略分为三个阶段：①资产流动性风险管理策略；②负债流动性风险管理策略；③资产负债流动性风险管理策略。

关键概念

流动性　流动性风险　净流动性缺口　资产流动性风险管理　负债流动性风险管理资产负债流动性风险管理

综合训练

问答题

1）什么是流动性缺口？

2）简述商业银行流动性需求和供给的组成。

3）阐述商业银行流动性风险产生的原因。

4）度量商业银行流动性的方法有哪些？

计算分析题

表9-5 　　　　　　　　　　　　　YD银行简化的资产负债表　　　　　　　　　　　　　单位：亿元

资产		负债与所有者权益	
现金	100	存款	4 000
贷款	4 000	借款	500
其他资产	1 000	权益	600
总资产	5 100	总负债与所有者权益	5 100

当前商业银行的流动性管理者面临流动性需求问题：（1）存款人提取存款30亿元，

没有贷款需求；（2）借款人申请贷款30亿元，没有存款被提取；（3）存款人提取存款30亿元，借款人要求贷款30亿元同时发生。

　　问题：分别从现金和借款两个途径解决问题，请给出变化后的资产负债表，并说明银行的规模有何变化。

即测即评9

综合训练
参考答案9

第10章

资产负债利率风险管理

目标引领

☑ 价值塑造

2023年中央金融工作会议明确提出，"以全面加强监管、防范化解风险为重点"，"牢牢守住不发生系统性金融风险的底线"。通过本章的学习，理解我国银行利率市场化改革的意义，领会利率市场化改革取得的成效，吸取国外银行倒闭的教训。

☑ 知识传授

通过本章的学习，了解利率的决定基础、资金的时间价值；掌握利率敏感分析与管理工具的基本原理与运用；掌握久期的计算与运用；熟悉利率风险管理的其他技术。

思维导图

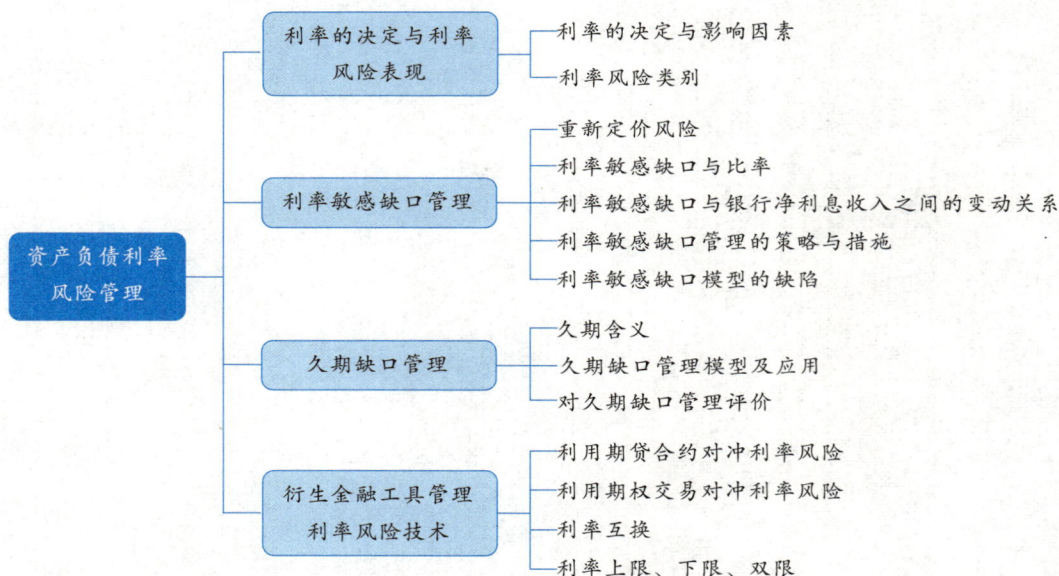

开篇导读

持续深化利率市场化改革

利率是资金的价格，决定着资金流向；利率能否实现市场化，决定着金融资源能否得到合理配置，更好满足经济社会发展和人民群众日益增长的金融需求。近年来，金融管理部门着力推动存贷款利率市场化改革。目前，贷款市场报价利率（LPR）已经成为金融机构贷款利率定价之"锚"，直接影响着各类经营主体的融资成本。存贷款利率市场化改革以来，1 年期 LPR 和 5 年期以上 LPR 分别累计降低 0.8 个和 0.65 个百分点，带动企业贷款加权平均利率从 2019 年 7 月的 5.32% 降至 2023 年 9 月的 3.82%，创有统计以来的最低水平。

　　LPR 由多家银行报价形成，可以更充分反映市场供求变化，少数银行难以再协同设定贷款利率的隐性下限，进而打破之前市场利率向实体经济传导的阻碍，在市场利率整体下行的背景下，有利于促进降低实际贷款利率。与此同时，LPR 改革后，企业议价意识和能力提高，贷款市场竞争性增强，一些银行主动下沉客户群，加大对小微企业的贷款支持力度，金融活水流向了实体经济的薄弱环节。

　　资料来源：金观平. 持续深化利率市场化改革［N］. 经济日报，2023-11-14.

启智增慧 10-1
我国利率市场化进程

　　商业银行的利率风险常常产生于资产和负债之间的期限不匹配，也产生于资产和负债之间的利率调整幅度差异。在 20 世纪 80 年代，利率风险管理的研究重点是利率变动对银行利差的影响。20 世纪 90 年代以来，由于银行资产的多样化及金融衍生工具的快速发展，利率风险管理的任务转向分析利率变动对银行资产、负债的市场价值及资本净值的影响。因此，银行利率风险管理的目标，是通过对市场利率的预测，采取适当的方法，合理配置资产与负债结构，防止因利率波动而导致银行蒙受利润损失和资本损失。

10.1　利率的决定与利率风险表现

　　利率是衡量资金时间价值的尺度，是贷出者出让资金得到的报酬或者说是资金借入者支付的价格。确切地说，利率是每借贷一个单位的资金所支付（获得）的报酬的数量，即：

利率=利息÷借贷资金额=利息÷本金

10.1.1　利率的决定与影响因素

　　对于一家银行来说，任何具体一项贷款或证券投资的利率，最终都是由金融市场决定，银行不能控制利率走势。也就是说，利率是由金融市场上资金供应与需求的均衡状况决定的。图 10-1 表示利率与资金供求之间的关系。

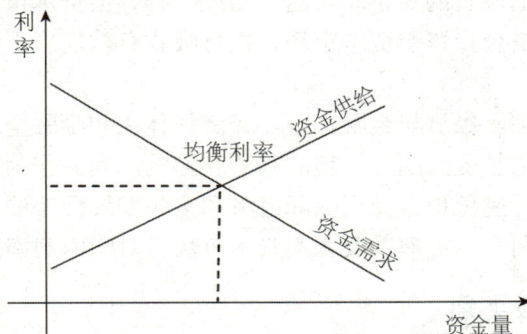

图10-1　利率与资金供求之间的关系

资金需求是在其他外部经济变量既定的情况下，由市场利率的变化所引起的资金需求数量的变动情况。需求曲线反映了市场利率与资金需求量之间的所有对应关系。资金供给是在外部经济变量不变的情况下，由市场利率的变化导致资金供给者对资金供给数量的变动情况。供给曲线代表了市场利率与资金供应量之间的所有对应关系。

市场利率与资金需求量之间呈反比例关系，当市场利率上升时，资金需求者的融资成本降低，对资金的需求数量就会上升；反之，当市场利率下降时，融资者的成本会上升，资金的需求量随之降低。市场利率与资金供应量呈正比例关系，当利率上升时，贷出资金的收益会上升，引致资金供给量增加；反之，当利率下降时，贷出资金的收益会降低，从而导致资金供应量下降。只有当资金需求量与供应量相等时，金融市场上处于资金供应量、需求量、市场利率的均衡状态。此时的利率称之为均衡利率。

当利率水平低于均衡利率时，资金供给量会大于资金需求量，从而出现资金的超供给；当利率水平高于均衡利率时，资金的需求量会超过资金供应量，形成资金超量需求。但任何一种情况的发生，都会引起资金与利率的反方向的变化，资金的供需会逆转，缩小资金供应量与需求量之间的差距，利率也逐渐回复到均衡。

市场利率的波动是银行利率风险的诱因，导致市场利率变动的原因有很多，主要的影响因素有：

（1）中央银行的货币政策。中央银行根据宏观经济运行实际情况制定货币政策以调控宏观经济。根据货币理论，当中央银行实行宽松的货币政策时，便会扩大货币供给，市场可贷资金供给量会相应增加，从而导致市场利率下降，反之则会上升。同时，中央银行可以直接将利率作为其实施货币政策的工具，它通过调整金融机构的再贴现率影响金融机构的可贷资金成本，进而通过银行等金融机构的市场行为最终导致市场利率发生变动。

（2）宏观经济状况。当宏观经济呈现繁荣景象时，市场投资意愿比较强烈，因此可贷资金的需求量也较大，这会引起市场利率的升高；同理，当经济不景气时，投资回报率低，公众投资意愿小，此时的可贷资金需求量较小，市场利率表现为较低的水平。

（3）通货膨胀水平。市场利率是名义利率，它等于实际利率与通货膨胀率之和。所以，当市场价格水平上升时，市场利率一般都会相应提高。此外，通货膨胀率的升高会导致公众的存款意愿下降而企业的贷款需求上升。

（4）资本市场发展状况。从资金供给的角度来讲，资本市场与银行的存贷市场存在着一定的替代关系，即资本市场吸收的资金多了，相应银行存贷市场上的资金量就会减少，反之亦然，两者存在此消彼长的关系。从这个角度分析，当资本市场比较活跃时，投资者将更多的资金投资于资本市场，银行吸收存款能力下降，此时市场利率将会上升。

启智增慧 10-2
硅谷银行关闭凸
显美联储激进加
息负面影响

（5）国际经济与金融环境。经济一体化和金融全球化使得一国经济和金融发展越来越受到国际环境的制约和影响。利率作为最重要的宏观经济变量之一，不可避免地会受到国际经济和金融发展形势的影响，特别是国际金融市场上的利率、汇率以及各类资本市场会对国内利率产生重大影响。

10.1.2 利率风险类别

根据《商业银行银行账簿利率风险管理指引》（修订）（银保监发〔2018〕25号），利率风险是利率水平、期限结构等不利变动导致银行经济价值和整体收益遭受损失的风险。利率变化可能引起银行表内外业务的未来重定价现金流或其折现值发生变化，导致经济价值下降，从而使银行遭受损失。同时，利率变化可能引起净利息收入减少，或其他利率敏感性收入减少、支出增加，从而使银行遭受收益损失。

利率风险主要包括缺口风险、基准风险和期权性风险。

（1）缺口风险（或称重新定价风险，repricing risk），是指利率变动时，由于不同金融工具重定价期限不同而产生的风险。利率变动既包括收益率曲线平行上移或下移，也包括收益率曲线形状变化。由于金融工具的重定价期限不同，利率上升时当负债利率重定价早于资产利率，或利率下降时当资产利率重定价早于负债利率，银行在一定时间内面临利差减少甚至负利差，从而导致损失。

缺口风险是最主要的利率风险，它产生于银行资产、负债和表外项目头寸重新定价时间和到期日的不匹配。通常把某一时间段内对利率敏感的资产和对利率敏感的负债之间的差额称为"重新定价缺口"。只要该缺口不为零，则利率变动时，会使银行面临利率风险。

（2）基准风险（basis risk），是指定价基准利率不同的银行表内外业务，尽管期限相同或相近，但由于基准利率的变化不一致而形成的风险，主要表现为利息收入和支出所依据的基准利率变动不一致所导致的对银行净息差的影响。

（3）期权性风险（optionality risk），是指银行持有期权衍生工具，或其银行表内外业务存在嵌入式期权条款或隐含选择权，使银行或交易对手可以改变金融工具的未来现金流水平或期限，从而形成的风险。期权性风险可分为自动利率期权风险和客户行为性期权风险两类。自动利率期权风险来源于独立期权衍生工具，或金融工具合同中的嵌入式期权条款（例如浮动利率贷款中的利率顶或利率底）。对于这类期权，如果执行期权符合持有人的经济利益，则持有人会选择执行期权，因此称为自动期权。客户行为性期权风险来源于金融工具合同中的隐含选择权（例如借款人的提前还款权，或存款人的提前支取权等）。利率变化时，这类选择权有可能会影响到客户行为，从而引起未来现金流发生变化。

10.2　利率敏感缺口管理

10.2.1　重新定价风险

对于商业银行来说，如果资产负债期限错配，随着市场利率的变动，会产生重新定价的风险，即再融资风险（refinancing risk）与再投资风险（reinvestment risk）。再融资风险，是银行用短期负债支持长期资产，当未来利率上升时，银行的利差收入会减少甚至亏损；再投资风险，是银行用长期负债支持短期资产，当未来利率下降时，银行的利差收入也会减少。举例来说，某家银行将期限半年、利率为 2.00% 的存款，发放了期限一年、利率为5.25% 的贷款。在第一个半年里，该行有 3.25 个百分点的利差（5.25%–2.00%），而第二个半年的利差则取决于半年期存款到期后的再融资利率的变动情况：如果存款利率不变，银行的利差不变；若市场利率上升，则该行的利差会减少甚至会亏损，就会面临再融资风险。同样的，银行将期限为一年、利率为2.00%的存款用于期限半年、利率为4.85%的贷款，有利差2.85个百分点；贷款到期，如果市场利率下降，银行的利差会减少甚至亏损，就面临再投资风险。

利率敏感缺口管理是银行在对利率进行预测的基础上，调整计划期利率敏感性的资产与负债的对比关系，规避利率风险或从利率风险中提高利润水平的方法。利率敏感缺口管理的目的在于实现银行利差最大化。

10.2.2 利率敏感缺口与比率

1）利率敏感资金与非利率敏感资金

在考察期内需要按市场利率重新定价的资产负债称为利率敏感资金（interest rate-sensitive fund，IRSF），又称浮动利率资金或可变利率资金，具体区分为利率敏感资产（interest rate-sensitive asset，IRSA）与利率敏感负债（interest rate-sensitive liability，IRSL）；而在考察期限内不需要重新定价的资产与负债称为非利率敏感性资金，或称固定利率资金。

不同期限的资产与负债对利率变化的敏感程度是不同的。到期期限越长，该资产负债需要按市场利率重新定价的期限就越长；到期期限短，则需要经常重新定价。可见，与利率变动不相关的资产与负债不会产生利率风险，如不生息的资产与负债，或者在一定考察期内利率固定的资产与负债。

利率敏感资金是一个与时间长短相关的概念。商业银行的资产与负债是否属于利率敏感资金，是由银行确定的资金计划期限决定的。根据银行对市场利率的预测，自行确定计划期限的长短。例如，如果资金计划期为3个月，一笔浮动利率的贷款，合同约定6个月调整一次利率，那么如果考察未来3个月的利率敏感资金时，这笔贷款就属于非利率敏感资金。但是，当资金的计算期为6个月时，则6个月的资金都属于利率敏感资金，超过6个月的为非利率敏感资金。

2）利率敏感缺口与利率敏感比率

一定时间内的利率敏感资产与利率敏感负债的差额被定义为利率敏感缺口（fund gap）。利率敏感缺口用公式表示为：

GAP=IRSA−IRSL　　　　　　　　　　　　　　　　　　　　　　　（10-1）

当利率敏感资金大于利率敏感负债时，利率敏感缺口为正值，或称资产敏感；当利率敏感资产小于利率敏感负债时，利率敏感缺口为负值，或称负债敏感；当利率敏感资产等于利率敏感负债时，利率敏感缺口为零。

例如，半年期内，某银行有利率敏感资产10亿元，利率敏感负债8亿元，其利率敏感缺口为2亿元，该银行为资产敏感型。反之，则属于负债敏感型。

利率敏感缺口如图10-2所示。

我们还可以利用相对利率敏感缺口比率来度量利率风险：

相对利率敏感缺口比率=利率敏感缺口÷银行规模（用资产表示）　　　　　　（10-2）

上例中，如果该银行的总资产为20亿元，则：

相对利率敏感缺口比率=2÷20×100%=10%

一般而言，银行的利率敏感缺口绝对值越大，银行承担的利率风险也就越大。如果银

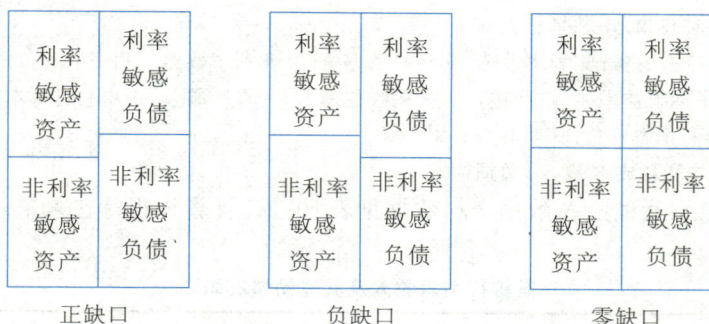

图10-2　利率敏感缺口

行能够准确预测利率走势的话，银行可利用较大利率敏感缺口，获取较大的利息收益。相反，如果银行预测失误，较大的利率敏感缺口也会导致巨额利息损失。

利率敏感缺口表示了利率敏感资产和利率敏感负债之间绝对量的差额，而利率敏感比率则反映了它们之间相对量的大小。利率敏感比率（interest sensitive ratio，ISR）是利率敏感资产与利率敏感负债之比。用公式表示为：

$$ISR=IRSA \div IRSL \tag{10-3}$$

当利率敏感资产大于利率敏感负债时，即利率敏感缺口为正时，此比率大于1，银行属于资产敏感型；利率敏感缺口为负时，利率敏感比率在0与1之间，银行属于负债敏感型；当利率敏感资产等于利率敏感负债时，即零缺口，则比率为1（见表10-1）。

表10-1　　资产敏感型与负债敏感型银行

资产敏感型银行	负债敏感型银行
利率敏感缺口为正	利率敏感缺口为负
相对利率敏感缺口为正	利率敏感缺口比率为负
相对利率敏感比率大于1	利率敏感比率在0～1之间

3）利率敏感分析报告

利率敏感缺口管理的关键是对利率敏感缺口的调整，而调整的基础是对资产负债结构的利率敏感程度的分析。所以银行资金配置状况的利率敏感程度分析是资金管理的基础。为此，银行必须对其需要重新定价的资产与负债进行归类分析，编制利率敏感资金报告。利率敏感资金报告是一种在计算机的帮助下，按时间跨度分段统计资金价格受市场利率影响的一种报告表，它反映银行资产与负债的配置状况。

启智增慧 10-3
AA银行利率敏感资金配置的分析报告

10.2.3　利率敏感缺口与银行净利息收入之间的变动关系

银行的净利息差变化受多种因素影响：一是利率的变化引发资产收益率与负债成本的变化。资产收益与负债成本之间关系的变化，反映了长期利率与短期利率间的变化关系。二是银行的盈利性资产总额、负债总额的变化。三是资产负债组合的变化。浮动利率与固定利率的资产与负债如何配置、期限长短的资产与负债的安排、高收益资产与低收益资产的转换，都影响银行的总体资产与负债的组合，从而影响银行的净利息收益。

净利息收入=利息总收入−利息总成本

$$=\frac{\text{利率敏感资产}}{\text{平均收益率}}\times\frac{\text{利率敏感}}{\text{资产额}}+\frac{\text{非利率敏感资产}}{\text{平均收益率}}\times\frac{\text{非利率敏感}}{\text{资产额}}-\frac{\text{利率敏感负债}}{\text{平均利息成本率}}\times\frac{\text{利率敏感}}{\text{负债额}}-$$

$$\frac{\text{非利率敏感负债}}{\text{平均利息成本率}}\times\frac{\text{非利率敏感}}{\text{负债额}} \tag{10-4}$$

【例10-1】某银行的有关数据资料数据见表10-2，计算该银行在未来一月内的利息收入及其变动情况。

表10-2　　　　　　　　　　**某银行利息收入及其变动情况表**　　　　　　　　金额单位：万元

资产与负债	额度	初始 利率	利率上升 2个百分点	利率下降 2个百分点
利率敏感资产	30 090	8%	10%	6%
非利率敏感资产	75 810	10%	10%	10%
利率敏感负债	28 450	6%	8%	4%
非利率敏感负债	47 360	8%	8%	8%

净利息收入=（8%×30 090+10%×75 810−6%×28 450−8%×47 360）÷12

　　　　　=374.37（万元）

如果未来市场利率平均上涨了2个百分点，则此银行：

净利息收入=（10%×30 090+10%×75 810−8%×28 450−8%×47 360）÷12

　　　　　=377.1（万元）

可见，如果利率在下月上调，银行的净利息收入将增加2.73万元。

同理，如果未来市场利率平均下降了2个百分点，净利息收入将减少2.73万元。

由于在计划期内，利率的变动只对利率敏感资产收入和利率敏感负债成本产生影响，而对非利率敏感资产与负债的收益和成本都没有影响，因此：

$$\frac{\text{净利息收入}}{\text{变动}}=\left(\frac{\text{利率敏感}}{\text{资产}}\times\frac{\text{利率敏感资产}}{\text{收益变动率}}-\frac{\text{利率敏感}}{\text{负债}}\times\frac{\text{利率敏感负债}}{\text{成本变动率}}\right)\times\text{期限}$$

$$=\text{利率敏感缺口}\times\text{利率变动}\times\text{期限} \tag{10-5}$$

上例中，净利息收入变动=（30 090−28 450）×2%÷12=2.74（万元）。

表10-3描述了利率敏感缺口、利率敏感比率与银行净利息收入之间的关系。

表10-3　**利率敏感缺口、利率敏感比率与银行净利息收入之间的关系（利率变动一致）**

利率 敏感缺口	利率 敏感比率	利率 变动	利息 收入变动	变动 幅度	利息 支出变动	净利息 收入变动
正值	>1	上升	增加	>	增加	增加
正值	>1	下降	减少	>	减少	减少
负值	<1	上升	增加	<	增加	减少
负值	<1	下降	减少	<	减少	增加
零值	=1	上升	增加	=	增加	不变
零值	=1	下降	减少	=	减少	不变

10.2.4　利率敏感缺口管理的策略与措施

对于银行而言，利率波动是由市场决定的外生变量，是银行的管理人员无法左右的。因此银行的管理人员进行利率敏感性缺口管理时，就是要力争预测利率的变动方向，及时调整利率敏感缺口的大小。不同的银行经营者，选择的利率敏感管理的策略与方法也不同。

1）营造缺口——进取型策略

银行主动营造利率敏感缺口，利用利率变动获取收益。当预测利率处于上升通道时，银行要增加利率敏感资产，减少利率敏感负债，营造资金的正缺口，而且缺口应随着利率上升的幅度增大而增大。理论上，当利率上升到最高点时，缺口应当最大。当预测利率将要下降时，则设法把利率敏感缺口调整为负值，利率下降至最低点时，负缺口应当最大。

进取型策略适合资金实力雄厚的大银行，它们有专业的技术人员，有能力对影响利率变化趋势的因素进行预测分析，从而能够预测利率变动的趋势。

但由于利率变化的峰尖与谷底的精确值很难测定，而且市场利率一旦从峰顶开始下降时，银行的管理人员一般可能来不及反向操作。所以，当利率处于高峰区域时，银行就应该提前反向操作，逐步减少利率敏感资产，尽可能恢复零缺口。当利率下降时，要主动营造负缺口，使更多的负债可以按照新的不断下降的利率重新定价，以减少成本，扩大净利差额度。

如果银行资产敏感，正缺口时，利率不升反降，银行要采取的措施是：首先调整资产与负债的期限，即延长资产到期日或缩短负债到期日；其次，调整资产与负债的数量，即增加利率敏感负债的数量，减少利率敏感资产的数量。如果银行负债敏感，负缺口时，利率不降反升，则银行应当采取与资产敏感时相反的措施。

2）零缺口——防御型策略

对许多中小银行而言，由于研究预测利率需要较大的成本，这是它们无力承受的，因此中小银行往往采取比较保守的防御型策略，也称免疫型策略，即采用零缺口策略，使利率敏感资产与利率敏感负债相等，企图最大限度地减少风险，增加收入。

10.2.5　利率敏感缺口模型的缺陷

在银行的实际利率管理中，通过预测利率变动来安排资金缺口不是一件容易的事情。利率敏感缺口管理模型存在以下缺陷：

（1）缺口管理的计划期的确定主观性较强。在分析敏感性缺口时，必须先确定计划期，期限多长合理，敏感性缺口模型分析没有给出一个明确的标准。然而计划期的选择对敏感性缺口的正负和大小至关重要。计划期不同，敏感性缺口的大小也不同，预计利率变化对净利息收入的影响不同。

（2）资产负债利率变动的同方向与同幅度的假设不现实。影响利率变动的因素很多，特别是影响短期利率的因素，且市场利率变动不可能经常性的同方向与同幅度，银行较难完全把握。因此，保持利率敏感零缺口，并不能完全消除利率风险。

（3）银行不能单方面控制利率敏感性缺口。通过预测利率来安排银行的资产与负债，是商业银行一厢情愿的事情，并没有考虑客户的意愿。当银行与客户对市场利率的未来趋势预测一致时，客户采取的金融产品选择措施往往与银行的意愿相反，使商业银行的目的不能实现。

商业银行要充分意识到，即使是固定利率计息资产与负债，也可能被提前偿还或提前支取，导致缺口发生改变。下列因素可能影响贷款提前偿还：贷款规模、贷款抵押率（LTV）、借款人特征、合同利率、贷款已发放时间、地理位置及竞争环境、合同期限和剩余期限等。影响提前支取存款的因素包括：存款规模、存款人特征、融资渠道、合同利率、季节性因素、地理位置及竞争环境、合同期限和剩余期限等。除上述之外，还有其他因素，如宏观经济变量，如股票指数、失业率、GDP、通货膨胀率、房屋价格指数等。

（4）利率敏感缺口分析管理模型，是一种静态的分析方法，只注重了净利息的变化，忽略了银行资产负债的市值会受利率变化的影响，而这恰恰是银行的股东所关心的。如没有补救的措施，会引起股东的不安甚至是不满。

10.3　久期缺口管理

在利率波动的环境中，对于浮动利率资产和浮动利率负债配置所带来的融资缺口风险，利率敏感缺口分析模型可以对其在一定范围内进行控制和管理。然而，固定利率的资产和负债并非没有风险，在市场利率发生波动时，其市场价值也会有升有降，这使银行资产在变现时产生资产损失，或者导致银行的权益净值发生变化，使股东财富受损。而计算银行资产负债的平均有效期限即久期，则可以弥补这个缺陷。

10.3.1　什么是久期

久期（duration），是按时间与现金流价值进行加权计算金融工具的到期时间，是计算收回某项投资资金的平均时间，或者说是金融工具各期现金流抵补最初投入的时间。久期是以未来时间发生的现金流，按照目前的收益率折现成现值，再用每笔现值乘以其距离债券到期日的年限，求和，然后以这个总和除以债券目前的价格得到的数值。

久期概念最早由美国的经济学家 Frederick Macaulay 于 1938 年提出，这个概念也被称为 Macaulay 久期，最初是用来衡量固定收益债券的实际偿还期，以计算市场利率变化时债券价格的变动程度。20 世纪 70 年代后，久期被广泛用于所有固定收入金融工具市场价格的计算上，并运用于商业银行的资产负债管理中。通过对银行综合资产和负债久期缺口调整的方式，来控制和管理在利率波动中由总体资产负债配置不当给银行带来的风险。

久期用公式表示为：

$$D = \frac{\sum_{t=1}^{n} \frac{tC_t}{(1+i)^t} + \frac{nF}{(1+i)^n}}{\sum_{t=1}^{n} \frac{C_t}{(1+i)^t} + \frac{F}{(1+i)^n}} = \frac{\sum_{t=1}^{n} \frac{tC_t}{(1+i)^t} + \frac{nF}{(1+i)^n}}{P} \tag{10-6}$$

其中，D 为久期；t 为各现金流发生期间；C_t 为金融工具第 t 期现金流；F 为金融工具的面值或到期价值；i 为市场利率；n 为现金流量发生的次数；P 为现值，即金融工具的市场价格。

【例 10-2】 一张面额为 100 元的附息债券，期限为 3 年，票面年利率为 8%，目前市场利率为 10%，计算该债券的久期。

$$D = \frac{\sum_{t}^{3} 8 \times t/(1 + 10\%)^t + 100 \times 3/(1 + 10\%)^3}{\sum_{t=1}^{3} 8/(1 + 10\%)^t + 100/(1 + 10\%)^3}$$

=2.78（年）

久期度量了金融工具的市场价值对利率变动的敏感程度。金融工具市场价值变动的百分比为：

$$\frac{\Delta P}{P} = -D \frac{\Delta i}{1 + i} \qquad (10-7)$$

市场价值变动值为：

$$\Delta P = -P \cdot D \cdot \frac{\Delta i}{1 + i} \qquad (10-8)$$

式中，ΔP 为金融工具的价格变动；Δi 为市场利率的变动；"−" 代表利率变动与价格变动方向相反。

上例中，由于市场利率由 8% 上升至 10%，则该债券的市场价格降低了。

$\Delta P/P = -2.78 \times 2\%/（1+8\%）= -5.15\%$

$\Delta P = -2.78 \times 100 \times 2\% \div（1+8\%）= -5.15$（元）

10.3.2 久期缺口管理模型及应用

由于市场利率的上升会造成银行固定利率的资产和固定利率的负债的市场价格下降，银行的资产与负债的到期日越长，这些资产与负债的市场价格变化就越大，对净资产的价值影响越大。因此，利率变化引起的银行净资产的变化取决于资产负债的相对期限。如果某银行的资产的平均到期期限长于负债的平均到期期限，若利率上升，则该银行资产的价值的下降幅度将大于负债价值下降幅度，净资产会减少。反之，如果银行的负债平均期限大于资产的平均期限，利率下降，就会使负债价值增加大于资产价值增加，银行的净值也会减少。商业银行通过久期缺口管理，使银行的资产负债的平均期限相匹配，来降低利率风险。

1）久期缺口

久期缺口可以用公式表示：

$$D_{gap} = D_A - \mu D_L \qquad (10-9)$$

式中，D_{gap} 为久期缺口；μ 为资产负债率，即 $L \div A$。

资产平均久期（D_A）$= \sum_{i=1}^{m} \frac{A_i}{A} D_{A_i}$

负债平均久期（D_L）$= \sum_{j=1}^{n} \frac{L_j}{L} D_{L_j}$

银行的净资产价值（NW）等于其资产价值（A）减去其负债价值（L），即：

$$NW = A - L$$

当市场利率发生变动时，银行的资产和负债的价值也随之发生变化，从而导致银行的净资产价值也相应发生变化：

$$\Delta NW = \Delta A - \Delta L$$

由于：

$$\Delta A=-D_A\frac{\Delta i}{1+i}A，\quad \Delta L=-D_L\frac{\Delta i}{1+i}L，可得：$$

$$\Delta NW=\Delta A-\Delta L=-D_A\frac{\Delta i}{1+i}A-\left(-D_L\frac{\Delta i}{1+i}\right)L=-\frac{\Delta i}{1+i}(D_AA-D_LL) \tag{10-10}$$

案例10-1　　　　　　　　　　**久期缺口模型运用实例**

如果不考虑违约、预付和提前支取的情况发生，利息按年复利计算，假设一家银行的简化的资产负债表如下，计算该银行的资产负债的久期缺口（见表10-4）。

表10-4　　　　　　　　　　**某银行的资产负债表（简）**　　　　　　金额单位：万元

资产	市场价值	偿还期（年）	利率（%）	负债与净值	市场价值	偿还期（年）	利率（%）
现金	1 000	—	—	大额存单	5 200	1	5
商业贷款	7 000	3	10	定期存款	4 000	3	8
国库券	2 000	5	8	总负债	9 200	—	—
				资本金	800		
总计	10 000			总计	10 000		

$$商业贷款久期（D）=\frac{\dfrac{700}{1.1}+\dfrac{700\times2}{1.1^2}+\dfrac{7\,700\times3}{1.1^3}}{7\,000}=2.74（年）$$

同理：

国库券久期（D）=4.31年

大额存单久期（D）=1年

定期存款久期（D）=2.78年

该银行的资产久期（D_A）=（7 000÷10 000）×2.74+（2 000÷10 000）×4.31
　　　　　　　　　　=2.78（年）

负债久期（D_L）=（5 200÷9 200）×1+（4 000÷9 200）×2.78=1.77（年）

久期缺口（D_{gap}）=D_A-μD_L=2.78-（9 200÷10 000）×1.77=1.15（年）

现设定银行的所有资产负债项目的市场利率都上升1个百分点，则该银行的有关项目变化如下（见表10-5）：

表10-5　　　　　　　　　　**变动后的资产与负债情况**　　　　　　金额单位：万元

资产	市场价值	偿还期（年）	利率（%）	负债与净值	市场价值	偿还期（年）	利率（%）
现金	1 000.00	—	—	大额存单	5 150.48	1	6
商业贷款	6 825.64	3	11	定期存款	3 897.98	3	9
国库券	1 920.92	5	9	总负债	9 048.46	—	—
				资本金	698.10		
总计	9 746.56	—	—	总计	9 746.56	—	—

商业贷款的价格变动（ΔP）=-7 000×2.74×0.01÷1.1
　　　　　　　　　　　　=-174.36（万元）

国库券价格变动（ΔP）=-79.08万元

则，资产总市值变动（ΔP）=-174.36+（-79.08）=-253.44（万元）

大额存单的价格变动（ΔP）=-5 200×1×0.01÷1.05=-49.52（万元）

定期存款价格变动（ΔP）=-102.02万元

则有：负债市值价格变动（ΔP）=-49.52+（-102.02）=-151.54（万元）

净值变动（ΔNW）=-253.44-（-151.54）=-101.9（万元）

可见，由于市场利率上升了一个百分点，使得该银行的资产负债市场价值都下降，净值也减少了101.9万元。反过来，如果市场利率下降了一个百分点，则银行的净值变化值就会增加101.9万元。

2）久期缺口与利率和银行净值变动的关系及调整措施

表10-6表明银行净值变动额、久期缺口与利率变动之间的关系。当久期缺口为正时，银行净值随利率上升而减少，随利率下降而增加；当久期缺口为负时，则相反；当久期缺口为零时，银行净值在利率变动量保持不变。

表10-6　　　　　　　　　**久期缺口与利率和银行净值变动的关系**

久期缺口	利率变动	资产价值变动	变动幅度	负债价值变动	净资产价值变动
正	上升	减少	>	减少	减少
正	下降	增加	>	增加	增加
负	上升	减少	<	减少	增加
负	下降	增加	<	增加	减少
零	上升	减少	=	减少	不变
零	下降	增加	=	增加	不变

表10-7表明，利率变动对银行净资产市场价值变动的影响因素为：

（1）久期缺口。久期缺口越大，银行的利率风险的敞口程度越高。

（2）银行的规模。银行的规模越大，利率变动后，其净值变化越大。

（3）利率变动。利率变动越大，产生的利率风险越高。

（4）期限。期限越长，利率变动后，其净值变化越大。

因此，银行的管理层可通过缩小久期缺口或改变现有的资产与负债的相对数量来减少银行利率敞口的风险。商业银行久期管理措施见表10-7。

表10-7　　　　　　　　　**商业银行久期管理措施**

利率预期变化	管理措施	可能结果
上升	缩短资产期限，延长负债期限，保持负缺口	净资产增加
下降	延长资产期限，缩短负债期限，保持正缺口	净资产增加
上升或下降	保持零缺口	净资产不变

10.3.3　对久期缺口管理的评价

久期缺口管理克服了利率敏感管理的缺陷，为利率管理提供了一个综合性的指标，使得商业银行可以通过资产负债久期缺口管理，进行资产负债的合理配置，实现银行净值的最大化。但是，它仍有不足之处。

首先，资产、负债的久期与到期日之间客观上的不相等性，使银行往往难以找到一个能使资产久期与负债久期相等的资产负债组合，即使能够找到，也是一项十分烦琐的工作。除了零息债券、一次性还本付息的贷款和短期金融工具的到期日等于平均久期以外，分期付息或分期还本付息的金融工具久期要短于到期日，同时，本金与利息的支付次数越频繁，其久期也越短。久期是随着利率的变动而变动的，利率一旦发生变动，银行的资产负债构成就应当变动，这就意味着银行总要处于资产负债的结构调整之中；即使是利率相对稳定，久期缺口也会随着时间的变动而改变，银行也必须经常调整资产负债结构，这要求银行投入大量的人力、物力，结果势必增加银行的成本。

其次，银行的某些项目的现金流量有时难以确定，使得计算久期非常困难。

最后，久期分析有很多的假设，带有较大的主观性。利率相对稳定和资产与负债利率变动同方向与同幅度的假设，与现实情况不相符。

10.4　衍生金融工具管理利率风险技术

在10.3中，商业银行运用利率敏感缺口管理与久期缺口管理技术时，存在着自身不能克服的一些缺陷，不能完全有效地防范利率风险应该运用金融衍生工具进行操作，以此作为补充，消除部分风险。

金融衍生交易以金融合约为交易对象，其价格衍生于现货市场，如货币、外汇、股票、债券市场。金融合约种类很多，包括远期交易合约、期权、期货、调换合约、利率上限合约、利率下限合约及利率上下限合约等。这些合约分为两类：一类是规定交易双方有义务在某一日期按事先约定的价格进行交易，如远期交易、期货和调换合约；另一类是购买合约的一方有权利选择是否执行合约，例如各种期权合约。由于基础货币市场中利率、股票价格和债券价格每天变动，金融衍生合约的市场价格也是每天变动的。买卖金融衍生合约的目的，或者为了对冲风险保值，或者为了投机获利。

10.4.1　利用期货合约对冲利率风险

利率期货是交易双方在集中性的市场上，以公开竞价的方式所进行的期货合约交易。期货合约具有标准化、成本低、集中交易的特点，具有较好的规避利率风险的功能。

利用期货合约对冲利率风险，一般要求银行金融期货的头寸与现货市场的头寸相反，例如银行在现货市场买进债券（长头寸），就要在期货市场上卖出债券（短头寸）。如果现货市场的债券价格下降，则期货市场的获利就会起抵消作用。期货合约不仅可以用于证券组合管理，也可以用于稳定贷款收益和存款及货币市场借款的成本。

1）期货保值原理

（1）空头套期保值

如果银行处于利率敏感负缺口，久期正缺口，预期利率上升，可采用空头套期保值方法。

假定预期利率上升，银行应卖出期货合约，未来证券交割的时间确定在借入新的大额存款、发放固定利率贷款或购买新的债券之时。然后，当借款和贷款接近到期或销售债券时，并且在第一批期货合约到期之前，再购买等量的期货合约。如果市场利率大幅上升，银行借款的利率成本会增加，银行持有的固定利率贷款和证券的价格会下降，但是，这些损失会被期货合约的价格收益所抵消。而且，如果银行对冲地买卖同种期货合约，则没有义务交割证券，由结算所平仓即可。

案例 10-2   **空头套期保值实例**

假定某银行按照协议在 3 个月后要提供一笔贷款 1 000 万元。目前市场利率为 10%，银行担心市场利率将上升至 10.5%，使筹资成本上升，因此决策者决定在市场上利用债券期货保值。如果忽略交易成本，具体过程如下：

银行如果当前以 10% 的利率借款，其筹资的成本为：

1 000×10%×3÷12=25（万元）

3 个月后，市场利率上升至 10.5%，此时筹资成本为：

1 000×10.5%×3÷12=26.25（万元）

筹资的成本上升了：26.25-25=1.25（万元）

在期货市场上，假定国债期货合约的面值为 10 万元，银行在期货市场上卖 100 份国债期货合约，单价为 9.1125 万元，总收入为 911.25 万元。银行承诺 3 个月交割债券。

随后，由于市场利率上升，导致债券价格下降，此时国债期货合约的价格为 9.1 万元，在到期日之前，银行买入 100 张国债期货合约，总支出为 910 万元。

期货交易的收益=911.25-910=1.25（万元）

从上面的分析可以看出，利率上升使银行的贷款成本上升，但也为空头带来收益，该银行在现货市场上的损失会由期货市场上的收益弥补。

如果利率不是上升而是下降了，本例中的期货交易会损失，但银行筹资成本也下降了，也会弥补期货市场上的损失，则银行总的筹资成本不变。

（2）多头套期保值

如果银行处于利率敏感正缺口，久期负缺口，利率下降，则做多头。

假定银行在未来一段时间内可以有稳定的存款流入，并且预期利率下降，这有利于降低资金成本，但不利于银行的收入增长。如果这个预期一旦成为现实，而银行并没有采取什么行动，就会使银行的成本上升而利润下降。因此为避免净利损失，银行可通过目前买入期货合约，在未来存款流入时卖出期货合约来对冲，如果利率确实下降，期货合约价格会上升，从而获得利润。

2）对冲利率风险的期货合约数量确定

当一家银行有正的利率敏感性缺口时，如果预期利率上升，银行因净利息收入增加而受益；预期利率下降，银行会因净利息收入的减少而遭受损失。为了减少这种利率下降所带来的损失，银行可以在现货市场上进行交易来减少利率敏感性资产，使利率敏感性缺口为零，也就是通过调整资产负债表内项目来减少这种损失。另外，银行还可以通过购买一个或多个未来交割的期货合约来进行多头套期。这样，如果利率下降，净利息收入的下降会被在期货市场上多头套期的收益所抵消；如果利率上升，则净利息收入的增加会被期货交易中的损失所抵消。当一家银行有负的利率敏感性缺口时，如果利率上升，会因净利息的减少而遭受损失。为了减少这种利率上升所带来的损失，银行可以通过抛售一个或多个未来交割的期货合约进行空头套期来调整利率敏感性头寸。这样，如果利率上升，净利息收入的下降会被在期货市场上空头套期收益所抵消；如果利率下降，则净利息收入的增加会被期货交易中的损失所抵消，利用期货合约的交易可以抵消利率变动给银行带来的风险，那么一定时期到底需要多少期货合约数量，才能消除风险呢？可以用下面的公式计算：

$$N=k\frac{VD_e}{PD_p}\qquad\qquad (10-11)$$

式中，N 为期货合约的数量；k 为现货市场与期货市场的波动比率；V 为需要进行套期保值的现金流量的价值；P 为期货合约的面值；D_e 为预期的头寸的期限；D_p 为期货合约的期限。

金融期货除了可以对利率敏感性头寸进行套期保值外，还可以对银行的资产和负债久期不匹配进行套期保值。如果一家银行有正的久期缺口，利率上升时，银行可以延长负债的久期或缩短资产的久期，也可以在期货市场上建立一个空头头寸进行套期保值。同样，当银行有一个负的久期缺口，银行可以在期货市场上建立一个多头头寸进行套期保值。

$$N=\frac{(D_A - \frac{L}{A}\cdot D_L)\cdot A}{D_f\cdot P_e}\qquad\qquad (10-12)$$

式中，N 为期货合约的数量；D_A 为资产组合的久期；A 为银行资产值；D_L 为利率敏感性负债的久期；D_f 为从交割之日起假设期货合约中交割证券的久期；P_e 为期货的价格。

【例10-3】某银行资产的久期为4年，负债的久期为2年，总资产5亿美元，总负债4.6亿美元。银行计划运用美国政府债券期货合约来对冲利率风险，该政府债券的久期为9年，该债券的现货价格为10万美元，期货合约的价格为9.97万美元，银行需要购买多少合约才能消除利率变动的风险？

$$N=\frac{(4 - \frac{46\,000}{50\,000}\times 2)\times 50\,000}{9\times 9.97}\approx 1\,204 \text{（份）}$$

同样，如果进行多头套期保值（负的久期缺口），其合约的数量与上式相类似。

运用期货对冲利率风险的好处是：第一，只需付出期货合约值的一定比率的款项作为保证金，一般为5%～7%；第二，经纪佣金较低。但运用期货对冲利率风险也有一定的局限性，假设现货市场与期货市场的价格变动的一致性是一种理想的状态。如果现货市场与期货市场的利率变动方向相反且都对银行不利时，银行可能在现货市场上与期货市场上都蒙受损失。因此对冲能降低利率风险，但不能完全消除风险。

10.4.2　利用期权交易对冲利率风险

期权是买卖金融工具的选择权。期权交易是期权的买方在向期权的卖方支付了一定的期权费之后，取得了在规定的期限内按协议价格从卖方购买或者卖出一定数量的某种金融工具合约的交易活动。

利率期权是在未来一定时间内以既定的价格买进或卖出某种证券的权利。当利率变动对期权购买者有利时，他可以执行期权合约；当未来市场利率变动对他不利时，可以不执行期权合约；还可将合约转卖他人。例如，当利率上升时，期权的购买者就要执行看跌期权，而放弃看涨期权。反之，当利率下降时，期权的购买者要执行看涨期权，而放弃看跌期权。但无论市场利率如何变化，期权的卖出者都必须执行合约。如果预期失误，期权合约购买者的最大损失为购买期权合约的期权费。

【例 10-4】某商业银行预计一个月后有 500 万元的现金流入，打算购买长期国债，并希望收益率不低于 10%。该银行担心未来市场利率可能降低，导致国债价格上升，因此，购买看涨期权合约。假设每 10 万元的国债合约的协议价格为 9.9 万元，协议总价为 495 万元，期权费为 2.5 万元。一个月后，如果利率下降，长期国债的价格上涨至 10.5 万元，那么银行就执行权利，从卖者手中购买国债。如不考虑佣金，比较一下银行的投资成本：

按市场价格购进的实际成本：10.5×50=525（万元）

执行协议价格购买国债的实际成本：9.9×50+2.5=497.5（万元）

节约的成本：525-497.5=27.5（万元）

商业银行主要是作为期权的购买者的身份出现，通过购买利率期权合约，对利率风险进行管理，不仅可以规避利率风险，而且还会获得因利率波动带来的盈利。当银行出现利率敏感正缺口，久期负缺口，而利率下降时，买入看涨期权合约；反之则相反操作。

10.4.3 利率互换

利率互换是指互换的双方在约定的一段时间内，根据双方签订的合同，在一笔象征性本金数额的基础上，互相交换具有不同性质利率款项的支付。利率互换一般是在同一种货币间进行，并且在交易过程中，交易双方始终都不交换本金，仅仅支付利息。

1）利率互换的三种类型

息票利率互换，是同一种货币的固定利率与浮动利率之间的互换。例如，甲乙双方签订息票利率互换协议，名义本金为 100 万美元，甲方以此本金为基础，在 5 年内每隔半年按 6% 的固定利率向乙方支付利息，而乙方则向甲方支付以相同本金为基础的按 6 个月伦敦同业拆放利率计算的利息。

基础利率互换，是一种参考利率的浮动利率与另一种参考利率的浮动利率间的互换。如互换双方同意在 5 年内，甲方每 3 个月按 3 个月期的美元 LIBOR 向乙方支付利息，同时从乙方收取按美国商业票据利率计算的利息。交易双方分别支付与收取以相同的名义本金按不同浮动利率计算的利息。

交叉货币利率互换，是两种货币之间的不同利率的互换，包括：交叉货币的固定利率对固定利率的互换；交叉货币的浮动利率对浮动利率的交换；交叉货币的固定利率对浮动利率的互换。

2）运用利率互换降低利率风险与降低借款成本

（1）用利率互换对冲利率风险。假设有两家银行，银行 A 为利率敏感负缺口，银行 B 为资金敏感正缺口。A 银行的风险来自于利率一旦上升，其净利息收入就会下降；而 B 银行面临的是利率下跌引起净收入减少的风险。通过利率互换，两家银行可以"锁定"利息收入，消除利率变动的不确定风险。第三方银行作为中介机构，为客户安排利率互换，还可以得到费用收入。图 10-3 描述的是两家银行的利率互换过程。

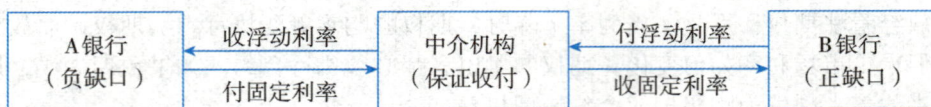

图10-3　利率互换

如果市场利率上升，A银行从互换中获利，并用来补偿由于利率敏感负缺口和利率下降导致的利息收入的减少；反之，如果利率下降，B银行从中获利。

银行也可以利用互换来改变资产与负债的久期。如果银行的久期缺口为正，通过把一个固定利率的收入流换成一个可变利率的收入流，可以缩短资产的久期。相反，则应当将可变利率的支出流换成一个固定利率的支出流，以延长负债的久期。这样，通过利率互换使得一家银行资产负债的久期接近平衡，从而防止投资组合遭受风险。

（2）运用利率互换降低筹资成本。通过利率互换也可降低借款成本，因为长期信贷市场的加息差比短期借贷市场的加息差高得多，通过利率互换可以减少加息差。

【例10-5】假定两家银行的信用等级不同，一家银行为AAA级，另一家银行为BBB级。目前市场利率情况见表10-8。

表10-8　　　　　　　　　　　　　　不同银行的融资成本

	BBB级银行	AAA级银行	利差
浮动利率债券（短期）	LIBOR+1%	LIBOR+0.5%	0.5%
固定利率债券（长期）	12%	10%	2.0%

由于AAA级银行的信用级别高，它无论发行短期还是长期债券来筹资，AAA银行比BBB级银行都有绝对优势，也就是说能以较低的利率来筹资。但是，通过比较发现，AAA级银行在固定利率资金市场上筹资，比BBB级银行少支付2个百分点，具有比较优势；而在浮动利率市场上筹资只比BBB级银行少支付0.5个百分点，由此可见，BBB级银行在短期资金市场上有相对比较优势。

如果AAA级银行需要筹集的是浮动利率资金，而BBB级银行恰好需要固定利率资金，那么就可以通过互换满足双方的需要。AAA级银行支付以LIBOR计算的利息给BBB级银行，而BBB级银行向AAA级银行支付以10%计算的利息。通过互换，双方的筹资成本分别都降低了。在不考虑中介佣金的情况下，具体操作过程如图10-4所示：

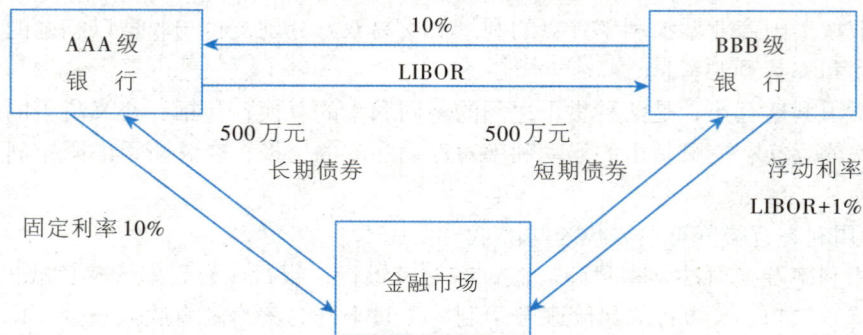

图10-4　降低筹资成本的利率互换

通过互换，双方的筹资成本分别都降低了：

	AAA 级银行	BBB 级银行
自筹成本	LIBOR+0.5%	12%
互换后成本	LIBOR（10%+LIBOR−10%）	11%（LIBOR+1%+10%−LIBOR）
节约的成本	0.5%	1%

双方银行节约成本的差额，可以看作是中介机构获得的收益。

利用利率互换来降低筹资成本，多数是在银行与企业之间或企业与企业之间的交易。两个企业之间进行利率互换，银行可以充当经纪人获取佣金，此时银行没有任何利率风险，但要承担信用风险。因此，银行要分析了解互换双方的信用状况。

利率互换为银行或企业提供了灵活的规避利率风险的手段。但利率互换的缺点，显然是经纪费可能很高，也存在信用风险、基差风险等风险，在实际操作中要注意防范，结合其他的工具一起运用。

案例 10-3　　　　　　　　　奎克国民银行利率风险管理成功案例

1983 年，奎克国民银行的总资产为 1.8 亿美元。它在所服务的市场区域内有 11 家营业处，专职的管理人员和雇员有 295 名。1984 年初，马休·基尔宁被聘任为该行的执行副总裁，开始着手编制财务数据。

基尔宁设计了一种报表，是管理人员在制定资产负债管理决策时所使用的主要的财务报表，它是利率敏感性报表。其主要内容如下：

在资产方，银行有 2 000 万美元是对利率敏感的浮动利率型资产，其利率变动频繁，每年至少要变动一次；而 8 000 万美元的资产是固定利率型，其利率长期（至少 1 年以上）保持不变。在负债方，银行有 5 000 万美元的利率敏感型负债和 5 000 万美元的固定利率型负债。

基尔宁分析后认为：如果利率水平从 10% 提高到 13%，该银行的资产收益将增加 60 万美元（2 000 万美元浮动利率型资产×3%），而其对负债的支付则增加了 150 万美元（5 000 万美元浮动利率型负债×3%）。这样国民银行的利润减少了 90 万美元（60 万美元−150 万美元）。反之，如果利率水平从 10% 降为 7%，则国民银行利润将增加 90 万美元。

基尔宁接下来分析了 1984 年当地和全国的经济前景，认为利率在未来 12 个月内将会上升，且升幅将会超过 3%。为了消除利率风险，基尔宁向国民银行资产负债管理委员会做报告，建议将其 3 000 万美元的固定利率型资产转换为 3 000 万美元的浮动利率型资产。奎克国民银行资产负债管理委员会同意了基尔宁的建议。

这时，有家社区银行拥有 3 000 万美元固定利率型负债和 3 000 万美元浮动利率型资产，愿意将其 3 000 万美元的浮动利率型资产转换成 3 000 万美元的固定利率型资产。于是两家银行经过磋商，很快达成协议，进行资产互换。

正如基尔宁预测的，1984 年美国利率持续上升，升幅达到 4%。为国民银行减少了 120 万美元的损失，基尔宁也成为奎克国民银行的明星经理。

10.4.4　利率上限、下限、双限

1）利率上限（cap）

利率上限是借款人筹资时使用的方法。借款人购买了利率上限后，就可以从贷款人或第三方得到保证，贷款人不能将贷款利率提高到上限以上，或者得到第三方补偿的超过利

率上限的额外利息。

【例10-6】一家银行将在欧洲美元市场上借入1亿美元，并为其购买一个11%的利率上限，则该银行的筹资的利息成本就不会超过11%。如果到时市场利率上升到12%，那么出售利率上限的银行将补偿买入利率上限的银行1%的利息成本，银行收到的利息补偿额为100万美元，即：

利息补偿额＝（市场利率−上限利率）×借入金额

  ＝（12%−11%）×100 000 000

  ＝1 000 000（美元）

2）利率下限（floor）

与利率上限相反，贷款人或者证券的持有者为防止利率下跌带来利息损失，他会购买一个利率下限。这样市场利率无论下跌多少，他都能得到某一最低的收益率。例如，银行持有90天的可转让的定期存单，发行人承诺的利率为3.25%。银行担心利率下跌，于是向某金融机构买入一个2.75%的利率下限，届时如果出售存单的实际收益率低于2.75%，出售利率下限的银行就要补偿下限利率与实际利率间的差额。

3）利率双限（collar）

利率双限是把利率上限与下限合并在一个合同里，在市场利率走向不确定时，使用利率双限可以保护自身利益。从筹资者的角度说，双限的购买者相当于购买了利率上限，出售了利率下限。也就是说，当实际利率超过利率上限时，购买者将得到利差补偿，而实际利率下跌到利率下限以下时，购买者要补偿出售者。例如，某银行借款额度为5 000万元，该行购买了利率在4%~6%的利率双限。期间如果市场利率上升到6%以上，银行要得到利差补偿；如果市场利率下降到4%，则由银行向出售者补偿利差。从投资者的角度说，双限的购买者相当于购买了利率下限，出售了利率上限。即，当实际利率低于利率下限时，出售者将付给购买者减少的利息收入，而实际利率上升到利率上限以上时，购买者要补偿出售者。

利率上限、利率下限和利率双限的作用类似于利率期权，可用来避免利率变动幅度较大产生的风险。同时，向客户出售大量的利率上、下限和双限，也可为银行带来可观的费用收入。

本章小结

利率风险是商业银行面临的最主要的市场风险，我国商业银行在利率市场化进程中也必将面临日益严重的利率风险，对商业银行利率风险有效管理将是银行经营管理中紧迫和重要的任务之一。

（1）利率是资金的价格，体现资金的时间价值。利率受多种因素的影响，如中央银行的货币政策、宏观经济状况、通货膨胀水平、资本市场发展状况、国际经济与金融环境等。

（2）利率风险是由于市场利率波动的不确定性导致银行收益或市场价值发生变动的可能性。商业银行的利率风险常常产生于资产和负债之间的期限差异，也产生于资产和负债之间的利率调整幅度差异。利率风险分为重新定价风险、基差风险、收益率曲线风险和选择权风险四类。

（3）利率敏感缺口管理是银行在对利率进行预测的基础上，调整计划期利率敏感性的资产与负债的对比关系，规避利率风险或从利率风险中提高利润水平的方法。其目的在于实现银行利差最大化。

利率敏感资产与利率敏感负债的差额被定义为利率敏感缺口，有正缺口、负缺口、零缺口。利率敏感缺口不同，利率的不同变化，对银行的净利息收入的影响不同。因此，商业银行应当根据利率的未来走势，采取进取型策略，主动营造利率敏感缺口，来实现利息收入最大化。

（4）久期也称有效期限，是按时间与现金流价值进行加权计算金融工具的到期日，是计算收回某项投资资金的平均时间。银行资产负债的久期缺口管理，是借鉴了证券投资组合理论中的证券久期管理的原理，通过对银行综合资产和负债久期缺口调整的方式，来控制和管理在利率波动中由总体资产负债配置不当给银行带来的风险。

商业银行有不同的久期缺口，利率上升或下降会使银行的净值产生不同的影响。因此，应通过对利率的预测，合理配置资产与负债的期限结构，以实现银行的保值增值。

（5）尽管利率敏感缺口管理和久期缺口管理能够最大限度地控制银行的利率风险，但由于各自存在的缺陷，还需要运用其他衍生金融工具的交易来抵消部分利率风险。这些工具包括期货、期权、互换、利率双限等。

关键概念

利率风险　再融资风险　再投资风险　利率敏感资金　利率敏感缺口　久期　利率互换

综合训练

问答题

1）商业银行通常会面临哪些利率风险？

2）简述银行的净利息差变化的影响因素。

3）简述利率敏感缺口、利率敏感比率与银行净利息收入之间的关系。

4）简述利率敏感缺口管理的策略与措施。

5）简述利率变动、银行净值变动的影响因素。

6）简述久期缺口与银行净值变动的关系。

7）如果利率上升，而银行有负的利率敏感缺口和正的久期缺口，如何用利率期货套期保值？

8）举例说明如何运用利率互换降低商业银行筹资成本。

✔ **计算分析题**

资产	市值	久期	负债	市值	久期
中央政府债券	135	7.49	大额存单	150	1.94
地方政府债券	300	1.5	定期存款	188	2.75
商业贷款	150	0.6	金融债券	74	3.92
消费贷款	75	1.2	负债总额	412	
房地产贷款	60	2.25	权益资本	38	
资产总额	450			450	

问题：（1）计算久期缺口。

（2）假设资产与负债的平均利率都从5%上升到5.5%，银行的净资产的变化值是多少？如果下降呢？

（3）如果要保持净资产不变，请分别给出调整后的资产久期与负债久期。

即测即评10 综合训练
参考答案10

第11章

商业银行人力资源管理

目标引领

☑ **价值塑造**

了解现代商业银行员工的招聘要求，树立远大理想，强本领、勇担当；通过学习人力资源管理相关知识，提高职业道德和文化修养。

☑ **知识传授**

通过本章的学习，掌握现代人力资源管理的含义；理解现代人力资源管理在商业银行中的组织实施方式及意义；能够运用现代人力资源管理的相关知识解决问题。

思维导图

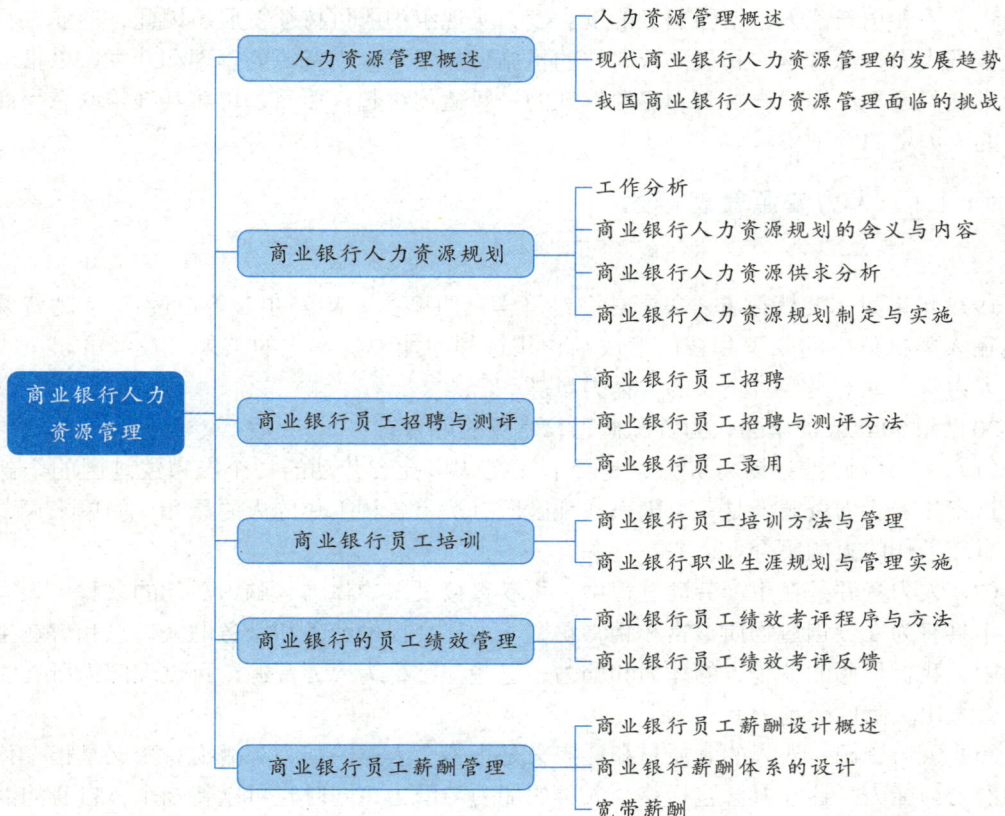

××银行员工离职背后的真相

最近，人力资源部的经理老余有些郁闷。临近年关了，银行员工的流失率远远超过上个季度。部门老员工老陈也突然提出了辞职，老陈在信息技术部已经工作了六年多，一直以来就兢兢业业，口碑很好。究竟是哪里出了问题呢？老余带着疑问找老陈进行"离职面谈"。尽管老陈在接下来的谈话中有所暗示地指出与上司相处不愉快，老余也一再肯定了老陈的付出和成绩，并允诺明年年初的晋升加薪将优先考虑老陈。可是，老陈还是客气地推辞了。

近年来，离职率一直是各商业银行关注的重点，通过分析离职率可以帮助分析银行文化、人力资源管理与各部门管理层的问题与不足，通过离职面谈可以帮助组织看到问题所在，并针对问题对症下药。银行人力资源管理在商业银行经营管理的教科书中通常是"被遗忘的角落"，但其桥梁作用至关重要，本章中将引领大家探寻银行人力资源管理的理论与实践逻辑脉络。

11.1　人力资源管理概述

人力资源管理在组织中具有重要的作用和意义。它能够提高员工的工作效率，提升组织的竞争力和创新能力，增强员工的满意度，实现组织的可持续发展。因此，商业银行应高度重视人力资源管理，积极采取有效的措施，加强对人力资源的管理和开发，以推动银行的发展。逐本溯源，先从人力资源管理的一般概述讲起，而后，再将其理论联系到商业银行的人力资源管理实践。

11.1.1　人力资源管理概述

1）人力资源

1979年诺贝尔奖获得者、美国著名经济学家西奥多·W.舒尔茨曾说过："人力资源是蕴藏在人类机体中的知识和技能形成与作用过程中能力资本化的结果。在经济起飞的时代，人力资源绝对是经济增长的主体力量。"

20世纪50年代提出的人力资源概念，常见的解释有：

（1）人力资源是劳动力资源，是目前正在从事社会劳动的一个国家或地区的全部人员。这意味着人力资源就是一个国家或地区所有从事各种工作的人的总和。简单来说，就是所有在工作的人的集合。

（2）人力资源是在生产劳动过程中，可以直接投入的体力、脑力活动的总和。人力资源是指具有为社会创造物质财富和精神财富、为社会提供劳务和服务的人口总和。在生产劳动中，我们用到的就是人的体力和脑力，这些都被称为人力资源。可以理解为所有能够为社会做出贡献的劳动力。

（3）人力资源，即人的素质总和。广义是指整个人类的能力与潜力；狭义是指个体自身的潜力与能力。这一概念包括整个人类的能力与潜力，同时也可以特指个体自身的潜力与能力。简单来说，就是人的全部潜能和能力。

（4）人力资源作为一种经济范畴，具有"质"和"量"的规定性，这决定了人力资源管理也具有"质"与"量"两个方面。这指的是人力资源不仅仅是数量上的总和，还包括每个人的素质和能力。管理人力资源也需要考虑到人的素质和数量两个方面，因为每个人的贡献是不同的。

2）人力资源管理的职能概述

人力资源管理的基本职能始终贯穿于人力资源管理的整个活动过程。人力资源管理职能主要包括人力资源规划，员工招聘、测评与录用，绩效管理，薪酬福利管理，培训与开发，员工关系管理等六大职能。

第一，人力资源规划。它包括对组织在一定时期内的人力资源需求和供给做出预测，根据预测的结果制订出平衡供需的计划等。具体而言，它是通过对现阶段人力资源状况的分析并结合上层对人力资源的需求，对于未来的每一个时间节点上人员的需求做好预估和筹划，并把各项计划落实到书面政策与筹划中。根据公司宏观战略与微观战术的需求现状及时调整、对将来未雨绸缪就是人力资源规划的核心要义。

对于一家新银行来说，人力资源规划就是通过分析银行职员和上级对未来的需求，规划出未来需要多少前台、会计、客户经理等，确保银行顺利运营。

第二，招聘、测评与录用。招聘是通过各种途径发布招聘信息，吸引应聘者；录用则是通过测评从应聘者中挑选出符合要求的人选。具体内容包括公开招聘与内部竞争上岗的招聘流程制定、核心管理岗位的任命要求和流程制定、员工录用后续工作规范化制定。当今社会人力资源管理在人力成本控制上对企业贡献巨大，托管聘用制即劳务派遣制就是一种被普遍运用的节约成本的方法。

银行需要新员工时，会发布招聘广告，吸引有经验的职员。通过面试和技能测试，选择出最适合的员工。

第三，绩效管理。它包括制订绩效计划、进行绩效考核以及实施绩效沟通等。合理的、适时的考核是员工、部门乃至公司整体提高效率和产出的保证，同时也为后续的培训、晋升、薪酬调整等事宜调整提供了参考依据。

为了保证银行提供金融服务的质量，银行经理会制定绩效计划并进行定期考核，这有助于员工提高效率。

第四，薪酬管理。它包括确定薪酬的结构和水平。不同配比会对员工的工作效率产生很大影响力，比如外资银行与本国银行员工的薪资构成差别很大，其中外资银行考虑到业务开展难度较大，于是，给员工更高比例的固定工资和岗位津贴，而本国银行则通过降低员工的固定工资部分，给员工传递"优胜劣汰"的信号。

第五，培训与开发。它是对新进与现有员工的培训与开发活动。培训是员工能力提升、工作效率提升的保证，同时对于员工来说，有含金量的系统性培训也是员工福利的组成部分之一，对于提高员工的工作稳定很有意义。开发与市场营销部门异曲同工，一部分是开发"全新的"人力资源，包括计划招聘人才等；另一部分则是针对现有员工的发展。

对于新员工，银行可能会提供系统的培训，包括了解银行的规章制度、业务类型，岗位要求等。

第六，员工关系管理。它包括协调劳动关系、进行企业文化建设，对员工的职业生涯进行设计和管理。任何企业的雇主与雇员关系都存在不稳定性，稳定性越低，员工的流动性就越强，公司的稳健发展与员工的稳定性、忠诚度成正比，因此需要加强公司劳动关系的管理。

银行经理需要确保员工之间的关系融洽，创造积极的工作氛围。这就像建立一个友好的工作环境，让员工更愿意留在银行的岗位。

人力资源管理的各项职能之间是密切联系、相互影响的，它们共同形成了一个有机的系统。内容框架如图11-1所示。

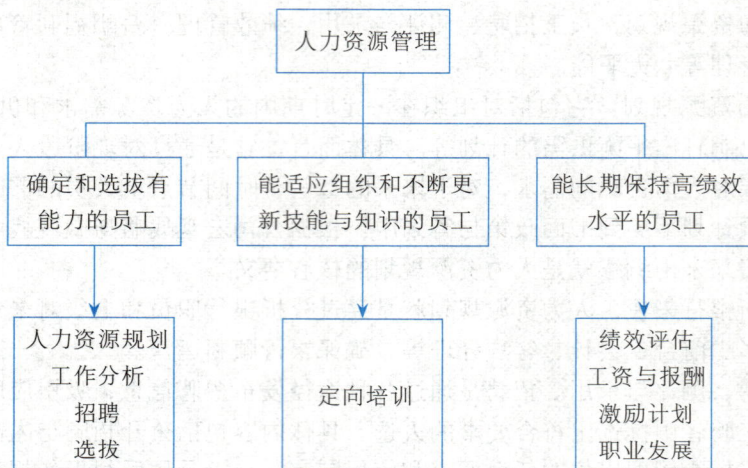

图11-1　人力资源管理内容框架

资料来源：赵曙明，刘洪，李乾文. 人力资源管理与开发［M］. 北京：北京大学出版社，2021.

3）现代人力资源管理与传统人事管理的区别

20世纪90年代以来，现代人力资源管理在美国等一些国家形成热潮，在理念、方法和模式上与传统的人事管理形成明显差别，详见表11-1。

表11-1　　　　　　　　　现代人力资源管理与传统人事管理的区别

项　目	人力资源管理	传统人事管理
在组织中的地位	组织观念、整体性、战略意义	完成任务、局部性、具体工作
基本管理特点	系统、主动	分割、被动
管理的时间性	长期着眼、短期着手、中期关注	基本上是短期的
管理的空间性	开放性的、涉外的	封闭性的、内部的
控制系统	自我控制、自我约束	外部控制、受人制约
员工间关系状况	个人化、信任度高	群体性、信任度低
与员工的关系	服务与被服务	管理与被管理
适应的组织结构	高度灵活的、有机的	机械呆板的、分等级的
评价标准	利用人力资源、促进其发展	降低人工成本
工作的中心	以人为本	以事务、工作职责为中心

资料来源：孙健，郭少泉. 商业银行人力资源管理［M］. 北京：经济管理出版社，2005.

第一，从组织地位看，现代人力资源管理将人员招募、录用、培训、教育和考核等有效地结合起来，具有组织观念，决策具有整体性和战略意义，传统人事管理则是为了完成部门任务，单独进行管理和控制，决策只考虑具体工作，具有局部性。

第二，从基本管理特点看，现代人力资源管理具有系统性和主动性，积极有效地对人力资源进行开发和管理，而后者是按照上级决策被动地管理。

第三，从管理的时间性看，前者是全过程管理，长期着眼、短期着手、中期关注，后者基本上是短期的。

第四，从管理空间性看，现代人力资源管理是开放性的、涉外的，而传统人事管理是封闭性的、内部的。

第五，从控制系统看，现代人力资源管理中，员工是自我控制、自我约束，而传统人事管理则要靠外部控制和约束。

第六，从员工间信任度看，现代人力资源管理中，员工间关系个人化，信任度高，而传统人事管理下员工间关系群体化，信任度低。

第七，从员工关系看，现代人力资源管理中，企业与员工是服务与被服务的关系，而传统人事管理中则是管理与被管理的关系。

第八，从适用的组织结构看，现代人力资源管理的组织结构是高度灵活的，而传统人事管理的组织结构是机械的、分等级的。

第九，从评价标准看，现代人力资源管理以充分利用人才为企业创造最大价值为标准，传统人事管理则是以降低人工成本为标准。

第十，从工作中心看，现代人力资源管理是以人为本，强调对人的有效利用，将人看作技术性因素，传统人事管理是以事务和工作职责为中心，管理活动局限于给人找个位置，而非对人潜能的开发。

11.1.2　现代商业银行人力资源管理的发展趋势

21 世纪企业资源开发的重点已从物力转向人力，竞争主要是人才和智力的竞争。随着经济全球化趋势日渐加强，金融业的商业壁垒逐步被打破；科学技术的发展使银行与客户关系更紧密；社会经济发展层次的提高、产业结构的调整升级，对员工素质提出更高要求。当代青年作为未来人力资源的主体，要积极学习专业技能，提高职业素养，顺应人力资源管理的发展趋势，应如习近平总书记对青年的殷切希望，成为"立志民族复兴，不负韶华，不负时代，不负人民"的时代好青年。商业银行人力资源管理顺应经济的大形势，也呈现出新的趋势。

1）人力资源需求结构的变化

一方面，金融电子化的发展加快了科技对人力的替代，使商业银行对从事简单劳动人员的需求减少；另一方面，金融电子化的发展强化了科技在银行发展中的作用，使银行对掌握现代科技人员的需求增加。从"IT+金融"到"互联网+金融"阶段，再到现在我们正经历的以人工智能、大数据、云计算等为代表的"新科技+金融"阶段，每个金融阶段持续的时间越来越短，金融科技的创新速度越来越快，对于金融从业者及金融监管机构来说，新时代的金融科技发展充满了机遇与挑战。

启智增慧 11-1
"以人为本"构建商业银行数字化人力资源管理体系

全球金融发展更趋向于混业经营，导致对知识结构全面、一专多能的复合型人才需求增加，对知识结构单一的人员需求减少，对人才专业条件要求放宽，对专业分析能力、思维的广度和深度以及综合素质要求逐渐提高。

2）人才分配格局的转化

（1）专业对口分配有条件地向相关专业分配转变。实践中，如果仅限定人才的专业对口，则可能限制了银行外部人才的引进或制约了银行内部人才的培养与发展，不利于人才结构调整和优化组合，更不利于复合型人才的培养。近年来，在招聘应届生问题上，许多金融机构对专业对口这一项要求放宽许多。

（2）单向分配向多向分配转变，改变一岗定位长期不变的局面，采取轮岗、交叉岗位工作、横向参与的制度，丰富员工的工作内容，拓宽员工的业务面，提高员工的业务能力，增强员工的适应能力，调动员工的积极性与创造性。例如，中国建设银行根据每位员工的履职水平、管理能力和业务素养开展轮岗工作，保障各项工作的稳健运营，促进员工服务水平全面提升。

除此之外，现在人才市场更多的是双向选择，因此商业银行应当建立一个良性循环、合理竞争、择优发展的环境，为人才提供发展的空间，吸引人才加入，共同发展。

3）人力资源国际化趋势明显

人力资源管理面临着全球化，技术的发展与变革，政治、法律环境的变化和人口环境的变化。商业银行员工知识结构应当国际化，有助于与国际接轨，把握全球行业动态。另外，人力资源全球化流动的趋势将更明显。全球范围内的知识和人才流动，对商业银行是一个长期的挑战与机遇。银行越来越倾向于在全球范围内招聘和雇用员工，以获得各种不同背景和技能的人才。同时，跨文化人力资源管理在国际化团队中也变得越来越重要，以确保员工之间的有效沟通和协作。

人力资源管理的核心是"以人为本"。因此，商业银行应进行人力资本投资，建立学习型银行，充分挖掘员工的潜力，提高员工的主人翁意识，从而可以为银行提供更好的服务。

案例 11-1
上海农商银行人
力资源信息化
之道

11.1.3　我国商业银行人力资源管理面临的挑战

外资银行的进入对我国商业银行的发展构成了极大的挑战，人力资源上也将面临激烈的竞争。我国商业银行面临的挑战主要来自以下几个方面：

（1）"以人为本"的经营理念与先进的经营管理机制。很多外资银行都奉行"以人为本"的经营理念，而我国商业银行在人力资源方面缺乏对人力资本的投入意识。

（2）科学的考评体系与平等竞争的用人原则。人力资源管理的各个环节，从招聘到考核都非常重要。国外许多银行采用"员工职业生涯发展计划"，同时运用科学的绩效考核体系与公平竞争的用人原则，在此基础上实行激励原则，提高员工满意度。

（3）健全的培训体系和有效的培训机制。外资银行入驻中国后，较之以往，各家银行越来越重视员工的教育培训，然而，我国商业银行往往更倾向于采用外部培训方式，在内部培训的运用和优化上还有待提高。

启智增慧 11-2
加快塑造现代化
人力资源

（4）优厚的工薪待遇和高度的就业保障。外资银行允许中高级管理人员和业绩优良的员工享有公司的股票、收入期权、利润分成以及种类繁多的

"自助餐式福利"待遇。这种措施对于增强员工责任感，密切员工与银行之间的统一性和交互作用具有积极的推动作用，尤其是对吸纳和稳定优秀人才至关重要。

除此之外，在工作环境、领导风格、员工参与度等方面对我国商业银行也提出了挑战。

11.2　商业银行人力资源规划

11.2.1　工作分析

工作分析是商业银行进行人力资源管理的基础。在调查研究的基础上，系统地整理每一项工作的职责、内容、工作方式、环境及要求五大方面的内容。通过工作分析，可以制定岗位说明书，从而清楚地了解某一工作的任务和性质，以及哪些人适合从事这项工作。

工作分析一般可以分为以下几个阶段：

（1）准备阶段。这个阶段主要解决以下问题：确定分析的目标和重点；制订实施方案；收集、分析背景资料；确定收集信息的方法；组建和培训分析团队。

（2）收集相关信息。收集到的信息包括：银行的管理系统图、各部门工作流程图、各岗位办事细则等。

（3）进行信息分析。对之前收集到的信息进行统计、归类、分析和研究，以全面了解组织的各个职位。

（4）编写职位说明书。也称工作说明书，分为工作说明与工作规范两部分，具体包括工作识别、工作编号、工作概述、工作关系、工作职责等。

（5）及时反馈与更改。工作分析结果会得到广泛的应用，在后期应努力完善工作分析内容，随着银行的不断发展，需要及时与各岗位人员进行沟通，了解最新信息，并相应地更改职位说明书的内容。

启智增慧 11-3
职位说明书示例

11.2.2　商业银行人力资源规划的含义与内容

1）人力资源规划的含义

人力资源规划是根据商业银行自身的发展规划，通过分析、估计其未来人力资源的需求与供给，对职务编制、人员配置、教育培训、人力资源管理政策、招聘和选择等进行职能性计划，从而促进组织实现总体目标的过程。

商业银行作为一类特殊企业，其人力资源规划有三层含义：①人力资源规划是对组织环境的变化进行科学的预测和分析，保证银行在近期、中期和远期都能获得必要的人力资源。②银行应制定必要的人力资源政策以保证满足人力资源需求。③实现组织目标的同时，要满足员工的个人利益。

2）人力资源规划的内容

人力资源规划分为总体规划与业务规划，前者以银行战略目标为依据进行总体安排，后者围绕前者展开，见表 11-2。按照人力资源规划的时限来分，可分为长期规划、中期规划和短期规划。长期规划编制的时间宽度一般是 5~10 年，主要是确定人力资源战略；中期规划一般是 2~5 年，主要是根据战略来制定战术；短期规划时限较短，一般是半年至 1 年，主要是制订作业性的行动方案。这些规划都应当以银行的总体战略为依据。

表11-2 人力资源计划的主要内容

计划项目	主要内容	预算内容
总体规划	人力资源管理的总体目标和配套政策	预算总额
配备计划	中长期内不同职务、部门或工作的人员的分布状况	人员规模变化引起的费用变化
退休解聘计划	因各种原因离职的人员情况及其所在岗位情况	安置费
补充计划	需要补充人员的岗位、数量和任职资格，获取人员的途径	招募、选拔费用
使用计划	人员晋升政策、晋升时间；轮换工作的岗位情况、人员情况、轮换时间	职位变化引起的薪酬福利等支出的变化
培训开发计划	培训对象、目的、内容、时间、地点、教员等	培训总投入、脱产人员工资及脱产损失
职业计划	骨干人员的使用和培养方案	（含在上项）
绩效计划	个人及部门的绩效标准、衡量方法，实现绩效目标的措施	
薪酬福利计划	薪酬结构、工资总额、工资关系、福利项目以及绩效与薪酬的对应关系等	薪酬福利的变动额
劳动关系计划	减少和预防劳动争议，改进劳动关系的目标和措施	诉讼费用及可能的赔偿

资料来源：张德. 人力资源开发与管理［M］. 北京：清华大学出版社，2016.

11.2.3 商业银行人力资源供求分析

人力资源需求与供给预测是进行人员规划的基础。进行预测前，规划人员应全面深入地掌握银行的内外部整体情况，根据银行的战略、策略、规划等做出具体的人员分析。

1）商业银行人力资源需求分析

（1）人力资源需求调查。调查项目包括：商业银行结构设置、职位设置及其必要性；现有员工的工作情况、定额及劳动负荷情况；未来的经营任务计划、影响因素可能变动情况。员工需求和组织战略是紧密联系的，商业银行从单一银行体系，逐步发展成为多元化、多层次的银行业体系，从物理网点时代到智能化的数字银行时代，对金融科技人才、复合型人才需求仍然存在缺口。

（2）人力资源需求预测。预测受内、外部因素的影响，包括银行经营状况和技术条件的变化等，考虑单个因素和各因素之间的相互作用，进行定性与定量分析。准确预测需要多少员工，以及需要什么样的员工是一件十分困难的工作，尤其对于那些处于快速变化环境中的银行业而言。运用一些技术工具可以用来减少这种困难，主要包括四种相关技术工具：专家预测法、趋势估计法、统计建模以及单位需求预测法等。

启智增慧 11-4
人力资源需求预
测方法

2）商业银行人力资源供给分析

（1）银行外部人力资源的供给预测。外部劳动力的供给受整个社会经济及人口结构因素的影响，在预测外部人力供给时应考虑以下因素：主要竞争对手提供的薪酬水平、工作条件、职业发展情况；公司地理位置；教育水平；法律规定等。此外，人力资源职员不仅应当判断当地的人力资源状况，也要分析其他相邻地区的人力资源供给情况，为将来不同渠道招聘人才提供数据与准备。

（2）银行内部人力资源的供给预测。常采用以下三种方法：

一是管理人员继任计划法。具体步骤为：确定需要制订继任计划的管理职位；确定每个管理职位上所有可能的接替人选；评价接替人选，判断其目前的工作情况是否达到提升要求，可将接替人选分成不同等级；确定职业发展需要以及将个人的职业目标与组织目标相结合，即根据评价结果对接替人选进行必要的培训，这种安排应尽可能与继任者的个人目标相吻合并取得同意。

二是马尔可夫分析法。其基本思路是通过找出过去人事变动的规律，以此来推测未来的人事变动趋势。首先做一个人员变动矩阵表，表中的每一个元素表示一个时期到另一个时期（如从今年到明年）在两个工作之间（如从中层管理岗位到高层管理岗位）调动的雇员数量的历年平均百分比。一般以 5~10 年为周期来估计年平均百分比，周期越长，根据过去人员变动所推测的未来人员变动就越准确。之后将下一期各岗位在职人员的数据与本期相比找出变动数量，将变动数量与正常的人员扩大、缩减或维持不变的计划相结合，从而使预计的劳动力供给与现实需求相匹配。

三是档案资料分析法。通过对银行内人员的档案资料进行分析，了解员工的年龄、性别、工作经历、期望的职业发展等内容，可用于确定晋升人选、培训计划、职业发展计划等。随着网络技术的发展，这些档案资料将更有利于预测人力资源的内部供给。

商业银行的人力资源供求共同决定了价格，即工资水平。在对人力资源供求做了分析之后，就应该根据供求状况做出决策了。如果人力资源部门发现员工的供给小于需求，对于银行而言存在若干可能性。如果这种人员短缺不严重，而且现有员工愿意加班，那么供给是完全足够的；如果短缺的是特殊技术的员工，就需要进行员工培训或人才引进。当员工的供给和需求比较后，发现员工过剩，可以采取的措施包括裁员、提早退休、降职以及终止合同等。

11.2.4 商业银行人力资源规划制定与实施

人力资源规划主要过程可分为四个阶段，其制定和实施的程序如图 11-2 所示。

（1）预测阶段。这是人力资源规划中的关键阶段，通过分析档案资料、用工情况、组织环境战略和生产力情况，预测人力资源的供给与需求情况得出净需求数据。确定人力资源的目标，并进行招聘选拔、安置、培训开发等一系列后续安排。

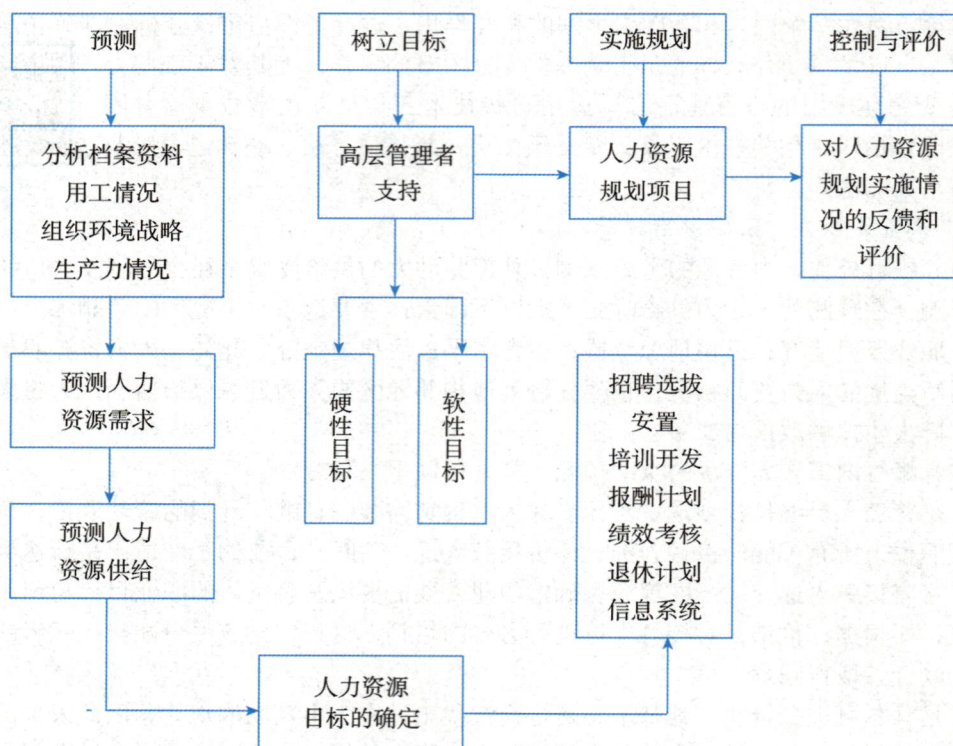

图11-2　人力资源规划制定和实施的程序

资料来源：合杰，郭旭初，赵勇．现代商业银行人力资源管理［M］．北京：中国金融出版社，2004.

（2）树立目标阶段。人力资源部门将分析预测结果上报给高级管理者，得到支持后将目标进一步细化为硬性目标和具有弹性的软性目标。

（3）实施规划阶段。制定人力资源管理的总规划，根据总规划制订各项具体的业务计划。根据不同的供求预测采取不同的政策与措施。

（4）控制与评价阶段。开始实施制订的计划，并根据实施的结果对计划进行评估，然后及时地将评估的结果反馈，修正人力资源规划。

11.3　商业银行员工招聘与测评

11.3.1　商业银行员工招聘

商业银行员工招聘是指银行为了发展需要，根据人力资源规划和工作分析中的数量与要求，从组织内、外部吸收人力资源的过程。招聘包括招募、筛选、录用、评估等环节，最后根据职位的需求、应聘者的素质和银行人力资源规划进行人员选拔工作。

1）员工招聘的原则与程序

员工招聘与选拔是商业银行发展的需要，为了保证工作有序、经济、高效地开展，应当遵循以下原则：

（1）择人原则。应根据岗位对任职者的资格要求选用人员。

（2）公正原则。公正指银行要公示招聘信息、招聘方法，将招聘工作置于公开监督之下，从而吸引大量应聘者。公平公正就是确保招聘制度给予合格应征者平等的获选机会。

（3）竞争择优原则。在员工招聘中引入竞争机制，在对应聘者进行全面考查的基础上，按照成绩择优选拔员工。

（4）效率优先原则。它是指用尽可能低的招聘成本录用到合适人选。

招聘的程序是指从分析和确定银行内部岗位空缺和需求情况到正式录用新员工进入企业参加工作的全过程，可以分为招募、选拔与录用三个主要环节（如图11-3所示）。

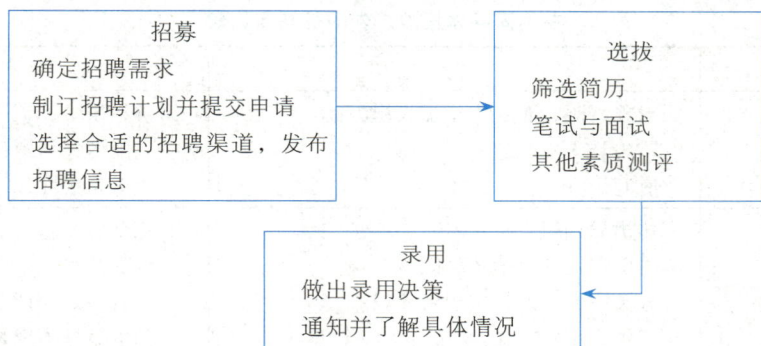

启智增慧11-5
入职银行先存
1 000万？"潜规
则"不是缓解揽
储压力的良方

```
┌─────────────────────────┐          ┌──────────────────────┐
│ 招募                     │          │ 选拔                 │
│ 确定招聘需求             │  ──────▶ │ 筛选简历             │
│ 制订招聘计划并提交申请   │          │ 笔试与面试           │
│ 选择合适的招聘渠道，发布 │          │ 其他素质测评         │
│ 招聘信息                 │          │                      │
└─────────────────────────┘          └──────────────────────┘
                                               │
       ┌──────────────────────┐                │
       │ 录用                 │ ◀──────────────┘
       │ 做出录用决策         │
       │ 通知并了解具体情况   │
       └──────────────────────┘
```

图11-3　招聘流程图

资料来源：李莉，岳玉珠. 人力资源管理基础［M］. 2版. 北京：电子工业出版社，2010.

在此程序中，人力资源规划和职位说明书是招聘依据，人力资源规划决定了招聘的人数、时间与岗位等，而职位说明书则是在人力资源规划的基础上，为特定职位的招聘制定的详细说明材料，包含该职位的职责、任职资格、薪资福利等信息。招聘职位说明书是人力资源规划的一种具体实施方式，通过明确具体职位的要求和条件，吸引符合要求的人才，以适应组织的发展需求。

启智增慧11-6
六大妙招提高面
试人员应试率

2）商业银行进行员工招聘的渠道

商业银行的员工招聘渠道一般包括内部招聘和外部招聘两种。

（1）内部招聘。来源有三种：通过晋升方式填补空缺职位；通过工作轮换填补空缺职位；通过降职方式填补空缺职位。主要方法有：

①推荐。在进行外部招聘之前，很多商业银行提倡现有员工鼓励他们的亲戚朋友申请。引荐人对被引荐人的情况比较熟悉，能节约大量的时间、金钱和精力。

②布告。银行可以通过内部媒体，如内部网络、公告栏、墙报等，公开空缺职位，吸引内部员工应聘。这种方法可以增加员工对招聘透明度的感知，有助于提高员工工作积极性。

③利用员工职业生涯记录。商业银行可以充分利用员工档案，了解员工在成长经历、教育水平、经验技能等方面的信息，帮助用人部门与人力资源部门寻找最合适的人员补充职位。

内部招聘的优点有：第一，提高晋升员工的积极性和绩效；第二，内部员工能更快地适应岗位；第三，选聘内部员工可以提高所有员工的忠诚度，降低离职率；第四，上级主

管对内部员工的能力较熟悉，可以更好地展开合作。但也存在一些不足，一方面，未得到任用的员工可能会产生不满情绪，影响工作效率；另一方面，若一家商业银行经常运用内部招聘，会影响银行发展的创新性。

（2）外部招聘。

①广告招聘。广告招聘适用于各种工作岗位，因此应用最为普遍。

使用广告招聘时要注意：第一，广告媒体的选择。媒体的选择取决于招聘岗位的类型；第二，招聘广告的结构。广告的结构应当遵循 AIDA 原则，即注意（attention）、兴趣（interest）、欲望（desire）和行动（action）。招聘广告可通过多种媒体投放，表 11-3 是在不同媒体投放广告的优缺点比较。

表11-3　　　　　　　　　　在不同媒体投放广告的优缺点比较

媒体种类	优点	缺点
广播电视	形象直观，有利于增加吸引力 广告让人不能忽视 有利于宣传银行形象	价格昂贵 只能传递简短信息 缺乏永久性
报纸	传播周期短 可以限定特定的招聘区域 分类广告，方便求职者查找 广告大小具有弹性	竞争较激烈 容易被未来求职者忽略 没有特定的读者群 印刷质量不理想
杂志	印刷质量好 广告大小具有弹性 保存期长，可不断重读 具有专业性，可将信息传递到特定区域	传播周期较长 难以在短时间内达到效果 地域传播分散
互联网	广告制作效果好 信息容量大，传递速度快 可统计浏览人数 可单独发布招募信息，也可集中发布	地域传播分散 信息过多，容易被忽略 受众有限

资料来源：赵轶. 人力资源管理［M］. 北京：中国人民大学出版社，2014.

②中介机构招聘。猎头公司是一类人才中介组织，其服务的一大特点是推荐人才素质高，因此一般借助猎头公司寻找中高层管理人员或特殊专业人才。猎头公司一般会建立自己的人才库，在提供服务时会收取高额的服务费，猎头公司的收费通常能达到所推荐人才年薪的25%~35%。

除此之外，职业介绍所、劳动力就业服务中心则适用于招聘一些低层次岗位人员。这些中介机构既为银行选择应聘者，也为求职者择业，是一个双向通道。

③校园招聘。校园招聘是商业银行挑选专业人员与技术人员最有效的方式之一，但是要花费较长时间培养应届毕业生。商业银行在使用校园招聘时应当注意：首先，选择校园招聘的一般是规模较大且有能力进行培养的大型银行；其次，商业银行应当注意对学校的选择；再次，降低学生的期望值，招聘能够踏实工作的人才，再进一步培养；最后，银行应当注意树立良好的形象。

④网上招聘。网上招聘信息传递的范围较广，周期较短，一般有两种方式：一是通过

商业性的职业招聘网站；二是在自己银行的主页上发布招聘信息。随着网络的发展，网上招聘必将得到更广泛的应用。

创新的招聘渠道有助于银行的现代化转型。近年来，由于复合型金融科技人才供不应求的现象严重阻碍了中小银行的数字化转型，中小银行积极探索更具吸引力的招聘渠道，例如，重庆农商银行在科技人才招聘上赋予金融科技中心充分的招聘权，招聘人数、薪酬"双不封顶"；在科技人才培养上，一方面"不拘一格"对内选拔优秀人才，另一方面开展形式多样的学习培训，建立起涵盖研发、数据、风控、产品、运营在内的全功能数字化人才团队。

11.3.2　商业银行员工招聘与测评方法

1）常用的招聘方法

（1）背景调查。背景调查是银行了解申请人具体情况的办法之一，根据求职人员的申请表首先对其进行必要的背景调查，掌握申请人的教育背景、工作履历、个人品质、交际能力等。

（2）笔试。笔试主要用来测试应聘者的知识和能力，包括两个层次：一般知识和能力、专业知识和能力。招聘人员根据事先设计好的标准评分，结果作为应聘者是否能进入下一轮测试的参考。笔试要确保能够测试应聘者与工作要求直接相关的技能和专业知识。

（3）工作模拟。工作模拟是模拟实际工作情境，并对应聘者表现做出评价的一类测试方法。它包括两个方面的内容：一是公文筐测试。其具体方法为：在公文筐放置诸如文件、备忘录等文件。招聘人员向应聘者介绍有关的背景材料，让其全权负责处理公文材料。根据每个应聘者的表现给其打分。二是无领导小组讨论。对一组人同时进行测试，主持者给一组应聘者一个与工作有关的题目，让其就此题目自行开展讨论。根据应聘者的表现，从多方面进行评价，得出综合评分。无领导小组讨论是一种常用的招聘方法。

（4）面试。对于商业银行初选的应聘者，要了解其具体情况并加以对比，最直接的方法是面试。面试通常分为结构化面试与非结构化面试。结构化面试是指主试人事先准备好所有的问题与答案，根据设计好的问题和细节逐一发问。非结构化面试是漫谈式的，旨在观察应试者的知识面、价值观、谈吐和风度等，了解其表达能力、思维能力、判断能力和组织能力等。实际中，绝大部分面试都介于两个极端之间，一般对层次较低、标准化程度较高的岗位的招聘，面试的结构化程度较高；而对于层次较高、标准化程度较低的岗位的招聘，面试的结构化程度较低。

2）人员素质测评方法

测试主要借助于一些技术方法、手段，对应聘者的智力、知识、能力、个性特征等方面做出客观的评价。常用的测评方法有：

一是智力测试。一般智力测试可决定某人能否适应某种工作；操作智力测试是测试心智和体能动作相结合的机械工作能力和实际动手能力；社会智力测试则是通过具有针对性的模拟情景等测试一个人在社会活动中的行为能力、感知能力及处理人际关系的能力。

二是心理测试。心理测试是对行为样本进行客观和标准化测量的方法。心理测试主要包括认知能力测试和人格测试。其中认知能力测试包括成就测试、智力测试和能力倾向测试；人格测试分为兴趣测试与诚实度测试。

例如，平安集团入职测评题型包括言语、策略、图推、数量等多种类型的题目，根据不同的招聘类型，测评的内容和要求也会有所不同，社会招聘一般会考查智商和情商及胜任力，而校园招聘则主要考查智商和十六种人格因素测试①。在智商测试题中，包括10道理解题、10道图形题和10道数量题，每道题的时间为60到90秒。对于符合要求的应聘者，会通过在线测评或先面试再进行测评的方式进行筛选。

11.3.3 商业银行员工录用

商业银行员工录用包括对应聘者进行测评，制定录用决策和对录用结果做出评价。在实际录用过程中，既要以对应聘者的全面考核结论为依据，择优录取，也要做到公开、公平、公正。注意对未录用的应聘者进行辞谢。银行可以将未被录用人员的信息进行整理，并将其储存在银行的人才信息库中，这样可以丰富银行储备的人才信息，同时可以有效节省招聘成本、提升招聘效率。新员工录用流程如图11-4所示。

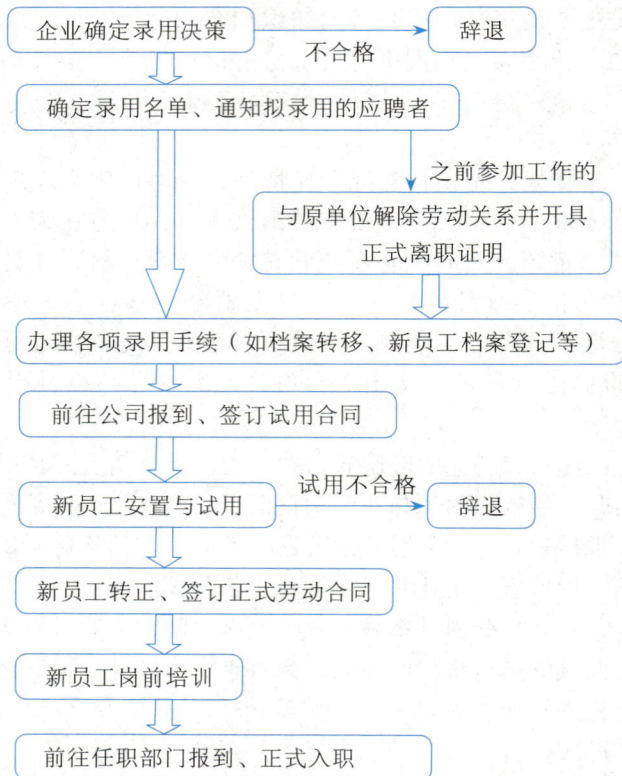

图11-4 新员工录用流程

资料来源：陈维政，余凯成，程文文. 人力资源管理［M］. 大连：大连理工大学出版社，2020.

---

① 由美国伊利诺伊州立大学人格及能力测验研究所卡特尔经过几十年的系统观察和科学实验，以及用因素分析统计法慎重确定和编制而成的一种精确的人格因素测验，能以约45分钟的时间测量出16种主要人格特征。已于1979年引入国内并由专业机构修订为中文版。本测验在国际上颇有影响，具有较高的效度和信度，广泛应用于人格测评、人才选拔、心理咨询和职业咨询等工作领域。

11.4　商业银行员工培训

11.4.1　商业银行员工培训方法

培训是由组织实施的有计划的、连续的、系统丰富员工知识的行为过程，其目的是使员工的知识、技能、态度乃至行为发生定向改进，保证员工能够按照预期的标准或水平完成所承担的或将要承担的工作任务，培训的终极目标就是实现个人发展与银行目标的和谐统一。

培训员工的方式多种多样，银行应当根据培训目标选择合适的方法。

（1）课堂讲解。它是指培训者向全体受训者进行传统课堂讲授，在多数情况下，讲授过程中还常常辅以回答、讨论或者案例研究等形式。这是最为常用的培训方法，能以最低的成本、最少的时间对大量的受训者进行培训。

（2）合作培训。它是课堂培训与在职培训的结合。例如，银行可以与大学合作，委托大学培训人才；还可以为在校生提供实习与假期社会实践活动。银行也可以"请进来"，征聘一些高校、科研机构的专家、教授或其他商业银行的高层管理人员来银行讲学。

（3）工作指导。培训人首先讲解并演示任务，由受训人一步步执行，必要时给予纠正和反馈。在指导受训人应如何工作的同时，为其提供有针对性的实践平台。此方法对于指导受训者如何执行相对简单并可以分解完成的任务较为有效。

（4）工作轮换。即银行员工在银行内部同一层次上先后承担不同工作的一种培训方式。工作轮换要有缜密的计划，各接收部门对其他部门到本部门工作的员工都应当热心指导。通过工作轮换可以拓展员工的知识和技能，激发员工的工作兴趣，增进相互交流。

除此之外，还有交互式视频法、模拟训练法等，银行人力资源管理人员在设计培训时，应当根据应训者的实际情况与培训目标选择培训方法。

11.4.2　商业银行员工培训管理

培训是人力资源管理诸项职能中投入最大的一项职能，但是要获得培训的高回报，必须对培训进行有效的组织管理。

1）培训工作流程

培训工作流程主要包括四个阶段：分析培训需求、设计培训方案、实施培训和培训评估（如图 11-5 所示）。

（1）分析培训需求。在培训中，需求分析关系对培训质量起着决定性作用。进行培训需求分析时，首先，进行组织分析，明确组织中哪里需要培训；其次，进行任务分析，决定培训内容应该是什么；最后，进行人员分析，决定谁应该接受培训和需要什么培训。

（2）设计培训方案。主要包括培训内容设计和培训方法设计。根据之前的培训需求分析设计培训内容，选择合适的培训方法。

（3）实施培训。它是培训的组织者和参与者共同实现培训目标的过程。在此过程中，双方都要对达成目标的程度进行评估，组织者应该根据评估的结果以及受训人员的反馈对培训方案做出必要调整。

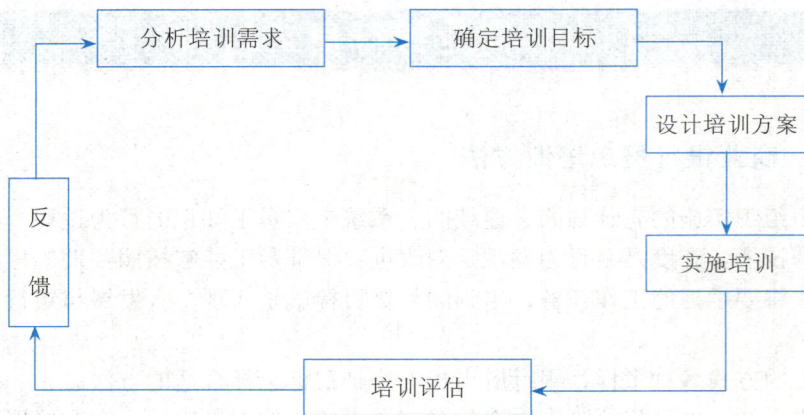

图11-5　培训工作流程图

资料来源：陈维政，余凯成，程文文. 人力资源管理［M］. 大连：大连理工大学出版社，2020.

（4）培训评估。对培训进行评估可以了解培训是否被需要，所开展的培训是否合理；还可以了解培训过程的不足，并加以改进。评估一般分为四个层次，分别是反应、学习效果、行为与结果。

2）培训效果转移

所谓培训效果转移，是指受训者把学到的知识和技能运用到工作中。培训的目的是应用，培训效果转移的程度直接决定了培训的回报。影响培训效果转移的因素主要有：

（1）培训设计。培训设计包括培训内容是否符合受训者的需求，培训的形式是否有助于受训者掌握培训的内容，培训师在多大程度上能帮助受训者把培训内容和实际工作联系起来等。

（2）受训者的特性。不同受训者对同一个培训项目的评价不同，其培训转移程度也不同，这是因为他们的学习能力、理论联系实际的能力不同。

（3）工作环境因素。受训者在工作中应用所学需要具备若干条件，如物质和技术条件、上级和同事的支持等。银行在培训结束后，应当为受训者提供应用所学的条件，也要对其应用所学的效果进行考核评价。

案例11-2
花旗银行的人才
培养之道

11.4.3　商业银行职业生涯规划

职业生涯规划是指组织对员工的职业生涯进行管理，集中表现为帮助员工制定职业生涯规划、建立各种适合员工发展的职业通道、针对员工职业发展需求进行适时培训、给予员工必要的职业指导、促使员工职业生涯成功。影响商业银行员工职业生涯规划的因素有：

（1）个人因素。它是影响职业生涯的决定性因素，包括个人职业倾向、教育背景和能力。个人因素不同，员工愿意从事而且能够胜任的职位不同。专业技能对职业生涯往往具有决定性的影响，例如，从机械专业的技术员、工程师晋升为机械厂的总工程师，而后又成为该厂的厂长。因此，一专多能者、专业水平和应用技能（如外语、计算机）俱佳者，往往能够得到较多的机会，在职业生涯发展中居于主动地位。因此有必要根据员工的个人因素制定适当的职业生涯规划。

（2）社会环境因素。它包括国家政治制度、经济发展水平与社会文化等。这些大环境因素决定着商业银行岗位的数量与结构，决定着岗位出现的随机性与波动性，从而决定了员工对不同职业的认定和步入职业生涯、调整职业生涯的决策。进一步说，社会环境决定着社会职业结构的变迁，从而也决定了人们的职业生涯的变动规律。

（3）组织环境因素。它包括企业文化、管理制度、领导者的素质和价值观。首先，企业文化决定了一个企业如何看待她的员工，一个主张员工参与管理的企业显然比一个独裁的企业能为员工提供更多的发展机会。其次，员工的职业发展，归根到底要靠管理制度来保障，包括合理的培训制度、晋升制度、考核制度、奖惩制度等等。最后，一个企业的文化和管理风格与其领导者的素质和价值观有直接的关系，如果企业领导者不重视员工的职业发展，这个企业的员工也就希望渺茫了。

11.4.4　商业银行职业生涯管理的实施

职业生涯管理，是指参与银行员工的职业生涯发展规划，对其进行一系列的计划、组织、领导与控制活动。通过实施职业生涯管理，组织能够更有效地了解员工的职业发展需求，将其与组织的发展目标相结合，谋求银行与员工的共同发展。

1）协调组织目标与个人目标

商业银行应当了解员工的需要与目标，通过沟通、培训等方法传递组织目标，让他们了解实现组织目标能为自身带来的利益。商业银行应对这两个目标进行协调，争取实现共赢。组织目标与员工个人目标协调的深度和广度决定了组织发展的深度和广度，也决定了个人发展的深度和广度。无论是从组织的角度还是个人的角度，做好两者的协调对双方的发展都起着关键的作用。组织要树立以人为本的理念，用"事业留人"将员工个人目标的增长点纳入到组织目标之中。员工个人也要转变思想，充分认识到个人是组织整体中的个人，个人的需求必须在组织之中得到满足，组织的存在与发展是个人存在与发展的基础。组织和个人共同努力将焦点集中在利润的增加上，而不是利润的分享上，实现组织和个人的双赢。

2）协助员工制定个人职业规划

组织有必要、有责任帮助员工制定职业规划，找出达到目标的手段、措施。重点是协助员工在个人目标与组织存在的机会之间达到更好的结合，提供心理上的支持。对于职业发展通道，要有明确清晰的职业晋升标准，而且晋升标准公正、透明，清晰地界定出不同任职等级需要的工作能力、绩效结果、个人资历等等。晋升标准就是员工职业发展的路标。清晰的路标，可以指引员工前进。只要员工的能力、绩效和资历等达到了晋升标准，就可以按照公司的正规渠道得到晋升。人力资源部可以依托自身的专业能力，为员工提供咨询，帮助员工更好地了解自己。人力资源部可以采取各种专业工具比如职业锚测验、霍兰德职业兴趣测验、MBTI测验、DISC测验等，协助员工做好素质、能力、职业性向等评估，让员工更准确地评估自我，清晰自己的能力、特长、兴趣、抱负等，从而更好地规划自己的职业发展。

3）帮助员工实现职业计划

这是组织进行职业生涯管理的重点环节，帮助员工实现职业目标的同时，促进组织目标的实现。商业银行可以借助以下方法：

（1）招聘时重视应聘者的职业兴趣并提供较为现实的发展机会。向求职者发出准确的职业信息和发展信息，供他们参考决策；既要强调职位的要求，又要重视应聘者的愿望和要求。

（2）提供阶段性的工作轮换。在员工进入组织工作后，可以通过岗位轮换丰富员工的工作内容，帮助员工培养多方面的技能，同时为将来承担重要工作打下基础。

（3）实现人本管理。人本管理是指以人的全面的、自在的发展为核心，创造相应的环境、条件，以个人自我管理为基础，以组织共同愿景为引导的一整套管理模式。

11.5　商业银行的员工绩效管理

11.5.1　商业银行员工绩效考评程序

绩效考评是指收集、分析、评价员工的工作表现和工作结果方面的信息的过程，目的是检查和评定员工对职务所规定职责的履行程度，以评定其工作成绩。

商业银行绩效考评分为四个程序，分别是制定绩效考评标准、绩效考评、绩效考评反馈与绩效考评结果的综合运用。图11-6是某商业银行绩效考评系统。

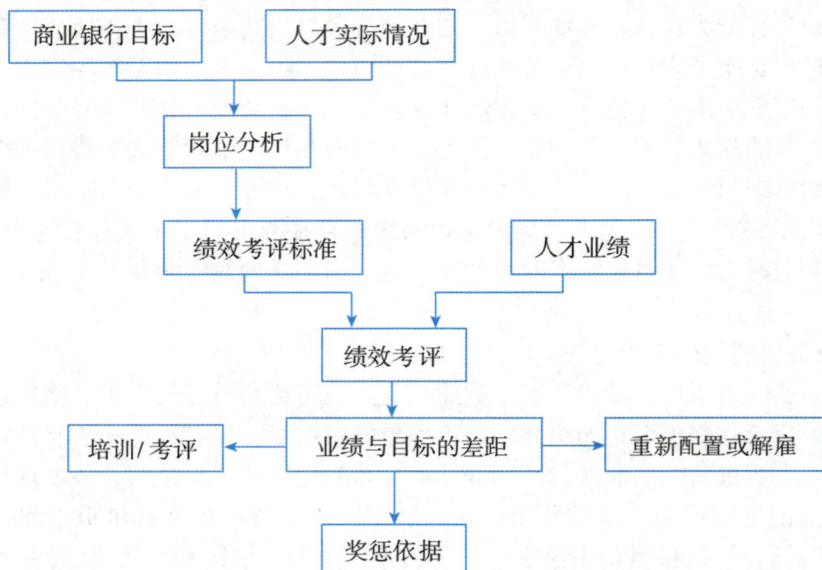

图11-6　某商业银行绩效考评系统

资料来源：孙健，郭少泉. 商业银行人力资源管理［M］. 北京：经济管理出版社，2005.

（1）制定绩效考评标准。商业银行进行绩效考评前，首先要有合理的绩效标准。这种标准必须得到考评者和被考评者的共同认可，标准的内容必须准确化、具体化、定量化和有针对性。制定标准时，应当以工作分析中的职位说明书为依据，同时管理者应与被考评者充分沟通，以使标准能够得到共同认可。

启智增慧 11-7
SMART 原则

（2）绩效考评。将商业银行员工的实际工作绩效与制定的标准相比较，然后依照对比的结果来考评员工的工作绩效。绩效考评指标可以有多种分类，通常是以员工的工作特征、工作行为与工作结果为导向进行考评。

（3）绩效考评反馈。绩效考评反馈是将考评的意见反馈给被考评者。这是考核系统中重要的一节，通过反馈可以让被考评者了解自己的长处与不足。它包括绩效考评意见认可与绩效反馈面谈。绩效考评意见认可是人事人员负责将书面的考评意见反馈给被考评者，由被考评者予以同意认可，并签名盖章。绩效反馈面谈是通过谈话将考评意见反馈给被考评者，征求被考评者的看法，与其一起回顾和讨论工作绩效考评结果，共同探讨出最佳的改进方案。

（4）绩效考核结果的综合运用。这是绩效考核系统的最后一步，是对绩效考核结果的综合运用，结合考评结果进行处置，如绩效不佳但尚能改进，可通过培训提高绩效；对于绩效好的员工可以给予奖励，同时对组织内其他员工起到激励作用。

11.5.2　商业银行员工绩效考评的方法

绩效考评需要收集每一个员工与工作状态、工作行为、工作结果有关的信息，并将其转化为对员工工作的评价，据此为与员工管理或开发有关的活动提供信息支持。考核方法可以根据其考核的重点分为三类：基于员工特征的方法、基于员工行为的方法和基于员工工作结果的方法。员工的特征是员工行为的部分原因，员工的行为可以帮助我们了解员工是否努力完成工作任务，员工工作的结果则可被用来证实员工的行为和组织目标之间的联系。表11-4列出了三种绩效考评方法所考核的商业银行员工的主要内容。

表11-4　　　　　　　　　　　　绩效考评各类方法的侧重考核点

基于特征的方法	基于行为的方法	基于结果的方法
工作知识	完成任务	客户的满意程度
商业知识	服从指令	服务的客户数量
成就欲	报告难题	事故
社会需要	维护设备	浪费
可靠性	遵守规则	
忠诚	按时出勤	
诚实	提交建议	
创造性		
领导能力		

资料来源：刘娜欣.人力资源管理［M］.北京：北京理工大学出版社，2018.

绩效考评的内容和形式多种多样，下面是一些常用的绩效考评方法。

1）图解式评定量表

这是一种最古老、应用最广泛的评定手段，通常用来评定员工的个人特征。在表中应列举一系列被认为是成功工作绩效所必需的个人特征（如适应性、合作性、工作动机等），每一项特质给出的满分是五分或七分，评估结果一般是如"普通""中等""符合标准"等词语。这种方法适用广、成本低廉，几乎可以适用于公司内所有或大部分的工作和员工。它的缺点是针对的是某些特质而不能有效地给予行为以引导；不能提出明确又不具威胁性的反馈，反馈对员工可能造成不良影响；一般不能单独用于升迁的决策上。

2）关键事件法

运用关键事件法，主管将每一位下属员工在工作中所表现出来的非同寻常的好行为或不良行为记录下来。这种方法是对其他绩效评价方法的一种补充。这里的关键事件是指在工作过程中，给员工造成显著影响的事件，通常关键事件对工作的结果有决定性的影响，关键事件基本决定了工作的成功与失败、盈利与亏损、高效与低效。

运用关键事件分析法的步骤：

①识别岗位关键事件。运用关键事件分析法进行工作分析，其重点是对岗位关键事件的识别，这对调查人员提出了非常高的要求，一般非本行业、对专业技术了解不深的调查人员很难在很短时间内识别该岗位的关键事件是什么，如果在识别关键事件时出现偏差，将对调查的整个结果带来巨大的影响。

②识别关键事件后，调查人员应记录以下信息和资料：导致该关键事件发生的前提条件、导致该事件发生的直接和间接原因、关键事件的发生过程和背景、员工在关键事件中的行为表现、关键事件发生后的结果、员工控制和把握关键事件的能力。

③将上述各项信息资料详细记录后，可以对这些信息资料做出分类，并归纳总结出该岗位的主要特征、具体控制要求和员工的工作表现情况。

采用关键事件分析法，应注意：关键事件应具有岗位代表性。关键事件的数量不能强求，识别清楚后是多少就是多少。关键事件的表述言简意赅，清晰、准确。对关键事件的调查次数不宜太少。

3）目标管理法

目标管理法，要求组织必须与每一位员工共同制定一套便于衡量的工作目标。目标管理法可以用来评价工作结果，也可以进行综合评价。它强调个人目标的制定、执行及与组织目标的协调。其包括以下步骤：

第一，确定组织目标。按照组织的使命、战略、环境等确定组织下一步的目标和工作计划。第二，确定部门目标。由各部门领导和他们的上级共同制定本部门的目标。第三，讨论部门目标。部门领导就本部门目标与下属人员展开讨论，并要求他们分别制订个人的工作计划。需要明确本部门的每一位员工如何才能为部门目标的实现做出贡献。第四，对预期成果的界定（确定个人目标）。部门领导与他们的下属共同确定短期的绩效目标。第五，工作绩效评价。对工作结果进行审查，部门领导就每一位员工的实际工作成绩与他们的预期目标加以比较。第六，提供反馈。部门领导定期召开绩效评价会议，与下属人员展开讨论，一起对后者的目标达成和进度情况进行讨论。

使用目标管理法要注意：在管理者和员工双方愿意的前提下共同订立目标；目标要可衡量、具体明确；目标要建立在个人可控的基础上；所有个人的目标结合起来即构成了组织的目标，这些目标要协调统一。

4）360度绩效考评

360度绩效考评是由被考评者的上级、同事、下级和客户以及被考评者本人担任考评者，从多个角度对被考评者进行全方位的考评，再通过反馈程序，达到改变行为、提高绩效等目的。图11-7为360度绩效考评模型。

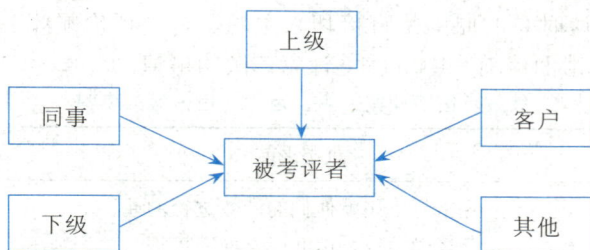

图11-7　360度绩效考评模型

资料来源：吴少华. 人力资源管理［M］. 2版. 北京：人民邮电出版社，2016.

（1）上级考评。上级是被考评者的直接上级。上级考评的优势有：考评可与加薪、奖惩和晋升相结合；有机会与下级更好地沟通，发现下级潜力。其劣势是：上级掌握着奖惩权，考评时下级往往有威胁感，心理负担较重；常常沦为说教，造成单向沟通；可能缺乏考评的训练和技能；可能存在偏见，会挫伤下级的积极性。

（2）同事考评。同事对被考评者的观察最深入，了解最透彻，也最熟悉被考评者的技能、方法和成果。同事考评的主要角度有参与性、时间观念、人际交往技巧、对小组的贡献等。其优势为：同事对被考评者了解更全面、真实，可以反映被考评者的日常工作状态；同事间的合理比较、公平竞争可以提高整体绩效。其劣势有：可能出现通过"轮流坐庄"获得奖励或避免惩罚的不负责任行为；同事间容易产生"朋友关系"或形成非正式组织，影响考评的真实性；同事之间会有竞争，可能导致结果不可靠。

（3）下级考评。在一般的商业银行中这种考评不常用，但它在银行民主作风的培养、员工凝聚力的提高等方面起着重要作用。其优势在于：能够帮助上级发展其管理才能；能够达到权力制衡的目的。其弊端在于：它赋予了下级超过上级的权力；员工可能会考虑到上级的态度而不敢表达真实的意见；下级对上级的了解不够全面，可能会产生片面的看法；甚至有时候上级会不重视下级的意见，不会改正错误。

（4）自我考评。自我考评最好用在绩效考评阶段的前期，以帮助员工思考一下他们自己的绩效，从而将考评面谈集中在上级和下级之间存在分歧的地方。自我考评促使员工思考自己的发展方向；有利于员工加强自我开发；在考评中不断总结经验从而改进工作方法。但是它也存在缺点：高估自己的绩效评估；当考核结果用于行政管理时，自我考核会有系统化的误差。

（5）客户考评。客户考评有助于树立银行重视客户的形象，同时客户是银行的外部人员，所以使考评更真实、公正，考评结果较为客观；但是具体操作起来会有一定难度，且只适用于评价银行内与客户接触较密切的员工，如营销人员等。

除此之外，还有一种考评信息来自外界专业人士，他们给出的意见往往更专业、更客观、更真实，但是成本较高。

案例 11-3
光大银行成都分行使用的"行员综合价值评估表"

11.5.3　商业银行员工绩效考评反馈

绩效反馈对员工的发展十分关键。有效的绩效管理需要负责人与员工保持交流，以强调他们在个人发展上的责任。部门主管在计划一次考核面谈时应考虑三个基本内容：讨论员工的业绩、帮助员工确定目标、提出员工实现这些目标所采取措施的建议。

进行绩效考核面谈时总的原则是直接切入主题、客观评价绩效、建设性地探讨未来。表11-5总结了绩效反馈面谈前、中、后主管应该做的事情。

表11-5　　　　　　　　　**绩效反馈面谈前、中、后主管应该做的事情**

面谈之前
经常与下属就他们的绩效进行沟通
接受绩效反馈面谈方面的培训
计划使用"解决问题的办法"，而不是"让你怎么做就怎么做"
鼓励下属准备绩效反馈面谈
面谈中间
鼓励下属参与
评价的是绩效，不是人格或行为习惯
做一个积极的倾听者
避免破坏性的批评
为未来的改进建立双方同意的目标
面谈之后
经常与下属就他们的绩效进行沟通
经常性地检查目标的进步
针对组织整体的绩效进行奖励

资料来源：张德. 人力资源开发与管理［M］. 北京：清华大学出版社，2016.

11.6　商业银行员工薪酬管理

11.6.1　商业银行员工薪酬设计概述

薪酬管理是指一个组织针对所有员工所提供的服务来确定他们应当得到的报酬总额、报酬结构和报酬形式的过程。它是一个持续的组织过程，要不断地制订薪酬计划、拟定薪酬预算，就薪酬管理问题与员工进行沟通，对薪酬系统的有效性做出评价后要不断完善。

1）商业银行薪酬管理的目标

（1）吸引和留住优秀人才。人力资源是银行的第一资源，因此银行提供的薪酬一定要具有竞争力、吸引力，能够吸引到优秀人才；为留在银行的员工提供公平合理的薪酬，才能留住优秀人才。

（2）运用薪酬激励员工。薪酬可以作为一种激励手段，使员工既安于本职工作，又保持较高的工作业绩。

（3）合理控制银行的人力成本。薪酬管理考虑到成本与效益的关系，在薪酬调查的基础上科学合理地确定薪酬水平，可以严格控制银行的人力成本。

（4）支持企业的变革。银行可以通过薪酬作用于员工个人、团队及整个组织，并可为组织营造适合变革需要的内部和外部环境，有效地推进银行各方面的变革。

2）商业银行薪酬的结构

（1）基本工资：它是指员工较稳定的那一部分基本收入，保障员工的基本生活。大多数情况下，银行采取职位薪资制。

（2）激励薪酬：它是薪酬系统中直接与绩效挂钩的部分，也称可变薪酬或浮动薪酬。设置激励薪酬的目的是在绩效和薪酬之间建立起一种直接的联系，而这种绩效既可以是员工个人的绩效，也可以是组织绩效。

（3）间接薪酬：它是指银行给员工提供的各种福利和服务。它一般包括带薪非工作时间、员工个人及家庭服务、健康及医疗保健等。

3）商业银行薪酬设计的原则

一是公平性。它是设计薪酬体系与进行薪酬管理时首要考虑的要素。

二是竞争性。它是指商业银行的薪酬在社会及人才市场上应当有足够的吸引力，这样才能够吸引人才、留住人才。制定薪酬范围时应当考虑市场情况、银行财力、所需人才等。

三是激励性。薪酬体系应当将个人收益与银行效益挂钩，激发员工的积极性与创造性，同时提高银行效益。

四是经济性。商业银行设计薪酬体系时，应当与自身的情况相结合。

五是合法性。商业银行设计薪酬体系时，合法性是一条最根本的原则。

六是安定性。安定性一般要求银行在设计薪酬时做到：保障生活、对应职务、反映能力、考虑资历，即工资水平的给付首先要能够满足劳动者的简单再生产和扩大再生产，这是最基本的要求。

启智增慧 11-8
商业银行董事与
高管中长期激励
机制的底层逻辑
与优化路径

11.6.2 商业银行薪酬体系的设计

薪酬体系是商业银行进行薪酬管理的基础，银行应当设计一个合理的有竞争力的薪酬体系，能够使员工人尽其才，保证银行的高效运作与竞争优势。首先要明确银行的定位与发展，制定与银行的战略目标相联系的薪酬体系，使其更好地为组织服务。商业银行处于不同的发展阶段应当采取不同的薪酬政策，如图 11-8 所示。

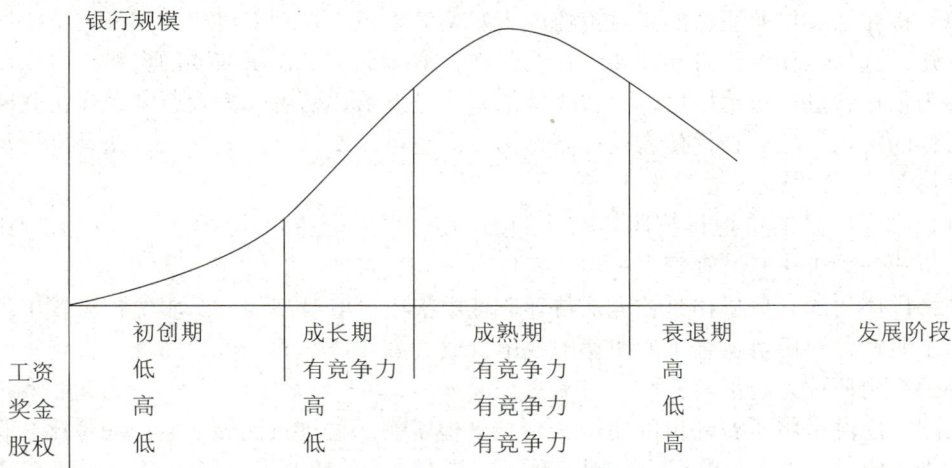

	初创期	成长期	成熟期	衰退期	发展阶段
工资	低	有竞争力	有竞争力	高	
奖金	高	高	有竞争力	低	
股权	低	低	有竞争力	高	

图 11-8 不同发展阶段银行的薪酬策略

资料来源：张德. 人力资源开发与管理 [M]. 北京：清华大学出版社，2016.

1）商业银行薪酬体系设计步骤

（1）职位分析。它是确定薪酬的基础。通过职位分析形成职位描述与职位规范，可以使制定薪酬体系的人员明确各职位的职责、所需技能、知识等信息，为公平合理的薪酬体系设计提供可靠保证。

（2）职位评估。主要是找出银行内各种工作的共同付酬因素，并依据一定的评价方法，按每项工作对企业绩效贡献的大小，确定其具体价值。它重在解决薪酬的内部公平问题。

（3）薪酬调查。薪酬调查能够解决外部公平问题，帮助企业确定自身薪酬水平。银行可通过统计部门、劳动部门、委托的专业机构、竞争对手发布的招聘信息等方式了解市场薪酬情况。

（4）职位定位：薪酬结构的设计。它是指确定各职位薪酬的过程：确定银行的薪酬政策准则，银行根据其战略目标可以选择顺应市场、领导市场、落后市场与组合型等政策；绘制一个直线图，用来说明劳动力市场上各关键职位的薪酬递增情况及银行内部的实际递增情况；划分职位类型，将难度或重要性大致相当的职位划为一类；确定薪酬范围，对每个职位确定一个最高标准与最低标准；解决"过高"或"过低"薪酬问题，对薪酬进行调整。

（5）薪酬调整政策。薪酬调整有加薪和减薪两种情况。加薪可以定期逐步加薪，也可以基于工作业绩加薪。减薪可以使用以下方法：等到全面加薪时再做调整；把承担这些工作的员工调职或晋升；继续保持目前的薪酬待遇半年，其间若职位没有变动，就把其薪酬待遇调整到该给付等级的下限。

薪酬体系应当不断调整，根据商业银行的战略、价值观和目标对其进行检验，不断完善，确保其适用性。

2）职位评价方法

职位评价是找出各职务共同的付酬因素，根据一定的评价方法，按每项职务对商业银行贡献的大小，确定其价值。职位评价的方法主要有：

（1）排序法。按照职位的相对价值或者职位对组织的贡献来对职位由高到低排序。实施程序是：选择工作评价者和需要评估的工作；取得评价工作所需要的资料，可以以职位说明书为依据；进行评价排序，比较规范的方法是发给评估者一套索引卡，在每张卡片上注明工作的特点，然后让评估者进行高低排序。也可以使用直接排序法、交替排序法、匹配排序法。

直接排序法是简单地根据职位价值的大小进行总体上的职位排序。如：信贷业务人员—信贷业务骨干—基层管理者—中层管理者—高层管理者。

交替排序法的具体操作是首先从待评职位中找出价值最高的一个职位，再找出价值最低的一个职位，然后再从余下的职位中找出价值最高和最低的，依此类推，直到将所有的职位都由高到低排列起来。

匹配排序法是将所要评价的职位分别与其他所有职位进行比较。若A职位比B职位价值大，则A职位记1分；若相同，则记0分；若A的价值比B小，则记-1分。最后将每个职位与其他职位比较的分数相加，即得到该职位的得分。再将各职位的分数加以比较，按高低排序，便得出各个职位的相对价值（见表11-6）。

表11-6 匹配对比法举例

职位	A	B	C	D	E	合计得分
A		1	0	1	-1	1
B	-1		-1	-1	-1	-4
C	0	1		1	-1	1
D	-1	1	-1		-1	-2
E	1	1	1	1		4

资料来源：刘昕．薪酬管理［M］．北京：中国人民大学出版社，2021.

这种方法的优点是简单方便，容易理解和应用。适合缺乏时间和资金作规划工作，同时结构稳定的中小商业银行。但是它有很多缺点：排序过程中很难避免主观因素；要求评估者对每一个需要评价的工作都非常熟悉；它无法反映相邻两个职位间的差距。

（2）要素比较法。根据职位的状况，将职位分解为相关的价值因素，通过对典型职位价值因素比较分析，再对职位价值相关要素进行综合排序，最终确定职位的价值。

操作步骤：第一，选择典型职位，确定报酬要素。一般要选择15~20个具有代表性的基准职位作为评价的对象，其他职位价值的确定则通过与这些典型职位之间的报酬要素进行对比而得出。第二，将典型职位按报酬要素进行排序。此过程中评价者应当以职位说明书为基础，按各个报酬要素对典型职位进行排序。第三，为典型职位的报酬要素分配薪值，并建立报酬要素基准表。第四，确定其他职位的薪酬。然后将待评价职位的各报酬要素与典型职位的各报酬要素进行比较，最后确定待评价职位的薪酬水平。

要素比较法是一种比较精确、系统的量化职位评价法，而且很容易向员工解释。但是这种方法的过程复杂，而且还需要不断根据劳动力市场的变化进行更新。可将它与排序法结合使用。

3）福利计划

福利是指组织为员工提供的除工资与奖金之外的一切物质待遇。福利起到吸引和留住人才的作用；它能够增加员工的满足感，提高士气；可以通过福利合理避税，更好地控制成本。

（1）员工福利的构成。按照福利项目的强制性和自主性，可以将其分为法定福利与自主福利。

法定福利是国家通过立法强制实施的对员工的福利保护政策，是银行必须向员工提供的福利项目，包括社会保险和各类休假。

为了更好地激励员工，调动员工的积极性，银行可以为满足员工生活和工作的需要设立一些福利项目，分为收入保障福利、健康保健福利、员工服务福利及其他福利等。

（2）实施福利计划要注意的问题。第一，合法性问题。第二，处理好福利与薪酬的关系。福利只是薪酬的一种补充。第三，掌握好福利水平与银行承受能力的关系。员工的各种福利费用都来自于银行的经营利润，应与银行的承受能力相当。第四，平衡公平性与差异化的关系。绝大多数员工福利都是所有员工平等享受，但是过于均等会降低他们的成就感，因此要注意平衡公平与差异。第五，福利设计与员工沟通的关系。员工的需求是随着客观环境的变化而变化的，HR 人员应及时与员工沟通，了解员工的需求，有针对性地调整福利项目。

11.6.3 宽带薪酬

1）宽带薪酬的设计思路

宽带薪酬，就是把在传统工资结构中分为十几个甚至几十个工资级别的工作划分到同一工资级别中，同时扩大每一个薪酬级别内部薪酬浮动的范围，取消原来狭窄的工资级别带来的等级差别，形成一种新的薪酬管理系统及操作流程。

宽带薪酬的设计思路是将每个职位的薪酬空间拉大，根据能力和表现设定较多的小的技能薪酬等级，形成一种相互交叉的宽带的薪酬安排。这种新型的设计体系使员工在很长一段时间内处于同一薪酬等级里，但是在同一个级别内部，因为对组织的贡献大小不同，收入也会不同，如图 11-9 所示，职员与科长存在部分相同的薪酬等级，但其上下限不同。

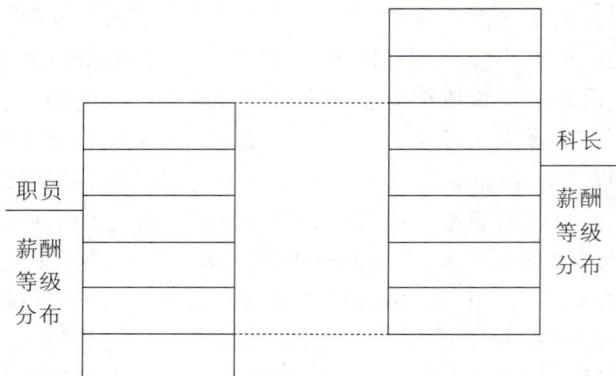

图11-9　宽带薪酬

资料来源：郦巍铭. 现代人力资源管理［M］. 杭州：浙江大学出版社，2017.

2）对宽带薪酬的评价

与传统的薪酬体系相比，宽带薪酬具有以下几个方面的特征和作用：

第一，支持扁平化组织结构。打破了传统薪酬结构所维护和强化的严格的等级制，有利于商业银行提高效率，创造参与型和学习型的商业银行文化，对于银行保持自身组织结构的灵活性以及迎接外部竞争有着积极的意义。

第二，能引导员工重视个人技能的发展和能力的提高。在同一个薪酬宽带内，商业银行为员工所提供的薪酬变动范围可能会比员工在原来薪酬等级中可能获得的薪酬范围还大，员工不需要为了薪酬的增长而计较职位晋升等方面的问题，会更注重自身的技能发展。

第三，有利于职位的轮换。由于宽带薪酬体系减少了薪酬等级数量，进而减少了对员工进行横向甚至向下调动时的阻力，因此还会减少因员工职位细微变动所做的大量行政工作。

第四，能密切配合劳动力市场上的供求变化。宽带薪酬结构是以市场为导向的，它使员工从注重内部公平转向注重个人发展以及自身在外部劳动力市场上的价值。在宽带薪酬的结构中，薪酬水平是以市场薪酬调查的数据及银行的薪酬定位为基础确定的。因此，薪酬水平的定期审查与调整将会使商业银行更能把握其在市场上的竞争力，同时有利于商业银行做好薪酬成本的控制工作。

第五，有利于提高工作绩效。在宽带薪酬体系中，上级对有突出业绩表现的下级员工可以拥有较大的加薪影响力。这会鼓励员工进行跨职能流动，增强组织的灵活性和创造性思维。另外，由于宽带薪酬弱化了员工的职务等级、头衔等，使得员工之间更注重合作与知识共享，共同帮助商业银行提升业绩。

本章小结

人力资源管理是现代组织的一种管理方式，在商业银行中渐趋重要。本章分别介绍了人力资源管理的各个活动：

（1）工作分析是人力资源管理活动的基础，它主要是形成职位说明书，作为之后管理活动的依据。

（2）人力资源规划是第二步，从预测人力资源供给与需求开始，到及时反馈、修订人力资源规划为止，是一个完整的规划周期。

（3）员工招聘与测评是人力资源管理活动中的投入环节，严格的招聘程序可以保证商业银行的员工质量。

（4）培训计划是商业银行发展、提高人力资源素质的重要工作，通过实施正确有效的员工培训管理，可以在控制成本的同时达到增加技能、知识等目的。

（5）商业银行通过员工的绩效衡量员工的工作效果，它也是薪酬计算的重要依据，人力资源管理活动的核心是绩效管理，有效的绩效管理不仅使管理者了解员工的工作结果，更重要的是可以根据绩效反馈了解员工的长处与不足，对绩效进行改进。

（6）薪酬是激励员工的重要手段，有效的薪酬管理可以保证银行的薪酬计划更好地服务于战略目标，在降低银行人力资源成本的同时达到吸引人才、留住人才、激励员工的目的。

关键概念

现代人力资源管理　人力资源规划　职业生涯管理　目标管理法　360度绩效考评

综合训练

✔ 问答题
1）简述商业银行员工招聘的基本方法。
2）什么是360度绩效考评？参与考评的各主体优缺点分别是什么？
3）商业银行进行绩效考评的程序是什么？

✔ 分析题
近年来，银行业面临的外部环境不确定性增强，金融脱媒加剧，银行传统盈利空间不断缩小，市场竞争日益激烈，银行规模增长逐步转型为质量效益增长。为应对外部挑战，民生银行实施全面改革转型，其中，银行业人力资源管理面临着支撑战略管理转型、人力资本经营、资源配置创新、人才管理深化的诸多挑战。

在对人力资源管理现状的深入盘点后，民生银行发现自身的人力资源管理存在数据基础薄弱、信息孤岛、量化分析手段落后等诸多问题，使得人力资源管理决策"经验+感觉"多、"事实+数据"少，在支撑更为有效的人力资源管理决策方面明显"体弱"。基于此，民生银行提出人力资源数字化转型战略，以数据驱动为核心，启动了"人力盒子·智汇民生"新一代人力资源数字化转型平台建设。

民生银行自行研发的人力资本分析平台，面向经营管理层、人力资源条线、各级管理者搭载管理驾驶舱，延展形成了"总行部门眼""分行部门眼""支行眼"等多维应用场景，提供"基本面""人力资本DNA""部门画像""人才画像"等人力资本分析看板、自动化报表、团队及员工分析报告等，成为分析人力资本信息、探寻人力资本问题的量化管理线上入口，实现"数据可视、管理可见、人才可搜"的智能化人力资本管理。

此外，数据价值的发挥离不开基础数据的管理和质量，人力资源数据不标准、不完整、不规范等问题，严重影响了数据资产的利用和数据价值的发挥。为此，民生银行人力资源部同时启动了人力资源数据标准化及治理项目，着力提升人力资源基础数据管理能力。民生银行人力资源部组织了20余位行内外专家，结合国家法律规范、外部监管规定、先进行业实践等，遵循"行业性、全面性、科学性、一致性"的原则，制定了首个《中国民生银行人力资源基础数据标准》。涵盖8大类21小类人力资源领域数据，融合业务属性、技术属性和管理属性，制定了400余项数据标准，有效保证了人力资源数据的规范性和统一性。

通过上述一系列举措，通过人力资本分析及一系列数字化转型举措，民生银行迅速提升基于数据的洞察、设计、决策、监测的人力资本管理能力。

问题：

（1）简述民生银行过去在人力资源管理中存在的问题。

（2）民生银行人力资源管理成功转型给我们哪些启示？

即测即评 11

综合训练
参考答案 11

第12章

商业银行财务报表与财务评价分析

☑ 价值塑造

  披露商业银行财务信息，不得有虚假记载，误导性陈述或重大遗漏，银行管理层对内容的真实性、准确性和完整性承担法律责任；遵守诚信原则，保持职业道德，践行社会主义核心价值观。

☑ 知识传授

  通过本章的学习，了解商业银行三大报表的结构与内容；了解各报表的作用；掌握商业银行财务报表的分析方法，并运用比率分析商业银行的财务状况。

思维导图

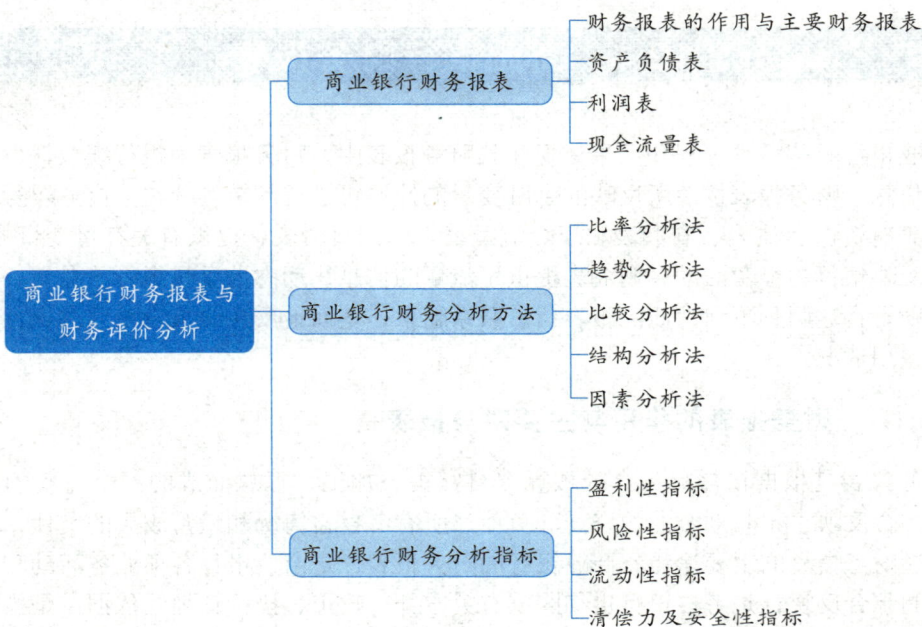

商业银行财务报表与财务评价分析

- 商业银行财务报表
  - 财务报表的作用与主要财务报表
  - 资产负债表
  - 利润表
  - 现金流量表
- 商业银行财务分析方法
  - 比率分析法
  - 趋势分析法
  - 比较分析法
  - 结构分析法
  - 因素分析法
- 商业银行财务分析指标
  - 盈利性指标
  - 风险性指标
  - 流动性指标
  - 清偿力及安全性指标

开篇导读

商业银行2023年业绩出炉！

  金融监管总局2月21日发布了银行业最新监管指标数据。

数据显示，截至 2023 年末，银行业金融机构的总资产为 417.29 万亿元，同比增加了 9.9%。其中，大型商业银行本外币资产总额 176.76 万亿元，同比增长 13.1%，占比 42.4%；股份制商业银行本外币资产总额 70.88 万亿元，同比增长 6.7%，占比 17%。

服务实体经济方面，2023 年四季度末，银行业金融机构用于小微企业的贷款（包括小微企业贷款、个体工商户贷款和小微企业主贷款）余额 70.9 万亿元，其中单户授信总额 1 000 万元及以下的普惠型小微企业贷款余额 29.1 万亿元，同比增长 23.3%。保障性安居工程贷款余额 6.3 万亿元。

从业绩表现来看，2023 年全年，商业银行累计实现净利润 2.4 万亿元，同比增长 3.2%，增幅较去年同期收缩 2.2 个百分点。平均资本利润率为 8.93%，较上季末下降 0.52 个百分点；平均资产利润率为 0.7%，较上季末下降 0.04 个百分点。

资产质量方面，2023 年四季度末，商业银行不良贷款余额 3.2 万亿元，较上季末基本持平；商业银行不良贷款率 1.59%，较上季末下降 0.02 个百分点。

资料来源：朱雨蒙. 商业银行 2023 年业绩出炉！［N］. 证券时报，2024-02-22.

商业银行财务报表是一定时期内各会计要素的集中反映，它作为反映会计信息的书面文件，是对外、对内提供银行相关信息的重要工具。财务报表的各个部分是相互联系的，它们从不同角度反映了银行的财务状况、经营成果和现金流量的状况。通过对这些报表的阅读，并使用一定的财务分析方法，可以为使用者提供所需的各种财务信息，方便他们做出经营或投资决策。

12.1　商业银行财务报表

商业银行经营活动过程和结果体现在其财务报表中，财务报表为银行绩效评价提供了必要的信息。财务报表按照所反映的金融变量的性质可进行简单的分类。商业银行主要的财务报表有资产负债表、利润表和现金流量表。资产负债表，提供有关存量变量的信息，静态地反映银行的经营活动；利润表提供了流量的信息，动态地反映银行的业绩；而现金流量表则是将这两种不同性质的报表信息联系起来，全面地反映出报告期间内银行资金的来源和运用情况。

12.1.1　财务报表的作用与主要财务报表

财务报表是根据日常财务会计核算资料归集、加工、汇总而成的一个完整的报告体系，是综合反映一定时期企业的资产、负债、所有者权益情况和经营成果的文件，是企业向外传递财务信息的主要途径。商业银行的财务报表，是商业银行各项业务活动和财务收支情况的综合反映，是考核银行贯彻国家有关方针、政策、执行计划的依据，是检查银行业务工作和财务工作的依据。

1）商业银行财务报表的作用

（1）财务报表是综合反映商业银行信贷业务活动及其资产负债比例管理和风险资产管理的状况和结果的重要工具。商业银行在一定日期的财务状况和一定时间内的经营成果，在日常的会计核算中已经得到反映。但是，这些日常核算资料数量太多，而且比较分散，不能概括地反映银行的财务状况与经营成果。因此，必须定期将分散在账簿中的资料，按照一定的要求加以归类、整理和汇总，并形成报告文件，以总括、综合地反映银行的业务活动以及由此引起的资产、负债的增减变化以及财务收支和财务成果等情况。

（2）财务报表可以促进商业银行改善和提高经营管理水平。财务报表是商业银行在一定时期的财务状况、经营成果的总结性文件，经营管理人员可以通过对财务报表的分析来全面了解、评价银行的资产与负债、营业收支、资金运用等各种指标的现状和计划完成情况，通过不同期间相关指标的对比，可以发现企业的未来趋势，以便及时总结经验，发现问题并采取相应的措施。

（3）财务报表可以为国家的宏观经济管理部门提供有关信息，作为制定宏观经济政策，进行宏观调控的依据，促进社会资源的合理配置。金融企业特别是银行所提供的信息对宏观的财政、货币政策的制定有很大作用。通过这些信息，各级政府可以了解本地区的经济发展情况，本地区银行资源流向的趋势信息及其获利能力信息等，从而为政府制定经济政策提供了必要的依据。另外，在市场经济条件下，社会资源的配置以资本市场为中介，使资金由低效益单位向高效益单位流动来配置资源，通过充分的银行信息可以使资源达到最优配置。

2）商业银行主要财务报表

反映商业银行经营活动最基本的财务报表有资产负债表、利润表、现金流量表。

12.1.2　资产负债表

资产负债表是总体反映会计报告期末的全部资产、负债和所有者权益存量情况的会计报表，其作用在于向有关部门提供编报行在某一会计期间内所拥有或控制的经济资源及其构成、所承担的债务及其构成、投资者所有的权益及其构成。

商业银行资产负债表的格式和原理与一般企业的基本相同，它也是根据"资产=负债+所有者权益"这一基本平衡公式，依照一定的分类标准和一定的次序，将某一特定日期的资产、负债、所有者权益的具体项目予以适当排列编制而成。

资产负债表的项目分为资产类、负债类和所有者权益类。其中每一个要素又分为若干个具体项目。资产负债表中资产与负债要素和具体科目是按流动性的大小顺序排列的。其中，资产项目按流动性程度的高低顺序排列，即先流动资产，后非流动资产；负债按偿还期的长短排列，先短期负债，后长期负债；所有者权益则按其永久性递减的顺序排列，即先实收资本，后资本公积、盈余公积，最后是未分配利润。商业银行资产负债表的基本格式见表12-1。

表12-1　　　中国工商银行股份有限公司合并资产负债表（A股）　　　金额单位：人民币百万元

资产	2024-03-31	2023-12-31	负债及股东权益	2024-03-31	2023-12-31
现金及存放中央银行款项	3 889 529	3 983 898	向中央银行借款	211 198	231 349
存放同业及其他金融机构款项	426 828	343 555	同业及其他金融机构存放款项	3 587 343	2 791 144
贵金属	114 348	114 928	拆入资金	491 425	459 125

续表

资产	2024-03-31	2023-12-31	负债及股东权益	2024-03-31	2023-12-31
拆出资金	886 365	865 646	以公允价值计量且其变动计入当期损益的金融负债	56 086	52 306
衍生金融资产	80 113	52 312	衍生金融负债	73 009	51 234
买入返售款项	2 174 827	1 144 948	卖出回购款项	1 359 538	949 247
客户贷款及垫款	25 842 734	24 618 384	存款证	357 389	370 623
金融投资	11 351 769	11 011 574	客户存款	34 086 855	32 621 398
以公允价值计量且其变动计入当期损益的金融投资	541 732	504 918	应付职工薪酬	36 149	47 678
以公允价值计量且其变动计入其他综合收益的金融投资	1 988 041	1 913 887	应交税费	44 903	76 696
以摊余成本计量的金融投资	8 821 996	8 592 769	已发行债务证券	1 340 730	1 250 598
			递延所得税负债	—	—
			其他负债	382 198	403 063
			负债合计	42 026 823	39 304 461
长期股权投资	190 523	190 778			
固定资产	112 967	115 561	股本	356 407	356 407
在建工程	6 363	6 481	其他权益工具	354 331	354 331
			优先股	134 614	134 614
			永续债	219 717	219 717
递延所得税资产	95 679	98 732	资本公积	152 894	152 894
其他资产	533 482	345 437	其他综合收益	6 766	（3 598）
			盈余公积	419 857	419 789
			一般准备	544 760	544 549
			未分配利润	1 843 689	1 763 401
			归属于母公司股东的权益	3 678 704	3 587 773
			少数股东权益		
			股东权益合计	3 678 704	3 587 773
资产总计	45 705 527	42 892 234	负债及股东权益总计	45 705 527	42 892 234

12.1.3　利润表

利润表，是用以反映商业银行在某一会计期间收入、支出、税金、利润等情况的财务报表，是银行经营活动的动态体现。

银行利润表着眼于银行的盈亏状况，提供了经营中的收、支信息，总括地反映出银行的经营活动及成果。

通过分析利润表，可以评价银行经营的业绩和管理者的经营能力，预测银行的经营前景及未来的获利能力。

利润表一般包括收入、支出和利润这三部分，是根据"收入–支出=利润"这一会计平衡公式编制的，各科目的设置处理取决于银行所采取的会计核算方法、面临的管理法规及所开展的业务。

1）银行利润表的作用

（1）总体反映商业银行在会计期间的业务经营情况、利润或亏损情况，提供该行的盈亏信息，为银行的经营管理者、债权人、投资者提供日后进行财务决策所必需的资料和信息。

（2）利润表是分析、考核银行管理水平和经营效益的依据，报表使用者可以根据该表提供的信息，分析银行盈亏形成的原因，对银行的管理水平和经营业绩做出恰当的评价。

（3）为银行管理人员及领导者提供财务预测资料，使之通过对利润表的研究，预测银行经营的发展趋势及变动趋势，预测银行未来的经营前景及其获利能力。

（4）利润表是国家税务部门及其他有关部门对银行依法收缴各项税款的主要依据。

2）银行利润表的结构

利润表的格式根据其结构不同，可分为多步式和单步式两种格式。

（1）单步式利润表。将本期所有收入加在一起，所有费用支出加在一起，然后两者相抵减，一次计算出利润。

（2）多步式利润表。即将利润总额的计算分解为多个步骤，各个步骤相配比。这样的安排便于分析银行的经营情况，便于银行之间的比较，更重要的是利用多步式利润表可以预测今后的盈利能力。我国《金融企业会计制度》中规定利润表的格式为多步式。

利润表的具体格式与内容见表12-2。

表12-2　　　　　　**中国工商银行股份有限公司利润表（A股）**　　　　　单位：人民币百万元

	2024年1至3月	2023年1至3月
利息净收入	153 392	163 133
利息收入	338 790	322 251
利息支出	−185 398	−159 118
手续费及佣金净收入	36 781	38 241
手续费及佣金收入	40 653	42 078
手续费及佣金支出	−3 872	−3 837
投资收益	8 131	5 579

续表

	2024 年 1 至 3 月	2023 年 1 至 3 月
其中：对联营及合营企业的投资收益	707	773
公允价值变动净收益	695	543
汇兑及汇率产品净损失	−2 462	−601
其他业务收入	524	791
营业收入	197 061	207 686
税金及附加	−2 173	−2 067
业务及管理费	−40 723	−41 179
资产减值损失	−59 717	−65 142
其他业务成本	−1 564	−2 069
营业支出	−104 177	−110 457
营业利润	92 884	97 229
加：营业外收入	446	380
减：营业外支出	−96	−15
税前利润	93 234	97 594
减：所得税费用	−11 837	−13 527
净利润	81 397	84 067
净利润归属于：		
母公司股东		
少数股东		
本期净利润	81 397	84 067
其他综合收益的税后净额：		
（一）归属于母公司股东的其他综合收益的税后净额	10 368	−2 929
1.以后不能重分类进损益的其他综合收益	634	187
（1）指定为以公允价值计量且其变动计入其他综合收益的权益工具投资公允价值变动	634	187
（2）其他		
2.以后将重分类进损益的其他综合收益	9 734	−3 116
（1）以公允价值计量且其变动计入其他综合收益的债务工具投资公允价值变动	9 968	−421
（2）以公允价值计量且其变动计入其他综合收益的债务工具投资信用损失准备	1	85
（3）现金流量套期储备	−485	−249
（4）权益法下可转损益的其他综合收益	−39	165

续表

	2024年1至3月	2023年1至3月
（5）外币财务报表折算差额	328	−2 721
（6）其他	−39	25
（二）归属于少数股东的其他综合收益的税后净额		
本期其他综合收益小计	10 368	−2 929
本期综合收益总额	91 765	81 138
本期综合收益总额归属于：		
母公司股东		
少数股东		
每股收益		
基本每股收益（人民币元）		
稀释每股收益（人民币元）		

12.1.4　现金流量表

现金流量表是以现金为基础，以现金收付制为原则而编制，综合反映商业银行在一段时期内现金流量的来源和运用及其增减变化情况的财务报表。经过一段时期的经济活动，银行的财务状况会发生变化，财务状况变化的最终原因可归结为银行现金流量的来源、运用及增减变化，现金流量表就反映了这一动态过程。

启智增慧 12–1
银行利润表的
内容

商业银行的现金流量表是根据资产负债表和利润表的数据编制的。资产负债表是静态存量报表，不能揭示财务状况变动的原因。利润表的着眼点是盈亏状况，不能反映资金运动的全貌和财务变动的原因。而现金流量表结合了资产负债表和利润表，弥补了两者的不足，将银行的利润同资产、负债、所有者权益变动结合起来，全面反映了报告期内银行资金的来源和运用情况，揭示了商业银行财务状况变动的结果及原因。因此，现金流量表是商业银行财务分析的主要依据。

1）商业银行现金流量表的作用

（1）以收付实现制为基础，真实地反映企业当期实际收入的现金、实际支出的现金以及现金流入流出相抵后的余额，从而分析利润表中本期净利润与现金流量之间的差异，正确评价企业的经营成果。

（2）帮助财务报告使用者分析银行的偿债能力和支付股利的能力。银行的债权人将资本投入银行后，关心的是其是否有到期偿还债务的能力，而流动资产中偿债能力最强的是现金；银行的所有者将资本投入银行后，关心的是银行是否具有到期支付股利的能力，而支付股利的直接手段也是现金。因此，银行现金流量表提供的现金流量资料是债权人和所有者所必需的。

（3）帮助银行的潜在投资者分析银行产生未来现金流量的能力，做出正确的投资决策。投资者进行投资的主要目的是取得未来的现金收益，他们在作投资决策时，首先考虑

的是未来本金的偿还、利息的取得及股利的获得（股利变动趋势以及股本保全等），所有这些都取决于银行产生现金流量的能力，这也需要依靠现金流量表所提供的信息。

（4）帮助报表使用者了解银行与现金收支无关但是却对银行有重要影响的投资及筹资活动。这些活动在它们发生当期不会产生现金流量，但是却对银行的资本结构和未来现金流量产生重要的影响。通过这些资料的提供，可以使报表使用者更全面地了解经营成果，做出正确的决策。

2）商业银行现金流量表的结构

我国商业银行的现金流量表由主表和副表两部分组成。主表采用直接法编制，副表采用间接法编制。商业银行的现金流量表的样式见表12-3。

表12-3 　　　　　　　　　中国工商银行股份有限公司合并现金流量表 　　　　单位：人民币百万元

项 目	2024年第一季度	2023年第一季度
一、经营活动产生的现金流量：		
客户存款净额	1 483 506	2 140 756
向中央银行借款净额		49 923
同业及其他金融机构存放款项净额	770 381	—
存放同业及其他金融机构款项净额	19 270	78 881
拆入资金净额	27 652	—
拆出资金净额	141 313	234 651
买入返售款项净额	—	109 035
卖出回购款项净额	408 268	74 424
以公允价值计量且其变动计入当期损益的金融负债净额	3 790	—
收取的利息、手续费及佣金的现金	308 655	295 692
处置抵债资产收到的现金	16	16
收到的其他与经营活动有关的现金	66 415	64 244
经营活动现金流入小计	3 229 266	3 047 642
客户贷款及垫款净额	−1 266 017	−1 323 097
同业及其他金融机构存放款项净额	—	−63 925
向中央银行借款净额	−20 170	—
存放中央银行款项净额	−21 583	−65 721
拆入资金净额	—	−8 537
买入返售款项净额	−117 574	—
以公允价值计量且其变动计入当期损益的金融资产净额	−47 917	−104 260
以公允价值计量且其变动计入当期损益的金融负债净额	—	−1 179
存款证净额	−17 281	−10 283
支付利息、手续费及佣金的现金	−176 842	−158 603

续表

项 目	2024年第一季度	2023年第一季度
支付给职工以及为职工支付的现金	−37 385	−35 068
支付的各项税费	−63 545	−50 442
支付其他与经营活动有关的现金	−294 467	−181 711
经营活动现金流出小计	−2 062 781	−2 002 826
经营活动产生的现金流量净额	1 166 485	1 044 816
二、投资活动产生的现金流量：		
收回投资收到的现金	737 866	611 856
取得投资收益收到的现金	74 846	63 952
处置固定资产、无形资产和其 他长期资产（不含抵债资产）收回的现金	369	747
投资活动现金流入小计	813 081	676 555
投资支付的现金	−992 262	−995 517
购建固定资产、无形资产和其他长期资产支付的现金	−1 237	−896
增加在建工程所支付的现金	−408	−174
投资活动现金流出小计	−993 907	−996 587
投资活动产生的现金流量净额	−180 826	−320 032
三、筹资活动产生的现金流量：		
发行债务证券所收到的现金	405 797	383 089
筹资活动现金流入小计	405 797	383 089
支付债务证券利息	−15 617	−6 099
偿还债务证券所支付的现金	−317 809	−202 809
支付给其他权益工具持有者的股利或利息	−834	−806
支付给少数股东的股利	—	—
支付其他与筹资活动有关的现金	−792	−930
筹资活动现金流出小计	−335 052	−210 644
筹资活动产生的现金流量净额	70 745	172 445
四、汇率变动对现金及现金等价物的影响	3 803	−6 641
五、现金及现金等价物净变动额	1 060 207	890 588
加：期初现金及现金等价物余额	2 610 069	1 547 454
六、期末现金及现金等价物余额	3 670 276	2 438 042

资料来源：同表12-1。

12.2　商业银行财务分析方法

商业银行运用财务报表进行分析是为达到对银行的经营绩效做出评价的目的，考核与评价商业银行的经营绩效，必须在设计相应的绩效评价指标体系的基础上采用科学合理的分析方法，对所占有的财务资料进行深入的分析、评价，并得出恰当的结论。商业银行绩效评价的方法有很多，主要有比率分析法、趋势分析法、比较分析法、结构分析法和因素分析法。

12.2.1　比率分析法

比率分析法是在给定银行的资产负债表、利润表和现金流量表的基础上，把同一期报表中所列相关项目和相关类别加以对比，从盈利能力、流动性、风险性和清偿力及安全性等四个方面对银行经营业绩分别做出评价，据此对银行财务状况和经营成果做出概括性的判断。这种分析方法的特点在于，某一类指标反映某一方面的财务状况，各类财务比例指标构成财务分析的指标体系。通过对完整的财务比率指标体系的分析，综合地反映商业银行的经营状况。

比率分析法简单易行，但它仅就某个银行当期的财务指标进行分析，所得出的结论有一定的片面性。因此，要客观、全面地分析银行的经营业绩，必须将比率分析法与其他分析法结合使用。

12.2.2　趋势分析法

趋势分析法又称动态分析法，它是以发展的观点来研究现象在一定时期内的变化及其趋势，通过对商业银行历年或某个时期的财务比率指标值进行比较分析，比较各期有关项目的增减方向和幅度，可以反映当期财务状况和经营情况的增减变化及其发展趋势，从而揭示出商业银行财务活动的规律性。

趋势分析所采用的指标主要有差异数、差异率和趋势比率。

差异数=报告期数−基期数

差异数将报告期数直接减去基期数，采用绝对数的形式，从而给人明确的增减概念，可以直接地评判财务指标的变化数值。

差异率=（差异数÷基期数）×100%

差异率是差异数与基期数之比，它采用相对数的形式，由此可以衡量出财务指标的变动幅度。

趋势比率=（报告期数÷基期数）×100%

趋势比率是将不同时期的财务数据换算为同一基期的百分比，从而给人一种趋势概念。趋势比率不但能单独地表现财务指标的变动情况，而且能在一系列比率的横向联系中，揭示未来的发展趋势。

在对商业银行的财务状况进行趋势分析时，选好基期是关键。基期的选择有两种做法：一种是确定某一时期为固定基期，与该期数据进行比较，计算出的比率称为定基发展速度，亦称定比。另一种是以上期为基期，各期数据分别与前一期数据进行比较，基期按顺序后移不固定，这样计算出的比率称为环比发展速度，亦称环比。

12.2.3　比较分析法

比较分析法是将彼此相联系的两个或两个以上的经济指标进行对比，计算出其差异，以此对商业银行的财务状况进行评价，从而发现问题，并进一步分析造成差异的原因。在财务分析的实际工作中，常用的比较形式有如下三种：

（1）本期实际数与计划数比较，以检查商业银行的计划完成情况，为进一步分析指明方向。在进行比较时，应注意计划自身的制订必须科学，如果计划指标保守或不切实际，就会失去可比的客观标准。

（2）本期实际与上期或历史最高水平比较，以了解商业银行财务指标的动态及其变化趋势，进一步挖掘潜力、改进管理。具体包括与上期比、与上年同期比、与历史最高水平比以及与特定历史时期比。

（3）本行实际指标与同行业银行实际指标比较，通常选取同行业中的赶超对象或者同业平均水平为样本，以开阔视野，取人之长、补己之短。具体包括与国内外先进水平比和与国内外平均水平比。通过比较发现自己与同行在某些方面的优势或差距，从而肯定本行经营管理中的某些长处，并对于不足的地方制定相应的措施加以改进，从而提高银行经营业绩。

12.2.4　结构分析法

结构分析法是将某一事物总体中的各个组成部分，按照一定的标准进行归类，计算各个部分在总体中所占比重，进而分析部分与整体的关系，揭示整个事物的内在结构及局部对全局的影响的一种方法，如对银行资产或负债各项目占总额的比重分析，以及现金收付各项目构成比重的分析等均可使用这种方法。

运用结构分析法对商业银行的财务状况进行分析时，首先要把分析对象（分析的总体指标）按一定的分类标准，将性质或内容相同的划分为若干类（组或项目），然后测定其所占的比重进行对比。分类标准的选择，一般是根据分析的具体内容和目的来确定的。例如，分析银行贷款资产的风险时，可以按贷款的质量来划分；分析银行贷款的投向时，可以按贷款的产业构成来划分；分析银行贷款资产的流动性时，则可以按贷款的期限不同来划分。

采取结构分析法，一方面要查明部分结构的变化对整体的影响，同时也可以使我们认识和掌握事物的特点，认识它的本质和规律性从量变到质变的变化，有助于做出定性分析的结论。如对财务状况的分析，运用结构分析法，分析各项收支项目、费用成本内容的变化是否合理，从而说明经济核算原则和勤俭节约方针的贯彻执行情况。

12.2.5　因素分析法

因素分析法就是分析某项计划指标的完成情况受何种因素的影响以及影响的程度。它的基本内容是将影响计划指标完成情况的有关因素进行适当分类，然后用一定的计算方法，从数值上测定各个因素对完成计划指标的影响及其影响的程度。连锁替代法是因素分析法的一种主要形式，它的基本内容和程序可以概括为以下三点：

（1）根据影响某项计划指标完成情况的因素，按其依存的关系，将指标的计划数和实际数分解为两个指标体系，并确定各因素的排列次序，数量指标在前，质量指标在后。

（2）以计划指标体系为基础，在假定一个因素为可变，其余因素不变的基础上，把实际指标体系每个因素的实际数逐步顺序地替代计划数，然后把计划的结果和这一因素被替换前的结果进行比较，两者的差额就是这一因素变化对计划指标完成情况的影响程度。

（3）将各个因素的影响数值相加后，与该经济指标实际脱离计划的总差异相符。

因素分析法是对相互依存、互为因果的各个因素对经营活动的影响程度进行具体分析的一种方法。在几个相互联系的因素共同影响某一经济指标的情况下，可应用这一方法来计算各个因素对经济指标变动的影响程度。

在采用因素分析法时，必须正确确定替代的顺序。一般地说，分析的顺序应根据指标的经济性质、各个组成因素的内在联系和分析的具体要求而定。分析的要求不同，顺序也可有所不同。各个指标的分析顺序一旦确定，不应随意改变。

12.3　商业银行财务分析指标

12.3.1　盈利性指标

盈利性指标衡量商业银行运用资金赚取收益同时控制成本费用支出的能力。盈利性指标的核心是资产收益率和股本回报率，利用这两个财务指标及其他派生财务比率指标可较准确地认识银行的获利能力。

（1）资产收益率（ROA），又称投资报酬率，是银行净利润与全部资产总额的比率。其计算公式为：

$$资产收益率=净利润÷资产总额×100\% \tag{12-1}$$

该比率反映银行资产的获利能力，即每1元资产可以产生多少净收益，它是银行资产利用的综合效果。由于银行利润都来自于资产运用所带来的收入，所以，经营者要努力提高资产利用率，并在此前提下考虑成本和管理费用的支出。

（2）银行利润率，是银行税后利润与总营业收入的比率。其计算公式为：

$$银行利润率=税后利润÷总收入×100\% \tag{12-2}$$

银行利润率排除了特殊项目的影响，更准确地体现了银行的经营效率。该比率度量了银行总收入中有多大比例被用于各项开支，有多大比例被用于发放股利或作为再投资保留下来。该比率越高，说明收入结构中成本的比重越低（因在总收入和实际利润之间的差额是利息支出、管理费用和税收等因素）；反之则说明收入结构中成本比重较高。该比率可分析说明商业银行增收与节支的状况，其在一定程度上代表了以后的经营水准。

（3）银行净利差率，是银行净利息收入与盈利资产的比率。其计算公式为：

$$银行净利差率=（利息收入-利息支出）÷盈利资产×100\% \tag{12-3}$$

利息收支在商业银行的收支中占比最大，因此净利息收入是影响商业银行经营业绩的主要因素。该指标能够准确地反映商业银行在筹资放款这一主要业务中的盈利能力。

盈利资产是指那些能给商业银行带来利息收入的资产，盈利资产的增加会带来利息收入的增加。净利差率实际上是将利差收入的增长幅度与盈利资产增长幅度加以比较，该比率的提高表明净利息收入的增长快于盈利资产的增长，银行在增加盈利资产的同时，较好地控制了利息成本，提高了经营效率。

（4）非利息净收益率，是非利息净收入与资产总额的比率。其计算公式为：

$$非利息净收益率＝（非利息收入－非利息支出）÷资产总额×100\% \tag{12-4}$$

商业银行的非利息收入主要有手续费收入和佣金收入，这类收入的获取无需增加相应的资产投入。非利息净收入的较高增长有利于资产盈利率的提高。非利息支出包括提取贷款损失准备金、支付员工薪金和折旧等间接费用，与管理效率直接相关。通常，该比率越高，说明银行各类间接费用的开支得到较好的控制，银行的经营管理效率越高。

（5）权益报酬率（ROE），又称资本收益率、净资产收益率，是银行税后净利除以资本总额而得的比率。其计算公式为：

$$权益报酬率＝税后净利÷资本总额×100\% \tag{12-5}$$

该比率反映银行所有者投入资本的获利能力，是银行资金运用效率和财务管理能力的综合体现。它同股东财富直接相关，受到银行股东和潜在投资者的格外重视。该指标比率越高，说明银行的盈利能力越强。

（6）财务杠杆比率，是资产总额与所有者权益总额之比。其计算公式为：

$$财务杠杆比率＝资产总额÷所有者权益总额×100\% \tag{12-6}$$

该指标能够反映银行资本的使用效率，即一定的资本量可以推动多少倍的资产。资产总额过小，资本不能充分利用，影响所有者的股息收入；资产总额过大，说明资本量相对较小，负债或借入资金越大，财务杠杆作用就越大。杠杆比率越高，资本使用效率也就越高，盈利可能就越多；反之则资本未得到充分利用。该指标是评价银行经营效率和盈利潜力、预计风险程度的重要指标。

（7）每股收益，是税后净利润与普通股股数的比值。其计算公式为：

$$每股收益＝税后净利润÷普通股股数 \tag{12-7}$$

（8）利润获现指数，是指营业活动现金流量净额与净利润的比值。其计算公式为：

$$利润获现指数＝营业活动现金流量净额÷净利润×100\% \tag{12-8}$$

该指标反映本期的净利润中收回现金的比率，能衡量银行利润质量的高低。比率越高，利润质量越好；反之则较差。

12.3.2　风险性指标

在财务管理和分析中，风险被定义为取得收入的不确定性，这种收入的不确定性会降低企业价值。商业银行面临复杂多变的经营环境，收益水平受多种因素的干扰，风险指标将这些因素做了分类，并定量反映了商业银行面临的风险程度和抗风险能力。

（1）信用风险，指银行贷款或投资的本金、利息不能按契约规定得到偿付的风险。

$$不良贷款比率＝不良贷款÷贷款总额×100\% \tag{12-9}$$

不良贷款包括次级贷款、可疑贷款、损失贷款。不良贷款比率越高，银行贷款中的信用风险越大，未来可能发生的贷款损失越多；反之，则相反。

拨备覆盖率，是银行实际计提的贷款损失准备与不良贷款的比率，用来衡量银行计提的拨备吸收损失的能力，说明商业银行贷款损失准备金提取是否充足。

$$拨备覆盖率=实际计提贷款损失准备÷不良贷款×100\% \qquad (12-10)$$

我国监管部门要求的拨备覆盖率基本标准为150%。

（2）利率风险，是市场利率变动引发银行利差收入乃至整个收入变动的风险，或者银行资本净值变动的风险。内容详见第10章。

（3）欺诈风险，是指商业银行在经营中不免会受到内外部人员或单独或相互勾结欺诈骗取贷款，从而使商业银行遭受贷款损失的风险。欺诈风险通常与内部贷款有着较为密切的联系。所谓内部贷款是指商业银行的员工、股东特别是管理者与经营者利用职权从本行所借取的贷款。内部贷款占总贷款的比例越高，该银行越有可能存在欺诈风险，造成贷款损失。

（4）资本风险，是指随着银行资产结构的变化，银行的风险资产增加，原先的资本与资产比率越来越显示其不足。于是，商业银行家及金融当局设计了资本充足比率，以此来说明商业银行的资本实力。资本充足比率是银行资本与风险资产的比率。其计算公式为：

$$资本充足比率=资本总额÷风险加权资产×100\% \qquad (12-11)$$

银行的风险资产是可能发生损失的资产，在美国，风险资产被定义为现金和政府债券以外的所有资产。资本充足比率反映一家银行在存款者和债权人的资产遭受危险之前，能够承担的资产价值损失的程度。

12.3.3 流动性指标

商业银行由于自身特殊的资产负债结构，更易受到流动性危机的威胁，这也是银行将流动性指标从一般风险指标中分离出来的原因。流动性指标反映了银行的流动性供给和各种实际的或潜在的流动性需求之间的关系。流动性供给在资产方和负债方均可存在，如银行拆入资金或出售资产都可以获得一定的流动性。流动性需求则可通过申请贷款和提取存款等形式作用于资产、负债两个方面，因而流动性指标在设计时应综合考虑银行资产和负债两方面的情况。

根据《商业银行流动性风险管理办法》（2018第3号），商业银行流动性风险管理包括流动性监管指标和流动性风险监测工具。

其中流动性监管指标包括流动性覆盖率、净稳定资金比例、流动性比例、流动性匹配率和优质流动性资产充足率。资产规模不小于2 000亿元人民币的商业银行应当持续达到流动性覆盖率、净稳定资金比例、流动性比例和流动性匹配率的最低监管标准。资产规模小于2 000亿元人民币的商业银行应当持续达到优质流动性资产充足率、流动性比例和流动性匹配率的最低监管标准。

流动性风险监测工具包括：流动性缺口和流动性缺口率、核心负债比例、同业融入比例、最大十户存款比例和最大十家同业融入比例、重要币种的流动性覆盖率、超额备付金率、存贷比等。

流动性指标具体详解见第9章。

12.3.4 清偿力及安全性指标

银行清偿力是指银行运用其全部资产偿付债务的能力，反映了银行债权人所受保障的程度，清偿力充足与否也极大地影响银行的信誉。从恒等式"净值（资本）=资产−负债"来看，银行清偿力不足或者资不抵债的直接原因是资产损失过大，致使净值小于零，负债不能得到完全保障。但清偿力不足的根本原因是资本金不足，未能与资产规模匹配，因而传统的清偿力指标主要着眼于资本充足情况。

（1）资本金比率，是银行的权益资本总额与资产总额的比率。其计算公式为：

$$资本金比率=权益资本总额÷资产总额×100\%　\tag{12-12}$$

其中，权益资本总额=实收资本+资本公积+留存收益

银行的自有资本是银行股东为了获取利润而投入银行的货币和一部分保留在银行中的利润，它代表股东对银行的所有权。银行自有资本在银行经营中占有重要地位，它是银行存在和发展的先决条件。该指标既反映银行独立性的大小，又反映其承担风险的能力。该比率越高，说明商业银行抵御风险的能力越强，存款人利益越有保证。但是，过高的比率会无端地减少每股平均收益。所以，该比率维持在什么水平上较为合理应根据各国社会历史及经济金融结构、总风险状况、监督管理方式等来决定。

（2）资金自给率，是银行资本金和存款之和与资产总额的比率。其计算公式为：

$$资金自给率=（资本金+存款）÷总资产×100\%　\tag{12-13}$$

资金自给率指标用来衡量银行资金的自给能力。在银行资金来源总额和自有资金一定的条件下，银行吸收的存款越多，借入的资金越少，表明银行营运资金自给率越高，资金实力越雄厚。

（3）资本存款比率，是银行总资本与存款总额的比率。其计算公式为：

$$资本存款比率=资本总额÷存款总额×100\%　\tag{12-14}$$

这是最传统的用于衡量银行资金实力的指标。它表明银行资本对存款的耐力程度，为防止银行出现流动性风险，银行应保持一定的比率。但是由于银行的流动性风险来自贷款和投资的变现能力不足，因此，需结合其他指标来判断银行资金实力的强弱。

（4）资产增长率和核心资本增长率，该指标反映出银行清偿力的变化情况。银行资产规模扩张速度较低，银行相对稳定。银行资产规模扩张较快，往往意味着较大的潜在风险，资产增长基础也不牢固，是银行资产下降的标志。结合核心资本增长率可更好地分析银行清偿力的变动。例如当银行资产增长率保持原有水平而核心资本增长加快时，银行清偿力得以提高。

（5）现金股利/利润，银行净值比重中最大的是未分配利润项目，该科目也是影响银行资本充足与否以及清偿力高低的重要因素。未分配项目来自历年积累的利润留存，现金股利是银行利润的净流出。较高的现金股利分配率降低了银行内部积累资本的能力。另外，分配现金股利导致银行现金资产的减少，风险资产比重相对加大。因此现金股利/利润指标值太高，意味着银行清偿力未实现其应达到的标准。

本章小结

商业银行运用财务报表进行分析是为达到对银行的经营绩效做出评价的目的，考核与评价商业银行的经营绩效，必须在设计相应的绩效评价指标体系的基础上采用科学合理的

分析方法，对所占有的财务资料进行深入的分析、评价，并得出结论。本章主要内容有：

（1）商业银行主要的财务报表有：资产负债表，它提供有关存量变量的信息，静态地反映银行的经营活动；利润表提供了流量的信息，动态地反映银行的业绩；而现金流量表则是将这两种不同性质的报表信息联系起来，全面地反映出报告期间内银行资金的来源和运用情况。

（2）商业银行绩效评价的方法有很多，主要有比率分析法、趋势分析法、比较分析法、结构分析法和因素分析法。评价的指标包括盈利能力、风险管理、流动性及安全性等方面。

关键概念

资产负债表　银行负债　利润表　现金流量表

综合训练

✓ 问答题

1）商业银行财务报表有哪几类？各自反映什么内容？

2）商业银行财务分析的方法有哪几种？具体如何运用？

3）商业银行比率分析的指标体系由哪几类构成？各自侧重分析哪些方面？

即测即评 12

综合训练
参考答案 12

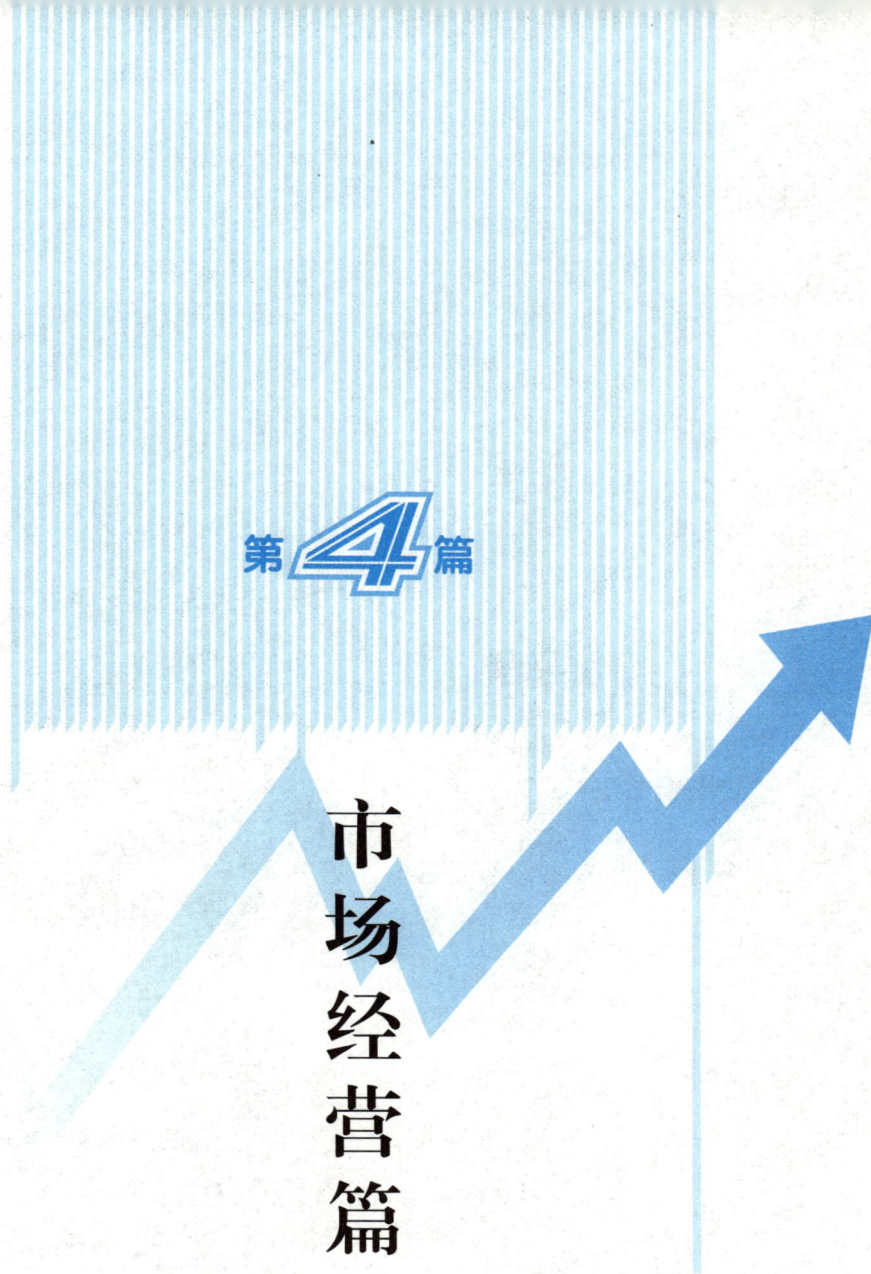

第4篇

市场经营篇

第13章

商业银行营销管理

目标引领

☑ 价值塑造

学习商业银行营销管理的基本知识，提升文化素养；了解我国商业银行营销活动，增强学生对我国经济制度及政治制度的认同；讨论各种营销策略的优缺点，培养学生的辩证思维。

☑ 知识传授

通过本章的学习，理解商业银行营销的基本概念；了解商业银行营销活动的基本流程；理解商业银行营销环境；掌握商业银行营销的营销策略。

思维导图

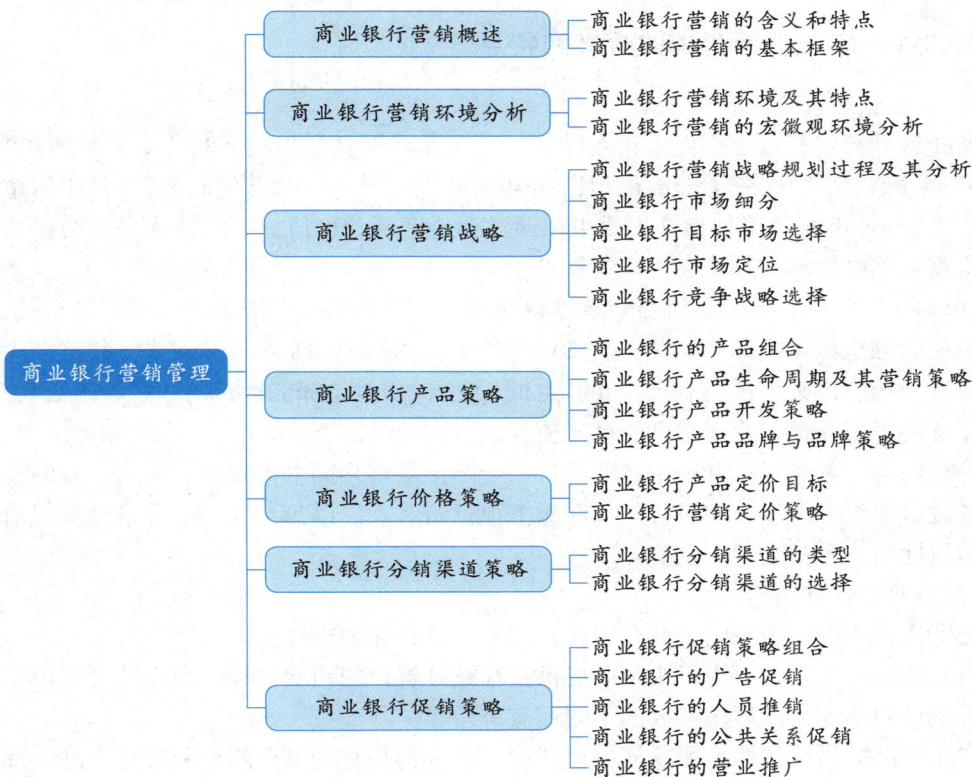

重庆银行的品牌直播营销

重庆银行惠渝金服品牌《普小微　鏸百业》是以普惠金融为主题的在线直播节目，旨在通过在线直播、实时互动等手段提升观众对鏸渝金服的认识和理解，并推动普惠金融的普及和应用。

《普小微　鏸百业》系列直播已成功播出两期。第一期《"渝"您相遇，不"蓉"错过》以共建成渝双城经济圈为主题，联动重庆银行成都分行以直播连线的方式为共建双城圈助力。第二期《溪有好货　渝礼相"鏸"》以直播带货的方式助力巫溪乡村振兴，持续金融助力惠企惠民策略。《普小微　鏸百业》从营销策划到实施，聚焦于鏸渝金服特色，抓住重庆银行人缘地缘亲缘的优势，打造具有重庆银行特色的直播营销。目前吸引140.4万人次访问，101.1万次点赞，近7万人次在线观看，上千条评论，获客留资近6 000条，增强了"鏸渝金服"品牌影响力，其品牌效应显著。可见，营销策略运用得当会达到事半功倍的效果。

本章将具体了解商业银行营销管理中的各种策略。

13.1　商业银行营销概述

13.1.1　商业银行营销的含义和特点

1）商业银行营销的含义

商业银行营销源自于企业的市场营销。美国著名营销学教授菲利普·科特勒在1962-1967年间用5年时间完成了一部影响世界40多年的巨著——《营销管理》。其中对市场营销的定义为："市场营销是指个人或组织通过创造产品和价值，并同他人进行交换，以获得其所需所欲之物的一种社会管理过程。"

1958年，在全美银行业协会会议上最早提出"银行营销"的概念，但人们真正意识到营销在金融机构中的重要作用是在20世纪70年代以后。1972年美国《银行家杂志》对商业银行营销的定义为："把可盈利的银行服务引向经过选择的客户的一种管理活动。"这一定义反映了商业银行营销管理的基本流程。

一般而言，商业银行营销是商业银行以金融市场客户需求为导向，利用自身的资源优势，通过营销组合手段，把银行产品和服务提供给客户，以满足客户的需求并实现商业银行盈利目标的一种社会管理过程。

2）商业银行营销的特点

与工商企业的营销相比，商业银行营销的特点具体表现在：

（1）产品的无形性。银行服务的提供过程就是客户的消费过程，而在此过程中，顾客对服务质量的感受会因环境和人的不同而有所差异。

（2）产品的易模仿性。即任何一项新的、被认为是有利可图的金融服务产品，都有可能在较短的时间内，被其他金融机构以较低的成本引入，使金融服务产品与价格呈现非常明显的趋同性。

（3）人员的高度参与性和服务的差异性。在商业银行中，一种特定项目的服务过程就是一种产品，服务的直接提供者和顾客都是其中的组成部分，这一动态化的产品是否会使顾客满意，取决于服务提供者的服务技术、服务速度、服务态度以及它们的互动效应。

（4）过程质量管理的重要性。商业银行的产品是动态化的行为过程，服务提供者是这一动态化产品的重要组成部分，而且这一过程又是顾客直接参与的消费过程。事先明确业务流程、岗位职责、服务质量标准等测定指标，以及事中有效沟通、指挥、检查、监督、培训等过程质量控制，这对商业银行营销是至关重要的。

（5）客户关系管理的关键性。以商业银行为代表的服务性行业的客户关系维护尤为关键，这是由服务产品的无形性和人的高度参与性决定的。凡是客户需要的、不易满足的、易计较的，银行都应该关注。

（6）有形展示的必要性。展示包括三个方面：一是物质环境，包括门面装潢、色彩搭配、空间布局等；二是行为展示，包括服务人员的衣着姿态、行为举止、工作态度等；三是信息展示，包括产品的目录、服务项目、价格信息等。有形展示既能招揽并维系客户，同时又有助于商业银行树立统一形象。

（7）分销渠道的特殊性。商业银行的分销渠道主要是服务网点，在中间不存在服务所有权的转移和空间上的移动，是银行自己直接面向客户提供服务。随着电子网络系统的发展，银行可以通过电子渠道服务客户，这大大提高了商业银行的服务效率，提高了客户的便利性，节约了客户的成本，达到了服务过程中的双向沟通。

（8）使用价值的盈利性。商业银行向客户所提供的银行服务，是在满足客户需要的过程中，带给顾客直接或间接的盈利或者一定程度的便利。

启智增慧 13-1
科特勒对营销与
管理的贡献

13.1.2　商业银行营销的基本框架

商业银行营销过程是一个开发客户、了解客户、满足客户需求、维系巩固客户的循环过程，真正体现了商业银行"以客户为中心"的现代营销理念，客户资源的多少和优劣关系到商业银行的生存和发展。商业银行的循环营销过程，构成了一个完整的营销体系。

从图 13-1 中可以看出：第 1-4 阶段，商业银行营销起始于发现客户需求和市场细分，经过目标市场定位，到确定营销战略、确定市场策略。第 5-8 阶段，是营销组合理论在商业银行中的应用，即"4P"组合。第 9 阶段，是营销绩效考评，以检验是否实现了银行营销目标。第 10 阶段，是市场调研与需求预测，起着承前启后的作用，为下一轮的营销提供决策依据。

在商业银行的营销循环过程中，营销调研处于关键地位。它为营销决策提供科学依据，利用真实、可靠的信息为决策服务。因此，营销人员应该系统学习有关营销调研的理论和方法，掌握进行营销调研的各种工具，能够独立完成调研的整个流程，为商业银行的营销决策提供信息支持，提高银行决策的科学性。

启智增慧 13-2
聚焦机构存款营
销抢抓业务发展
机遇——山西省
联社太原审计中
心组织召开全市
2023 年商业银行
重点机构客户经
营与营销突破策
略专题营销培训

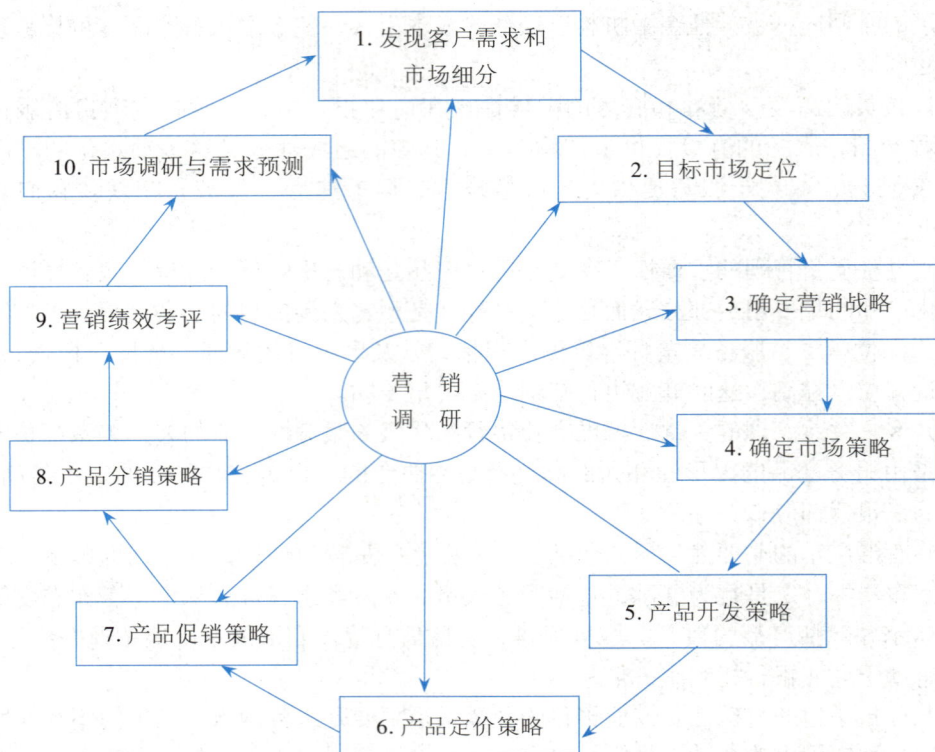

图13-1 商业银行营销过程

资料来源：郝渊晓. 商业银行营销管理学 [M]. 北京：科学出版社，2018.

13.2 商业银行营销环境分析

商业银行作为经营金融产品的企业，其营销活动在一定的外部环境中进行，会受到周围环境的影响和制约。适宜的环境能为商业银行的营销活动提供良好的市场机遇和发展平台。因此，商业银行开展营销活动必须从对营销环境的研究入手，这是正确制定商业银行营销战略的基础和前提。

13.2.1 商业银行营销环境及其特点

商业银行营销环境是指对银行营销及经营绩效有潜在影响的各种外部因素或力量的总和。它是银行的生存空间，也是银行开展营销活动的基本条件。商业银行营销环境可分为微观环境和宏观环境。前者是指与商业银行紧密相连，直接影响商业银行营销能力的各种参与者，直接影响与制约商业银行的营销活动，与银行企业具有或多或少的经济联系。后者是指影响微观环境的一系列巨大的社会力量。

商业银行营销环境具有以下特点：

（1）差异性。在不同国家和地区之间，商业银行所面临的宏观环境存在广泛的差异，不同商业银行的微观环境也千差万别。

（2）多变性。营销环境是一个动态系统，构成营销环境的诸多要素都受到众多因素的影响，每一环境因素都会随着社会、经济的发展而不断变化。对环境变化程度的分析，可以知道商业银行是处于一个相对稳定还是动荡的环境中；对环境复杂程度的分析，可以了解构成环境因素的数量和广度。

（3）相关性。商业银行营销环境诸因素之间是相互影响、相互制约的。因此，商业银行应该尽量对营销环境的各种因素进行全面分析与预测，以便尽可能地把握环境因素之间的相互作用。

（4）客观性。商业银行营销环境作为营销部门外在的、不以营销人员意志为转移的因素，决定了其具有不可控的特点，特别是宏观环境。但是商业银行又无法按照自身的要求和意愿改变宏观环境。因此，商业银行可以主动适应环境的变化和要求，制定并完善其市场营销策略。

13.2.2　商业银行营销的宏观环境分析

商业银行宏观营销环境是指为商业银行营销活动提供市场机会和造成环境威胁的主要社会力量。商业银行宏观营销环境分析最常用的方法是 PEST 分析法，即从政治/法律、经济、社会文化和技术等方面进行分析（如图 13-2 所示）。

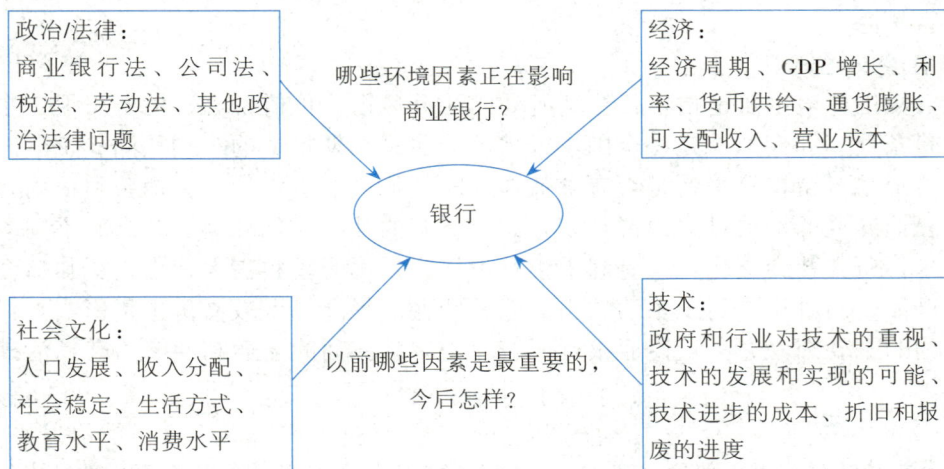

图 13-2　宏观环境影响的 PEST 分析

资料来源：秦远建. 企业战略管理 ［M］. 北京：清华大学出版社，2013.

1）政治环境

社会经济生活总要受到政治生活的影响，而作为经济生活一部分的商业银行经营活动，也不可避免地会受到政治环境的影响。商业银行的营销人员必须明确了解政治、法律环境及其对商业银行营销活动的影响。

政治环境是指商业银行市场营销面临的外部政治形势，包括国内、国际政治环境。例如，一国政局的稳定与否、政府的政策制定和调整、执政党的方针等都会对商业银行营销产生深远的影响。有的政策鼓励、促进商业银行的业务发展；但有的政策也会限制商业银行的某些业务活动，而商业银行要做的就是利用有利的环境机会、避开不利的环境约束。

同时，市场营销人员还要熟悉法律环境，除了日常经营需要遵循金融法律、法规外，还要了解主要客户所在行业的法律、法规。商业银行除了要了解法律法规外，还要了解制定与执行法律的有关监管部门的职能与任务，从而有针对性地开展工作。

另外，经办国际业务的银行还要了解相关的国际惯例，而涉及跨国经营的国际性银行，认真研究入驻国的政治、法律对银行营销的影响，也是十分必要的。

2）经济环境

经济环境是指商业银行营销所面临的外部社会经济条件。经济环境对银行营销活动的影响可以从以下方面分析：经济结构类型、经济发展阶段、经济景气周期、经济增长态势、通货膨胀率、收入状况、收入分配、客户消费结构、客户储蓄状况等。

一般来说，随着居民收入的增加，边际消费倾向递减，边际储蓄倾向递增，这就意味着居民会有更多的钱存入银行或进行投资。在通货膨胀率居高不下的时候，尤其是通胀率高于利率的时候，很多客户会寻求预期收益率更高的银行理财产品。在经济萧条时，贷款需求会下降，而经济繁荣时，贷款需求会增加。当人们对一国经济充满信心的时候，银行消费信贷就会大量增加，反之，人们会选择储蓄而不是提前借款消费。当收入差距拉大的时候，银行就会按照收入水平对客户进行细分……

对经济环境的分析和预测，可以使银行及时地调整营销战略，开拓利润新增长点，促进银行的发展。

3）社会文化环境

社会文化环境主要是指银行营销所处的社会风俗、价值观念、消费习惯、宗教信仰等背景条件。社会风俗是一个国家或地区的居民长期形成的一种风尚；价值观念是对政治、道德、金钱等事物是否有价值作判断后形成的主观看法；消费习惯则是由于不断重复而养成的消费过程中的行动方式。不同的社会文化环境中，会有不同的金融产品需求，研究社会文化背景有利于银行把握客户群的真实需求，推出更加适合当地的金融产品，同时也有利于主动地引导金融消费。另外，宗教文化也是影响人们金融消费行为的重要因素之一。商业银行要避免由宗教方面的矛盾和冲突给营销活动带来的问题。

4）技术环境

作为营销环境的组成部分，技术环境会直接影响银行内部的经营效率，新技术给商业银行市场营销造就了新的机会，但对于技术更新速度慢的银行，这就意味着在竞争中落后。银行合理、迅速地利用新技术，能更好地满足客户的新需求，反之，则被市场淘汰。技术进步会给商业银行市场营销带来很大的影响。

第一，技术更新会影响产品策略。银行新产品开发周期被大大缩短，金融产品更新换代加速，这就要求银行需不断进行技术革新，从而加速新产品开发，研究出更多满足客户需求的新产品。

第二，技术方面的进步会影响分销策略。技术环境的变化使人们的工作及生活方式发生了重大变化，新的分销模式应运而生，如网络时代促进了网络银行的发展。

第三，技术进步影响价格策略。新技术在银行的运用，降低了银行的运营成本，使金融产品价格下降。

第四，技术革新影响促销策略。技术进步推进了促销手段的多样化，尤其是信息传输手段的多元化和复杂化。

第五，新技术引起的银行经营管理的变化。新技术的运用也对银行工作人员的素质提出了更高的要求，同时新技术也带来了管理改革。特别是计算机技术的运用，使得管理科学化得到更深刻的贯彻。

13.2.3　商业银行营销的微观环境分析

商业银行微观营销环境包括客户环境和竞争者环境。

1）客户环境

客户环境对商业银行营销的影响体现在三个方面：一是客户的需求，客户的需求在不同的时间和地点是不同的，不同类型或层次客户的需求也存在差异；二是客户的收益或效益，商业银行基本上是中介服务机构，其业务的开展均涉及投融资活动，客户经济实力的雄厚与否直接关系到商业银行的生存基础；三是客户的信誉度，讲究信用、遵纪守法的优质客户群有利于商业银行业务的顺利开展，能够降低信用风险。

2）竞争者环境

对于竞争者的分析主要从竞争者的数量、竞争者的市场份额、竞争者的营销活动三个方面进行。竞争者数量的多少及营销活动是制约商业银行营销活动的重要因素。一定时期内，当市场需求相对稳定时，提供同类产品或者服务的金融企业越多，其市场份额就越小。竞争者的营销手段先进，客户就可能转向他们。因此，分析研究竞争对手状况，直接关系到商业银行营销策略的选择和应用。

分析竞争者环境常用的方法是波特五力模型。20世纪80年代初，美国哈佛商学院教授迈克尔·波特（Michael Porter）提出，任何产业，无论是国内还是国际的，无论生产产品还是提供服务，竞争规律都将体现为五种竞争的作用力：供应商的议价能力、购买者的议价能力、潜在竞争者进入的能力、替代品的替代能力、行业内竞争者现在的竞争能力（如图13-3所示）。

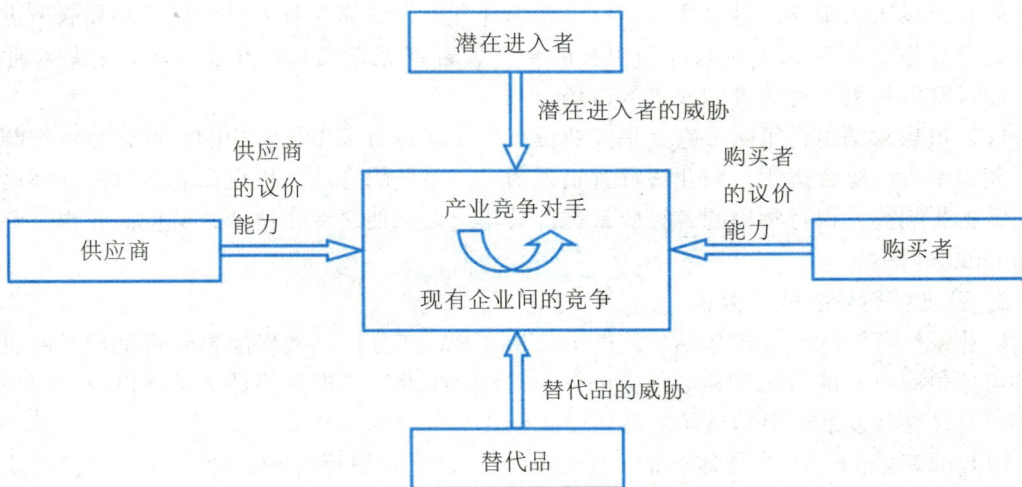

图13-3　波特五力分析图示

资料来源：王跃梅. 服务营销［M］. 杭州：浙江大学出版社，2011.

13.3 商业银行营销战略

13.3.1 商业银行营销战略规划过程及其分析

商业银行营销战略是在一定时期内，用以指导银行的营销活动，包括营销活动的水平，营销组合及资源分配的总体思路和基本准则。商业银行能否根据自己的特点选择合适的营销策略直接关系到营销效果。

1）商业银行营销战略规划过程

商业银行营销战略是银行在特定时期内为实现其目标，从而对其所拥有的全部资源所做出的安排。基本要求是对其整体运作有一个客观、全面的考察，并严格执行正确的准则。商业银行营销战略规划包括：

（1）营销战略任务分析。银行战略的规划过程，始于明确的任务。营销任务规定了商业银行的业务和发展方向。

（2）营销战略环境分析。商业银行的生存和发展与环境以及环境的变化存在着密切联系，把握环境的现状和发展趋势，利用机会，避开威胁，是商业银行完成营销目标的基本前提。

（3）营销战略条件分析。分析外部环境是为了从中辨认有吸引力的机会。利用机会要具备一定的内部条件，商业银行要分析自己的优势和劣势，预测现有市场营销能力与将来环境的适应程度。

（4）营销战略目标选择。通过营销战略环境和条件的分析，战略任务应该转化为特定的目标。营销战略的制定和实施，要以特定目标为依据。商业银行可能同时追逐若干个目标，若干目标组成一个目标体系，从不同角度多方面地反映战略所要达到的目标。

（5）市场进入策略。这主要包括：一是内部发展，依靠自身力量发展产品和服务进入市场；二是联合经营，通过与其他银行的合作、合资等方式共同开发市场；三是企业并购，通过掌握相关银行的控制权进入市场。

（6）市场营销组合策略。它是指商业银行为了满足目标市场客户的需要，对可控制的各种营销手段的综合运用。商业银行营销人员采用系统的方法，根据商业银行内外环境的影响，把影响商业银行营销的各种要素进行最佳组合，使之综合协调，实现商业银行整体营销的战略目标。

2）商业银行营销战略分析

商业银行营销战略分析包括战略能力分析和SWOT分析。战略能力分析是指对商业银行参与竞争所具有的资源和核心能力的分析。SWOT模型分析主要是从银行自身的优势与劣势出发，寻找发展机会与预防威胁。

（1）战略能力分析。具体包括：①资源评估，是对银行各种资源的量、质、可获得性、战略性、配置状况、整体均衡性以及各项资源要素间的互补性和每一要素中各元素间的互补性进行分析，分析资源能力与潜力面对市场不确定性的灵活性和适应性；②价值链分析，重点关注各项价值活动之间的联系与整合以及资源在各个价值活动环节的利用、配置、控制，以保持在行业中的竞争优势；③比较研究，将银行现有情况与历史进行纵向比较，了解变化与进步，与同业进行横向比较，认识本行在行业中的地位；④运营分析，利用组合分析方法，分析本行的业务组合及其相关活动的互补性、均衡性，分析各类人员的个性、知识、技能在价值链中的联结方式、作用方式。

（2）SWOT分析。SWOT分析是对组织内部影响企业竞争力的优势（strengths）和劣势（weaknesses），以及组织外部竞争环境中的机会（opportunities）和威胁（threats）进行系统的结构性分析，评价企业是否健康，从而选择最佳的竞争战略。该分析方法又称为"环境分析法"，是一种十分有效的市场分析和营销研究工具。优势与劣势分析主要是着眼于企业内部自身的实力，是与竞争对手比较而言；机会与威胁分析则是对企业的外部环境及其对企业可能带来的影响的分析（如图13-4所示）。

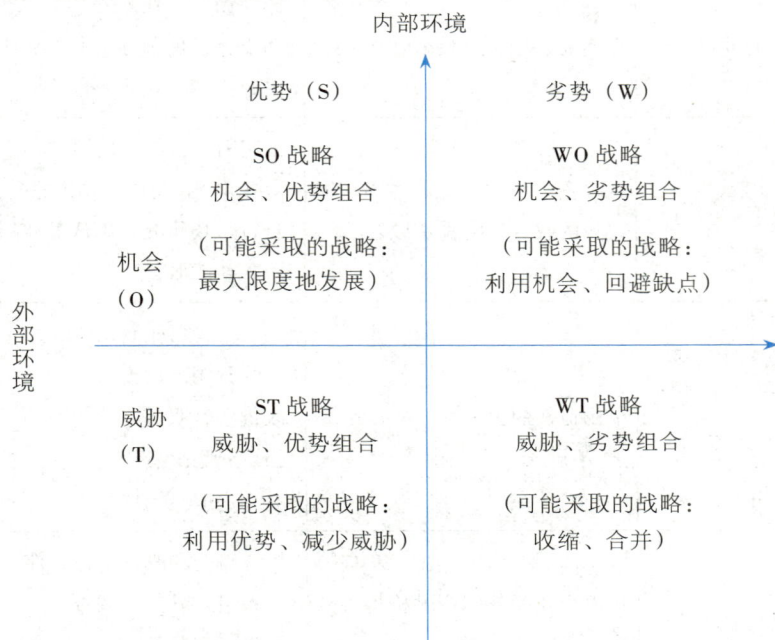

图13-4 SWOT分析法图示

资料来源：王跃梅. 服务营销 [M]. 杭州：浙江大学出版社，2011.

SWOT分析法常常被用于制定集团发展战略和分析竞争对手情况，在战略分析中，它是最常用的方法之一。下面是关于某商业银行的SWOT分析法应用案例（见表13-1）。

表13-1　　　　　　　　　　　　　某商业银行的SWOT分析法应用案例

	因素	含义	需要什么活动
优势	高素质员工	更好的资历、效率和专业性	*对顾客的促销能力 *留住优秀员工的计划 *激励高成就者的成套措施
	更高的储蓄基础	更好的成本基础，更高的平均储蓄	*成本基础的杠杆作用 *加速自动化，降低成本 *市场定位着重于上层或中层社会阶层

续表

	因素	含义	需要什么活动
劣势	低级支行管理谨慎	经常把时间花在向总部汇报上	*开展对支行信用评级的改进 *更好的培训与通信设备 *给支行经理更多授权 *在总部安装热线
	没有海外代表	在关键领域丢掉业务	*迫切、可行地研究多伦多、纽约、洛杉矶、悉尼等
机会	新型工业的发展	在商业领域银行贷款增加	*招聘新的工业人才 *为支行经理创办工业发展研讨会 *向政府和工业社团推介
	开拓顾客的金融需要	从投资、税收咨询服务中获得更多的收入，吸引新顾客	*发起对商业机会的研究 *对在4个指定国家内的银行进行调查 *进行市场研究，确认最初的服务概念 *引入新的服务
威胁	竞争加剧	市场份额的丢失	*制订一个营销计划 *加强营销部门力量 *改进顾客服务 *强调无隐藏费用 *更具进取性的广告
	核心人才的流失	私人企业和外国金融机构攻击性猎头活动	*提高薪金和改善工作条件 *引入员工满意度调查 *倡议内部营销 *劝导放弃享受公务人员工资结构的待遇

资料来源：佩恩. 服务营销［M］. 郑薇等，译. 北京：中信出版社，1999.

13.3.2　商业银行市场细分

　　商业银行市场细分是指银行根据顾客的需要、购买行为与习惯等方面的特征，将某一金融产品或服务的整体市场分割为若干个子市场，使分割后的顾客需求在一个或若干个方面具有相同或相似的特征，以便银行采取特定的营销战略来满足不同顾客群需要的活动。

1）市场细分的标准

　　（1）个人客户市场细分的标准（见表13-2）。

　　（2）机构客户市场细分的标准。机构客户市场细分主要包括地理位置、企业规模和行业因素这三个划分标准。

表13-2 个人客户市场细分的标准

细分变量	具体因素
地理因素	区域、气候、人口密度、城市规模、交通及通信状况等
人口因素	年龄、性别、家庭人数、职业、收入、受教育程度、社会阶层、宗教等
心理因素	外向与内向、独立与依赖、乐观与悲观、保守与冒险、传统与时尚
利益因素	经济、便利、声望、安全、新颖
行为因素	认知程度不同，有不同的利益追求 忠诚度不同，表现为坚定、不坚定、经常变化 使用频率不同，表现为高、中、低 价格的要求不同，表现为高度重视、一般重视、无所谓 服务质量的要求不同，表现为高度重视、一般重视、无所谓

2）市场细分的原则

一般来说，一项有效的市场细分必须遵循下列原则：

（1）细分市场具有可衡量性，是指细分市场大小、购买力等市场特征的要素可以测定，各考核标准可以量化。如细分市场中客户的年龄、性别、文化、职业、收入水平等都是可以测量的。而要测量细分市场中有多少具有"依赖心理"的客户，则相当困难，以此为依据细分市场，将会因为无法识别、测量而难以描述，市场细分也就失去了实际操作意义。可衡量性原则用于确保清晰地区分细分市场的客户群。

（2）细分市场具有足量性，是指细分市场的规模足够大，使银行值得为它设计一套营销规划方案，以便顺利地实现其营销目标，并且有可拓展的潜力，以保证银行按计划能获得理想的经济效益和社会服务效益。例如，荷兰万贝银行（MeesPierson N.V.）是荷兰较为典型的中等规模的商业银行，并以私人银行业务、贸易和商品融资业务见长。尽管按照现行荷兰金融法律，万贝银行完全可以经营零售银行业务等，但因其资金实力与荷兰三个金融巨擘相差悬殊，该行从未试图涉足这些领域。该银行以累积数十年的专有技术优势资源为支撑，抓住细分市场。万贝银行在荷兰只开设了三家分行，其目标客户是高收入阶层。

（3）细分市场具有相对稳定性，是指细分市场的主要标准在经营周期内应保持稳定性，否则细分市场就会动荡不定，容易发生裂变和重组，届时商业银行将无法为之制定营销战略，难以有效地组织经营活动。细分后的市场能否在一定时间内保持相对稳定，直接关系到银行营销的稳定性。特别是对于期限较长的产品，更容易造成经营困难，严重影响企业的经营效益。

（4）细分市场具有差异性，是指每个细分市场存在明显差别，每个细分市场应对不同的促销活动有不同的反应，如果无法满足这一原则，市场细分就失去了意义。差异性是市场细分的基础。凡是使消费者需求产生差异的因素都可以作为市场细分的标准。另外，对于细分市场，企业应分别制订独立的营销方案。如果无法制订出这样的方案，或其中某几个细分市场对采用相同的营销方案的差异性反应不大，便不必进行市场细分。

13.3.3　商业银行目标市场选择

商业银行的目标市场是在市场细分的基础上，被商业银行选定的，准备以相应的金融产品或服务去满足其需要的一个或若干个细分市场。目标市场在商业银行的细分市场中居核心和主导地位，它的开发和占领能直接或间接地影响及带动其他细分市场。

（1）无差异性目标市场战略，是指商业银行只推出一种金融产品或服务，运用一种市场营销组合，试图吸引尽可能多的顾客，为整个市场服务。商业银行采取这一策略的前提是消费者需求的同质性。

（2）差异性目标市场战略，是指商业银行分别设计不同的产品或服务，运用不同的市场营销组合为若干个细分市场服务，满足每个细分市场的不同需求。商业银行采取差异性目标市场战略要着眼于消费需求的差异性。

（3）集中性目标市场战略，是指商业银行集中力量推出一种或一类产品或服务，运用一种市场营销组合，为一个或有限几个细分市场服务。商业银行采取这一策略也是着眼于消费者需求的差异性，将资源集中在一个或有限几个细分市场上，向纵深发展，追求的是在较小的细分市场上占有较高的市场占有率。

13.3.4　商业银行市场定位

商业银行的市场定位是指商业银行为自己在竞争激烈的市场上找到有利于自身生存和发展的恰当位置，以便能在客户心目中留下别具一格的商业银行形象和值得购买的金融产品的印象的活动过程。

一般地，商业银行市场定位的内容主要涉及以下几个方面：

（1）形象定位，是与商业银行有关的各类公众对商业银行综合认识后形成的最终印象或整体评价。商业银行形象包括有形形象和无形形象。2005年中国工商银行上市前及随后的一段时间内，为了表达服务网点众多、服务质量改善、业务办理便捷、交易资金安全的诉求，其品牌定位于"网点多、服务好、又安全"。因此，当年形象广告的主题是"中国工商银行——您身边的银行，可信赖的银行"，广告的主体是一只强而有力的男人的手拉住一只女子的纤纤细手。

（2）竞争战略定位，是指商业银行产品和服务参与市场竞争的方向、目标及策略。例如，作为小型银行，城市商业银行有着公认的劣势，异地业务中转环节较多，客户资金成本高等，也有自己的独特优势，容易得到地方政府的支持和相应的保护，可以充分利用当地人才和资源等。因此准确把握自己与竞争对手的优势和劣势，才能扬长避短，改变竞争地位，实现战略目标。

（3）顾客定位，就是对商业银行服务对象的选择。合理选择，是要从商业银行的自身情况和自身优势出发，以实际经营能力来选定自己所能提供的服务并能满足其服务对象。例如，鉴于"大而优"的市场竞争异常激烈且空间有限，"小而优"市场的潜力巨大，中国工商银行过去"抓大抓优"的市场定位迅速延伸，"抓好抓优，大小并举"成为中国工商银行明智的顾客定位。

（4）产品定位，是指根据顾客的需要和顾客对金融产品某种属性的重视程度，设计出区别于竞争对手的具有鲜明个性的产品。它是继商业银行顾客定位之后，为满足顾客需要而对其所经营产品的确定，也是对商业银行所经营产品的选择。例如，交通银行作为2010年上海世博会全球合作伙伴，特别推出"展业通"系列小企业专项信贷与结算金融服务产品。流程简便快捷，三日内完成审批流程，额度500万以内更可直接进入"绿色通道"。

13.3.5　商业银行竞争战略选择

1）商业银行的基本竞争战略

商业银行可选择的基本竞争战略有成本领先战略、差异化战略和目标集中战略三种。

一是成本领先战略，是指通过有效途径，使银行的全部成本低于竞争对手的成本，以获得同行业平均水平以上的利润。以令传统商业银行谈虎色变的互联网金融为例，其最主要的竞争优势就在于无需物理网点甚至客户经理也能提供类似于商业银行金融服务的巨大成本优势。

二是差异化战略，是指为使银行产品与竞争对手产品有明显的区别，形成与众不同的特点而采取的战略，这种战略的重点是创造被全行业和顾客都视为独特的产品和服务以及银行形象。如青岛银行，2012年创新性提出"接口银行"战略，成为触达对公和零售客群的触手。近年来，青岛银行秉承交易银行发展思路，深入推动交易银行变革，为客户提供场景化、链网化、开放化金融服务。这与注册地青岛这座城市定位是比较契合的。

三是目标集中战略，是指银行通过满足特定顾客群体的特殊需要，或者集中服务于某一有限区域市场，来建立自身竞争优势及市场地位的战略。例如，城商行因自身地域范围、规模体量、资格牌照等因素限制，不具备全面发展所有市场的能力，在进行竞争战略选择时，首先应采取目标集中战略。

2）竞争者定位战略

（1）市场领导者战略

处于市场领导者地位的商业银行控制着其他商业银行的行为，在金融市场上占最大的市场份额，并且在战略上有多种选择权。市场领导者进行市场定位时，充分利用"第一位"的指导思想，由此在顾客心目中留下深刻印象。

银行实施"第一位"定位策略，主要目的是向公众宣传自身的优势和市场领导者地位。为此可以从以下三个方面努力：

①扩大市场规模。一般来说，当整个市场被开发时，居于领导地位的企业收益最大，因此市场领导者应该为其产品寻找新用户、开辟新用途和增加使用量，时刻注意外部环境的变化，抓住每一个市场机会，扩大服务的总市场规模。一般情况下，可通过市场渗入战略、开拓海外市场战略、新市场战略扩大市场规模。

②保持现有的市场份额。处于领导者地位的商业银行，必须采取措施保持已有的市场份额，保持市场领导者的地位。

③扩大市场份额。处于领导地位的银行可以通过金融产品不断创新、成本优势继续领先、增加分支机构网点等策略来扩大市场份额。

（2）市场挑战者战略

市场挑战者是指在行业中仅次于市场领导者，位居第二及以后位次，试图超越竞争对手，甚至取代市场领导者地位的商业银行。市场挑战者根据不同的竞争对象来确定不同的战略目标。

①攻击市场领导者。这一战略风险大，潜在的利润也大。挑战者必须仔细研究市场领导者银行的弱点及失误，从而确定自己的攻击目标。在整个细分市场内进行产品创新，超越领导者。例如考虑到传统银行业极高的获客成本，挑战者银行通常从对金融需求更短期和及时、更容易接受新服务的年轻消费者开始，并选择更加频繁、门槛更低的金融场景。例如：短期借贷款、信用卡、日常支出管理、支付、小额存款等。

②攻击与自己实力相当者。商业银行应仔细调查研究竞争者是否满足了客户的需求，是否具有产品创新的能力，如果在这些方面有缺陷，就可以作为攻击的对象，目的是夺取它们的市场阵地。

③攻击小银行。夺取经营不善、资金缺乏的小银行的客户甚至是银行本身。

（3）市场追随者战略

位居市场追随者的商业银行，在其规模、实力等方面都次于市场领导者和市场挑战者。这类银行的营销战略应以模仿市场领导者或市场挑战者的行为为主，并尽力形成自己的特色。可选择的战略包括：

①全面模仿。处于追随者地位的商业银行采取及时全面地模仿市场领导者行为的营销战略。依靠领导者对市场或产品的开发而生存和发展，从而跟随市场一起成长。

②部分模仿。它是指市场追随者对有显著吸引力的金融业务追随和模仿市场领导者，而在其他的金融产品或服务项目方面，追随者保持自身的特色和优势，在内部资源的配置和经营活动上保持自己与众不同的风格。例如，村镇银行在县域银行市场中主要扮演市场追随者的角色，村镇银行保持现有客户，不断调整策略，做"有距离的追随者""有选择的追随者"。

（4）市场补缺者战略

市场补缺者一般是指那些资产规模不大，提供的金融产品或服务品种不多，集中于一个或数个细分市场经营的商业银行。实施这种战略的途径是专业化经营，银行的专业化经营使其开辟自己的特殊市场。对于这类小银行来说，这些市场不仅能带来稳定的利润而且风险也比较小。

案例 13-1
交通银行湖北
分行的精准营销
战略

市场补缺者要完成三个任务：创造补缺市场，扩大补缺市场，保护补缺市场。企业在选择补缺市场时，多种补缺市场比单一补缺市场更能减少风险，提高保险系数。

13.4 商业银行产品策略

13.4.1 商业银行的产品组合

1）商业银行产品概念

商业银行产品有广义和狭义之分。狭义的是指由银行创造，可供资金需求者与供给者选择，在金融市场上进行交易的各种金融工具，即有形的金融产品，如货币、各种票据等。广义的是指由银行向市场提供并可供顾客获取、利用或消费的一切服务，它既包括有形的产品，也包括各种无形的产品，如存款、贷款、信托、租赁等。根据现代市场营销的定义，本书主张从广义方面来定义和认识商业银行产品。

（1）核心产品。核心产品是指顾客从商业银行产品中得到的基本利益和效用，是顾客希望得到的主要服务项目。核心产品是银行产品的实质内容，体现了商业银行产品的本质——消费者得到的基本利益。

（2）形式产品。形式产品是指用来展现核心产品外部特征的商业银行产品的具体形式。商业银行产品大多数是无形产品，本身就是抽象的，因此商业银行应该将产品尽可能地实体化，借助一定的外部表现形式予以反映和区别，让顾客可以感知并获得印象，从而影响顾客对银行及其产品的认识和评价。商业银行使服务有形化的具体做法是使服务的内涵尽可能地附着在某个实物上，典型的例子就是信用卡。

（3）延伸产品。延伸产品是指商业银行产品在满足顾客的基本需求之外，还可以为顾客提供的额外服务。额外服务能使顾客得到更多的利益，这是银行产品的延伸与扩展。

商业银行整体产品就是由核心产品、形式产品、延伸产品三个层次所构成的一个整体概念，在这三个层次中，核心产品居于中心地位。核心产品必须依托形式产品这一载体得以体现，而延伸产品则是打造现代商业银行竞争力的有效手段。因此，商业银行的产品策略必须以客户的需要为中心，把握产品整体概念，通过对核心产品、形式产品和延伸产品的设计开发，在更广泛的商品层次上展开竞争。

2）商业银行产品组合策略

（1）商业银行的产品组合。商业银行的产品组合是指商业银行向顾客提供的全部产品线、产品类型和产品项目的有机组合。其中，产品线是指具有高度相关性的一组银行产品；产品类型是指产品线中各种可能的产品种类；产品项目是金融产品划分的最小单位，是指某个特定的银行产品。

商业银行的具体产品涉及四个方面：一是宽度，指在产品组合中包含的产品线的多少，产品线越多，则组合越宽。二是长度，指在产品组合中包含的产品项目的多少。一般而言，增加产品组合的长度，可以使产品组合更加丰满，吸引更多顾客选择自己的产品。三是深度，指在产品线中每一个产品所包含的品种的多少。通常情况下，产品组合的深度越深，越可以占领同类产品更多的细分市场，满足更多顾客的需求。四是密度，指各条产品线在最终用途、分销渠道或其他方面的相关程度。相关程度越高，产品组合的密度就越高。

商业银行产品组合的宽度、长度、深度和密度不同，就构成了不同的产品组合。

（2）商业银行产品组合策略。产品组合策略是指商业银行在综合考虑各方面因素的情况下对产品组合进行适时调整和选择的策略。

①产品扩张策略。它是一种增加产品线或产品项目，扩大经营范围，以更多的产品去满足市场需要的策略。商业银行产品扩张的策略包括三种：一是拓宽商业银行产品组合的宽度，实现产品线的多样化；二是拓展银行产品组合的长度，提高银行的经营档次和扩大经营范围；三是增加银行产品的深度，丰富银行的产品种类，实现多样化经营。

②产品缩减策略。与产品扩张策略相反，它是商业银行通过减少产品线或产品项目来缩小银行的经营范围，实现产品的专业化，从而将有限的资源集中于一些能带来较大盈利的产品组合上的策略。产品缩减策略以市场细分为基础，商业银行通过对市场的调查与分割，选择出产品需求量特别大的市场，集中精力在这些市场上开展业务。

（3）商业银行产品差异化策略。为了能在激烈的竞争中占据优势，吸引客户使用本行的产品，商业银行必须通过各种方式对其产品进行设计与包装，更好地体现商品的特点，让客户感到使用该产品要比使用其他商业银行的产品更加方便，从而树立良好形象，扩大产品销售。

13.4.2　商业银行产品生命周期及其营销策略

银行产品生命周期是指商业银行产品自投入市场到被市场淘汰的整个过程。根据顾客对产品的使用或银行产品的销售情况，可以将商业银行产品的生命周期分为四个阶段：投入期、成长期、成熟期和衰退期（如图13-5所示）。在不同阶段，产品需求不一样，相应的银行应采取的产品策略也不同，称为产品生命周期策略。

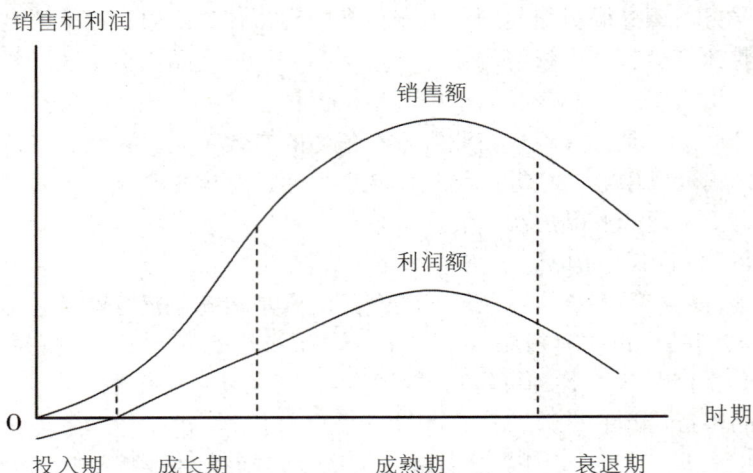

图13-5　银行产品生命周期

资料来源：郝渊晓. 商业银行营销管理学［M］. 北京：科学出版社，2019.

1）投入期的特点及营销策略

投入期是商业银行产品投放市场的初级阶段。在这一阶段，消费者对新的金融产品有一个了解、认识和接受的过程，同时新产品也有一个检验、扩散的过程。这一阶段的特点是：销售量低、销售额增长缓慢；购买者不多，竞争者也较少；成本高，利润少，甚至无利可图或亏损。

在这一阶段，商业银行可采取如下营销策略：一是考察产品的需求情况，掌握市场容量；二是加强宣传推广，吸引客户使用产品；三是做好渠道网络布点、客户咨询、服务准备等营销工作，使客户的需求能够得到及时满足；四是根据产品的类型、市场前景以及竞争状况，选择适当的价格策略。

2）成长期的特点及营销策略

成长期是商业银行新产品经过宣传促销，销路已经打开，业务量快速增长的阶段。这一阶段，随着业务量扩大，规模经济效益的产生，单位成本逐步降低，利润提高；但由于影响的扩大，利润的诱惑，竞争者也纷纷进入市场。

这一阶段的策略包括：一是增加投入，增设服务网点，维系老客户，吸引新客户；二是宣传、树立企业形象，创立品牌效应，使产品和企业形象深入客户心中，并扩大细分市场的范围；三是不断完善产品，使之更适应市场需要，并提高产品的竞争能力；四是为吸引更多层次的、对价格敏感的消费者，可在适当时候调整价格。

3）成熟期的特点及营销策略

成熟期是商业银行产品业务量缓慢增长且相对稳定的阶段。一般来讲，成熟期的时间相对较长，其特点是：市场呈饱和状态，潜在消费者减少，替代产品开始出现；市场上出现业务能力过剩的情况，竞争激烈；消费者为使自己的利益最大化而特别重视服务质量和信誉。

在成熟期，商业银行应主动出击，使成熟期延长或使产品生命周期出现再循环，可采取如下策略：一是市场改良。目的是发现产品新用途或改变推销方式，发掘并开拓新的细分市场，使产品的销售量得以扩大。二是产品改良。以产品自身的改变来满足客户的不同需要，吸引不同需求的客户。三是注重提高服务质量，强化分销，维护银行信用，注重特色宣传，随时准备投放新的金融产品。

4）衰退期的特点及营销策略

衰退期是指金融产品已不适应金融市场需求，竞争力衰退导致业务大幅萎缩的阶段。这一阶段，消费者的兴趣纷纷转移，业务量下降，银行的利润快速减少甚至出现亏损。因此，在衰退期，银行可以选择以下策略：

（1）继续策略，即继续沿用过去的策略，仍然按照原来的细分市场，使用相同的销售渠道、定价及促销方式，直到这种产品完全退出市场为止。

（2）集中策略，即把银行能力和资源集中在最有利的细分市场和销售渠道上，从中获取利润，这样有利于缩短产品退出市场的时间，同时又能创造更多的利润。

（3）收缩策略，即大幅度降低销售水平，尽量减少销售和推销费用，以增加目前的利润。这样做虽然有可能导致产品在市场上加速衰退，但能从忠实于这种产品的客户中得到利润。

（4）放弃策略，对于衰退比较迅速的产品，银行应当当机立断，放弃经营。可以完全放弃，也可以逐步放弃。例如，随着 2018 年资管新规的落地，银行理财进入净值化时代，在资管新规过渡期，银行就陆续清退了保本型理财产品，期限较长超出过渡期的产品将被直接终止。

总的说来，在产品衰退期，企业应注重减少损失，并选择一些经营网点保留性地继续经营此类产品，逐步从市场撤退，以维护消费者的忠诚度。

13.4.3　商业银行产品开发策略

1）商业银行新产品开发的目标

从产品整体概念来看，新产品并不是指全新发明的产品，而是指对其中任何一部分有所创新、变革或变异的产品。商业银行新产品可以分为四种，分别是全新型、换代型、改进型和仿制型。

商业银行开发新产品，其主要目标在于满足客户新的金融需求和银行自身发展的需要，提高银行的营运经济效益。

（1）满足市场需要，树立良好形象。商业银行持续的产品开发与创新能力，既能更好地满足客户需要，又能体现银行特色，树立自身形象。例如，光大银行针对小微企业短平快融资需求，加大产品研发与推广力度，主打"e微贷""e抵贷""e税贷"等光大快贷系列产品，满足了小微企业需求，创新了服务方式。

（2）赢得竞争优势。当今时代，银行业竞争日益加剧，商业银行只有不断推陈出新才能把握主动，取得连续竞争优势，提高在金融市场上的竞争力。资管新规过渡期已过，新一轮的银行理财产品同台竞技已经悄然开始。例如，秦农银行不断加强产品研发投入，持续丰富理财产品品牌线，其中，秦盈宝现金1号净值型理财产品在各类型金融机构中排名第10，在农村金融机构中居于首位。

（3）吸引现有市场以外的客户。商业银行应尽可能地吸引更多的客户。高收入者固然是巨大的客户资源，但是对于低收入者，甚至无收入者，都大有机会可以开拓。对已有产品加以创新，推出有助于拓展市场的新产品，从而吸引现有市场之外的客户。专精特新企业专注于产业链的关键环节，在细分领域攻克关键核心技术，是加快建设以实体经济为支撑的现代化产业体系的重要力量。为吸引专精特新企业，北京银行为专精特新企业量身打造了创新金融产品"领航e贷"，最高贷款金额可达1 000万元，具有专精特新专属、全流程线上化、无须担保抵押、资金随借随还等特点，高效精准满足专精特新企业多种融资需求。截至6月底，"领航e贷"贷款规模已达95亿元，支持专精特新企业超1 300家。

（4）提高现有市场的销售量。提高现有市场销售量的方法有很多，增加交叉销售和吸引竞争对手的核心客户是两种行之有效的方法。

（5）降低同种或类似产品的成本。发展银行业务的电子化和自动化是最有效的途径，因为可降低实际劳动成本和管理费用。例如利用ATM机来取代新开分支网点，可以大大降低银行的成本。

2）商业银行新产品开发的思路

思路是否正确对商业银行开发新产品非常关键。新产品的设计核心在于"新"，并能够满足以前难以满足的要求和条件。遵循这一宗旨，新产品的开发策略可以从以下方面拓展：

（1）洋为中用。它是指商业银行在产品开发过程中，借鉴发达国家商业银行产品创新的做法或品种，结合我国银行业的具体实际和市场特点，为我所用。

（2）博采众长。它是指商业银行在产品开发过程中借鉴"拿来主义"，注意比较和借鉴各种金融产品和服务的不同做法，吸收长处、克服短处。

（3）推陈出新。它是指商业银行的产品开发应基于其现有的产品，对现有产品加以改革、丰富，创造出某种明显与众不同，或能明显弥补以往不足，或能明显解决新出现的某种特殊需要的新产品，以满足客户的现实需求和潜在需求。

（4）因地制宜。它是指商业银行的产品开发要结合各地的实际情况，根据国家政策和客户的需要设计推出具体产品。

3）商业银行新产品开发的程序

开发新产品，是一种难度极大的工作。相关资料显示，消费品新产品的失败率为40%，工业品为20%，而服务业为18%。新产品开发成功，可以使企业得到发展；失败，则使企业遭受损失，巨大的费用开支无法得到补偿。为了提高新产品开发的成功率，减少产品开发的风险和经济损失，必须采取科学的方法，并按照一定的程序进行（如图13-6所示）。

启智增慧 13-3
50元也不嫌少，银行"盯上"压岁钱

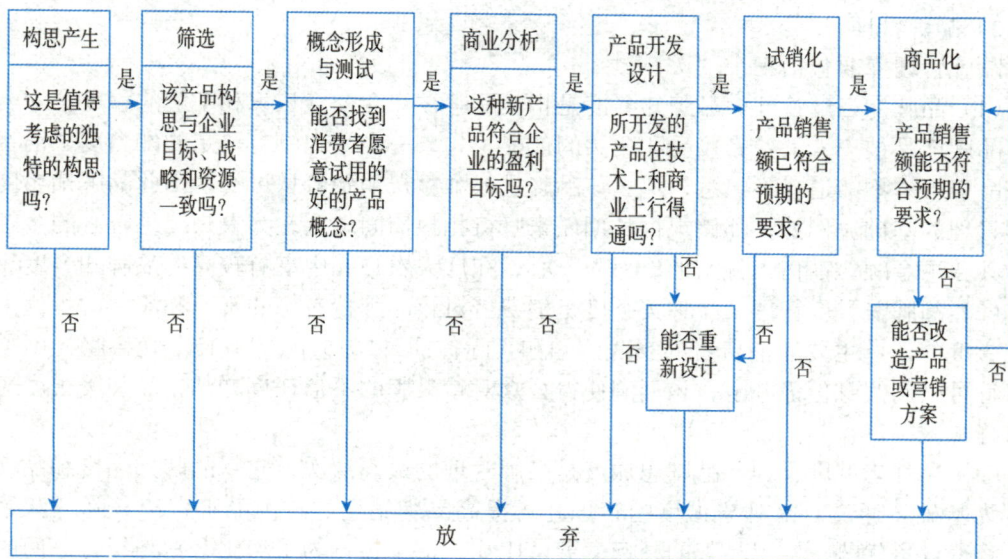

图13-6　商业银行新产品开发程序

资料来源：郝渊晓. 商业银行营销管理学［M］. 北京：科学出版社，2019.

13.4.4　商业银行产品品牌与品牌策略

所谓品牌策略，是指商业银行为发挥品牌的积极作用，在如何合理使用品牌方面所做的各种决策，它体现在品牌设计、使用和管理等工作中。

1）品牌设计

银行品牌设计包括两方面的内容：

（1）品牌定位。设计银行品牌，首先要进行品牌定位。银行品牌定位包括两个方面：一是品牌功能定位，即银行品牌所代表的产品能给客户带来的实际使用上的利益；二是品牌的情感定位，即消费该银行品牌所带来的情感方面的满足，它往往是无形的和难以衡量的。银行品牌功能性的价值容易被模仿，而感性和冲动性的价值则较难模仿，并且它更有助于建立品牌忠诚度，所以商业银行应对品牌的情感定位给以足够的重视。

（2）品牌名称设计。品牌既是一个视觉符号，也是一个听觉符号，人们看到的是图案文字，听到的宣传是名称。名称是银行产品品牌的核心，是知名度和产品宣传工作的出发点。品牌名称一旦树立起来，就给其他竞争者的进入增添了一道天然屏障，并且品牌名称对企业品牌策略的实施有重要影响。

2）品牌使用

对商业银行来说，品牌使用要根据实际情况对下列问题进行决策：

（1）有品牌与无品牌策略。这是指在使用品牌和不使用品牌问题上做出决策。

（2）群体品牌与多品牌策略。多品牌策略是指每个或每类产品单独使用一个品牌；群体品牌策略是指商业银行的所有产品都使用同一个品牌；双重品牌策略是指银行的名称和产品品牌并用，也就是银行名称加产品品牌，在各种产品品牌前冠以银行的名称，将两者紧密结合，共同推出。如中国银行理财产品大致分为中银创富、中银稳富、中银集富和中银债富等四个系列产品，运用的正是双重品牌策略。

3）品牌管理

品牌管理主要包括三个层次：

（1）品牌知名度管理。品牌知名度是指某品牌被社会公众认识和了解的程度。知名度是该品牌产品被广大消费者接受和购买的前提，如果一个品牌没有一定的知名度，消费者对该品牌根本不知道或不熟悉，那么该品牌是很难赢得消费者认可的，因此品牌知名度是品牌管理的基础。例如，邮储银行长期以来坚持扎根田间地头，为农户提供暖心的金融服务，其普惠金融、零售大行的形象深入人心，在广大农户心中享有较高的品牌知名度。

（2）品牌美誉度管理。品牌美誉度是消费者对该品牌持有好的观点和印象的程度。品牌美誉度的建立主要靠消费者的实践感知和人际传播。2015年，"3·15"晚会曝光中国工商银行可以用假身份证办卡，该漏洞使得公众对该品牌的不信任度增加，品牌美誉度遭到严重打击。

（3）品牌忠诚度管理。品牌忠诚度是品牌管理的最高层次，它以品牌知名度和品牌美誉度为基础。通过对品牌忠诚度的管理，可提高品牌销量、扩大品牌资产、降低营销成本、赢得竞争优势，实现品牌的长远发展。比如，汇丰银行为了深化客户与银行之间的关系，提高客户的忠诚度，银行为其信用卡客户推出了"家庭外出计划"，信用卡持有者拥有包括购物、用餐、娱乐以及亚洲许多国家的打折旅行在内的一系列特权。

13.5　商业银行价格策略

银行产品定价的主要任务是确定存贷款利率水平和服务项目的收费标准，根据商业银行提供产品和服务的不同，银行产品价格构成主要包括利率、汇率、手续费。

随着金融市场的发展和金融产品的创新，商业银行传统业务的比重不断下降，银行经营重点转移到以金融市场为导向的各种金融交易活动上，商业银行的主要利润不再是存贷利差，而是更多地来源于表外业务和其他服务收费。

13.5.1　商业银行产品定价目标

定价目标是指商业银行通过制定特定的价格水平，凭借其产生的效用所要实现的预期目标，它是商业银行营销目标体系中的一项具体目标。

1）利润最大化

利润最大化是指商业银行将在一定时期内所能获得的最高盈利总额作为营销活动中对金融产品定价的战略性目标。银行能够维持其经营的前提是不断获取更多的利润。利润最大化侧重点是追求商业银行整体利润最大化，低利或无利的产品价格损失可以由高利润的产品来补偿。以英国巴克莱银行为例，贷款定价主要采用成本倒推法。即各类成本加总之后乘以一定的利润率，得到产品价格。银行一般会设定可接受的基本利差空间，以确保利润回报率。

2）争取市场份额

市场份额是衡量商业银行经营状况与竞争能力的重要指标之一。对任何企业来说，拥有较大的市场份额，是保证产品拥有较高销售量的前提条件，而高销售量可以带来更多利润，因此许多银行都把争取市场份额作为营销的一个重要目标。

3）应对同业竞争

这种定价目标主要是在同业竞争异常激烈的情况下，为适应竞争需要或避免竞争而制定的。在市场竞争中，价格是一个重要的因素，特别是市场竞争初期，价格竞争往往是最主要也是最有效的手段。当银行面对来自竞争者的威胁时，应根据竞争者的情况和自身的条件采取相应的对策。

4）树立品牌形象

银行品牌形象是银行的无形资产，良好的品牌形象是银行运用合适的营销组合而取得的成果，也是银行借以拓展业务的重要财富。在银行产品日趋标准化和同质化的今天，商业银行的品牌形象成为客户的主要识别工具。客户在选择商业银行时，不再单纯地依据商品的服务功能进行评判，而是更加关注品牌形象。

13.5.2　商业银行营销定价策略

定价策略的制定需要根据不同的市场情况、产品条件和银行自身状况来决定。

1）新产品定价策略

新产品上市初期，定价标准没有借鉴，定高了难以被消费者接受；定低了则会影响商业银行的经济利益和长远发展。

（1）撇脂定价策略，指金融产品进入市场时，以较高的价格尽可能多地获取更高的利润，当竞争者进入市场或市场销路不畅时，再逐步降低价格的策略。该策略很适合商业银行新产品的销售，因为银行产品没有专利权，一些好的创新金融工具和产品在短时间内会被竞争对手模仿，所以对银行新产品在一定时期内采取撇脂定价是可行的，长期采用则不切实际。

（2）渗透定价策略。该策略是一种先低后高的策略。在新产品上市时，商业银行以低价向市场推出，待产品在市场上打开销路和站稳脚跟后，再逐步将价格提高到一定水平，从而保持一定的盈利性。它以低价格迅速打开销路，夺取较大的市场份额，取得市场支配地位。比如，在银行卡进入我国市场初期，由于人们没有用卡支付结算的习惯，对这一新产品很不认同，因此许多银行在推销自己的银行卡时都采取免费赠送，甚至单位大宗客户上门办理的方式，更有甚者替客户存进1元的开户费，以此逐渐培育自己产品的固定消费群，逐渐强化其消费习惯和支付意愿，降低需求的价格弹性，使产品有提升价格的空间。

（3）满意定价策略。有的商业银行认为，采用撇脂定价策略便于树立银行产品形象，但可能会影响其销售额；采用渗透定价策略可以迎合客户的求廉心理，便于扩大市场份额，但可能会破坏银行产品的形象。因此，它们主张引入一种介于两者之间的价格策略。用这种策略制定的价格更合理，既可以避免高价带来的竞争风险，又可以防止低价可能导致的损失，有利于实现银行的盈利性目标，从而使银行与客户均满意。例如，崇义农商银行面对大行市场下沉，不与其打价格战，而是围绕贷款增长点和市场竞争形势，科学制定定价策略。该行成立了两个调研组，分别下沉到基层网点和同业机构，调研本行贷款增长方向和利率定价意见，收集县域其他金融机构贷款利率执行情况，加强贷款利率的市场分析研判，确定利率定价的方向。既避免了竞争风险，又能最大限度让银行客户满意，实现了合理定价。

2）折扣定价策略

折扣定价策略是指商业银行对满足一定条件的顾客少收一定比例的服务费用，降低顾客的成本支出，刺激顾客对银行产品的购买。例如，国有大行中，交通银行"惠民贷"针对优质单位客户新发放贷款，系统自动发放一张3.6%的利率券，或一张9折利率优惠券。

3）组合产品定价策略

组合产品定价策略是指商业银行在制定价格时将一系列产品综合考虑，根据系列产品的总成本制定一个目标价格，实现各种组合产品在总体上获利的定价策略。在采用组合定价策略时，商业银行可以凭借价格相对低廉的产品或服务去吸引顾客，与其建立良好关系，进而通过交叉销售的方式带动收益较高产品或服务的销售。

4）关系定价策略

关系定价策略注重与顾客建立良好关系，着眼于顾客的长期价值，该策略的使用条件是商业银行与顾客发生持续的业务接触。关系定价是商业银行与顾客关系的集中反映。通过建立与顾客的良好关系，商业银行可以运用交叉销售方式最大限度地销售银行产品，使顾客愿意为其感觉到的利益满足支付额外费用，从而在增加顾客数量和扩大市场份额的同时最大限度地获取潜在利润和降低成本。

13.6 商业银行分销渠道策略

13.6.1 商业银行分销渠道的类型

商业银行分销渠道是产品营销的渠道，即产品的所有权与使用权从生产者手中转移到消费者手中这一过程所经过的途径。

（1）直接分销渠道。它是指商业银行将产品和服务直接销售给最终需求者，不通过任何中间商。传统的商业银行大量采用的是直接分销渠道，因为大量服务的传递要依靠银行与客户直接发生联系。商业银行的直接分销渠道主要是商业银行通过广泛设置分支机构开展业务，或派客户经理上门推销金融产品。如果直接分销策略运用得当，可以大幅降低银行的流通费用，加快银行产品的流通速度，增加收益。如果银行要广泛地设立分支机构，配备足够的客户服务人员，可能会使分销费用增加，影响银行的经营效益，特别是对客户分散、需求差异大且多层次的市场，此策略的缺陷更为明显。

（2）间接分销渠道。它是指商业银行通过中间商来销售金融产品，或借助一些中间设备与途径向客户提供产品或金融服务。银行提供产品是一种动态化的服务过程，但银行对有些服务项目可以进行有形化，使其具备实物形态。而具有实物形态的银行服务项目，在某些分销环节上，则可与银行自身相分离，通过一定的中间商，间接地销售出去。

（3）批发与零售。一般来说，针对消费者的业务，如日常的存取款以及其他一些银行代理业务等被称为零售业务；而面对机构客户所开展的存贷、转账、结算等业务则被称为批发业务。例如，商业银行通过房地产开发商向购房者销售个人住房贷款。再如，商业银行通过安装在购物商场、超市、加油站等的POS机，向客户提供电子支付服务。间接分销渠道转变了银行产品的提供方式，加快了银行产品的分销速度，有助于银行拓展市场，降低营销费用，便于提供更多的市场信息。

13.6.2　商业银行分销渠道的选择

1）商业银行分销渠道选择的影响因素

商业银行合理选择分销渠道需要考虑诸多因素，主要有产品因素、市场因素、银行内部因素和政策因素等。

（1）金融产品的特性。金融产品的特性是影响商业银行分销渠道选择的最直接的因素。金融产品特性包括产品的价格、专业性、及时性、技术性和售后服务等。一般来说，单位产品价格高、专业技术性强和服务要求高的产品选择直接分销渠道为宜；反之，对于那些价格较低、技术与服务要求不高的大众化的商业银行产品则采取间接分销渠道为宜。

（2）市场状况。市场状况是商业银行选择分销渠道的重要依据。一般来说，利用间接分销渠道能够迅速扩展市场，提高市场覆盖面，但会失去对分销的直接控制；而利用直接分销渠道虽然能够直接控制分销状况，但是由于网点数量有限，或推销队伍的规模有限，无法迅速提高市场覆盖面。

（3）商业银行自身因素，主要是指商业银行的经营实力、管理能力和声誉等。一般说来，如果商业银行的资金实力雄厚、销售业务能力较强，就可以建立自己的分销体系，直接销售产品；而资金紧张、实力较弱并且欠缺营销管理能力的商业银行只能通过中间商来进行间接分销。具有较高声誉的商业银行在选择分销渠道时余地较大，可以随意挑选和利用各种分销渠道；而声誉不佳的商业银行选择余地相对较小。

（4）政策因素，主要体现在国家制定的政策、法规和条例对商业银行分销渠道选择的制约。商业银行受政策的约束越大，选择分销渠道的权利和范围越小。

2）商业银行的直接分销渠道

（1）分支机构。商业银行直接分销渠道主要是指商业银行通过设立分支机构，组成分销网络。对银行来说，各个网点位置的重要性取决于客户和银行在空间上相互作用的类型和程度。银行和客户之间在空间上有三种相互作用方式：

①客户寻求银行。当客户由于不时之需寻求银行帮助时，银行网点的位置就显得十分重要。因而，银行往往选择在人口聚集的小区、人流频繁的闹市区广设营业网点。

②银行寻求客户。如果现有的银行都能随处找到，且客户在足够近的位置就能够得到高质量的服务，则银行位置就变得不那么重要了。在此情况下，银行需强化服务功能，主动寻求客户。

③银行与客户无空间限制进行交易。当银行和客户之间无任何空间要求便可进行交易时，银行的位置无需考虑。在这种情况下，银行可以通过邮寄或者网络通信手段实现其服务功能。

（2）面对面推销。直接分销网络中的各个网点，除了柜台坐等业务外，派人员进行推销成为直接销售渠道中最基础和最原始的形式。如今，越来越多的商业银行依靠专业销售队伍访问潜在客户，并发展成现实客户，不断增加其业务。

（3）直接邮寄销售。它是指通过事先的调查分析向潜在客户寄送有关金融产品或服务的信件、传单的过程。由于现代通信技术的发展，直接邮寄销售出现了新形式，如传真、电子邮件等，它们使销售效果更加直接，既能加快邮件传送的速度，又能大大节省传送成本。

（4）电视直复销售。它包括三种渠道：一是直复广告，指银行购买电视广告时间、介绍产品，并给出免费电话号码，以期顾客订购产品或查询更多信息。二是家庭购物频道，指整个电视频道都用来推销产品或服务。三是视频信息系统，它是一种通过光纤或电话线连接消费者与电视盒、计算机信息库的双向装置，视频信息服务包括生产商、销售商、银行以及其他组织所提供的电脑商品目录。

（5）电子分销渠道。它是以手机、电脑等电子网络为媒介，以客户自助为特点，将金融产品直接提供给客户。

（6）信用卡网络。信用卡网络是商业银行的一种直接分销方式，它是指商业银行通过发行信用卡，向持卡人直接提供金融服务，由此而建立起来的信用卡网络便成了商业银行向客户分销产品的直接渠道。当然，在信用卡网络中，还包含着零售商场、酒店及其他消费场所。因此，为使消费者享受信用卡服务，商业银行必须向这些机构推销信用卡业务，并通过它们服务消费者。

（7）自动取款机（ATM）。商业银行通过设立 ATM，可以代替柜台网点开展部分业务。与设置分支机构相比，ATM 具有提供产品和服务不受时空限制、成本低等特点。

3）商业银行的间接分销渠道

商业银行间接分销渠道与其所开展的具体业务密不可分，目前银行普遍使用的间接分销渠道主要包括以下几种：

（1）消费贷款渠道。商业银行向消费者实施的消费贷款主要是借助商家完成的。例如，汽车销售商向汽车购买者销售汽车贷款。

（2）表外业务渠道。银行面向广大消费者所开展的表外业务，也要借助各个商家完成。代发工资业务需要有消费者就职单位的配合等。

（3）信用卡渠道。信用卡渠道是一种利用中间商进行业务推广的间接分销渠道。银行信用卡是信用服务的实体化表征，但并非服务本身。通过信用卡，银行有能力克服其服务的不可分割性，同时利用零售商作为信用中介，让银行有能力扩大地区性市场。

13.7　商业银行促销策略

13.7.1　商业银行促销策略组合

商业银行促销是指商业银行为了向目标客户传递有效的信息，激发顾客对金融产品或服务的购买欲望，引导和影响其消费行为，扩大银行产品或服务的销售而进行的一系列联系、沟通、引导、说服等活动。商业银行在促销中可以使用的促销方式很多，大致可以归纳为：

（1）广告，是银行用来向顾客传递信息的最主要的促销工具，是银行付出一定费用，通过特定的媒体向市场宣传信息以促进销售的一种手段。

（2）人员促销，是商业银行利用推销人员向顾客推销产品或服务的一种促销活动，既有推销又有促销的双重职能。在银行业中，这类促销形式既可以是银行派出推销人员与客户直接面谈推销业务，也可以是雇用专业人员以专门的知识对客户进行宣传。

（3）营业推广，也称营业促进，是指商业银行为刺激需求而采取的能够产生短期鼓励作用，并达成交易的促销措施。营业推广能在短时间内迅速引起顾客对产品的注意，扩大产品销路。

（4）公共关系促销，是指商业银行在从事营销活动中正确处理银行与社会公众的关系，树立银行良好形象，从而促进产品销售的一种活动，其主要功能和作用是增进企业与社会各界的联系、了解和合作，为银行树立良好的形象，提高银行的声誉，创造良好的营业环境，包括媒体宣传、公益活动等。

上述商业银行促销工具都各有优缺点，采用促销组合策略，可充分发挥各种促销工具的优点，抵消各自的缺点，并且能够增强促销的声势。但是这会增加促销费用，而且受到许多相关因素的影响。因此，为了提高促销组合的效果，银行在选择和编配其营销组合时，要考虑不同的影响因素，确定促销方式的主次，做到扬长避短，争取最好的促销效果。

13.7.2　商业银行的广告促销

商业银行广告促销是指商业银行以付费的方式，通过一定的媒介向现有的和潜在的客户介绍其所能提供的产品及其功能、特点等情况，以吸引客户的注意，并诱导客户的消费行为向某种方向转变的宣传活动。

商业银行广告促销具有如下功能：

（1）传递信息功能。银行在推出金融产品、服务项目进入市场时，要让公众了解产品的性质与功能，通过广告可以提供信息和传递情报，树立本银行与本行产品的形象，提高金融产品的认知度，从而刺激客户的需求。

（2）说服诱导功能。通过广告，银行可以展示产品的功效、解除顾客的疑虑，建立顾客对本银行及产品的信心，促使其迅速采取购买行为。特别是在顾客犹豫不决时，银行广告可以促使他们购买本银行产品。

13.7.3　商业银行的人员推销

人员推销是银行员工以促成销售为目的与客户间的口头交谈，是说服和帮助购买者购买银行产品和服务的过程。商业银行的人员推销方式一般有柜台服务和个别服务。

（1）柜台服务。柜台服务是指当客户来到银行后，由银行的营业柜台人员提供的服务。这是一种比较传统的推销方式，各家银行在营业大厅设立专业咨询服务台，由熟悉业务的职员向客户介绍银行的产品和服务。

（2）个别服务。个别服务是指银行推销人员专门为某些单位客户或者部分个人客户提供的服务，个别服务采取客户经理制。

13.7.4　商业银行的公共关系促销

商业银行的公共关系促销，是指商业银行运用各种传播手段与社会公众沟通，以达到树立良好银行形象，赢得社会公众的好感、理解、信任和支持，从而乐于接受银行产品和服务的目标。

商业银行进行公共关系促销的工具有很多，常见的有以下几种：

（1）通过新闻媒介，宣传银行形象。

（2）借助社会名人和知名团体，扩大银行知名度。商业银行邀请名人参加开业典礼、新产品发布会等。

（3）积极参与和支持社会公益事业。通过赞助活动，商业银行可以获得以下好处：设置在运动场、剧院等处的广告牌宣传了银行的名称；通过媒体报道赞助活动的过程获得免费的公关宣传；给公众一种具有社会责任感的良好印象，赢得公众赞誉。

（4）主动与客户保持联系，包括口头沟通和书面沟通。在美国，有的银行把联系客户作为一项强行规定的硬性指标，因为这对维系老客户、吸引新客户有着良好的作用。

13.7.5　商业银行的营业推广

营业推广是指除广告促销、人员推销、公共关系促销外，银行在其特定目标市场上，为迅速刺激需求而采取的一系列促销措施的总称，例如减价、免费提供配套服务等。

根据对象的不同，商业银行的营业推广方式分为三大类：第一类是面对消费者的，有赠品、奖券等方式；第二类是面对中间商的，有销售折扣、广告津贴等方式；第三类是面对销售人员的，有销售竞赛等方式。

主要促销方式的比较见表13-3。

表13-3　　　　　　　　　　主要促销方式的比较

促销方式	特点	优点	缺点
人员推销	针对性强，反应迅速，易激起顾客的兴趣	方法直接灵活，可随机应变，易激发兴趣，促成交易	接触面窄，费用大，占用人员较多，有效的推销人才难以寻找
广告促销	公开性，传递性，吸引性，渗透性，表现方式多样	触及面广，能将信息艺术化，并能反复多次使用，形象生动，节省人力	说服力较小，难以促成即时的购买行为
营业推广	灵活多样，容易吸引客户，激发兴趣，短期效果明显	吸引力较大，直观，能促成顾客即时购买	费用较大，使用次数不宜过多，有时可能会降低产品和服务的身价，引起顾客反感
公共关系促销	长期目标，间接性，持久性	影响面和覆盖面大，容易得到顾客信任，提高产品和服务的质量，改善形象	间接性强，见效较慢，自主性差，金融机构无法计划和控制

资料来源：王兆远，那英续. 市场营销学［M］. 北京：研究出版社，2021.

本章小结

本章主要介绍了商业银行营销的基本概念和理论，主要包括商业银行营销概论、商业银行营销环境分析、商业银行营销战略和商业银行营销策略等内容。

（1）商业银行营销是商业银行以金融市场客户需求为导向，利用自身的资源优势，通过营销组合手段，把银行产品和服务提供给客户，以满足客户的需求并实现商业银行盈利目标的一种社会管理过程。商业银行的营销过程是一个开发客户、了解客户、满足客户需求、维系巩固客户的循环过程。

（2）商业银行的营销环境可以分为宏观环境和微观环境。微观环境是指与商业银行紧密相连，直接影响商业银行营销能力的各种参与者，包括银行本身、银行客户和竞争对手，微观环境直接影响与制约商业银行的营销活动。宏观环境是指影响微观环境的一系列巨大的社会力量，主要包括人口、经济、政治、法律等。

（3）商业银行营销战略是在一定时期内，用以指导银行的营销活动，包括营销活动的水平、营销组合及资源分配的总体思路和基本准则。商业银行能否根据自己的特点选择合适的营销策略将直接关系到其营销效果。

（4）商业银行的营销策略包括产品策略、价格策略、分销渠道策略和促销策略等。

商业银行产品的开发过程包括形成创意、创意优选、具体分析、产品开发、产品试销与使用调查以及产品的正式推出等，金融产品的生命周期决定了金融机构需要根据金融产品在市场上的不同处境来决定其产品营销策略。

商业银行产品价格主要包括利率和费用两大部分。商业银行可以根据具体情况采取成本导向定价法、需求导向定价法、竞争导向定价法等不同的定价策略。

根据是否自己销售产品来划分，商业银行的分销渠道分为直接分销渠道和间接分销渠道。其中直接分销渠道包括分支机构、面对面推销、直接邮寄销售、电视直复销售、电子分销渠道、信用卡网络、**ATM机**；间接分销渠道包括消费贷款渠道、表外业务渠道和信用卡渠道。

商业银行促销目标包括告知、激发、劝说、提示、偏爱。促销方式包括广告促销、人员推销、营业推广、公共关系促销。

关键概念

商业银行营销　　差异性目标市场战略　　撇脂定价策略　　商业银行分销渠道　　商业银行促销　　人员推销

综合训练

✓ 问答题

1）简述商业银行营销管理的过程。

2）商业银行营销环境有哪些？各有什么特点？

3）商业银行进行市场细分有哪些标准？

4）对于市场追随者来说，提高市场份额的途径有哪些？

5）简述商业竞争定位战略。

✓ 分析题

威海市商业银行数字化智慧+信贷平台整合营销

为健全数字经济发展的现代金融体系，履行金融服务实体经济使命，威海市商业银行坚持"数字驱动、智慧为民、绿色低碳、公平普惠"的发展原则，积极将银行业务与互联网等新技术进行深度融合，通过数字化智慧+信贷平台整合营销，构建全新数字金融生态圈，打造自主可控的全生命周期线上金融全场景体系、全数字风控体系和全业务运营管理体系，实现场景化布局，打通线上、线下，提升客户体验，为实体经济发展贡献力量。

数字化智慧+信贷平台坚持"数字驱动、智慧为民、绿色低碳、公平普惠"的发展原则，将数字元素注入金融服务全流程，将数字思维贯穿业务运营全链条，注重金融创新的科技驱动和数据赋能，先后创新快 e 贷、链 e 贷、商 e 贷、优乐贷、数字消费卡等 13 款线上信贷产品，丰富数字金融生态体系，履行金融服务实体经济使命。

数字化智慧+信贷平台将金融服务的触角深入到客户生活场景中，制定"CBG 场景金融"营销策略，分析"C 端消费场景、B 端经营场景、G 端政府场景"目标客群需求，精准切入，重点发力，不断进行产品衍生和产品细化的创新探索，进一步搭建涵盖多维度生活场景的金融体系，打造生态化、场景化的智慧生态圈。

智慧+信贷平台通过 API 数据对接，与腾讯、阿里、华为等头部互联网平台沟通合作，为合作平台的客户群体精准画像，将产品嫁接到合作方的平台、渠道资源中，加速产品迭代和业务拓展，批量输出我行金融产品及服务，实现平台流量转化，真正做到让"银行走出去"，打造数字化开放银行。

数字化+信贷平台依托金融科技力量，以移动互联网为应用基础，充分利用大数据和机器学习、深度学习技术，建立智能化风控机制，打造具备自动化、批量化、智能化零售信贷处理能力，保持模型和策略快速迭代的全生命周期信贷风控体系，赋能业务、技术、数据融合联动的一体化运营平台，打造全生命周期信贷闭环，全面激活数字化金融新动能。

未来，威海市商业银行将继续围绕"服务地方经济，服务小微企业，服务城乡居民"的市场定位，构建智能化的商业银行信贷服务体系，打造"数字化、智慧型"的数字化智慧+信贷平台，全面提升服务效率和水平，更好满足人民群众和实体经济多样化的金融需求。

问题：

（1）分析以上案例，指出威海市商业银行运用了营销学的什么战略理论，该战略理论包括哪些内容。

（2）结合案例分析，威海市商业银行是如何运用该战略理论的。

即测即评 13　　综合训练参考答案 13

第14章

商业银行并购

思维导图

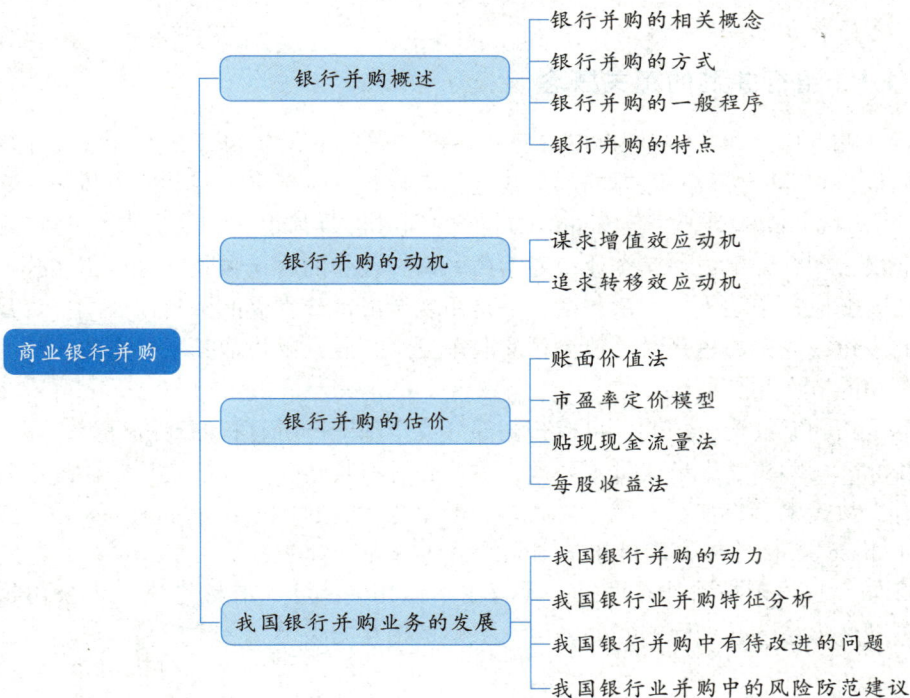

次贷危机背景下的银行并购——中国银行收购洛希尔银行

2008 年 9 月，中国银行出资 2.363 亿欧元（约合人民币 23 亿元）收购洛希尔银行 20% 的股份，成为洛希尔银行的第二大股东。中国银行是通过收购原股东所持老股份，并认购洛希尔银行增发的新股从而达成这笔交易的，其中收购原股东所持的老股约占洛希尔银行股份的 10%。认购新股份和出售之前股份的价格均为每股 190.49 欧元，认购资金由中国银行自有资金支付。交易完成后，洛希尔家族持有该银行 74.19% 的股份，中国银行持有 20% 的股份，剩余部分由洛希尔银行管理层和员工持有。

在国际经济形势严峻、次贷危机的影响蔓延时，中国银行此次收购行为揭示了深层次的问题。从收购双方的规模来看，此次收购可看作是"大弱对小强"的收购模式。即中国银行总资产规模远超洛希尔银行；私人银行业务方面，洛希尔银行有近 200 多年的经营历史，是国际私人银行领域的领跑者；从收购媒介看，中国银行采用现金收购；在收购价格方面，每股 190.49 欧元为洛希尔银行 2007 年年底每股净收益的 9.34 倍、每股净资产的 2.66 倍；从收购类型看，中国银行采取混合型并购。

随着经济自由化和全球化，各国逐渐放宽管制，金融机构纷纷运用并购手段壮大实力、增加市场份额，经营逐步朝向全球化的模式发展。本章将介绍有关银行业并购基本知识，对并购行为进行深入探索。

14.1 银行并购概述

14.1.1 银行并购的相关概念

银行并购（bank M&A）是指在市场竞争机制作用下，并购银行为获取被并购银行的经营控制权，有偿购买被并购方的部分或全部产权，以实现资产经营的一体化。银行并购是银行合并（merger）与收购（acquisition）的简称。具体而言，合并是指两家或更多的独立企业或公司合并组成一家企业，通常由一家占优势的公司吸收一家或更多公司。合并使多个法人变成一个法人，方法包括：一是用现金或证券直接购买其他公司；二是购买其他公司的股份或股票；三是对其他公司的股东发行新股票以换取其所持有的股权，从而取得其他公司的资产和负债。

收购是指一家收购公司购买目标公司部分或全部资产所有权的经济行为，即一家收购公司将目标公司购买过来形成母子公司，或购买后将其合并，或解散该公司并将其包装卖掉，或有少数投资者将其私有化等。收购一般分为股权收购（stock purchase）和资产收购（asset purchase）。合并与收购是非常相似的公司行为。合并涉及两家公司相互决定合并成为一个实体，它可以被看作是两个"平等者"做出的决定；收购通常是大公司收购小公司，它可以产生与合并相同的好处，但它不必是相互的决定。

14.1.2　银行并购的方式

在并购中，不同银行所运用的具体方式各不相同，从主动进攻型商业银行收购其他商业银行股权的角度来看，可分为五种：

1）合并

合并是指两家独立的商业银行同时放弃自己的法人地位而实行股权的联合，从而组成一个新的法人实体的经济行为。

2）现金购买式并购

现金购买式并购是一种单纯的收购行为，它是由收购者支付一定数量的现金，从而取得被收购银行的所有权，一旦被收购银行的股东得到了现金支付，就失去了任何选择权和所有权。它包括用现金购买资产（cash for asset）和用现金购买股票（cash for stock）两种方式。

3）股权式并购

股权式并购是指并购方与目标企业的股东就购买目标企业的股权或者类似权利达成协议，并购完成后目标企业变成并购方的全资子公司的并购行为。它包括用股票购买资产（stock for asset）和用股票交换股票（stock for stock）。这种非现金收购方式对于实现强强联合具有重要意义。实施方法包括收购全部股权的并购、控制大部分股权的并购以及控制少部分股权的并购。

4）混合证券式并购

混合证券式并购是指收购银行对目标银行的收购出价既有现金、股票，又有认股权证、可转换债券等多种混合形式。可转换债券（convertible bonds）是指一定时期内能转换成公司股票的债券，一般会事先确定转换为股票的期限，确定所转换股票的类型与发行价格（即兑现价格）等，投资者到期可以选择转换或不转换股票。认股权证（warrants）是由上市公司发出的证明文件，赋予持有人一种"权利"，即持有人有权在指定的时间内用指定的价格（即换股价）认购由该公司发行的指定数目（即一定换股比例的新股）。

5）杠杆收购

杠杆收购（leverage buy out，LBO），一般操作是收购银行先投入资金，成立一家置于完全控制下的"空壳公司"（shell subsidiary），而空壳公司以其资本以及未来买下的目标银行的资产及其收益为担保进行举债，以贷款的资金完成企业并购。这种举债与收购方银行本身的资产数量没有关系，而与目标银行的资产及未来收益有关，这样小银行通过 LBO 就可以收购大银行，故称为杠杆收购。LBO 收购有两个特点：一是收购交易改变了筹资结构，收购方在杠杆收购中引起的负债首先由被收购方的资产或现金偿还，其次才是投资者的投资；二是在 LBO 收购交易过程中有一个经纪人，他在并购双方之间起着促进和推动作用。

14.1.3　银行并购的一般程序

按照国际并购理论，银行并购过程涉及三个阶段，即准备阶段、谈判阶段和完成与整合阶段。下面以最复杂的上市银行并购为例阐述银行并购过程。

1）准备阶段

此阶段进行并购的调研和确定目标。首先，并购银行根据并购目的和动机，寻找并购目标。下列银行易被并购：银行发展前景广阔、电子化程度高、经营区域广等；高层管理人员持股量不大；股票的市盈率较低，股票的账面价值高于市场价格；银行的资产负债结构比较合理。其次，选择中介机构作为并购的财务顾问和法律顾问。财务顾问一般是有经验的投资银行，确定并购价格并制定并购战略和战术。法律顾问一般是大型的律师事务所，确定并购行为适用的法律、规则和条例。再次，秘密收购目标银行不足以要求发出公开收购要约的股票。通常，多数国家都规定一家银行能拥有另一家银行股票的最高限额（一般是总股本的30%，超过这个限制，就必须对全体股东发出公开收购要约）。所以，并购银行先秘密地收购目标银行的一部分股票作为下一步整体报价的跳板，使并购银行以较低的价格获得目标银行的股票。最后，接受反托拉斯机构的检查。由于银行并购可能涉及垄断问题，因此并购银行在发出收购要约前应与有关管理部门咨询磋商，取得它们对并购过程的指导。

2）谈判阶段

此阶段主要是在投资银行等中介机构引导下，并购银行与目标银行进行谈判，确定最终价格，进行全面并购。当并购银行持有目标银行的股票达到法律规定的并购要约的数额时，并购银行必须发出收购要约。善意并购可以向目标银行的董事会发出收购要约，敌意并购则可向目标银行的股东直接发出收购要约。在并购银行发出收购要约后，如果是善意并购，目标银行的董事会会聘请独立财务顾问，就收购要约的价格是否合理等问题进行评估，并向董事会提出评估报告，董事会将评估报告发送给股东，让股东有充分的依据决定是否出售股份。同时，目标银行有义务在接受收购要约后提供其持有的已发行股份及未发行但已经分配的股份的一切有关资料，以及任何转换、认购或其他权利的详细情况。在恶意并购中，股东直接根据并购条件自主决定是否出售股份。

3）完成与整合阶段

并购银行的收购要约发出以后，除特殊情况外，不能撤回或延长收购期限。并购银行在收购要约期满后，必须发表声明，说明本身或与其一致行动的法人或者自然人持有或控制目标银行的股份数量，以及接纳收购建议的股东数量。并购银行还须尽快支付已经收购股票的资金。如果收购成功，并购银行则可以改组目标银行的董事会及管理层，并进行业务整合；反之，则并购银行在以后一段时间内不能或被限制不能再购买目标银行的股票。需要注意的是，并购银行的并购行为还须获得监管部门的批准。

14.1.4　银行并购的特点

自20世纪初以来，一共发生了5次大的并购浪潮，在每次并购浪潮中都出现了银行并购，尤其是20世纪90年代以来，随着经济全球化和一体化、金融自由化和国际化、货币一体化和区域化趋势的迅速发展以及金融网络时代的来临，银行业竞争激烈，为求生存与发展，银行业掀起了第5次并购浪潮。在此次并购浪潮中，银行业出现的频率之高，涉及的资产规模之大，并购的跨度之广，对经济、金融的影响之深远均前所未有。据统计，20世纪80年代全球的银行并购案只有1 000件左右，总金额500亿美元；而到20世纪90年代末，银行并购案翻了好几番，并购公司价值也达到2.4万亿美元。进入21世纪以后，随着金融全球化的推进，银行并购仍有进一步扩大趋势。尤其 2008 年金融危机的爆发给银行并购带来了新的机遇与挑战。2020 年以来，全球新冠疫情暴发、宏观经济与地缘政治逆风加剧，给并购参与者带来较大的不确定性，银行并购进入休眠期。

从国际金融业发展的历史层面分析银行并购的发展演变过程，可以看出，20 世纪 90 年代以来国际银行并购呈现如下特征：

1）强强合并，规模巨大

第二次世界大战以来，主要西方国家的银行集中和银行规模的扩大，都是通过竞争实现的，具体表现为大银行对小银行的兼并。而在银行并购浪潮中，大银行之间的合并成为主流，组成一批"超级银行""巨无霸"银行，连续刷新世界银行的排行榜，对全球银行的格局产生很大冲击，甚至影响东道国的国家金融安全。2023 年 3 月瑞士第一大银行瑞银集团（UBS）宣布将以 30 亿瑞士法郎的价格低价收购第二大银行瑞士信贷（Credit Suisse），两大全球知名银行集团将兼并的消息一经散播，立即成为全球瞩目的焦点。

2）银行跨国并购

在银行业并购浪潮中，从国内并购逐步走向跨国并购。如荷兰国际银行收购巴林银行，德意志银行收购美国信孚银行，芬兰商业银行与瑞典北方银行两家，以及荷兰商业银行与比利时布塞尔银行两家的合并等。亚洲金融危机后，亚洲各国纷纷放宽外资金融机构市场准入条件，吸引欧美银行参股或收购本国金融机构，欧美银行也把握危机后亚洲金融机构市值下跌的良好契机，并购亚洲有经营特色、有发展前景的中小金融机构。

3）并购形式由横向并购向混合并购转化

最初，银行并购主要以横向并购为主，以减少同业竞争对手，扩大对相关市场的占有，增加经营的规模效益和垄断利润。随着政府管制的放松和监管条例的变化，银行并购出现了新的跨行业并购态势，使分业经营的银行逐步向多功能的"金融百货公司"发展。2019 年，摩根大通宣布以约 330 亿美元的价格收购贝尔斯登，以加强其在财富管理和投资银行业务方面的实力。

4）并购目标和功能日趋多元，投机色彩明显弱化

20 世纪 90 年代以来的银行并购浪潮，从战略上看，是为了增强银行的未来竞争力，着眼于进一步改进、完善银行的服务手段和金融工具，形成新的技术、产品和市场优势。并购的具体目标包括调整结构、争夺市场、降低成本等，银行并购趋于务实，并具有战略意义。而那些出于投机目的而进行的并购和通过中介产权交易牟取暴利的并购比较少见，特别是 20 世纪 60 年代曾风行华尔街的以小搏大的杠杆收购已基本退出银行并购市场。现代的银行并购浪潮，指导思想上主要是为了增强银行在未来竞争中的地位，着眼于进一步改进、完善银行的服务手段和金融工具，形成新的技术、产品和市场优势，并购的具体目标包括调整结构、争夺市场、降低成本、获取技术等，银行并购趋于务实，并具有战略意义。

5）并购成为银行危机处理的重要方式

从国内外实践看，有相当一部分银行并购与银行危机有关。具体来说，收购是一种比较典型的银行危机处理方式，被收购的银行通常都是陷入危机的银行。兼并通常是健全银行救助有问题银行的重要方式。通过银行并购处

启智增慧 14-1
中小银行兼并
重组渐成趋势

理银行危机可以以较低的成本避免银行倒闭，保持金融体系的稳定，既防止了银行恐慌，保护了存款人利益，减少了社会波动，又保全了银行的营运基础。因此，并购是备受各国推崇的银行危机处理方式。

14.2　银行并购的动机

银行的并购活动是一个追逐利润的直接投资行为，其根本动机是利润最大化。但是这一根本动机隐藏在各种形式的直接动机之下，即在多数情况下，银行并购并非仅仅出于某一动机，而是将多种因素综合平衡考虑。

14.2.1　谋求增值效应动机

增值效应源于经过并购整合资源后的银行能够给社会收益带来潜在的增量，而且对交易参与者来说，能提高各自的效率，它们通常包含了管理层效率的提高或获取某种形式的协同效应。就社会福利角度而言，增值效应符合帕累托改进，是社会进步的动力。

1）谋求管理协同效应（managing synergy）动机

管理协同效应也称差别效应。例如，假设 A 银行有一支优秀高效率的管理队伍，其管理能力超出管理 A 银行的需要，但这批人才只能集体实现其效率，银行不能解聘，那么该银行可以并购由于缺乏管理人才而效率低下、经营出现困难的 B 银行，通过利用这支管理队伍提高整体效率而获利。该效应使整个银行产业的效率水平提高。

管理现代银行需要专门的行业管理能力，它具备专业性，并受制于规模经济。假设一个银行还不足以实现规模经济，那么该银行内部存在管理能力瓶颈。而管理能力相对过剩的银行若裁减部分管理人员，管理协作的整体性就会遭到破坏，若要用足管理资源，又要大力增加劳动力、资本金等要素的投入。这样，两家银行通过兼并联合，被收购银行的生产资本与收购银行过剩的管理资本结合在一起，就产生了管理协同效应。

2）谋求降低成本，实现规模效益动机

银行可以利用并购来减少重复的机构设置、日常开支、管理层次，从而实现规模经济。信息技术的发展促使银行经营方式由传统的劳动资本密集型转向可减少长期成本的高效技术资本密集型。银行界普遍预测 21 世纪银行竞争将从有形的地区性网络走向无形的电子网络，网上银行令客户足不出户即可享受各项金融服务。这一前景导致各大银行纷纷加大科技投入，科技投入的成本高昂，而两家银行合并可减少重叠的技术人员，从而降低固定成本和研究开发费用。

3）谋求优势互补，实现协同效益动机

具有不同相对优势的银行联手，既扩展了业务机会，又在规模扩张、业务分散的同时能够分担建立风险控制系统所需费用。另外，把"鸡蛋放在多个篮子里"降低了总体风险。优势互补体现在三方面：一是区域优势互补，体现在国际性或地区性的优势资源整合。二是业务优势互补，迅速抢占市场。三是实现交叉销售。合并各方可以互相利用对方的客户基础、经销渠道，通过交叉销售来扩大经销网络，增加销售额。

4）追求多元化动机

银行通过并购扩展产品线，可以实现快速向保险业、证券业扩张，实行多元化经营，这不仅能降低银行的经营风险，也可以为其提供更广阔的发展领域、更多的发展机会和战略选择的主动权。如兴业银行通过银行间并购和非银并购，在银行业务上快速扩大当地影响力，并通过并购非银机构建立综合化运营体系，提升非息收入水平和投行业务实力，增强全渠道客户获取和渠道分销能力，发挥银行、信托、期货、资管的协同联动作用，实现"商行+投行"的战略。

14.2.2　追求转移效应动机

转移效应，是由于市场状况、税法、会计惯例和证券交易法规以及政策规定等的作用而产生的收益再分配。从本质上说，这是兼并主体试图利用市场的不完善性加强自身在市场上讨价还价的能力以获取最大限度的经济利益。银行为追求转移效应动机而进行兼并所产生的社会资源的转移并不都是非效率的，关键在于社会资源被转移之后，在新的使用者手中能否创造出更多的社会财富、边际生产率是否提高。

银行兼并的转移效应主要包括：

（1）追求税收转移的动机。这可以从三个方面获得：一是亏损抵扣和递延。收购有累积税收亏损的银行有助于正收益的银行合法避税。银行按抵消后的盈余缴纳所得税，若盈余不足以冲抵，还可将亏损递延。二是用资本利得税代替一般所得税，通过收购股利支出较少的成长型银行，在其成长期之后将其售出以实现资本利得，并购银行会在资本利得的税收优惠中获得好处。三是收购过程的资产再次重估，使收购银行可以提高应提折旧的资产总额。

（2）追求政府收入转移的动机。政府为推动银行业发展，调整国内银行业结构，应对全球金融一体化的挑战，往往会给予政策上的优惠，包括税收、不良贷款化解、财政注资、人员安置等，促进银行并购。

（3）获得资本市场价值转移的动机。西方企业认为当目标公司被收购时，资本市场将重新对该公司的价值做出评估。当一家市盈率比较高的银行收购拥有较低市盈率、较高每股收益的银行时，并购后整个银行的股票市盈率会下降，每股收益上升，让股票保持持续上升的趋势。同时，由于市场的预期效应，银行的并购往往伴随强烈的股价波动，形成投机机会。

（4）获得垄断转移的动机。银行并购的重要动机是为了增加市场份额，提高市场控制力。如果银行利用新增市场价值的边际收益率提高了，相应地会带来增量效应。

上述理论动因多是从西方发达国家银行并购实践中总结而来，因此更适合解释西方发达国家银行并购的动机。对发展中国家来讲，银行业并购往往带有政治色彩，呈现出政府强力主导的特点。这一类型的并购有时是基于政治目的而非经济目的，所以此类并购的效果往往要大打折扣，当然不乏成功的案例。图 14-1 对银行并购动机进行了一个直观的概括。

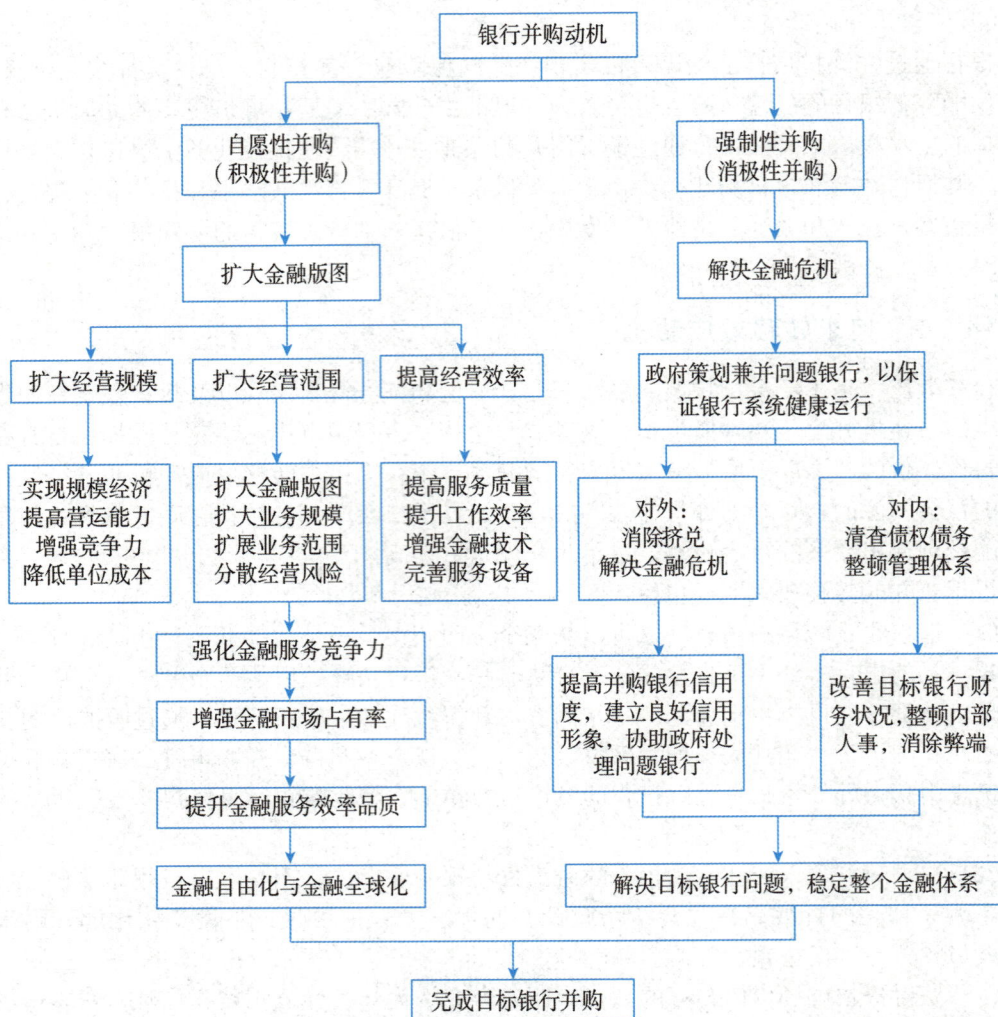

图14-1 银行并购动机图

资料来源：郑鸣. 商业银行管理学［M］. 北京：清华大学出版社，2005.

14.3 银行并购的估价

在银行兼并与收购交易中，对并购银行的定价直接涉及双方股东的切身利益，是银行并购谈判中最棘手的问题之一，也是最为核心的问题之一。对于收购银行来讲，并购价格的高低意味着并购成本的大小，而并购价格决定了被并购方的并购收益。对目标银行进行估价不仅要考虑该银行当前经营状况，还要预测该银行未来发展状况，这其中受诸多因素干扰。当然，目标银行最终定价主要还是依靠并购双方谈判博弈的结果。

14.3.1 账面价值法（book value method）

账面价值法，是最常见的估价法之一，它是指在确定兼并收购价值时，以银行的账面价值（book value）为收购价格的参考依据。每股的账面价值等于银行资产负债表中的股东权益除以发行的股票数。在并购交易中，被收购银行的股票溢价可由下式计算：

$$P = \frac{B_1 E_r - B_2}{B_2} \tag{14-1}$$

式中，P 为股票溢价；B_1、B_2 分别为收购银行和被收购银行的每股账面价值；E_r 为收购银行和被收购银行的股票交换率，因而 $B_1 E_r$ 为收购银行付给被收购银行股票的价格。在实际操作中，银行常常根据市场上类似交易的平均溢价来计算收购价或股票交换率。

例如，如果目标银行每股账面价值为10元，而收购银行每股账面价值为20元，股票交换率为0.5，即每2股目标银行的股票可以转换成1股收购银行的股票。那么，以账面价值计算，目标银行的股票没有任何溢价。不过，如果双方协商的股票交换率为0.8，则目标银行的股票溢价为60%。若给定股票溢价 P，则股票交换率为：

$$E_r = \frac{B_2(1 + P)}{B_1} \tag{14-2}$$

如果已经确定溢价为50%，那么，该例中的股票交换率为：

$$E_r = \frac{10 \times (1 + 0.5)}{20} = 0.75$$

即每4股目标行的股票可以换3股收购行的股票。

账面价值法简单明了，易于计算。但是在实际应用中存在问题：账面价值可能与银行的真正经济价值相差甚远，而投资者关心的是银行真正的价值。另外，账面价值法忽略了表外业务的价值。因此，账面价值有可能误导交易双方对银行实际价值的估量。

由于账面价值法存在问题，此时收购银行对被收购银行的账面价值可进行某些调整。调整后的价值取决于调整时考虑的因素，包括：

（1）贷款质量。如果实际资产质量低于账面报告的质量，贷款的呆账准备金就应该增加，净贷款额就要做相应调整，使调整后的价值比报告中的账面价值低。反之，应该减少贷款准备金，调整后的净资产额会比账面价值高。

（2）投资的市场价值。投资组合的账面价值并不等同于市场价值，如果利率的变化使投资的市场价值与账面价值有较大的差距，市价高于账面价值的部分应加到资本的账面价值中；反之，则应从账面价值中减去。

（3）其他资产的评估。银行常会拥有一些不动产或其他资产。如果这些资产的市场价值高于账面价值，那么这一超出部分应加到资本的账面价值中；反之，则应从中扣除。

（4）表外业务活动。表外业务是银行收入的重要来源。如果一家被收购银行的表外业务能够获利，就应该评估这些活动的市场价值，并加到该银行资本的账面价值中。

（5）核心存款。核心存款由于其稳定和低成本而吸引收购者，同时收购者也可以向这些稳定的存款者推销更多的产品和服务。这些潜在的获利因素也增加了拥有目标银行开业权的价值。不过，对这种价值的评估相当困难。

我们可以用 AB_2 表示调整后的被收购银行的账面价值，那么，调整后的溢价为：

$$P' = \frac{B_1 E_r - AB_2}{AB_2} \tag{14-3}$$

式中，A 为调整系数。如果收购银行根据同类收购活动的市场平均溢价 $\overline{P}$ 来计算股票交换率，则按下式计算：

$$E_r = \frac{AB_2(1 + \overline{P})}{B_1} \qquad (14-4)$$

14.3.2　市盈率定价模型（P/E）

市盈率定价模型是通过把与被并购银行类似的上市银行、金融企业、已交易的非上市银行的市盈率或银行业的平均市盈率作为倍数，乘以被并购银行的当期收益，从而估算出被并购银行的市场价值。

市盈率定价模型基本公式为：

$$V = (P/E) \times EPS \qquad (14-5)$$

式中，V 为被并购银行的每股市场价值；P/E 为银行的市盈率或银行业平均市盈率；EPS 为被并购银行的每股收益。

市盈率是证券投资分析中重要的财务指标，在市场有效的情况下，它能综合反映一家银行的基本信息。市盈率反映在银行当前每股收益不变的情况下，当派息率为100%，且所得股息不再投资时，投资者收回全部投资所需的时间。通常情况下，银行市盈率越低，投资者收回全部投资所需的时间就越短，年收益率就会越高，投资风险就越低。市盈率定价模型是国际银行并购中常用的定价方法，它从收益估值的角度提供了资本市场对被并购银行的估价。但市盈率具有一定随机性，并受市场上各种系统因素的影响。

因此，历史市盈率可能与特定银行的内在价值无关。在股票市场上，对公司股价的评估是基于投机的想法，因而股价大幅波动，导致市盈率也随之变动。实践中不同银行的市盈率存在着巨大的差异，因此市盈率不适合评估银行的长期内在价值。但市盈率是股市评估上市公司价值的通用方法之一，它可以在一定程度上反映企业的价格趋势，可以为并购方确定并购价格提供参考。

14.3.3　贴现现金流量（discounted cash flow，DCF）法

贴现现金流量法，是将目标银行在预测期内的现金流量和预测期末的剩余价值（也称终值）按适当的贴现率计算出其现值，即得目标银行的估价。这种方法被认为是评估与定价理论中最有效和最成熟的方法，它同时适用于银行估价。该方法基本原理的计算公式为：

$$V = \sum_{t=1}^{n} \frac{CF_t}{(1+i)^t} + \frac{TV}{(1+i)^n} \qquad (14-6)$$

式中，V 为对目标银行的估价；n 为预测期；CF_t 为第 t 年的现金流量（$t=1$，2，…，n）；TV 为第 n 年末目标银行的终值；i 为折现率。

具体分析该公式各要素的计算：

（1）现金流量的预测。

现金流量是指目标银行每年产生的或必须投入的现金，包括营业现金流量、投资现金流量和筹资现金流量。需要特别指出的是，该现金流量是目标银行被并购后的现金流量。

（2）预测期的确定。

理论上，预测期应该持续到增量投资的预期报酬率等于资金成本（即投资者要求达到的最低报酬率）时为止，在并购估价实践中，5~10年的预测期最为普遍。

（3）终值的确定。

由于目标银行持续经营和现金流量预测期有限，我们有必要确定目标银行预测期末的剩余价值，即终值。在并购实务中，终值的确定方法一般有两种：永续增长模型和市盈率法。永续增长模型为：

$$TV = \frac{CF_t(1 + g)}{K - g}$$ (14-7)

式中，CF_t为计算终值的那一年的现金流量；K为资本加权平均成本或股东成本；g为CF_t永续增长的预期增长率。

市盈率法的计算公式为：

终值=预测期最后一年的预计现金流量×市盈率

（4）折现率的确定。

折现率必须反映目标银行资本的边际成本，而不是并购银行总的资金成本费用。另外，它还必须反映获得预期结果的内在风险。折现率的确定方法包括：一是挑选目标银行的现有资本加权平均成本作为基础折现率，在此基础上加几个百分点。二是挑选目标银行历史上的资产收益率作为基础折现率，在此基础上加几个百分点。三是利用预期未来利息率的当前估计作为基础折现率，再考虑它与行业、目标银行和财务结构有关的风险因素而加以调整。四是利用对目标银行加权资金成本（来自公开资料）的当前估计作为基础折现率，再根据目标银行不同风险因素加以调整。

从反映企业内在价值的角度看，贴现现金流量法是较好的选择。因为并购方购买目标银行的目的就是希望产生正的现金流。一致的、可预期的现金流对银行的长期经营非常重要。现金流量折现法是一种简单而高效的工具，有助于确定一家银行最基本的特征。然而由于未来现金流的预期和折现率的确定受诸多因素的影响，使其准确性受到质疑。因此，实际中需要谨慎对待现金流折现法得出的结果，既不可轻信，也不能轻易否定，应结合其他定价方法的结果来判断。

【**例 14-1**】某公司2019年的自由现金流（税后收入−净资本支出−运营资本变化）是140亿元，请为这家公司估算一下2019年的现值。假设增长率为15%，折现率为10%（见表14-1）。

表 14-1　　　　　　　　　　　　　某公司资料表

年	增长率	自由现金流		贴现率	现值
（0）2019				10%	
（1）2020	15%	140×（1+15%）	161	161/（1+10%）	146.36
（2）2021	15%	140×（1+15%）²	185.15	185.15/（1+10%）²	153.02
（3）2022	15%	140×（1+15%）³	212.92	212.92/（1+10%）³	159.97
（4）2023	15%	140×（1+15%）⁴	244.86	244.86/（1+10%）⁴	167.24
2023年以后	2%	244.86×（1+2%）×（1+10%）/（10%−2%）	3 134.16	3 434.16/（1+10%）⁵	2 132.34
总和					2 758.93

14.3.4 每股收益（earnings per share，EPS）法

每股收益法，是指在评估目标银行的价值时，许多分析家倾向于考虑股票的收益而不是资产负债表中的资本价值。通过比较两家银行的每股收益，收购行可以计算应付价格。溢价可以用下式计算：

$$P = \frac{EPS_1 E_r - EPS_2}{EPS_2} \qquad (14-8)$$

式中，EPS_1和EPS_2分别为收购银行和目标银行的股票每股收益。股票交换率由下式决定：

$$E_r = \frac{EPS_2(1 + P)}{EPS_1} \qquad (14-9)$$

式中，P为收购溢价。若收购银行根据市场的平均溢价$\overline{P}$来确定股票交换率，那么在该式中用$\overline{P}$代替P。

在实际运用中，这种方法并没有考虑每股收益的变化。目前的每股收益可能和不久前的每股收益差别甚大，不能代表银行未来的获利能力。所以，此法既没有参考以前的收益，也没有考虑今后可能的收益变化。为弥补这种方法的不足，银行家采用了一种加权平均法来计算每股收益，并以此种方法计算的每股收益取代公式中的当前每股收益EPS_1和EPS_2。

【例14-2】表14-2对某银行过去几年的每股收益进行加权平均，计算股票交换率。

表14-2　　　　　　　　　　　　　　对某银行股票交换率的计算

时期	权重	EPS_1（元）	EPS_2（元）
T	0.500	10.00	2.00
$t-1$	0.200	8.00	4.00
$t-2$	0.125	6.00	6.00
$t-3$	0.100	4.00	8.00
$t-4$	0.075	2.00	10.00
	1.000		

资料来源：郑鸣. 商业银行管理学［M］. 北京：清华大学出版社，2005.

收购银行加权平均每股收益为：0.5×10+0.2×8+0.125×6+0.1×4+0.075×2=7.9（元）

目标银行加权平均每股收益为：0.5×2+0.2×4+0.125×6+0.1×8+0.075×10=4.10（元）

假定溢价为50%，那么，加权平均的每股收益计算的股票交换率为0.78。但是用当前时期的每股收益计算的股票交换率为0.3，即每10股目标银行的股票只能换3股收购银行的股票。

在银行并购估价中并不存在公认的最佳的定价模型，在实际运用中应根据具体情况综合运用各种定价模型，相互检验，从而合理定价。

14.4 我国银行并购业务的发展

我国银行并购还处在发展阶段，它是随着中国金融业的改革进程而发展的。一方面，世界银行并购浪潮通过逐渐开放的金融市场影响到我国的银行业，推动我国银行并购的发展；另一方面，国内银行业的不断发展壮大也为我国银行并购提供了基础与可能。

14.4.1 我国银行并购的动力

1）国际化

自中国加入世界贸易组织以来，中国对外开放进一步扩大，在金融市场上，中国银行业受到外资银行的冲击。

（1）目前大多数商业银行受制于自身营业网点，以较大客户的批发性存款和批发性贷款作为业务重点。而外资银行进入后，受人员、网点的限制也会争夺批发性银行业务。因此，我国商业银行与外资银行将首先在批发性银行业务上展开激烈竞争。另外，在表外业务、金融衍生产品交易、投资银行业务方面，我国商业银行也要面临挑战。

（2）外资银行经营机制更灵活，营销技术更成熟，服务理念更超前。其业务主要依据市场行为，可自主决定信贷数额、资金投向、结构及价格。而我国许多新兴商业银行虽然进行了股份制改造，但未形成完全意义上的法人产权制度，受地方政府干预较多。

2）多元化

（1）外资银行大多实行多元化经营，特别是一些跨国银行，如花旗、汇丰。虽然他们不能在中国直接进行多元化经营，但是作为跨国银行，这并不影响他们利用多元化经营来提高竞争力。

（2）从业务创新能力来看，我国银行业业务创新主要是对传统业务的完善和组合，与外资银行以金融衍生品为主要内容的金融创新不可相提并论。由于外资银行可以混业经营，因此其创新能力具有明显的比较优势。

3）电子化

电子化是一种绝对规模效应趋势，外资银行具有资金、技术和人才上的优势。目前进驻我国的外资银行，均具有发达的银行网络和高质量、规范的业务操作规程，能向社会提供更多的业务品种，可以为国内客户提供更多的表外业务、境外融资等业务，服务质量更高，更有效率，更具盈利能力。虽然现代科技在我国商业银行中得到一定的应用，但运用的系统性、成熟度和先进性并不理想，难以像外资银行那样进行全方位经营。

14.4.2 我国银行业并购特征分析

近年来，我国商业银行改革的力度明显加大，银行业得到了快速发展。随着我国区域性股份制商业银行的发展、国有商业银行的股份制改革和加入 WTO 后外资银行的进入，我国商业银行间的竞争必将日趋激烈，各银行为获取竞争优势，开始更多地进行并购。尽管我国银行业并购与全球银行业并购还存在很大差距，但是已经显露出一些基本特征。

1）并购范围较为局限

中国银行界在金融体制改革的推动下，2000以来发生了多起银行并购，但主要是国内银行间的并购，见表14-3。

表14-3　　　　　　　　　　　2000—2023年国内银行间并购列表

时间	国内银行间并购
2000年	中国工商银行收购中国香港友联银行
2001年	上海浦东发展银行收购浙江温州瑞安市瑞丰城市信用社
	福建兴业银行收购浙江义乌市商城城市信用社
2003年	中国银行收购华比富通银行
	招商银行收购盘锦市商业银行
2004年	兴业银行收购佛山市商业银行
	招商银行收购泉州市商业银行
2007年	兴业银行收购哈尔滨市通河县兴通城市信用合作社
	招商银行收购台州市商业银行
2008年	北京银行收购廊坊市商业银行
	兴业银行收购九江市商业银行
	招商银行收购香港永隆银行
2012年	中国平安收购深圳发展银行
2016—2017年	重庆农商行收购包括江苏张家港农商村镇银行、四川大竹农商村镇银行、云南大理渝农商村镇银行等在内的9家村镇银行
2017年	中国银行收购国家开发银行15家村镇银行
2018年	民生银行收购安溪民生村镇银行及慈溪民生村镇银行
2020年	常熟银行完成镇江农商行的并购
2023年	苏州农商行收购靖江润丰村镇银行部分股东股份

2）境外金融机构抢占中国市场

加入WTO后，我国金融业逐步开放，境外大型商业银行对中国金融市场的渗透显得迫不及待，多家境外金融机构借助并购进入中国金融市场。2000年以来，特别是2010年之前，国际金融公司、美洲银行、新加坡淡马锡控股公司等多家境外金融机构以参股中资银行方式进入中国银行业市场（见表14-4）。

表14-4　　　　　　　　　　　2005—2021年外资金融机构入股中资银行列表

时间	境外机构	中资银行	所占股权比重（%）
2005–07	德国投资与开发公司	南充商业银行	10
2005–08	苏格兰皇家银行 新加坡淡马锡控股公司	中国银行	10
2005–08	高盛集团 安联集团 美国运通	中国工商银行	10
2005–09	德意志银行 新加坡磐石基金 德意志银行卢森堡公司 萨尔·奥彭海姆企业	华夏银行	7.02 6.885 2.88 4.08
2005–10	亚洲开发银行	中国银行	0.24
2005–12	澳新银行	天津银行	20
2006–01	高盛集团 安联集团 美国运通	中国工商银行	7 2.5 0.5
2006–01	新加坡华侨银行	宁波银行	12.2
2006–07	荷兰合作银行 国际金融公司	杭州联合农村合作银行	10 5
2006–08	亚洲开发银行	杭州市商业银行	5
2006–11	花旗银行投标团	广东发展银行	58.59
2006–11	澳新银行	上海农村商业银行	19.9
2006–12	中国香港大新银行 美国凯雷投资基金	重庆市商业银行	17 7.99
2007–07	意大利联合圣保罗银行	青岛市商业银行	19.99
2007–08	英国Rothschild银行	成都市商业银行	5
2007–10	马来西亚丰隆银行	成都市商业银行	20
2007–12	国际金融公司	天津滨海农村商业银行	10
2008–01	中国香港恒生银行 中国香港永隆银行	烟台市商业银行	20 4.99
2008–03	马来西亚联昌国际证券银行集团	营口银行	19.99
2008–06	中国台湾富邦金融集团在港子公司 富邦银行（香港）	厦门市商业银行	19.99
2008–06	新加坡大华银行	恒丰银行	15.38
2008–08	韩国韩亚银行	吉林银行	19.67
2009–10	国际金融公司	德阳市商业银行	15
2011–09	加拿大丰业银行	广州银行	19.99
2018–12	台湾富邦金融控股股份有限公司	厦门银行	19.95
2021–04	新加坡星展银行	深圳农村商业银行	13

资料来源：根据全球并购交易网、各商业银行年报整理。

3）国内银行进军国际市场初露端倪

为了提高竞争力，扩展盈利空间，国内一些大型商业银行开始利用并购手段实施国际化经营战略，融入国际银行业并购浪潮之中（见表14-5）。

表14-5 我国商业银行在境外开展的主要并购活动一览表

时间	中资银行	境外机构	进入方式	规模
1998-02	中国工商银行	西敏证券亚洲有限公司	收购	约60%
2000-04	中国工商银行	香港友联银行	收购兼并	53.24%
2002-02	中国建设银行	香港建新银行	股权转让	30%
2003-08	中国工商银行亚洲有限公司	香港华比富通银行	全面收购	21.5亿港元
2006-08	中国建设银行	美国银行（亚洲）有限公司	股权转让	12.48%
2006-12	中国银行	新加坡飞机租赁有限责任公司	全面收购	9.65亿美元
2007-07	国家开发银行	英国巴克莱银行	股权转让	2.64%
2007-08	中国工商银行	澳门诚兴银行	股权转让	79.93%
2007-09	中国工商银行	香港IEC投资银行	股权转让	40%
2007-10	中国民生银行	美国联合银行控股公司	股权转让	9.99%
2007-10	中国工商银行	南非标准银行集团有限公司	股权转让	20%
2007-11	中国银行	东亚银行	股权转让	4.94%
2008-07	中国银行	瑞士和瑞达基金管理公司	股权转让	30%
2008-09	中国工商银行	法国洛希尔银行	股权转让	20%
2009-08	中国建设银行	美国国际信贷（香港）有限公司	全面收购	0.07亿美元
2010-04	中国工商银行	泰国ACL	股权转让	97.24%
2011-01	中国工商银行	美国东亚银行	股权转让	80%
2014-01	中国工商银行	美国标准银行公众有限公司	股权转让	60%
2015-05	中国工商银行	土耳其银行	股权转让	75.5%
2016-09	中国建设银行	印尼温杜银行	收购	60%
2018-04	中信银行	阿尔金银行	收购	50.1%

资料来源：根据全球并购交易网、各商业银行年报整理。①

---

① 2007年10月8日，民生银行发布分三阶段收购美国联合银行控股公司（NASDAQ：UCBH）多达20%股份的公告，开创了中国银行业针对美国本土银行收购的第一案。

从趋势上看，收购规模在逐步扩大，收购主体也从国有大银行扩大到全国性的股份制商业银行。

4）并购目的多为化解金融危机

中国金融风险的一个突出表现是金融机构资不抵债濒临倒闭。国际经验表明，如果听任金融机构自生自灭，金融体系可能遭到致命打击。对危机金融机构的处理一般包括政府救助、兼并重组和破产清算三种方式。中国金融监管当局在化解金融风险中发挥了重要作用，主要依靠商业银行并购来实现。例如，2021 年 9 月中国银保监会同意辽沈银行吸收合并营口沿海银行、辽阳银行，并承接营口沿海银行、辽阳银行清产核资后的有效资产、全部负债、业务、所有网点和员工。2021 年 8 月，在绵阳市涪城区农信社、绵阳市游仙区农信社和四川安州农商银行的基础上，新设合并组建的绵阳农商银行开业。2020 年 7 月，陕西银保监局批复陕西榆林榆阳农商行和陕西横山农商行以新设合并的方式发起设立陕西榆林农商行等。中国商业银行在政府导向作用下，通过建立起成熟的兼并重组市场，维护银行业乃至金融体系的长久稳定，避免由金融动荡诱发的宏观经济紊乱甚至系统性危机。

启智增慧 14-2
中国工商银行
并购之路

14.4.3　我国银行并购中有待改进的问题

伴随中国经济越来越多地融入世界经济，我国金融业的对外开放度不断扩大，我国将出现更多的银行并购活动。但从上述我国银行并购特征来看，我国银行并购市场并不成熟，仍然存在很多问题。

第一，并购的宏观调控性强、市场性弱。我国的银行并购并非微观主体本身自下而上的市场型并购，是政府出于宏观调控和金融改革的需要，设计和制订并购方案，并参与实施并购的全过程。国内商业银行没有足够的动力和兴趣去研究、实施并购活动，以实现快速扩张和成长。银行容易滋生优劣共存的"温室效应"，金融机构无"后顾之忧"，从而采取大胆冒进的经营策略，产生"道德风险"，普通民众则可能错误地认为"金融机构的信用等同于国家信用"，加大金融资产的风险。

第二，法律法规尚待完善。目前我国商业银行并购方面可参照的法律法规有限。银行并购行为由于其行业特殊性，需要通过制定严格的法律和公共政策进行监管和控制，以保证银行并购的效率、银行金融体系的安全和社会的稳定。相对而言，我国有关银行并购的法律法规体系还尚不健全。真正涉及银行并购的法律散见于《商业银行法》《企业破产法》等法律法规中，无法指导复杂多变的银行并购。同时，金融监管制度的公正性和透明度标准也达不到有效监管银行并购的要求，政府对于如何通过并购来优化商业银行组织体系尚无科学的整体规划，缺乏相应的管理和协调政策。

第三，相关中介机构、专业人员的缺失。商业银行的并购是一项具有高度专业化、技术化的工作，在并购的过程中需要投资银行、咨询公司、律师事务所、会计师事务所和具有并购经验、领导协调能力的银行家等专业机构及人员的介入。在这方面国内银行并购仍处于起步阶段。另外，商业银行缺乏相应的考核激励措施，也影响了员工学习的积极性。商业银行的人才局限性制约银行业并购的发展。

第四，并购的协同效应较弱。我国商业银行并购是"问题导向型"，以"强弱"结合为主，被兼并的银行一般都是出现问题的银行，目标是解决存在的问题和风险，往往会导致并购机构间存在"貌合神离"现象。有些并购案例致使合体后双方摩擦不断，管理费用上升，经营成本增加。

14.4.4 我国银行业并购中的风险防范建议

要想尽快提高并购银行的效率、科学地运作、成功地整合，使并购银行实现规模经济效应和范围经济效应，就要积极防范并购过程中的各种风险。

第一，合理选择并购目标与中介机构。并购目标的选择是否合理将直接关系到跨国并购业务开展过程中可能面临的各项风险，因此事先做好科学、严谨的分析是非常重要的步骤。在并购开展之前，银行首先需要对自己的综合实力进行客观评价，充分调查目标银行的实际经营情况，合理评估与预测并购过程中可能会遇到的风险因素以及并购带来的经济效益、社会效益、协同效应等，在此基础上管理层作出并购决策。

第二，熟悉国内外法律法规与政策。对本国和东道国有关并购的法律法规及宏观政策的充分了解是银行并购准备工作中非常重要的一环。首先，银行必须深入了解和分析本国法律法规和宏观政策，如国内监管当局目前对并购所持态度；在新形势下，对并购的行为是否有特殊要求和规定。其次，跨国并购更需考察东道国对外资进入的态度和程序、投资者在东道国可以享有的待遇与优惠政策、东道国对外资并购的限制性和禁止性规定等。

第三，正确发挥监管机构在并购重组中的作用。根据国际金融监管的最新进展，中国的银行业监管机构和货币政策当局的监管体系也要及时调整，遵循市场机制的规则，鼓励银行兼并重组的同时，新形势下要把风险防范放在突出位置，稳妥有序放宽银行并购的各类限制。在金融全球化的背景下，加强监管的国际合作，建立起与国际接轨的监管体系，为我国银行适应国际激烈竞争创造条件。此外，加强国内金融监管机构的监管协调，减少重复监管和"监管真空"的现象，政策上支持综合实力较强的中资银行积极拓展海外市场，逐步扩大综合经营的范围和规模。

第四，注重并购后银行的整合。银行在"做大"的同时更需"做强"，因此并购后银行的整合至关重要。企业文化的整合不容忽视。一般来说，银行企业文化的整合包括三个阶段：首先，通过比较分析，对并购双方企业文化进行比较，发掘各自的优势并找出不足，分析整合的可行性。其次，并购双方进行沟通融合，采取有效的措施分离原有企业文化不合理部分，进行初步整合，培育并购银行员工对并购企业文化的认同感。最后，要进行企业文化的再造。通过沟通和文化的再造，银行管理层应积极唤起员工的参与感和主人翁精神，共塑银行的前景。

案例 14-1
瑞士银行并购瑞信银行案例

本章小结

本章主要介绍了关于银行并购的五大部分内容：

（1）银行并购概述，内容包括银行并购的基本相关概念、银行并购的方式以及银行并购的一般程序。

（2）银行并购浪潮概述，介绍银行并购活动的发展历史，着重介绍了美国银行业主导的第五次银行并购浪潮以及 2008 年金融危机发生以来世界范围内银行并购活动的发展。

（3）银行并购的动机分析，内容包含两大部分：一是谋求增值效应动机，它又包括谋求管理协同效应动机，谋求降低成本、实现规模效益动机，谋求优势互补、实现协同效应动机，追求多元化动机；二是追求转移效应动机，它包括：追求税收转移的动机、追求政府收入转移的动机、获得资本市场价值转移的动机以及获得垄断转移的动机。

（4）银行并购的估价，介绍了四种估价方法：账面价值法、市盈率定价法、贴现现金流量法和每股收益法。

（5）我国银行并购业务的发展，主要内容包括我国银行并购的动力研究、我国银行并购特征分析、我国银行并购中有待改进的问题以及我国银行业并购中的风险防范建议。

关键概念

银行并购　现金购买式并购　股权式并购　杠杆收购　每股收益法　账面价值法　贴现现金流量法

综合训练

✔ 问答题

1）如果你是银行的并购顾问，你该如何为你的客户确定收购对象及价格？

2）如何看待中资银行的海外并购行为？

3）如何看待外资银行并购或参股我国国内商业银行的行为？

4）20 世纪 90 年代以来国际银行并购有什么特征？

5）简述几种常用的银行并购定价方法。

✔ 分析题

2023 年 9 月 25 日，苏州农商行发布公告称，国家金融监督管理总局江苏监管局核准该行的靖江润丰村镇银行股东资格。苏州农商行增持靖江润丰村镇银行股份 6 125.25 万股，持股比例由 54.33% 增加至 99.71%，收购金额约 1.07 亿元。

2022 年 6 月，苏州农商行曾发布公告宣布，为进一步加强对靖江润丰村镇银行控制，提升决策管理效率，增强市场竞争力，该行拟以 1.74 元/股收购靖江润丰村镇银行部分股东的股权。截至 2022 年 10 月，苏州农商行与靖江润丰村镇银行 5 户法人股东和 35 户自然人股东签署了《股权转让协议》。股权转让标的为靖江润丰村镇银行 5 户法人股东和 35 户自然人股东持有的 45.38% 股权及其附随的一切权利和利益，标的股权合计购买价格约为 1.07 亿元。

问题：

（1）分析该次银行收购的经济背景。

（2）分析该次银行收购的动机与特点。

即测即评14

综合训练
参考答案14

主要参考文献

［1］高顺芝，丁宁. 商业银行经营管理学［M］. 3版. 大连：东北财经大学出版社，2019.

［2］巴曙松，刘晓依，朱元倩，等. 巴塞尔Ⅲ：金融监管的十年重构［M］. 北京：中国金融出版社，2019.

［3］巴塞尔银行监管委员会. 第三版巴塞尔协议改革最终方案［M］. 中国银行保险监督管理委员会，译. 北京：中国金融出版社，2020.

［4］戴维斯. 银行并购：经验与教训［M］. 郑先炳，李晓欣，译. 北京：中国金融出版社，2003.

［5］王胜明. 中华人民共和国商业银行法释义［M］. 北京：法律出版社，2004.

［6］曹军. 银行并购问题研究［M］. 北京：中国金融出版社，2005.

［7］潘光伟. 银行业流程再造、绩效薪酬管理及人力资源开发［M］. 北京：中国金融出版社，2010.

［8］俞乔，邢晓林，曲和磊，等. 商业银行管理学［M］. 上海：上海人民出版社，2007.

［9］毕明强. 中国商业银行贷款定价方法研究［M］. 北京：经济科学出版社，2008.

［10］国家金融监督管理总局法规司. 商业银行资本管理办法［M］. 北京：中国金融出版社，2023.

［11］中国银行业协会. 解读贷款新规［M］. 北京：中国金融出版社，2010.

［12］张桥云. 商业银行经营管理［M］. 北京：机械工业出版社，2021.

［13］罗斯，赫金斯. 商业银行管理［M］. 刘园，译. 9版. 北京：机械工业出版社，2013.

［14］隋聪. 商业银行贷款定价的理论实证与方法［M］. 北京：科学出版社，2013.

［15］戴国强. 商业银行经营学［M］. 6版. 北京：高等教育出版社，2022.

［16］庄毓敏. 商业银行业务与经营［M］. 北京：中国人民大学出版社，2014.

［17］李伟，姚前. 金融科技发展成果报告（2021—2022）［M］. 北京：中国金融出版社，2024.

［18］科特勒，凯勒. 营销管理［M］. 何佳讯，于洪彦，等译. 15版. 上海：格致出版社，2016.

［19］宋清华．商业银行经营管理［M］．2版．北京：中国金融出版社，2017.

［20］合杰，郭旭初，赵勇．现代商业银行人力资源管理［M］．北京：经济管理出版社，2017.

［21］杨农，王建平，刘绪光．商业银行数字化转型：实践与策略［M］．北京：清华大学出版社，2022.

［22］徐理虹，林玮，钱小鸿，等．智慧金融［M］．2版．北京：清华大学出版社，2018.